农村小学绿色教育的实践与研究

孙军　彭高林　著

南京大学出版社

前　言

一、农村学校应当如何发展？

2016 年 3 月，李克强总理代表国务院所作的《政府工作报告》中提出，要"发展更高质量更加公平的教育"。义务教育学校的办学主体是政府，学校的有效发展靠自身。一所学校，尤其是农村学校，究竟应当如何发展？站在不同的立场上，通常会持有不同的观点。

对于区级政府在乡村街道的办事处而言，站在办学者位置上，首先是要确保辖区内的全体适龄儿童有学上，同时要努力争取让孩子们上好学。所谓"有学上"，就是指确保街道内的每一个适龄儿童，不论远近，不论是本地儿童抑或外来务工人员的随迁子女，都在就近的学校享有相应的学位，都平等地享有在就近学校接受义务教育的权利，接受同样的教育。所谓"上好学"是指结合区域内的社会、经济发展情况，大力推进学前教育、义务教育、社区教育等学校协调发展的同时，努力寻求义务教育更为充分的发展——在更高层次上推进义务教育，以期每一位适龄儿童都能享受到更为优质的教育服务。

对于区教育局而言，站在学校上级主管部门位置上，更加期望区内义务教育学校能够均衡发展，能够百花齐放、各美其美。这种教育均衡不仅仅表现在本区内的一些学校能够在更大范围内与区外更高层次的学校齐名，更多期望出现的则是区内学校彼此之间的协调发展、共同进步，最低限度也要确保各街道学校之间发展状况的相对均衡。这种均衡不仅仅体现在师资均衡、生源均衡、硬件设施设备的均衡，更多体现在学校发展品质处于一个相对接近的层级，共同享有相对接近的社会美誉度。

对于学校自身来说，站在学校学生、家长、教师、校长的立场上，由于各自的索求不同，对于"发展更高质量更加公平的教育"也有着不同的理解。但是，他们的视角是比较相似的，都期望自己的学校能够成为众多同类学校中的佼佼者，都期望自己的学校在与其他同类学校相比较中获益更多。

在这样一种情境下，如何"发展更高质量、更加公平的教育"？无疑，校长尤为关键，校长所领导的管理团队尤为重要，他们的思想与实践直接决定了义务教育的质量高低、公平与否。所幸，上峰中心小学的管理者团队对此有着理性的认识、执着的实践。近年来，上峰中心小学以"农村小学绿色教育特色建设的实践研究"课题为引领，因校制宜，脚踏实地，以勤勉而有效的教育教学工作服务儿童、造福社会，用学校自身的稳步发展诠释了"绿色发展"的真谛，谱写了"绿色教育"在农村小学的生动篇章，用学生发展、教师发展、学校发展的丰硕业绩向社会交出了一份令人满意的答卷。

在持续推进绿色教育研究与实践的过程中,学校内部教育生态的重要性不断凸显出来。教师以教育学生为己任,兢兢业业工作,亲切关爱学生,和善礼敬同事,在相互协作与相互帮助中,在竞赛与研究中,引导学生从容成长,勾画出农村小学校园内绿色生态。这种和融相生的绿色发展,也正是一所学校应当为儿童提供的健康的教育、公平的教育。

二、上峰中心小学的绿色教育实践与研究回顾

2011年11月,江宁区上峰中心小学申报的课题"构建'绿色教育'特色学校的研究"被江苏省教育科学规划办公室立项(立项编号:D/2011/02/320);2012年6月,课题正式通过开题论证。同年秋,学校校长变更,课题组教师在新任校长的领导下逐步展开研究,校内全体教师积极参与,一些专家、领导对此项课题的研究给予了高度关心。在这一过程中,国内著名的教育管理学专家张新平教授、程晋宽教授对学校课题研究给予精心指导,江宁区教育局和汤山街道领导对学校发展提供了有力支持,江宁区教育局各科室与部门领导对本课题研究、实践进展多次给予指导和鼓励。

2015年,根据课题研究的实际进展情况,结合教育领导与管理领域部分专家学者的意见,上峰中心小学正式向江苏省教育科学规划办公室提出:① 根据课题研究需要,结合研究工作的实际情况,申请将本课题主持人马本祥(前任校长)变更为:彭高林(现任校长)、孙军(教育学博士),并对参与课题研究的课题组成员进行部分调整;② 申请将原课题名"构建'绿色教育'特色学校的研究"变更为"农村小学绿色教育特色建设的实践研究"。

近年来,学校全体相关教师遵循教育规律,按计划有序推进课题研究与实践,积极收集相关资料、撰写研究论文,付出了辛勤的努力。其中,部分教师的论文在各级竞赛中获奖,或者被各类期刊录用发表。

2016年年底,在本课题结题阶段,课题组成员名单重新进行了梳理(见表1),非常感谢他们几年来的执着与付出。

表1 "农村小学绿色教育特色建设的实践研究"课题组成员名单

序号	姓名	性别	学科	年级	学历	现任职务
1	彭高林	男			本科	校长
2	孙 军	男	品德		博士	教师
3	李小兵	男	语文	二	本科	副校长
4	王先进	男	数学	五	本科	副校长
5	贾志军	男	信息	三四五	本科	校长助理
6	皇甫二林	男	数学	六	大专	工会主席

序号	姓名	性别	学科	年级	学历	现任职务
7	庞志荣	男	语文	六	本科	德育主任
8	詹建平	男	科学	五	本科	安全主任
9	王　惠	男	数学	六	本科	办公室主任
10	皇甫小利	女	语文	五	本科	教务主任
11	贾　俊	女	语文	六	本科	大队辅导员
12	朱德龙	男			大专	总务处主任
13	朱述良	男	体育	四	硕士	教科室主任
14	杨志强	男	体育	五	本科	学籍管理员
15	王春花	女	语文	四	本科	语文教研组长
16	邵丽猛	男	数学	五	本科	数学教研组长
17	樊丽丽	女	英语	六	本科	英语教研组长
18	夏松松	男	体育	一	硕士	艺体教研组长
19	时　银	女	美术	二	本科	班主任
20	谢宜华	女	语文	二	硕士	班主任
21	王号芝	女	语文	三	硕士	班主任
22	程　琦	男	数学	三	本科	班主任
23	苏俊秀	女	英语	三	硕士	班主任
24	修英英	女	语文	四	本科	班主任
25	张虞函	女	语文	四	本科	班主任
26	苏　慧	女	语文	五	本科	班主任
27	龚佳笑	女	语文	五	本科	班主任
28	尚　苗	女	英语	五	本科	班主任
29	陆沁佚	女	语文	一	本科	班主任
30	杨　阳	女	信息	四	本科	教师
31	葛圣娣	女	语文	一	本科	教师
32	罗平凤	女	英语	六	本科	教师
33	宋雪梅	女	语文	五	本科	教师
34	周宇飞	男	数学	二	本科	教师
35	戈　瑶	女	音乐	二	本科	教师
36	闻晶晶	女	体育	二	本科	教师

序号	姓名	性别	学科	年级	学历	现任职务
37	邹梅玲	女	英语	三	本科	教师
38	杨　雪	女	语文	二	本科	教师
39	闵庭廷	女	数学	五	本科	教师

三、致谢课题研究相关人员

在"农村小学绿色教育特色建设的实践研究"课题研究过程中,南京市教科所、江宁区教科室的专家给予了悉心指导和持续的帮助,上峰中心小学的全体师生为课题研究的持续开展提供了有力支持。

本书作为课题研究成果,顺应国家倡导绿色发展理念,恰逢其时地契合了时代的节拍。撰写本作品历经三年时间,课题组教师为此阅读了大量的相关文献,深入参与校内的相关研究活动,力图把校内教师的研究成果整理和展现出来。在此期间,孙军作为课题组成员参加了国家重点课题"义务教育学校标准化建设研究"(AHA160006)的研究,对农村小学的遵循规律、绿色发展有了更深的体会,深感农村小学执着改进、奋力前行的努力与不易,并深深被师生们积极向上、团队共进的工作与学习状态所感动。

在本书撰写过程中,得到了上峰中心小学李小兵、王先进、贾志军等领导和课题组各位成员、全体教师的大力支持,得到了前任校长笪鸿明老师、马本祥老师的真诚帮助。朱述良主任、王号芝老师在资料整理、文稿校对过程中花费了大量精力,扬州大学王雪纯同学也参与了书稿校对。

感谢南京大学出版社荣卫红编辑对于本作品自始至终的关心、指导与细心校对。

办人民满意的教育,我们永远在路上。在江宁区国民经济和社会发展的大好背景下,江宁教育事业协调发展、绿色发展、稳健发展,为本项课题的进一步深入研究提供了良好的系统支撑,也提出了更高的务实要求。谨以此作,献给持续改进、蓬勃发展的江宁教育事业。

目 录
CONTENTS

第一章 **绪 论** / 001

第一节 研究的缘起 / 001

第二节 上峰中心小学发展的历史回溯 / 002

第三节 研究综述与概念界定 / 010

第四节 研究方法与研究过程 / 020

第二章 **携手绿色，执着前行** / 021

第一节 从观察走向实践 / 021

第二节 在实践中学习 / 025

第三节 在实践中研究 / 032

第四节 在实践中悄然改进 / 038

第三章 **活而实的绿色课堂教学** / 045

第一节 以绿色教育的理念改进课堂教学 / 045

第二节 绿色课堂的学科教学实践 / 063

第三节 课堂教学追求绿色质量 / 074

第四节 绿色课堂教学的研究论文 / 081

第四章 趣而实的绿色综合实践 / 114

第一节 动手又动脑,才能有创造 / 114
第二节 精彩的社团活动 / 122
第三节 农村社会资源的综合利用 / 126
第四节 外面那么大,我们去看看 / 135
第五节 绿色综合实践的研究论文 / 145

第五章 和而实的绿色保障系统 / 169

第一节 绿色的学校治理系统 / 169
第二节 绿色的人际环境系统 / 190
第三节 绿色的质量评价系统 / 218
第四节 绿色教育评价的研究论文 / 253

第六章 课题的研究成果与启示 / 274

第一节 课题研究的结题报告 / 274
第二节 农村学校改进带来的启示 / 288

参考文献 / 300

附 录 上峰中心小学师生近年来发展光荣榜 / 303

一、学生获奖与受表彰情况 / 303
二、教师获奖与受表彰情况 / 305

第一章 绪 论

第一节 研究的缘起

对于一所学校来说,每一次的校长更迭,都给学校带来巨大机遇与风险,都让学校又一次面临事关发展的重大抉择:如何评价此前的发展? 今后发展方向如何? 路在何方?

2007 年,马本祥校长来到上峰中心小学,接替笪鸿明校长,继续实施"南京市现代化小学"的创建工作,并在翌年以高分通过验收。然而,通过验收后学校向哪个方向发展、如何发展,成为马校长亟待明确的首要任务。

当时,特色教育浪潮兴起,教育界创建特色学校、提升办学素质的呼声高涨。因此,在上级教育部门的引导下,结合学校的实际发展状况,校领导班子决定适应潮流,因校制宜,提出创建"绿色学校"的思路,以创建"绿色学校"作为新起点,以创建推动学校特色发展,以科研凝练办学特色,逐步走出了带有上峰中心小学自身特色的发展之路。2012 年,学校成功创建成为"江苏省绿色学校"。

2012 年,彭高林校长来到上峰中心小学履新。他注重办学思想的传承,积极融入师生群体,在日常工作和实践中逐渐理清校内外的管理脉络,在此期间,全校师生稳健发展,将协调、绿色、共享作为学校发展的关键词,通过名师讲座、专家引领、特色活动等方式,稳步将学校发展、师生发展的整体带到一个新的平台之上,将学校办学的综合水平提升到了一个新的高度,使学校逐步逼近"生态化、绿色化、精品化"的办学目标,全校呈现出政通人和、稳健发展的生动局面。

中国共产党的第十八届五中全会强调:实现"十三五"时期发展目标,破解发展难题,厚植发展优势,必须牢固树立并切实贯彻创新、协调、绿色、开放、共享的发展理念,这是关系举国上下发展全局的一场深刻变革。在这一宏大的历史背景下,上峰中心小学及其全体相关人士深刻地认识到:马本祥校长没有简单"唯上",而是选择了绿色发展之路;彭高林校长更是倾心学校发展,稳健接力学校领导,全力锻造以"实"为关键词的农村小学教育特色。围绕活而实的绿色课堂、趣而实的综合实践活动、和而实的学校发展保障系统展开课题研究,并以此引领学校发展,实实在在地契合了党的最高指示精神。

回溯上峰中心小学绿色教育课题研究的历程,学校近几年的生动发展再一次验证了"一个好校长就是一所好学校"这句耳熟能详的论断。与此同时,也以鲜活的实例诠释了"大家好才是真的好",揭示了团队建设对于学校发展的重要性。如同很多学校一样,问题导向、实事求是成为上峰中心小学申报课题并深入开展研究的起因,从实践出发并不断总结提炼是研究取得丰硕成果的关键。也正是这样的研究,才可以称之为真的研究,才能真正对学校发展、师生发展产生积极而有效的促进作用。

第二节　上峰中心小学发展的历史回溯

一、学校成长简史

1. 私塾

民国十四年(1925 年)高庄村开明人士庞必旺、庞必钱创办了私塾,设在庞家祠堂,学生 30 人左右,由庞翠玉任教(后去台湾)。广大穷苦人子女进不起私塾,家长要办饭、交米、出钱,读私塾的学生很苦,整天关在祠堂,读《百家姓》、《三字经》、《千字文》等启蒙课本。

2. 国立单班初小

民国十六年(1927 年),高庄办起"洋学堂"。一个班,三十几个学生,课程有语文、数学、地理、历史、公民(政治)、体育、唱歌等。抗日战争胜利后,教育局分配师范生当教师,教师靠县局拨一点微薄的薪水来维持生活,有时还要靠发动学生家长捐献一部分。当时高庄小学 2 个班、80 人左右,3 名教师。

民国三十五年(1946 年),国民政府在全县推行国民教育,上峰庵建立乡保国民学校,有 5 个班、150 多名学生,是中心完小。

3. 解放后的不完全小学、辅导区小学

1949 年 4 月南京解放后,上峰乡隶属江宁县六区,学校仍在庞家祠堂。学校规模很小,只有 2 个班、七八十名学生,4 名教师。

解放后到 60 年代初,高庄小学不断扩大规模,由初小转变为辅导区小学,这一时期原上峰乡有 4 所辅导区小学(湄塘辅导区小学、李岗头辅导区小学、阜西辅导区小学、阜东辅导区小学,50 年代中后期李岗头辅导区小学移到高庄形成高庄辅导区小学),当时教学点星罗棋布,多达 20 所以上,多数是单班复式。

4.中心小学

1962年随着上峰人民公社的成立,上峰成立了中心小学,地址在高庄村,教室以庞家祠堂为主,借用政府的一些空房(草房)作为行政用房和办公用房。这一阶段单班复式教学点较多,校舍仍然以祠堂寺庙为主,但教学秩序比较稳定,教学质量较高。

"文化大革命"的十年间,中心小学更名为高庄小学,各小学受教革组领导管理。当时,各大队纷纷办学,都建设了一所村(大队)完小。

70年代末期,又恢复了中心小学,各大队小学又从属于中心小学领导,这一时间由于学生增多、中学容纳不下,各村小纷纷办起"戴帽子初中"。当时,由于师资缺乏,增添了大量的民办教师补充到教师队伍。1981年9月,中小学分设。

改革开放以来,由于社会环境稳定,社会经济不断发展,教学也走上了正轨,教学环境得到美化,教学设备得到更新,教学质量得到稳步提高,学校成为儿童的乐园。

2000年以来,随着施教区范围的入学儿童不断减少,为了能使入学儿童受到均等的教育,根据上级精神,学校进行了数次布局调整,逐步撤并村小。截至2008年,全上峰镇仅保留一所中心小学,即世生小学。

表1-1 上峰中心小学学校历任校长名录

姓名	任职时间	姓名	任职时间
庞翠玉	1926	吕一凡	1962—1963
皇甫有范	1927—1928	孙祥熙	1963—1965
皇甫有模	1928—1930	刘祥云	1965—1973
不详	1930—1937	皇甫新	1973—1981
私塾	抗战期间	侯国和	1981—1983
巫笑天	1945.7—1946.7	朱德顺	1984.1—1984.7 代理
曾昌明	1947.7	张玉平	1984—1994
王德录	1947—1949.4	笪鸿明	1994—2007
皇甫开金	1949—1956	马本祥	2007—2012
胡惠明	1956—1961	彭高林	2012 至今

二、教育事业发展概况

上峰中心小学的前身是民国时期的私立高庄小学,直到1949年前夕高庄小学只有2个班、80名学生、4名教师。

1949年以后直到60年代初,上峰地区的小学都改成公办学校,高庄小学发展尤其突出,从一所普通村初小发展成完小、辅导区小学,有教师8人,学生100多人,这一阶段,全上峰地区有教师 60 多名,学生 800 多人,辅导区小学 4 所,复式班教学点 20 多所。

1962 年上峰人民公社成立,高庄小学改为上峰中心小学,真正成为上峰教育的中心,随后学校的发展速度加快,教师数、学生数增加,校舍由庞家祠堂搬迁到新校园直到 70 年代末。上峰中心小学本部有 10 个班级、教师 20 人,学生近 300 人,全乡(公社)有教师 140 多人(其中含民办教师、"赤脚教师"、代课教师等),班级 100 个,学生 3100 多人,完小 13 所,单班复式教学点 19 所,这一时期教学条件仍然较差,教室有危房存在,学生无课桌凳现象普遍。

80 年代,随着改革开放的不断推进和人民生活水平的不断提高,以及乡政府的财力的日益雄厚,学校实现了校校无危房、班班有教室、学生人人有桌凳的"一无两有"的工程建设。1985 年,乡政府为中心小学新建了一幢教学楼。孟墓小学、潭山小学、上峰中心小学都在异地新建了教学楼,极大地改善了办学条件,到 80 年代末,中心校本部有 6 个班、23 名教师、232 名学生。全乡有 67 个班、129 名教师、2094 名学生,这时单班复式教学点基本拆完。

进入 90 年代,在逐步落实、普及义务教育的进程中,为优化教学资源,学校进行了第二次布局调整,中心校下面只留了湄塘山小学、东岳庙小学、泉山小学三所完小,其余完小都改为初小。1996 年,镇政府为了振兴家乡教育事业、改善办学条件培育英才,投资 500 余万元人民币在异地新建了一座中心小学,爱乡港胞、中嘉国际(集团)有限公司董事局主席贾安坤先生自愿捐资 200 万港币共同建设,为弘扬其义举,经镇政府决定,并报县人民政府批准,使用贾父之名将原上峰中心小学更名为"江宁县上峰镇世生小学",以作永久纪念。同年 11 月,学校在迎接国家级义务教育检查验收中,得到检查组领导郑启明司长的高度赞赏。

1994 年,李岗头村的知名企业家李荣才为了改善村小的办学条件,个人捐资 70 余万元,异地建设了李岗头小学,为了永久纪念李荣才捐资办学的壮举,经乡镇同意并报县政府批准,将原李岗头小学改为"江宁县上峰镇泉山小学"。这一时期,除了校舍得到进一步的改善以外,教学手段、内部设施也得到了改善,如班级实现了"二机一幕"配置,学校配备了相应的专用教室及内部设施。

2000 年以来,随着施教区范围的入学儿童不断减少,为了能使入学儿童受到均等的教育,根据上级精神,学校进行了第三次布局调整,逐步撤并村小。至 2008 年,实现了"一镇一校"。由于镇政府及上级主管部门的不断投入,学校在技术装备上有了很大的改观,2002 年学校通过了教育现代化工程的验收;2004 年通过了"六有工程"的验收;2006 年通过了省级合格学校的验收等;2008 年通过南京市现代化小学验收;2012 年获得省绿色学校荣誉;2014 年成为南京市数字化校园达标学校、"江苏省健康促进先进学校"(银牌)。

目前,上峰中心小学占地面积 18651 平方米(约 28 亩),校舍建筑面积 9951.8 平方米,绿化面积 5600 平方米。学校学生数相对稳定在 1000 人左右,有 24 个教学班,教师队伍总人数呈逐年减少趋势(见表1-2)。

表1-2 上峰中心小学历年来的学校数、班级数、学生数

年份	学校数	班级数	学生数	年份	学校数	班级数	学生数
1980	32	100	3172	1999	15	77	2805
1981	32	99	2882	2000	15	75	2652
1982	29	87	2618	2001	12	68	2334
1983	26	81	2385	2002	4	51	1981
1984	23	79	2212	2003	3	43	1689
1985	19	72	2056	2004	3	40	1499
1986	19	72	1957	2005	3	36	1356
1987	16	68	1917	2006	2	30	1230
1988	16	68	1952	2007	2	27	1117
1989	15	67	2094	2008	1	25	1045
1990	15	68	2170	2009	1	25	1006
1991	15	68	2099	2010	1	24	959
1992	15	64	1979	2011	1	24	949
1993	15	67	2025	2012	1	24	941
1994	15	72	2184	2013	1	24	982
1995	15	75	2457	2014	1	24	962
1996	15	75	2587	2015	1	24	999
1997	15	74	2738	2016	1	24	1005
1998	15	76	2880				

2016年,江宁区教育局提出新一轮的学校布局调整方案,要求在三年内异地新建或原址重建上峰中心小学,按照江苏省教育现代化Ⅰ类标准的规格进行建设与装备。可以设想,三年后的上峰中心小学将以一个全新的面貌展现在世人面前。

三、学校办学成果

1984年,被县委、县政府评为文明单位。

1985年,获团中央全国万名创造杯活动奖。

1989年,被县政府评为文明单位,同年笪鸿明老师被评为省优秀教育工作者。

1990年,学校为市、县提供了"普九"现场会现场,被县教育局评为先进学校。

1991 年,学校党支部被县委评为先进党支部,学校被县局评为先进学校。

1992 年,学校承担了市"八五"数学课题的研究实验工作。

1993 年,教师邵良俊在基本功竞赛中获市一等奖、省三等奖,被评为市优秀教师,获行知奖;学生陈家胜在"华杯赛"奥林匹克赛中获省二等奖。

1995 年,邵良俊老师被评为全国优秀教师。

1996 年,接受教育部小教司对义务教育学校的检查验收。

1999 年,创建成为南京市规范化学校。

2001 年,获江宁区 2000 年度先进学校。

2001—2005 年,连续 5 年获全国中小学生(江苏地区)金钥匙科技竞赛先进学校。

2002 年,创建成为南京市示范学校。

2004 年,创建成为"南京市绿色先进学校"。

2006 年,荣获第十一届江苏省青少年科技创新大赛一等奖。

2008 年,创建成为"南京市现代化小学"。

2009 年,成功举办"江宁区班集体建设工作现场会"。

2010 年,荣获"南京市科技普及性特色学校""南京市教育系统老有所为关心下一代离退休教师工作先进集体"。

2011 年,创建成为"南京市无烟城市项目学校"。

2012 年,创建成为"江苏省绿色学校""江苏省健康促进学校""南京市平安校园""江宁区先进家长学校"。

2013 年,荣获"江宁区法制工作先进集体""江宁区卫生工作先进集体"。

2014 年,创建成为"南京市数字化校园",荣获"江苏省健康促进先进学校"(银牌)、"江宁区法制工作先进集体"、"江宁区安全工作先进集体"、"江宁区学籍管理先进学校"。

2015 年,创建成为"南京市随班就读实验学校"。

四、教师队伍发展

1949 年以后到 60 年代中期,中心校有教师十几人,全乡有 60 多人,教师的平均工资在 40 元以下,与其他行业相比没有多大差异。

"文化大革命"的 10 年间,中心校有教师近 20 名,全乡有 110 多人,这一时期民办教师较多,教师平均工资在 35 元左右,与其他行业相比也没有较大差异。

70 年代末到 80 年代初,是上峰学生数最高峰的时期,小学学生多达 3100 人以上,各小学都有"戴帽子"的初中班,教师人数也随之增加。1980 年,全公社教师达 197 人(当时东岳庙和孟墓联办中学属小学管理),1981 年中小学分开,初中全部归中学管理,这一年小学学生数是 2882 人,班级数有 99 个,教师 155 人。当时政府规定民办教师工资按大队书记的八成发放。

80 年代以后,民办教师陆续转为公办,1985 年教师工资进行改革,教师的工资有所提高。1988 年以后,对教师进行了职称评聘,直到 90 年代,全乡镇的教师平均在 120～130 人之间,各位教师都有了相应的职称,待遇得到提高,与其他行业相比仍然没有很大的差异(见表 1-3、1-4)。

表 1-3　1981 年 9 月上峰中心小学教师人数一览表

大队	总数	男	女	党员	团员	其　中					
						公办	民办	赤脚	合同	代课	自请
合计	155	90	65	11		51	91	5	3	2	3
宁东	12	10	2			2	7	3			
阜东	11	8	3			4	7				
宁西	12	8	4			4	7		1		
庄里	9	2	7			3	5				1
阜西	12	7	5	1		3	9				
上峰	12	6	6	2		4	8				
李岗头	12	6	6	1		2	8		1		1
潭山	10	9	1			2	7				1
新宁	8	4	4	1		3	5				
白合	9	5	4	1		2	6	1			
孟墓	15	7	8	1		3	10	1		1	
插花	11	5	6			3	7			1	
中心校	22	13	9	4		16	5		1		

表 1-4　上峰中心小学历年教职工人数一览表

时间	专任教师	行政人员	工勤	时间	专任教师	行政人员	工勤
1980/9	188	7	2	1999/9	117	9	1
1981/9	146	7	2	2000/9	115	9	1
1982/9	136	7	2	2001/9	112	9	1
1983/9	127	2	2	2002/9	103	9	1
1984/9	123	7	2	2003/9	95	9	1
1985/9	123	7	2	2004/9	90	9	1

续　表

时间	专任教师	行政人员	工勤	时间	专任教师	行政人员	工勤
1986/9	121	7	2	2005/9	94	2①	1
1987/9	120	7	2	2006/9	89	2	1
1988/9	115	7	2	2007/9	83		1
1989/9	111	7	2	2008/9	69		1
1990/9	115	7	2	2009/9	81		1
1991/9	116	7	2	2010/9	78		1
1992/9	112	8	2	2011/9	74		1
1993/9	110	8	2	2012/9	70	1	1
1994/9	111	7	1	2013/9	69	1	1
1995/9	112	7	1	2014/9	68	1	1
1996/9	111	9	1	2015/9	71	1	1
1997/9	113	9	1	2016/9	64	1	1
1998/9	115	9	1				

截至 2009 年,学校教师人数逐年减少,教师工资平均在 1600 元左右,与其他的行业相差很大,教师收入只相当于行政村书记的 30%～40%,教师工作积极性受到较大影响。

近几年来,随着儿童人数的增加,学校教师人数也呈现逐步上升的趋势。2009年,义务教育阶段学校开始实施绩效工资制度改革,教师的工资水平出现较大幅度的提升。2016 年,区委区政府为广大中小学教师增发绩效奖励,将教师工资水准提升到了一个新的高度。这一阶段,学校由于人员编制紧张,相继录用了一些聘用制教师,自 2016 年起,这些教师的工资全部由区教育局承担,并对他们的收入水平也相应进行了提升。至此,学校临时聘用的教师年收入与公办教师几无差距。按照区教育局的统一部署,学校为年轻的单身教师提供了免费住宿的条件,并为他们的一日三餐提供极大的帮助。2016 年底公布的来年新教师招聘政策,为聘用制教师考取公办编制提供了更为宽松的条件。这些举措,大幅提升了全体教师的幸福感、获得感。

随着时代的变迁与社会的发展,时至 2016 年,上峰中心小学的师资队伍已经发生了天翻地覆的变化。新教师的不断加入,使得学校原有师资队伍结构发生了根本性的改变,教师的学历层次稳步提高。现有教师 64 人,其中有区学科带头人 3 人、骨干教师 13 人。据 2016 年的统计,学校的基本教师队伍状况如表 1-5 所示。

---

① 从 2005 年起,行政人员数量以区教育局的年度统计资料为准。

表 1-5　上峰中心小学教师队伍人数情况一览表

	研究生	本科	专科	中师	
学历	6 人	36 人	13 人	9 人	
	9.4%	56.3%	20.3%	14.1%	
	副高	中级	初级	未定级	
职称	4 人	35 人	18 人	7 人	
	6.3%	54.7%	28.1%	10.9%	
	50 后	60 后	70 后	80 后	90 后
年龄	4 人	17 人	11 人	21 人	11 人
	6.3%	26.6%	17.2%	32.8%	17.2%

五、办学条件改进

1949 年以后直到 60 年代中叶,校园面积都很小,校舍几乎都是一些祠堂寺庙或是没收地主的房产,没有教学设备设施,学校教学点也较分散。

六七十年代,上级号召就近入学,各大队都纷纷办学,建设了一批完小,中心校本部校园面积近 10 亩,校舍面积达 800 平方米,几乎没有功能室。教学设备设施简单而偏少,只有操场、沙坑和一些简单的体育器材,例如乒乓球台、跳高架等,教学上只有黑板、卡片和粉笔。

80 年代,中心校本部、孟墓小学、潭山小学、上峰中心小学都新建了教学楼,全乡镇实现"一无两有"工程配备,教学条件得到很大的改善,但功能室、教学设备设施仍较少。

90 年代,政府投入巨资为中心学校异地新建,校园面积达 23 亩,校舍面积有5005 平方米,有了配套的功能室,如有自然实验室、体育室、体育器材室、美术室、藏书室、教师/学生阅览室、劳技室、音乐室、舞蹈室、少先队室、广播室、文印室、档案室等。在教学设备上有二机一幕,教学挂图配套。

2004 年以后,学校又陆续增加了多媒体教室、网络学习室、卫生室、心理咨询室、技能创造室、校史室等,现代化教学设备开始逐步应用于课堂教学。

如今,上峰中心小学有教学班 24 个,多媒体教室 2 个,美术室 1 个,音乐室 2 个,科学实验室 1 个,书法室 1 个,体育器材室 1 个,计算机教室 2 个,录播教室 2 个(其中全自动录播教室 1 个),图书室阅览室 1 个;各专用教室均设准备室 1 间;班级和专用教室多媒体及网络覆盖率达百分之百。

学校 2016 年顺利接入南京教育无线网,实现无线网络校园全覆盖,同年更新校园安全监控,共布设网络监控点 123 个(包含周界报警系统),学生餐厅安装录像回放设备,实现"明厨亮灶"。安装学生直饮水系统两套。

学校共有学生用计算机 120 台,生机比达 8.5：1;教师机 65 台,师机比达 1：1。

2016 年,区教育局新任局长周强数次来到上峰中心小学实地考察,并与街道领导商讨,拟在近年内彻底改观并大幅提升上峰中心小学的现有办学条件。目前正在深入探讨实施方案,无论最终选择整体异地新建,或是在原址扩建改建,数年后的上峰中心小学将会是一个办学硬件条件标准化、师资水平优质化的现代化崭新学校。在这样的背景下,提升内涵、发展质量将成为学校近几年的核心任务。

第三节　研究综述与概念界定

一、研究综述

1. 知网查询情况

2016 年 11 月,笔者在中国知网南京教育接入端口(cnki. nje. cn),以"绿色教育"为题名,共搜索到硕士研究论文 8 篇,其中,陆建龙的研究论文《中小学实施"绿色教育"的调查与研究》(扬州大学,2015)比较有代表性;此外,共搜索到各类期刊论文 334 篇。

从论文引用情况来看,发表的这些论文中被引用频次较高的有以下几篇(见表 1-6)。

表 1-6　被引用频次较高的"绿色教育"题名论文篇目

篇　　名	作者	中文刊名	年份	被引频次	下载频次
绿色教育:科学教育与人文教育的交融	杨叔子	教育研究	2002	213	1696
面向可持续发展的大学绿色教育探讨	陈　涛	环境教育	2004	19	425
绿色教育在中国:思想与行动	余清臣	教育学报	2011	17	827
树立绿色教育理念 打造绿色学校品牌	文学荣	环境	2007	16	101
大学绿色教育课程体系的初步构建	王斌林	现代教育科学	2004	15	317
可持续发展与大学绿色教育	范冬萍	现代教育论丛	2000	14	205
国外的大学绿色教育	沈　建、干海珠	世界环境	1999	14	304
清华大学绿色教育体系构建与实践	张文雪、梁立军、胡洪营	环境教育	2009	13	465

篇　　名	作者	中文刊名	年份	被引频次	下载频次
国外绿色教育简述:思想与实践	杜 亮	教育学报	2011	12	774
大学绿色教育探讨	韩 伟、刘利才	大庆师范学院学报	2009	11	366
绿色教育的思索	王 静	西安外国语学院学报	2003	11	340

从统计中,我们发现:

(1) 被引用频次较高的 11 篇论文中,有 7 篇论文主要是关于大学绿色教育的,这主要源于清华大学在已有的环境教育与研究的基础上,于 1998 年提出从"绿色教育"、"绿色科研"和"绿色校园"三个方面开展"绿色大学"建设,将可持续发展理念融入大学人才培养、学科建设、科学研究和校园建设的各个环节,这一计划被国家环保总局批准为全国示范工程,并得到同济大学、中南大学、中国矿业大学、南开大学等高校的响应,并陆续发表了一些相关论文。

(2) 中科院院士、杨叔子教授的《绿色教育:科学教育与人文教育的交融》一文对于绿色教育的推动发挥了巨大作用。在中小学推进绿色教育实践与研究的活动中,杨叔子院士的这篇文章成为这一领域的鲜明旗帜。

(3)《绿色教育在中国:思想与行动》(余清臣,2011)、《国外绿色教育简述:思想与实践》(杜亮,2011)两篇文章在绿色教育研究中引用频次较高。这些论文与《绿色教育的意蕴与纲领》(康永久,2011)的刊出,成为北京师范大学与北京市石景山区教委的合作研究的阶段性成果。

从论文发表时间来看,"绿色教育"这一概念从 1994 年首次提及。2007 年起,被研究的热度迅速提升。近年来论文发表情况统计如图 1-1 所示。

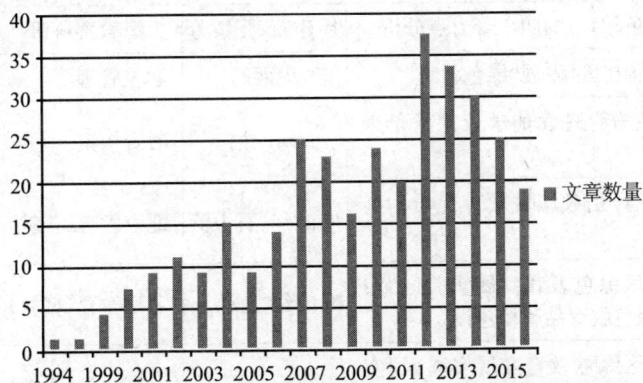

图 1-1　以"绿色教育"为题名发表的论文数量

由于 2016 年论文发表的信息上网及统计将会滞后数月,故而目前只能统计到 2016 年 9 月的信息,总量仍未超过 2015 年。从时间跨度上来看,可以把绿色教育相关研究分为四个阶段:1994—1999 年的个别提及阶段、2000—2006 年的高校关注阶段、2007—2011 年的辐射普教阶段、2012 年以来的广泛开展阶段,第四阶段的论文发表数量比起上一阶段要明显增多。

从发表研究论文的刊物层次来看,仅有少量文章发表在北大核心期刊上。从研究质量、论文表述质量来看,具有一定的可读性、具备一定的参考价值的文章约 40 余篇(见表 1-7)。

表 1-7 以"绿色教育"为题名发表的论文简况

序号	题 名	作者	中文刊名	年份
1	从"绿色评价"到"绿色教育"	静安教育局	人民教育	2016
2	绿色教育:为美丽家园护航——澳大利亚环境教育掠影	张华	福建教育	2016
3	推进绿色教育,关注生命成长	刘凡荣	教学与管理	2015
4	绿色教育理念:追寻本真教育	朱春雷	小学教学研究	2015
5	华德福教育中的绿色教育思想及启示	陆炎、张歆柳	天津师范大学学报(基础教育版)	2015
6	绿色教育"武昌范式"的生态机制研究	薛云生	领导科学论坛	2014
7	让绿色教育浸润小学语文课堂	吴秀君	语文教学通讯·D刊(学术刊)	2014
8	提升生态化绿色教育理念引领学校可持续发展	高立新	小学科学(教师版)	2014
9	"绿色教育"理念引领区域教育高品质发展	石景山教委	北京教育(普教版)	2014
10	小学"绿色教育"的四个着力点分析	周建新、张敏芳	上海教育科研	2014
11	坚持"立德树人"发展"绿色教育"	庞丽君	学校管理	2014
12	基于绿色教育理念的学校课堂伦理的构建	马广柏	教育探索	2012
13	"绿色教育"引领区域教育优质均衡发展	叶向红、石中英	北京教育(普教)	2012
14	"石景山区绿色教育发展实验区"实践之一绿色教育品牌校建设	叶向红、鲍传友	北京教育(普教)	2012
15	"石景山区绿色教育发展实验区"实践之二绿色课堂改进	于秀云、梁威	北京教育(普教)	2012

序号	题 名	作者	中文刊名	年份
16	"石景山区绿色教育发展实验区"实践之四绿色师德建设	范光辉、檀传宝	北京教育（普教）	2012
17	"石景山区绿色教育发展实验区"实践之七绿色教育基本理论探索	叶向红、康永久	北京教育（普教）	2012
18	构建绿色教育理念下的生态课堂	邹静宇、邹丽华	小学教学研究	2012
19	"绿色教育"的办学思想与实践	关耀强	教育导刊	2012
20	绿色教育的意蕴与纲领	康永久	教育学报	2011
21	国外绿色教育简述：思想与实践	杜亮	教育学报	2011
22	绿色教育在中国：思想与行动	余清臣	教育学报	2011
23	追寻"绿色教育生态"梦想	景小霞	中小学管理	2011
24	深刻领悟绿色教育精心打造绿色课堂		北京教育（普教）	2011
25	教育如何关怀人的生命？——基于"绿色教育"的思考	单新涛、唐炳琼	当代教育科学	2011
26	领悟"绿色教育"内涵潜心做有格调的教育	叶向红	北京教育（普教）	2010
27	"绿色教育"理论基础的探索		北京教育（普教）	2010
28	深入理解"绿色教育"内涵推进"绿色"课堂改进行动	孙淑萍、李文	北京教育（普教）	2010
29	在"绿色教育"理念下推进"绿色"课堂建设		北京教育（普教）	2010
30	打造"绿色教育"品牌促进学校健康发展		北京教育（普教）	2010
31	"老师，我不想被同情！"——我的绿色教育故事	邓红旗	湖北教育（教育教学）	2010
32	播撒意识的种子——从"中国中小学绿色教育行动"看十多年来的环境教育	程路	人民教育	2009
33	实施绿色教育实现可持续发展	孙亮、胡伟亚、赵兰香	学校党建与思想教育	2009
34	"绿色教育"模式下的学校德育工作	钟昭梅	教育导刊	2009
35	澳大利亚，给孩子最好的"绿色教育"	天凌	小学时代	2009
36	澳大利亚的绿色教育	靳忠良	教育理论与实践	2008

续　表

序号	题　名	作者	中文刊名	年份
37	简论杨叔子"绿色教育观"的思想政治教育蕴涵	邵　军	教育与职业	2008
38	让生命在管理的绿意中升华——我的绿色教育管理追求	邹静宇	小学教学参考	2008
39	创造绿色教育文化促进学校内涵发展	揭希望、黄长法	学校管理	2007
40	通过绿色教育促进国际理解的实践和研究	陆　武	上海师范大学学报（基础教育版）	2007
41	绿色教育勃勃生机	丁国君	长春教育学院学报	2006
42	绿色教育:承载心灵的生长	陈立红	人民教育	2006
43	"绿色教育"理念下的教师管理	徐　涌	教学与管理	2006
44	浅谈学校"绿色教育"	曾庆挺	贵州教育	2005
45	确立以人为本的绿色教育观促进校园生态的可持续发展	何建平	教育导刊	2004
46	对"绿色教育"的思考	伍芬香	长沙铁道学院学报（社会科学版）	2003
47	绿色教育:科学教育与人文教育的交融	杨叔子	教育研究	2002
48	绿色教育在英国	黄　强	上海教育	2002

这些研究论文总体给人感觉:目前国内对于"绿色教育"的研究尚不够深入,缺乏较为突出的研究成果。

2.绿色教育的起源

（1）绿色学校的创建

1977年,联合国教科文组织和联合国环境规划署在苏联的第比利斯召开了政府间环境教育会议。在第比利斯会议上,各国初步意识到环境教育在教育中的重要性,《第比利斯宣言》指出"从其基本性质看,环境教育对更新教育过程可以作出贡献",还呼吁"要有意识地将对环境的关心、活动及内容引入教育体系之中,并将此措施纳入教育政策之中"。第比利斯会议是环境教育发展史上一个里程碑。《第比利斯宣言》突破了环境教育概念以知识为主的特点,明确提出环境教育的目标包括意识、知识、技能、态度和参与五个方面,拓展了环境教育的内容和方法,把环境教育引入了一个更广阔的空间,为全球环境教育的发展构建了基本框架。

1972年,在斯德哥尔摩联合国人类环境大会上提出强烈要求,建议联合国教科文组织确立一种服务全体公众、目的在于通过教育促进环境保护的环境教育国际计划。自此以后,环境教育问题就成了国际上教育研究和实践的一个热点问题。"绿色教育"就是在这一过程中起步的。

1992 年,在巴西里约热内卢召开的"联合国环境与发展"大会上通过了可持续发展的纲领性文件《21 世纪议程》。《21 世纪议程》第三十六章的主题为"促进教育、公众认识和培训"。教育对可持续发展的重要性得到充分肯定。通过此次会议,可持续发展思想对环境教育起到了导向性的作用,它不仅要求教育要"对环境友好",要在教育中培养环境意识、环境关心、环境伦理、环境能力、环境行为、环境价值观,而且要求教育关心人的需求,以人为核心,以人的全面发展为目标,培养未来"合格而负责任的公民",从而实现社会、经济和生态的协调进步。这是一种全新的教育理念。

1993 年,联合国教科文组织的报告《转变关于地球的观念》在"环境的可持续发展"之外明确提出了"社会的可持续发展",环境问题与广泛的社会发展问题开始对接,可持续发展教育(Education for Sustainable Development,ESD)概念开始得到广泛认可,环境发展问题和社会发展问题在教育中开始"并轨"。

1994 年,联合国教科文组织(UNESCO)提出"为了可持续性的教育"(Education for Sustainability),要求把环境教育与发展教育、人口教育等相融合,建立了环境、人口和发展项目(EPD 项目),开始将环境教育转向可持续发展的方向。1997 年,联合国教科文组织在希腊的塞萨洛尼基召开会议,确定了"为了可持续性的教育"的理念。这标志着环境教育已不再是仅仅对应环境问题的教育,它与和平、发展及人口等教育相结合,形成了"可持续发展教育"。"可持续发展教育"思想的出现,为"绿色教育"的蓬勃发展提供了坚实的理论基础。

1996 年,国家环境保护局、中共中央宣传部和国家教育委员会联合印发《全国环境宣传教育行动纲要(1996—2010 年)》,原国家环境保护局宣传教育中心组织实施了绿色学校创建和评选活动,这是我国把教育活动、教育机构与"绿色"概念相关联的一个标志性事件。

不久,国家环保总局宣教中心制定的《绿色学校创建指南》对绿色学校做出了明确的界定:"绿色学校是指学校在实现基本的教育功能的基础上,以可持续发展的思想为指导,在学校整个日常工作中纳入有益于环境教育的管理举措,并不断进行改进,充分整合校内外的一切资源,全面提升教师和学生环境素养的学校。"[1]1998 年,清华大学在全国首次提出创建"绿色大学"的构思,并向国家环保局递交了具体的"创建绿色示范工程"的建设方案。[2] 当时,绿色学校主要是以环境教育为中心的,全国各省都相继开展绿色学校的创建活动。到 2008 年,全国共有 42000 多所中小学和幼儿园创建成为绿色学校,其中国家级表彰的绿色学校有 705 所,江宁区上峰中心小学也创建成为南京市绿色学校。

---

① 摘自国家环保总局宣教中心《绿色学校创建指南》,第 4 页。
② 王志华、郑燕康:《清华大学创建"绿色大学"的探索实践》,清华大学,1998 年。

(2) 绿色教育的提出

1997 年至 2007 年,中国教育部、世界自然基金会(WWF)和 BP 公司联合发起了"中国中小学绿色教育行动"(Environmental Educators' Initiative,简称 EEI)项目。该项目开启了中国由政府部门、国际非政府组织及跨国企业在环境教育领域合作的先河。"中国中小学绿色教育行动"配合教育部新一轮基础教育课程改革,研制并颁发了《中小学环境教育实施指南》,致力于将环境教育的理念转化为更为广泛的课程实践。至 2007 年年底,"中国中小学绿色教育行动"已覆盖全国 23 个省、自治区和直辖市,在 119 所中小学校进行了环境教育和可持续发展教育的试点,直接受益中小学生达 500 多万人次。而《中小学环境教育实施指南》的颁布和实施则使得"中国中小学绿色教育行动"的社会影响力进一步扩大,辐射到全国近 50 万所中小学校和两亿名中小学生。

从"绿色学校"到"绿色教育",概念发生了变化,而两者之间最大的不同点就在于:是否以环境的教育为中心。实际上,绿色学校应该有更广义的概念,应该是能更好地体现绿色教育的学校。针对这种认识,国内的著名学者崔学鸿建议:"目前的绿色学校创建工作应实现两个回归:第一个是将当前的绿色学校按照它的内涵进行还原,称之为生态学校,仍然由环保局牵头组织开展评审工作;第二个是把绿色学校创建工作的责任主体归还给教育局,积极开展可持续、高效、和谐的绿色学校创建评审工作。"[1]

在 2001 年"中外中小学论坛"上,著名教育家、中国科学院院士杨叔子第一次正式提出"绿色教育"理念。他认为,"科学求真,人文求善,现代教育应该是科学教育和人文教育相融合而形成一体的绿色教育"。2002 年,他在《教育研究》和《高等教育研究》两个杂志上发表了两篇文章,再次倡导科学教育与人文教育相交融的绿色教育,他提出,现代教育应是科学教育与人文教育交融而形成一个整体的"绿色"教育:科学求真,是立世之基,科学知识、科学思维、科学方法、科学精神各有其作用,又是一个整体;人文求善,是为人之本,是民族存亡之根,人文知识、人文思维、人文方法、人文精神各有其作用;而科学与人文同源共生,互通互动,相异互补,两者交融则生"绿",有利于形成正确的追求目标、强大的工作能力以及同同外界的和谐关系,以造就既富有高洁的人性,特别是能爱国,又富有非凡的灵性,尤其是会创新,从而能为人民服务的青少年一代。从此,绿色教育渐渐受到重视,不同教育领域的专家学者也对绿色教育有了新的认识。

2008 年,国内著名赏识教育专家、深圳蛇口育才集团第四小学校长崔学鸿提出:"为了人类的明天,经济建设正在倡导绿色,即低污染、低消耗、高效益、高产出的。教育更应该如此,为了孩子的未来,当前的教育也无疑应该是绿色的。"[2]崔学鸿所认

---

① 曹敏:《映日荷花别样红——崔学鸿校长和他的"绿色课堂"的理念实践》,《学校品牌》2009 年第 5 期。
② 崔学鸿:《教育应该是绿色的——由绿色 GDP 想到的》,《中国教师》2008 年第 12 期。

为的绿色教育的内涵是不同于，甚至远远优于生态教育或环境教育的内涵的，"绿色教育强调的是以人为本，秉承科学的发展观，突出内涵式的发展，讲究科学的方式，追求高效益与和谐"。苏州大学吴继霞教授把"绿色理念"明确为："在汲取现代的科学精华有机论的生态哲学观、世界观、可持续发展的理论和整体主义的思想等基础上，形成了一种超越传统的世界观和价值观的理念"，它的主要内容包括广义价值观、可持续发展伦理观和生态科学观等①。由此可以看出，尽管还有人对"绿色教育"的认识停留在以往的环境教育或生态教育的领域里，但在教育界，已基本形成了共同的认识——绿色教育已不是简单的环境教育，而是把教育系统中的全部环节融合起来，通过科学的手段，使教育成为高效的、可持续发展的教育。

3. 当前研究进展情况

从搜寻到的 334 篇以"绿色教育"为题名的论文中，有两大地域的研究文章引发笔者的关注：北京区域（以石景山区为代表）、上海区域（以崇明区、静安区为代表）。

2010 年 1 月，北京师范大学校长钟秉林教授主持了教育学部与北京市石景山区教育委员会合作共建"石景山区绿色教育发展试验区"的启动仪式，提出打造以绿色为发展理念和发展模式的石景山区教育，全面提升全区教育质量与水平，促进理论联系实际，提高教育科研和人才培养的质量与水平。双方约定在五个方面开展实质性合作：① 绿色教育发展规划；② 绿色学校品牌工程；③ 绿色教育名师工程；④ 绿色教育试验工程；⑤ 教育教学实践基地建设工程。2011 年，北京师范大学康永久教授、杜亮副教授、余清臣副教授的理论研究文章先后发表，成为引领双方合作的理论指导。随后，从 2012 年起，以《教育学报》《北京教育（普教版）》为主要载体的教育刊物陆续刊发了大量与此研究相关的文章，引发教育系统的广泛关注。2016 年年底，北京市石景山区委教育工委原书记叶向红在"绿色教育理论与区域教育改革实践研究"结题交流会上，对绿色教育理念及其核心内涵进行了阐述：

> "绿色教育"是实施"绿色教育发展实验区"项目的核心理念。"绿色教育"是一种隐喻，以"绿色"来隐喻一种尊重、理解与关怀每一个生命个体，遵循生命成长规律、认知规律和教学规律，尊重每一个生命个体的差异，努力唤醒与激发学生生命活力与发展潜能，促进每一个学生健康、和谐、可持续发展的教育。概括起来，绿色教育的核心是"三个尊重"，即尊重生命、尊重规律和尊重差异。②

早在 2003 年，上海市崇明县（目前已经改名为崇明区）就已经提出要推进绿色教育实践。这缘于时任上海市市长韩正对崇明经济社会发展提出的要求："崇明要建

---

① 吴继霞：《管理哲学绿色理念之探讨》，《苏州大学学报》（哲学社会科学版）2002 年第 4 期。
② 《绿色教育引领北京市石景山区教育绿色、健康、可持续发展》，https://www. ishuo. cn/doc/zqjxnnqf. html。

成经济快速增长,社会文明昌盛,产业结构合理,生态良性循环,环境优美的,与世界级城市相适应的生态绿岛。"在这一指导意见的引导下,崇明县教育局局长郁洪飞阐述了绿色教育的理念,提出区域性推进绿色教育。继而,在《上海教育科研》《上海教育》陆续刊发了系列文章,介绍崇明的绿色教育实践与研究。[①]

从时间上看,尽管上海崇明更早提出"绿色教育",但是由于行政色彩过浓、启动阶段的前期理论指导不足,故而给人感觉是北京的研究层次更高一些。但是,上海市静安区教育局 2016 年在《人民教育》杂志上刊发的《从"绿色评价"到"绿色教育"》一文,给人耳目一新的感觉。文章从两方面介绍了上海静安区的实践与研究成果:① 评什么(学生学业成绩的增量、学习过程方法的长效、学习生活的品质)、② 怎么评(降低高利害测验的负面效应、注重数据背后的信息解读、推动基于证据的行动提升),并提出了对于今后进一步引领"绿色发展"的几点思考。[②]

除了北京、上海之外,国内其他地区的一些中小学校推进绿色教育研究与实践,且陆续发表了一些论文或论著,取得了一定的社会影响力(见表 1-8)。

表 1-8 部分学校开展绿色教育研究情况

题 名	中文刊名	年份	作者	作者单位
推进绿色教育,关注生命成长	教学与管理	2015	刘凡荣	山东省文登市环山路小学
绿色教育理念:追寻本真教育	小学教学研究	2015	朱春雷	江苏省无锡市新安实验小学
坚持"立德树人"发展"绿色教育"	学校管理	2014	庞丽君	江苏省张家港市城北小学
"绿色教育"的办学思想与实践	教育导刊	2012	关耀强	广东省广州市第二十一中学
教育如何关怀人的生命?——基于"绿色教育"的思考	当代教育科学	2011	单新涛、唐炳琼	重庆市西南大学附属小学
创造绿色教育文化促进学校内涵发展	学校管理	2007	揭希望、黄长法	江苏省张家港市德积小学
绿色教育勃勃生机	长春教育学院学报	2006	丁国君	吉林省长春市西五小学

4.绿色教育的研究正走向多元

关于绿色教育,国内外主要有三种理解:其一是认为绿色教育就是环境保护和环境可持续发展教育,这种理解是从绿色的最基本内涵出发,所以也是绿色教育的

① 赵锋、栾兆祥:《绿色崇明绿色教育》,《上海教育》2003 年第 23 期。
② 上海市静安区教育委员会:《从"绿色评价"到"绿色教育"》,《人民教育》2016 年第 8 期。

最初内涵。其二是认为绿色教育就是呵护生命的教育,这种理解主要基于对"生命"的重视,一些地区把安全教育做得好的学校命名为"绿色学校"就是基于这种理解。其三是认为绿色教育就是激发活力从而实现可持续发展的教育。这种理解是对绿色教育内涵的深层挖掘,是绿色教育内涵的最新发展。以上三种理解都是绿色教育内涵的基本组成部分,这三种理解都凸显"绿色"的特征,但是又分别强调不同的侧面。[①] 面向未来,中国绿色教育应该在可能的含义范围以及国家社会与教育使命中寻找其社会与教育内涵。[②]

当前,随着党的十八大把"绿色发展"作为五大发展理念之一,中小学"绿色教育"研究愈发成为各个学校教育改革的共同关注目标。目前,对于中小学"绿色教育"的研究已经由最初的单一视角研究走向多种视角研究,包含了绿色管理、绿色课堂、绿色德育、绿色校园等研究,但"绿色教育"的全方位研究仍然显得缺乏。

二、概念界定

1. 绿色教育

绿色是生命的颜色、和谐的标志。"绿色教育"作为偏正结构的词语,可以简单理解为"绿色的教育",借用植物的"绿色",为教育赋予生命活力、健康、可持续生长等意蕴;"绿色教育"作为动宾结构的词语,可以理解为"绿色化教育",系相对于儿童教育中仍然存在的"不绿色"现象而言,意图努力改正之,使其"绿色化"。

结合教育工作实践与研究,上峰中心小学提出:

① 绿色教育是基于对学生个体生命的尊重,是顺应儿童发展规律,对现有教育实践进行梳理、改进之后形成的更为协调、更为健康的教育。

② 绿色教育倡导共存共生,其实践目标在于引导每个孩子健康自由成长,激励每位教师有效工作、幸福生活,实现学校持续协调发展。

③ 绿色教育秉持一个核心理念、关注两大实践领域、构建三个保障系统。"一个核心理念"即健康、可持续发展的理念;"两大实践领域"即文化课程的课堂教学实践领域、活动课程的综合实践领域;"三个保障系统":绿色的学校治理系统、绿色的师生人际环境系统、绿色的教育质量评价系统。

2. 学校改进

改进意为"改变旧有情况,使有所进步"。学校改进是一项复杂的系统工程,需通过有目的、有计划、有组织的变革,使学校向着理想方向发展。所有的学校改进都包含学校改革,但并不是所有的学校改革都能够实现学校改进。

---

① 《探索绿色教育发展推进绿色社会建设——我校与石景山区合作共建绿色教育发展实验区》,《北京师范大学学报》(社会科学版)2010年第2期。
② 余清臣:《绿色教育在中国:思想与行动》,《教育学报》2011年第6期。

学校为了提升儿童全面发展品质的目的,利用促进教师专业化成长、增强学校变革能力和可持续发展能力等策略,通过持续的、渐进的变革,实现学校教育的全面改进,这个实践过程就称之为"学校改进"。明确目的、利用策略、把握过程、实现改进是学校改进的四个关键。

第四节　研究方法与研究过程

一、研究方法

1. 文献研究法。通过对国内外有关文献资料的收集和研究,借鉴前人、国内外学校相关课题的研究成果,找到新的生长点和支撑性理论,有针对性地制定研究策略,科学地开展课题研究。

2. 个案研究法。对照支撑性理论,要求参与课题研究的教师根据"绿色教育"理论和计划,对教学实际中的案例进行分析与研究。

3. 调查法。在实施课题阶段,对被实施此课题之前的本校各年级学生采用问卷、测试方法进行调查研究,并根据调查结果及时调整相应的实践策略。

4. 经验总结法。在教学实践和研究的基础上,根据课题研究重点,随时积累素材,探索有效措施,总结得失,寻找有效方法提高课堂教学效率和提高学生实际运用、实践能力。

二、研究过程

第一阶段(2011.2—2011.10):课题准备阶段

对课程进行需要评估,制定课题研究方案,构建研究网络。重点是组内子课题研讨、典型引路、积累拓展、写好子课题方案。

第二阶段(2011.10—2015.6):实施阶段

重点是主课题调控,定期开设展示课,组织每年一次的阶段性汇报。

第三阶段(2015.7—2016.12):总结反思阶段

整理研究资料,汇总研究成果,撰写研究报告。开发绿色教育课程,编制绿色教育校本教材,实施总结与评估,申请结题鉴定。重点是总结研究成果,提炼经验,开发资源,探索本课题研究的评价体系及其推广应用价值。

第二章　携手绿色，执着前行

第一节　从观察走向实践

学校究竟应当如何发展？农村学校究竟应当如何发展？在义务教育日益成为全民关注热点的今天，在均衡发展、特色发展、优质发展、素质教育、依法治教等热词已广为社会所熟知的今天，农村学校的发展一度处于迷茫之中。面对整个社会对于学校发展的关注与评价，面对各种媒体上汹涌而至的学校宣传，农村的许多学校一时间处于不知所措的境地。为了显现出自己的学校也是"好样的"，于是，频频走出去、请进来，采用拷贝的方式，试图把聚光灯下"优质学校"的一些做法移植到自己的学校中来，以体现自己"跟得上形势"。笔者多年从事学校管理工作，对此情况略知一二。从农村学校校长的视角来看，究竟是怎样的情形呢？

一、农村学校被动发展

农村学校如何发展？长期以来，许多教育管理专家对此心存疑惑，常常从各自理解的角度去思考。工作实践中，区县教育主管部门如何设法引导、推动农村学校发展？在近十年左右的时间里，南京市江宁区教育局先后举办过多期"校长发展班"，培养了一大批副校长、校长，一些农村学校校长被频频调整。新校长往往来自校长发展班，往往来自城区学校，或者曾经在区外、市外、省外名校挂职锻炼过。如此进行的重大人事调整有何利弊？对于采取这样的措施，可谓仁者见仁、智者见智。从全区的教育行政管理角度来看，这种调整可以最大限度地确保校长们对于上级教育行政部门的各项指令更加重视，执行更加到位。相比较而言，那些从农村学校普通教师岗位上逐步成长起来的新校长或许得到本校师生的认同，但是，由于他们缺乏足够的培训，常常在许多方面显出不尽如人意的地方。试举两例。

例一，新校长接受任命。暑假中，某学校的副校长即将接受晋升任命，于是，学校的全体干部在小会议室内济济一堂，围坐在一起，一边闲谈一边等待区教育局干部前来宣布任命。区教育局的两位同志走到小会议室门口的时候发现:会议室内仅有数位中层干部起身表示欢迎,即将晋升的新校长坐在主位上,根本没有站起身的意思;会议室里仅在非常偏僻的角落里有两个座位空在那里;整个会议室内烟雾缭绕、议论纷纷,毫无安静下来的迹象。于是,区教育局的两位干部径直去校长室,请新校长谈了一会儿之后重新进入会议室,正常宣读任命文件,迅速结束了这一次非常奇葩的短暂会议。这个例子之所以说是"非常奇葩",是因为这位即将晋升的校长显然缺乏最基本的职场礼仪,显然是严重缺乏应有的岗前培训。这些年里,偶尔出现校长履职中的荒唐行为,诸如"在教师表达诉求时竟然一直将两只脚架在办公桌上"的现象,体现出亟须对校长任命给予足够的重视,校长任职前亟须进行全面培训和综合考核。

例二,校长对局长的倡议置若罔闻、阳奉阴违。2014 年 5 月份,涿鹿县教科局郝金伦局长主导全县中小学开设实验班,开启"三疑三探"课堂教学模式;2016 年 7 月 12 日,郝局长辞去县教育和科技局局长、党组书记等职务,"三疑三探"课堂教学模式便偃旗息鼓。这个极端案例告诉我们,局长的呐喊,得不到基层校长的广泛支持,得不到广大家长的热烈拥护,注定是要以失败告终的。这些年来,我们身边也频频出现此类例子:局长一直在呐喊推进高效课堂教学模式,要求学习杜郎口、创立自己的教育模式,结果发现响应的声音很响亮、落实的行动很虚无。[1] 城区一些资深校长拥有较为清晰的教育管理思想,有自己的理念;农村学校的许多校长自觉难以实现局长的要求,基本没有落实的行动。面对这样的情形,局长大力推进"换人"策略,借以推动个人教育梦想的实现。

经过局长连续数年的"换人"行动,广大校长渐渐理解到尽力贯彻局领导意图的重要性。但是,这也带来了另一个严重的问题:本该是"思想者"的校长不会思考了、不敢思考了,"应声虫"反而成为系统内的宠儿。于是乎,上级命令得以迅速贯彻到基层,一批又一批校长和骨干教师兴高采烈地前往外地、外国取经,学习"新理论",试图树立自己的教育品牌,却往往由于缺乏因校制宜的考量,导致执行中屡屡出现不和谐的现象;于是乎,学校的发展仍然在继续,只不过被"拖动"、被"牵动"、被"驱动"的情形多了起来,盲目发展、茫然发展成为无可奈何,自主发展、主动发展的动力严重缺乏成为现实中不可回避的新问题。在这种情形之下,谈论学校的发展规划、学校发展思路、学校发展愿景,都成为一种不切实际的奢望,由此带来教育者自欺欺人的悲哀。

可以说,近十年来的江宁教育亮点多多,新的概念、新的举措、新的成就频频亮相于报纸、网络、电视、杂志,然而,瑕疵依然存在于显著位置,且难以遮掩。广大学校,尤其是农村学校为应对上级要求而"被发展",是导致全区教育发展滞缓的重要

---

[1] 本书作者孙军,当时也是在任校长,持续倾心于教育管理研究,个人也曾三次实地考察杜郎口中学。对于此类树立起来的所谓品牌学校,作者表示理解、敬佩,但始终不敢苟同其教育管理的实践主张。

因素，也是全区教育难以承受的沉痛教训。

二、一位农村小学校长的教育理想

来到上峰中心小学之前，彭高林校长曾经在农村和城区的初中学校、九年一贯制学校任职，属于"教而优则仕"的一类人，积累了丰富的教学和管理经验，逐步成为一名校长。正是因为"见"的较多，自然也就产生了更多的"识"，故而对于校长履职有了自己的理性认识，对于如何领导一所学校稳健发展具有自己的见解。电视连续剧《人间正道是沧桑》里的主人公瞿恩有一段话："理想分两种，一种是经过自身的努力可以实现的理想，另一种是经过自身的努力而可以让他人实现的理想。"在现实中，彭高林校长的教育理想属于哪一种呢？用他个人的话来说，就是：我很感恩给我机会统领一所学校，我期望这所学校在我的带领下持续健康发展；但是，我更注重学校的长远发展，通过我的努力，为学校在教育的道路上持久发展奠定良好基础，是我最大的心愿。

近年来，围绕"成功与我"的话题，产生了多种不同的回答，诸如：成功必须在我、成功必须有我，这是两种完全不同的境界，在实践中表现为两种截然不同的工作风格，体现出不同的执政理念。作为一名有思想、重业绩、讲担当的校长，拥有"成功必须在我"的政绩观无可厚非，但是"成功必须有我"的境界显然更胜一筹。因为，后者更加注重科学发展、可持续发展，用上峰中心小学的热词来表述，就是"更加注重绿色发展"。彭高林校长一直从容履职在这一种境界里，故而可以发现：彭高林校长作为一个热爱运动、开朗活泼的中年人，更具人情味，他所引领的教育实践更加受到广大师生和家长的欢迎。《学记》曰："亲其师，信其道。"有主见、善思考的彭高林校长正是由于得到大家的拥护，他的教育理想、教育主张才得以稳妥实现。可以说，若干年以后的上峰中心小学发展状态能够比目前更加出色，其中也必然凝聚有彭高林校长这些年来的辛勤付出。

三、以创建策动学校稳健发展

学校要发展，这是每一位校长、每一位教师都知道的硬道理。但是，如何才能发展得更好？质量优先？或是速度优先？这关涉到每一位校长的政绩观。这些年来，我们见过一些学校，见过一些校长，他们如同昙花一现，或者如同夜空中的流星，短暂地绚丽后很快归于沉寂。更有甚者，在短暂的虚假繁华之后，给学校留下了满目的疮痍和难以抚平的创伤。曾经，区教育局主要领导采用郝金伦局长[①]同样的方式，

[①]　郝金伦，原河北省涿鹿县教育和科技局局长，主导全县中小学开启"三疑三探"课堂教学模式，后被全面叫停，2016年7月12日正式辞去领导职务。

聚集全区中小学校一起观摩、研讨、推进高效课堂的"×××模式"。近十年的时间转瞬即逝,学校的发展尚未重新回归到正轨上来,"邯郸学步"后遗留的伤痛还在等待时间的舒缓。这一段时间已经显得太长太长,留给了我们足够的反省:为什么违背科学的行为得到大力倡导,遵循规律的行为却得不到有力的支持? 其背后的原因很复杂,其实也很简单:追求个人政绩的强烈欲望遮蔽了领导者的视听和思维,一些所谓专家对"皇帝的新装"的追捧使其学术道德的缺失暴露无遗。同时,一些最为基层的管理者、研究者诸如叶平先生、骆平山先生、周飞虎先生,坚信教育规律、执着于辛勤教育,在各自的领域中坚守,给社会留下了众多的宝贵财富。毫无疑问,彭高林校长也算是极为普通的、最为基层的、最为朴实的一名管理者,也是一名坚守教育规律的良知教师。其时,更有大量的教育行政干部、基层校长理性地认识到教育规律的重要性,也清楚地看到教育规律被无情践踏,但迫于压力或是出于自保心态,他们多以看客的心理审视这一切,期望尽自己的能力在自己的施政空间里确保理性、遵循规律。

一直以来,社会上流传着这样一句顺口溜:"大发展、小困难,小发展、大困难,不发展、最困难。"正是在这样一种思想的左右下,一些学校设法把发展的动静搞大、能搞多大就搞多大,根本不用担心吹牛过头栽跟头。于是乎,"××模式"相继出台,"××教育"的口号满天飞,一时之间,国内、省内众多校长成为教育家,成为手握话筒的鼓吹者,更有媒体推波助澜,全力开动机器,搅动满池春水。这种教育改革的"大好局面"在国内的众多地区成为一道亮丽的风景,似乎教育改革确实已经取得了翻天覆地的巨大突破,给人以中国教育已经屹立于全球之巅的假象。在全区上下都在热火朝天"大跃进"的时候,上峰中心小学在干啥呢? 和一些兄弟学校一样,上峰中心小学的老师们在睿智校长的领导下,踏踏实实地教书育人。他们以热热闹闹的外显形式,扎扎实实地开展契合学校实际的创建工作,以任务创建策动农村学校稳健发展。之所以扎扎实实、不去弄虚作假,是因为他们知道自己必须兢兢业业地工作,靠自己的辛勤劳动为学生的发展做一点力所能及的贡献;因为他们知道,在群情振奋的大潮里,只有同步呐喊,做出努力发展的态势才能被认可为"合流";他们也同样知道,必须利用机会、结合实际、积极创建,才能为自己的学校赢得一些应有的支持和帮助。所以,我们发现,这些年来,上峰中心小学先后创建成为南京市绿色学校、江苏省绿色学校,围绕绿色教育这个主题,通过心理咨询室、随班就读资源教室、校车试点、社会实践项目试点等项目的参与和建设,将学校发展、教师发展、学生发展巧妙地联合起来,共同取得了长足的进展。

秉承绿色教育理念,冷静地观察、执着地实践,因校制宜、立足实际,以创建任务为阶段性发展目标,徐图进取,推动师生稳健发展,成为上峰中心小学近年来教育实践的真实写照。

第二节 在实践中学习

农村学校的发展，到底是"行"而后"知"，抑或"知"而后"行"？其实，作为学校来说，大可不必纠结于这个问题的答案，犹如不必纠结于"先有鸡，还是先有蛋"的问题一样。在学校的发展中，"知"与"行"必然是相互交错的。

上峰中心小学倡导并实践绿色教育，也很难界定源于何处，只能说是在实践中有了想法、有了顿悟、有了实践、有了研究，顺其自然，发展到了如今的境界。如果一定要追寻一个模糊的源头，那应是从学校创建绿色学校开始，就逐步与"绿色"结下了不解之缘。

一、绿色学校的创建之旅

"创建"一直是上级教育主管部门引导和推动基层学校发展的重要手段：下达创建任务，然后围绕创建进展进行考核、评价、纠偏、表彰与奖励，以此确保中心工作的有效实施，确保亮点工作的有效开展。2001 年，时任校长笪鸿明主导学校创建成为南京市绿色学校，2004 年复评时被认定为"南京市绿色先进学校"，得到南京市教育局、南京市环保局的肯定，为学校今后围绕"绿色"持续发展奠定了良好基础。在上级部门的鼓励下，初尝创建甜头的上峰中心小学领导和教师决心在创建道路上立下一个中期目标：创建江苏省绿色学校。显然，这个目标的实现还需要很长时间的持续努力，好在笪校长和继任的马本祥校长对此有着清醒的认识。为了达到这个目标，他们开始了持续的学校改进和一次又一次的项目创建。

2008 年，以绿色学校创建为亮点，上峰中心小学在马本祥校长的领导下以高分通过"南京市现代化小学"的验收，标志着学校在创建发展、内涵发展的道路上，整体并进，迈出了可喜的一大步，也标志着学校综合办学水平的显著提升，学校在"生态化、绿色化、精品化"的发展道路上又一次取得了显著成绩。

彼时，教育资源相对紧张，区教育局提出了"让跑得快的穿好鞋"的激励政策，鼓励学校开展办学竞争，通过创建活动促进发展。借此东风，马校长带领学校一鼓作气，于 2012 年创建成为江苏省绿色学校。[①] 2016 年年底，继任的彭高林校长适时提出了创建国际生态学校活动。

回顾绿色学校的创建旅程，实际上就是学校的学习过程、发展过程。学习、思

---

① 《关于公布江苏省第十一批绿色学校（幼儿园）名单的通知》，http://www.jshb.gov.cn/jshbw/xcjy/xcdt/201204/t20120402_193195.html。

考、实践、研究相互交融，带来了学校的持续稳定发展。

二、精心创设绿色环境

校园的环境建设是学校的基本建设之一，更是学校精神风貌的反映，也是学校个性的体现，是调动师生积极性、办好学校的重要条件。绿色化、知识化、趣味化的校园布局，洁净、明亮、优雅的教学、办公用房，图书馆（室）及其附着于其上的新鲜、活泼、醒目的各种装饰字画、校园雕塑、壁画等，这些都以动人的形态反映深邃的思想内涵，陶冶人的情操，培育人的灵感，启迪人的智慧，提高人的审美情趣，揭示生命的价值和意义，使学校成为学生成长的理想场所。

因此，学校把建设好绿色校园文化作为教育教学改革的主打课题，把"让每一处地方都充满绿色"作为宗旨。以"优美、丰富、活动、进取"为基调，着力创设校园文化的精品，奠定班级文化建设的外部氛围。学校对校园的环境绿化进行设计布置，整个校园处处绿意盎然，生机无限。目前，学校绿化面积已达5000平方米，绿化面积占绿化用地的100％。2008年，学校又在草坪中铺设了人行道，在树荫下摆放了读书凳，给学生提供了优雅、自然、和谐的读书环境和休息空间。2011年上半年新建的塑胶运动场集教学、娱乐、锻炼等各项功能于一体，周边大树成荫，茂密如林，给人以布局合理、美观怡人之感，成为学校一处现代化的"人造景观"。那飞向蓝天、驰骋海洋的汉白玉雕塑给学生以激奋；各种宣传标语给学生以教育；草坪中的和平鸽昭示着和平的可贵；美丽的仙鹤、灵动的山羊、可爱的长颈鹿让学生感受到大自然的美丽与纯真；墙壁上的科学家、领袖人物画像给人以启迪；"环保之窗"、"市花、市树、动植物"专栏，向学生和家长科普着知识；高大树木上搭起的人工鸟巢突出了人与动物间的和谐；"绘画、书法长廊"给学生展示创造力的平台；花坛中插入了学生自己设计的爱护标牌，给校园的每一处景观起名、挂牌等显露了学生聪明和智慧……大型瓷砖画比赛、演讲比赛、歌舞比赛、书画比赛、读书写作等活动展示了学生的个性和特长；在德育方面，学校坚持一学期一主题、一月一方面、一周一重点，发挥了绿色校园文化的作用，让校园成为一部无声的充满魅力的书，让学生潜移默化地受到教育感染，达到了"此处无声胜有声"的教育功效。

三、着力实施绿色管理

通过创建绿色学校的活动，学校要求全体教师要做到"四个明确"：一是明确创建省绿色学校的重要意义。绿色学校的创建、提升涉及学校工作的方方面面，通过创建绿色学校，能够进一步增强师生的环保意识，促进学生综合素质的全面发展，是一项很有意义的工作。二是明确创建绿色学校与学校素质教育的关系。认识到创建绿色学校是推进素质教育的一个重要载体，是素质教育的重要组成部分。三是明确创建绿色学校对实施可持续发展战略的重要意义。可持续发展是我们国家今后一段时间内的重要战略，通过绿色学校的再提升，培养具有环保意识的人才，是实施这一战略的重要组成部分。四是明确自己在创建绿色学校中的地位。创建不是目的，它是一个发展的过程，更是一种内涵的提升。

为了有效地保证绿色学校创建工作顺利展开，学校成立了以一把手校长为组长，主管副校长为副组长，德育主任、后勤主任及年级组长、大队辅导员为成员的学校绿色教育工作领导小组，形成了多层次、全方位的工作管理体系，对学校进行绿色管理，为学校创绿工作的开展和各项措施的落实提供了有力的保障。学校不仅把创建"绿色学校"写进了学校"十一五""十二五"规划中，更是写进了各部门、各条线的工作计划中，写进了每个教育工作者的教育思想中。领导小组负责制订计划，期初以目标任务的形式把"绿色教育"工作下达给各部门、各教师，并指导、督促、协调检查和落实各项创绿工作。为了使创绿工作各项措施落到实处，学校根据国家有关环保的法律法规，结合学校实际，先后制定了一系列规章制度，并加大了监督考核力度，力求做到完善管理制度。学校绿色教育领导小组在"创绿"工作中采取了"校长统管，责任到人"的工作方式。将各项工作任务的完成情况与教职工每学期的评优、晋级、量化考核直接挂钩。

绿色管理，重要的是制度在师生心中的内化。在教师管理上，积极启动校内人事制度改革，增设"年级段主任"，通过老师工作的双向竞岗，让教师做愿意做的事、选择自己满意的管理人，这样比较好地调动了学校全体人员的工作积极性与遵守制度的主动性，将制度内化为素质。在学生的管理方面，学校德育处、少先队充分运用绿色理念来指导工作，精心设计班级小干部竞岗、在学生中实施"千人千岗"工程，初步形成了"人人有事做，事事有人管"的积极向上的良好氛围，在平时的卫生、纪律等常规管理、检查中，通过学生的自主管理，使得学校的卫生、纪律等面貌发生了极大的变化，学生们个个都真正成为学校学习的主人、管理的主人，再也不能允许有不文明的现象发生。学生变得更"真"，学校变得更"绿"，各项工作开展得更加井然有序。

四、倾力打造绿色课堂

学校是学生获得知识、形成价值观、养成良好习惯的重要场所，学生在校的生活约占学生每天生活的1/3，学校教育对学生的影响是显而易见的。因此，通过"绿色教育"来向学生传递可持续发展思想显得尤为重要。学校根据学生的具体情况，因材施教，通过多种途径，采用多种方法，使"绿色教育"从课内延伸到课外，从校内延伸到校外，让绿色教育真正落到实处。

学科教学中的渗透是绿色教育的主渠道。为此，学校拟订了各年级各学科的渗透要点，使教师在课堂教学中能有意识地对学生进行绿色教育，使之从个别师生的活动走向全体教师对学生全方位的教育活动。坚持"普遍渗透、有机结合"的原则,如课本中涉及环保方面的知识,要求老师一定要讲透,而不是仅仅"讲过"。除在科学、综合实践等环境教育主要科目开展外,还在语文、数学、品德与生活、品德与社会等科目及课外活动中进行渗透教育,如在对学生进行爱国、爱人民的思想品德教育时,学校就通过不断深化学生对人民对祖国的爱变成对人类、对大自然的爱,从而牢固树立学生崇高的环境道德观念。同时,在课堂教学中,逐步变以往单纯的环境渗透教育方式为渗透与研究性学习相结合的方式,进一步提高了学生的知识水平和解决问题的能力,取得了较好的效果。

为了让"绿色教育"真正落到实处,校长室、教务处、德育处及教科室有关领导带领教师群体,认真准备材料,设计教材内容,编写优质教案。经过较长一段时间的准备、整理和编写,低、中、高三个年级段的校本教材《上峰中心小学绿色教育读本(上、中、下册)》成功投入使用,且在 2010 年被评为"南京市优秀校本教材三等奖"。2011年 2 月,新学期开始,学校又特邀善于进行手工编织的退休老教师皇甫志扬,每周四教学生利用废旧物品进行绿色环保手工制作,并将此课程定位为第二类校本教材进行研究和试行,学生对此课程表现出了极大的兴趣。学校安排了教学时间,利用校本教材进行授课,不仅丰富了学生的课外知识,增长了学生的动手技能,同时增强了学生的绿色观念。

加强特色学校建设,是学校内涵建设的必然要求,也是提升学校品位的重要举措。而特色建设,必须用理论来支撑、指导。为此,2007 年 4 月,学校承担的市教育学会课题"乡村小学绿色教育的实践与研究"顺利开题,80%以上的教师参与研究,同时有 17 名骨干教师确立了自己参与研究的子课题。教师们以研究的内容为目标,以研究的步骤为着力点,以资料积累为抓手,一步步向前推进,坚持特色建设"进人心、进环境、进教材、进课堂"。

学校还在 2011 年上半年相继启动了"南京市示范心理咨询室"、"无烟城市项目学校"的创建工作,这两项创建工作的启动和开展,直接有助于净化儿童学习、生活环境,直接有助于儿童心理健康成长,也成为学校创建省绿色学校的强力支撑。

五、积极开展绿色教育综合实践

1. 提升儿童的环保意识

为了使每个学生都成为生态环境保护的使者,学校近几年来非常重视学生的绿色体验活动,让学生在丰富多彩的活动中感受绿色教育的重要,从而提升学生的环保意识。

一是进行花木种植养护,让绿色小苗伴随成长。为了使校本教材的内容落到实处,也为了使学生的植绿、爱绿、护绿落实到位,更是让学生将所学技能充分发挥,且与绿色教育特色相结合,学校特地将教学楼的第二、三、四层上所有的走廊花槽和各教室前的花槽分配到中高年级各个班,再由班级分组进行种植、养护。有的栽花,有的种菜,还有的播种,多品种的植物长势喜人。随后,又将综合楼后面、食堂前面的两块空地开垦出来,分给相应的班级进行种植、管理与研究。孩子们为自己的花草立标牌进行养护,同时还能做好养护的观察与体验记录,充分体现了学生多感官参与,全方位思考,怡情养性的个性化发展。此举不但美化了校园,还培养了学生的动手和写作能力,更为学生的成长增添了一抹亮丽的色彩。

二是结合重大环境教育纪念日开展绿色教育活动。如在3月12日植树节前后,开展"绿色在我心中"书画比赛,发动学生在自家房前屋后栽树种花,并以村为单位进行评比;结合3月22日世界水日,在学生中开展水资源保护知识竞赛;在4月22日地球日,进行了全校性《绿色家园》瓷砖画比赛;结合每年6月5日世界环境日,在高年级学生中进行"我的家乡的环境污染与诊治对策"的调查与研究等,让学生参与社会的环境教育与宣传活动。

三是围绕环保主题开展丰富多彩的少先队活动,如"校园植物挂名及树木、草地领养活动",学生们在为树木挂牌的同时,通过翻阅资料来认识植物、了解植物、培育植物,这样的过程不仅使学生增长了生物知识,增强学生的社会实践活动能力,还使学生更加爱护花草树木,增强学生的合作意识。"我为校园添新绿"、"我们只有一个地球"、"我是环保小卫士"、"绿色的呼唤"、"绿在我心中"等系列中队主题活动的开展,让学生在活动中亲身体验,备受教育。同时,学校还利用国旗下的讲话、集体晨会、广播站、橱窗、黑板报等定期开展绿色教育方面的宣传,对学生在校的行为习惯提出明确的要求,编印了《学生在校行为规范细则》《学生文明礼貌细则》等,包括学生在爱护环境、卫生习惯等方面应养成的习惯,如不随地吐痰,不乱扔纸屑,不攀折花木,不浪费粮食,不随意涂抹,节约用水用电,要求每人准备小小垃圾袋等,使学生养成从小爱护环境、保护环境的习惯。形成人人争做"小伙伴、小卫士、小标兵、小主人、小帮手"的良好氛围。

2. 精心打造绿色教育活动文化

学校"努力培植德育文化特色,优化教育教学质量,创建文明、卫生、优美的校园"已成为师生的共识。近几年来,相继开展了多次大型的学生瓷砖画、演讲、歌舞、书画、读书写作比赛……丰富了校园文化的内涵,在绿色教育的活动中育人,在绿色教育的过程中育人,使学生受到了潜移默化的教育熏陶,成为一项有效的教育方式。

一是营造浓郁的读书氛围,让孩子们在大量阅读中丰富知识、开阔视野。为了充分利用家庭书籍的资源,2011年6月1日下午,上峰中心小学举行了主题为"乐在淘书、低碳阅读"的淘书乐活动。"淘书乐"活动是上峰中心小学德育处为了孩子们能过一个既充实又快乐的"六一"儿童节精心打造的一项活动。此项活动,旨在牵引着孩子们走进书的世界,为他们带来一个全新的阅读空间,此次"淘书乐"活动更锻炼他们的社会经验和生存技能,让他们响应国家节能减排、低碳环保的号召,了解开源节流、物尽其用的道理。

二是对学生多方位实施绿色评价。为了把绿色教育融入教学中,学校开展了一项新的创意活动:为孩子的成长进行绿色考级,并发给孩子相应的考级证书。先行的考级项目有:书法考级、普通话考级等。这样,随着评价项目的逐渐丰富,所有的孩子都能找到自己的闪光点,发现自己也有强项,不但使学生增强了对生活和学习的信心,也拉近了师生之间的距离,使师生共同生活和学习在一片"绿荫下",为学校"绿色教育"添砖加瓦。

三是因材施教,拓展"绿色教育"的外延。学校根据学生的具体情况,通过多种途径,采用多种方法,把"绿色教育"从课内延伸到课外,从校内延伸到校外。2010年7月,校园内新增两条橱窗宣传栏,共计42块,2010年暑假后期进行了布置,内容涉及近年来学校的特色发展、丰富多彩的活动、丰硕的成果等,成了校园一道亮丽的风景线。2010年暑期完成了上峰中心小学劳动实践基地的建设,并带领部分五年级学生进行了暑期劳动实践活动,让绿色教育真正落到实处。此后,学校还陆续与汤山街道污水处理厂、白象集团等单位牵手,建立校外环保教育基地,定期组织学生进行相关的参观及环保教育活动。

3. 实现环保教育向"绿色教育"的迁移

普及环境科学知识,开展绿色服务,发挥绿色环境熏陶人、教育人的作用,培养学生的环保素养,是学校开展绿色教育的既定目标。

一是借环保教育实现儿童的绿色教育启蒙。学校致力于打造绿色科技教育特色,营造了以科技为主题的校园文化氛围,给学生进行全方位的科学启蒙,培养学生的科学素养。为了激发孩子们学习科学的兴趣和探究科学的热情,丰富孩子的科技知识,学校充分利用校内外科学资源,开展主题综合实践活动。课堂上,孩子们在科学老师的带领下,围绕学校的科学设施进行主动深入的观察、研究、实验、探索,寻找身边的科学,发现身边的科学,从身边的科学开始慢慢学会创造。课外,一项项有趣的活动让孩子们兴致盎然。一年一度的校园科技节为孩子们搭建了一个释放想象与创造、展示自我的舞台,航模制作、手工制作、无线电测向、纸飞机制作、七巧板、科幻画比赛……琳琅满目的比赛活动给孩子们提供了人人动手、人人动脑的机会。科学的种子已悄悄地在每一颗幼小的心灵生根、发芽、长大……"一分耕耘,一分收获",在全体师生不断的追求与拼搏下,2010年,学校在科技教育方面取得了一定的成绩:省无线电测向比赛,80米男子团体第6名,女子团体第4名;2米男子团体第3名,女子团体第5名;80米个人项目,男子女子均第一,2米个人项目,男子第一,女子第四;区七巧板比赛中,低中高年级17人次获奖,纸飞机制作1人区级获奖,"省金钥匙科技竞赛"3人获奖。

二是开展绿色教育系列活动。学校在校外开展了"绿色社区行动",组织学生在社区宣传"讲文明、树新风、争做文明市民",宣传创建卫生模范城市的要求,成立社区小卫士队伍，散发传单，倡导文明新风并擦洗公共设施，清理"牛皮癣"，为文明社区环境改善贡献力量。学校近年来还与各社区联系，举办了"家长学校进社区"的家长教育活动，分地、分时、分批对家长进行各方面的教育，其中最为基础的就是环保方面的教育。

三是开展环保为主题的志愿者活动。学校开展了学生争当绿色环保志愿者活动，志愿者们自觉主动上街发放"共创环保卫生城，同享人居好环境"、绿色家园"十个一"工程等宣传资料，向过街行人广泛宣传绿色环保理念，营造全社会支持环保、重视环保、参与环保的良好氛围。同时，学生志愿者还在生活区的各个角落里捡垃圾、烟头、树叶，擦护栏、宣传橱窗等，为社区创造良好的生活休闲环境。我们让高年级的学生人人开展社会调查活动，为家乡的环境保护献计献策，我们在学生心中播下了一颗颗绿色的种子，一颗种子会长成一棵参天大树，千万颗种子必将撑起我们为之奋斗的绿色家园！绿色是春天的颜色，象征着活力，象征着希望，象征着生命，在全球倡导的"爱我家园，保护地球"和"为了可持续性的教育"理念引导下，"绿色教育"也被赋予了更多的内涵与价值。

四是将环保教育向培养文明行为习惯迁移。学校定期开展"革除陋习，天天环保"活动，队员们庄严宣誓，决心向乱扔垃圾、随地吐痰等陋习宣战，从我做起，并向亲人、邻居、社区居民进行宣传，共同告别不文明行为。这些活动均受到社区群众的一致好评。

五是将绿色教育向儿童社会化延伸。在假日里，一些孩子用废弃物品做成环保时装，进行环保时装秀，有的用各种废弃材料做成了实用的环保购物袋，配合国家发出的限塑令。部分学生还走进孤寡老人家里为他们打扫庭院，学生把自己的所见所闻和自己的环保创意用自己喜欢的方式表达出来，有的用充满绿色的画来设计未来的家园；有的把平日所见的破坏环境的行为用小品的方式表演出来，以警示同学和社区群众；有的把校园美化和社区治理的金点子奉献给大家。学生在这些主题活动中，实实在在地体验到作为校园主人和社会公民应担当的义务和责任。

绿色环保、生态文明建设是我们教育教学及生活中的一件大事，越来越受到政府和广大人民群众的普遍关心、重视。学校注重强化师生的绿色意识，努力建立优良的教育教学秩序，创造优美安定的校园环境，努力建设现代化的精神文明。我们坚持在教育教学以及其他所有工作的全过程中渗透绿色教育，形成了"绿色管理、绿色教学、绿色服务、绿色成长"等一系列特色理念，努力把绿色教育、绿色革命推向深入，为培养可持续发展人才做出更大努力。

第三节　在实践中研究

在各种考核与评价制度中，课题研究都占有一定的分值：学校的年度综合评估，要考核学校有没有课题、课题属于何种级别；先进学校评选，需要学校提供课题研究的资料；校长履职绩效评估，课题研究情况也是一个重要内容。这一切，使得校长们深刻认识到：课题研究很重要。不管采用什么方法，首先要确保"有课题"。如果能够"整一个"较高层次的课题，那是最好不过的事情了。或许，正是在这样的大环境之下，上峰中心小学也"走上了课题研究"的道路。与其他学校有所不同，这所学校的课题研究看起来更加自然，更加切合实际，并没有显著的人工雕琢的痕迹。

一、农村小学的课题研究启程了

近年来，江宁教育亮点多多，其中一个极为重要的原因就是区教育局高度重视教育科研，提出了"科研兴教"的口号，开展"教科研提升年"主题活动，以教科研促进学校发展。全面推动科学用脑、大力推动学校特色创建、积极鼓励学校建立"××教育"品牌，成为盛极一时的区域教育主旋律。在这样的氛围中，上峰中心小学如何发声、亮相，成为时任校长马本祥、副校长黄秋森所面临的一项极为重要的紧迫任务。几经思索与推敲，上峰中心小学着手围绕绿色学校的创建成果，提出"绿色教育"的概念，逐级申报研究课题。当时，黄秋森副校长在学校网站上留下的一段回忆，真实还原了当时的情景：

> 太阳花、菊花、辣椒、萝卜、莴苣、青菜、西红柿、大蒜、空心菜……这，并不是生长在田间地头，而是在我们学校孩子们教室前的种植园区里。你看：大大小小的西红柿开花了、结了，圆圆的、青青的；茄子开花了、结了，紫紫的；看到菜蔬、花儿生长，孩子们兴奋，见到它们枯了、死了，孩子们会难过，会思索为什么会这样。他们的心情，他们的劳作，他们的观察，都会写进那一页页的养护日记之中。成长是个过程，在这个过程中，孩子们倾注了自己的那片对生命的爱。"让花儿含笑，让草儿传情，让心儿绽放。"就在这点点滴滴的日常教育中，上峰中心小学的绿色教育实践悄然起航了。
>
> "绿色教育"这个概念最早是学校的黄秋森副校长在学校的创建活动中提出的。"快乐、立体、绿色、文化"，这是教育局潘章华副局长 2009 年 6 月对学校的评价。当时，我校绿色教育趁着"特色教育"的风潮，悄然开始，虽显稚嫩但展现出了新兴的生命力。学校对于"绿色教育"课题给予了足够的关注和探索，在

环境、活动方面的特色创建做出了尝试性摸索并走在了前列。然而不曾料到的是，学校遇到了瓶颈。对于它该怎样深化，怎样发展，怎样做出自己的特色，学校曾长久地徘徊，对自己所做的一切，都怀疑起来，甚至准备放弃了，另起炉灶。这块坚冰，横在学校的面前，阻滞了学校的发展。学校也翻阅了大量的资料，进行了一次次的研讨，也在反反复复地思索，却始终不得而解，停滞不前。

山重水复疑无路，柳暗花明又一村。打破僵局的，正是黄秋森副校长与潘章华副局长的讨论。在2008年学校创建市现代化小学的过程中，教育局领导一班人对学校教室前的花槽尤感兴趣。"能不能将这个天地放手给学生？让孩子们自己种植，想栽种什么，那就栽种什么。"这个创意对于学校来说，真是打开了另一个世界。一时间，师生们一齐上阵，栽植、浇水、除草、施肥、观察、记录，养护的过程给孩子们带来了乐趣。蔬菜收获了，孩子们分享成果；枯萎了，死亡了，找找原因，不气馁，继续栽种。在现场会上，与会的领导们对五(4)班的小养殖非常感兴趣。这是校内唯一的养殖区，水槽中，孩子们已经灌满了水，水面上有菱角叶、水草，水中小鱼儿、虾儿、泥鳅在嬉戏，水底螺蛳、河蚌也在缓缓爬行——这成为一个亮点。其实，这个水槽背北阴湿，一年四季没有太阳，一次次地栽花植草，却从来成活不了几天。开始，孩子们用花盆在里面栽植，屡试不成，后来的一次班会，秦培勇老师和学生们思维碰撞出了火花，就把种植改成了养殖。

每个学校都想走自己的特色之路，利用特色教育窗口，更有力地发展学校，发展自己。2009年是江宁区班集体建设之年，班集体建设有它共性的东西，也有它各自的特色。为了强力推动此事，区教育局以每月一个现场会的频率大力推进。上峰中心小学结合学校课题以绿色教育为亮点。在推行过程中，马本祥校长、李小兵主任在扎实做好日常工作的同时，努力在班级管理中寻找亮点、培植特色，成功召开了区级现场会，并且在现场会的中队主题活动观摩中，有三个辅导员给与会教师留下了深刻印象。第一位是老辅导员庞道寿老师，虽然他已经接近退休年龄，而他接受任务时，没有一句怨言，在形式上、内容上，时代的特点都有了很好的体现。第二位是在会上做经验介绍的葛圣娣老师，她带的中队是校内标杆之一。第三位是刚参加工作不久的张敏敏老师，事实证明，在陈道琴主任的帮扶之下，她组织的活动也非常精彩，个人得到了难得的锻炼与提升，受到了全区教育系统同行的肯定和支持。①

在这样一种背景之下，上峰中心小学着手开展了绿色教育课题研究。

---

① 黄秋森：《破局》，http://school. jnjy. net. cn/HTMLNEWS/83/5749/2009622152931. htm。

二、执着于目标，继续开展深化研究

教育，重要的是过程。转眼之间又是多少年过去了，回首往事，黄秋森副校长当时诗一般的言辞犹在耳旁：

让绿色文化浸润学校的一切；

拥抱绿色，染绿梦想；

柔一点，多一些春风化雨；文一些，多一些生命关注；宽一点，多一些个性张扬；活一点，多一些和谐宽容。

许孩子一个绿色的未来！让孩子像绿树一样，沐阳光雨露，经雨雪风霜，吸天地精华，取日月灵光，一天天自然快乐地茁壮成长。[①]

持续数年的区级课题、市级课题相继立项、成功结题，让学校的领导和课题研究参与者发现：农村学校的教师也是可以参与研究并有所成就的。获得成功的荣誉感、成就感进一步树立了他们的信心，于是乎，马本祥校长毫不犹豫地继续深入推进此类研究，以课题为学校发展的引导，以"绿色教育"作为学校的核心概念，系统推进学校全面发展，在实践中展开研究，以研究提升实践品质，将研究与实践交融共进，渐渐探索出学校发展的有效模式。

彭高林校长接任课题主持人之后，花费了相当长的一段时间熟悉和研究这个课题，诚恳邀请南京师范大学著名学者、教育管理专家张新平教授、程晋宽教授来校，

图 2-1　张新平教授、程晋宽教授指导课题研究

①　黄秋森：《破局》，http://school.jnjy.net.cn/HTMLNEWS/83/5749/2009622152931.htm。

与学校课题组全体教师一起深入研讨，进一步细化"绿色教育"等相关概念的解读，并对课题研究的后期开展做出部署。

三、对"育人为本"的校本思考

"育人为本，德育为先"是实施教育的主导思想。教育科学发展的本质要求，把育人为本作为教育工作的根本要求。人力资源是我国经济社会发展的第一资源，教育是开发人力资源的主要途径。要以学生为主体，以教师为主导，充分发挥学生的主动性，把促进学生健康成长作为学校一切工作的出发点和落脚点。关心每个学生，促进每个学生主动地、生动活泼地发展，尊重教育规律和学生身心发展规律，为每个学生提供适合的教育。努力培养造就数以亿计的高素质劳动者、数以千万计的专门人才和一大批拔尖创新人才。[①]

以上摘自《国家中长期教育改革和发展规划纲要（2010—2020 年）》（以下简称《纲要》）的话语，非常值得我们仔细、反复阅读。每每深入思考，总感觉文字之中蕴藏了极为丰富的内涵。

1. 把育人为本作为教育工作的根本要求

"育人为本"体现了教育科学发展的本质要求。一直以来，我们作为教育工作者，常常把"教育"一词进一步解读为"教书育人"，然后又常常纠结于对"教书育人"的理解：意在教书与育人并重，或是通过教书的途径来达到育人的目的？

古文字的"教"字，右边像人手持教鞭（或棍棒），左边一个"子"表示儿童，"子"上的两个叉代表算术的筹策（小木棍或草秆），所以"教"字的本义为督导儿童学习，引申为指导、培育、训诲等义；[②]《说文解字》则将"育"解读为"养子使作善也"。"教"是一种行为，而"育"则带有显著目的。故而，"教育"的根本在于"育"，这是毫无疑义的，"教"只能是一种手段、一种途径，且不是唯一的途径。多年以来，我们常常听到广大父母的言论：我要尽到职责，为孩子提供良好的教育条件，使之健康成长。教师们也有类似言论，似乎都没有功利心蕴藏心中，都是完全是为了孩子着想。其实，

---

① 《国家中长期教育改革和发展规划纲要（2010—2020 年）》，http://www.moe.edu.cn/publicfiles/business/htmlfiles/moe/moe_838/201008/93704.html.

② 《说文解字："教"》，http://www.confucianism.com.cn/html/hanyu/5552586.html.

"育"这一字,真正道出了"教"的目的所在:使作善也。《纲要》的明示,毫不避讳地直接道出了最近这些年来我们广泛开展的素质教育、大力倡导的教书育人的最终目的指向:育人。

2. 教育是开发人力资源的主要途径

《纲要》明确指出:人力资源是我国经济社会发展的第一资源,教育是开发人力资源的主要途径。国家要发展,民族要进步,人民要幸福,必须充分开发人力资源。尽管自古以来就有"王侯将相宁有种乎"的说法,但是,各人遗传素质有别,成长环境有别的情况一直客观存在。作为教育工作者,就是要设法因材施教,把学生培养成才。多年以来,我们一直通过学生的考试成绩来衡量学校的教学质量,这种观点还将持续很长时间。但是,《纲要》告诉我们:我国的人力资源培养目标并非同质化,而是多元的,可以简单区分为三类:数以亿计的高素质劳动者,数以千万计的专门人才和一大批拔尖创新人才。从服务人力资源开发的角度出发,将会给我们带来更为贴切的教育评价。不同学段的学校,其本质正是人力资源生产过程中的一道重要"工序",只不过,我们的对象不是简单的"物"、静态的"物",而是活生生的、有思想的、具有主观能动性的"人"。对此,我们不必避讳。也正是因为如此,我们才要从每个儿童的终身发展、健康成长出发,绿色实施教育、实施绿色的教育,尽力不要让儿童在我们各自从事教育工作的学段产生瑕疵,阻碍其后期的健康发展。

3. 把促进学生健康成长作为学校一切工作的出发点和落脚点

2014年,我国15岁到64岁之间的人口下降了160万,占该年龄段总人数的0.2%,为10.04亿,是20年来的首次下滑;据联合国预测,未来25年中国60岁及以上的人口将增加一倍,达到4.31亿。到2050年,中国60岁及以上的人口占总人口的比例将从2015年15.2%升至36.5%。不断下滑的出生率意味着适龄劳动力正变得越来越少,势必阻碍经济发展并快速推高薪酬,导致公司将工厂迁至亚洲和其他一些成本较低的国家。[1]

按照国家人力资源和社会保障部的测算,20—59岁就业年龄组人口将在2020年达到8.31亿峰值。到那时,我国的人口红利将完全消失。[2] 在劳动力人口快速下降的背景下,如何保证每一个未来的劳动者都能够健康成长起来,能够正常走上工作岗位,确保拥有更多的适龄劳动力,显得尤为重要。目前,国家已经着手延长劳动者退休年龄,可以预见,将来缩短普通教育年限,让更多的年轻人可以适当早一些走上工作岗位,这样的措施出台并非没有可能。

---

[1] 《三张图看清中国为何全面放开二胎》,http://finance.sina.com.cn/world/20151030/131923631691.shtml。

[2] 耿雁冰:《就业年龄人口2020年达到峰值》,http://www.hr.com.cn/p/1423406520。

中国劳动力人口在减少
15—64岁人群的每年变化

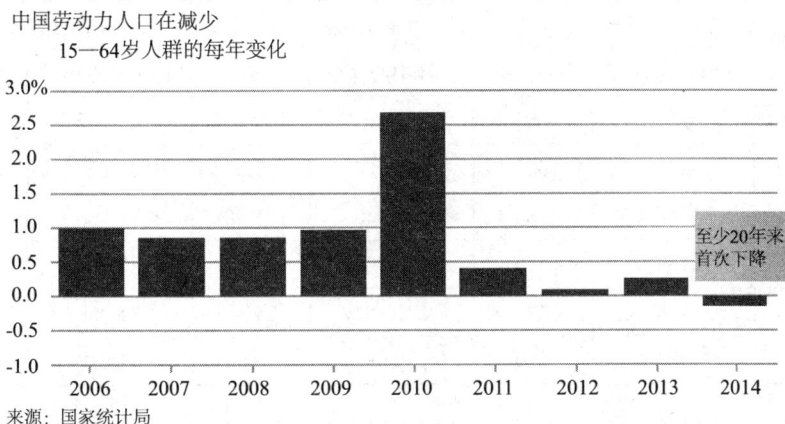

来源:国家统计局

图 2-2 中国劳动力人口变化①

在这样一个宏大的背景之下,义务教育学校实施绿色教育,把促进学生健康成长作为学校一切工作的出发点和落脚点,直接契合了我国目前发展形势的需要,于生、于校、于国都是极为贴切的。

4. 以绿色的方式为学生提供适合的教育

"以人为本"这个词,近年来受到较高频率的关注。在上峰中心小学这所农村学校里,这个"人"到底是谁?不同的视角、不同的理解,带来了对学校发展的不同考量。

这个"人"必然是学校教育的利益相关者:包括学生、教师、家长、社区群众、上级教育主管部门领导、政府官员等。显然,作为"本",不可能是他们的全部,而应当是他们其中某一类人。从各种文件、培训活动中来看,这个"人"应当是学生:以学生为本,这是毫无疑问的。这就要求我们重点关注儿童的健康状况、道德发展、智力发展,这就要求我们遵循儿童的成长规律,将儿童当作活生生的"人"来看待,而不是仅仅把他们当作花朵、小树苗来看待。从这个视角出发,学校的发展必须以儿童为中心,围绕儿童的真实现状来展开。这些真实现状包括学校规模、班额、儿童健康状况、父母学识、家庭教养方式等情况。只有了解这些状况,才能够说:我了解自己的学生,我因材施教。

表 2-1 上峰中心小学及城区 D 小学的儿童身高及体重数据比较

入学年份	生数(人)		身高均值(cm)		体重均值(kg)	
	上峰中心小学	D小学	上峰中心小学	D小学	上峰中心小学	D小学
2011	156	615	152.083	155.321	47.179	48.522

① 《三张图看清中国为何全面放开二胎》,http://finance.sina.com.cn/world/20151030/131923631691.shtml.

入学年份	生数(人)		身高均值(cm)		体重均值(kg)	
	上峰中心小学	D小学	上峰中心小学	D小学	上峰中心小学	D小学
2012	141	591	143.802	148.206	41.345	42.242
2013	162	606	141.068	142.676	37.259	38.176
2014	168	558	133.048	135.962	31.798	33.310
2015	189	439	126.635	130.787	27.799	29.367
2016	168	439	121.286	124.511	24.869	25.890
总计	984	3248	135.687	140.861	34.553	37.188

从表2-1可以看出，儿童之间的城乡差别是非常显著的：与城区D小学的儿童相比，上峰中心小学儿童的身高、体重都要明显低了很多。在必须年满六周岁才可以入学的统一招生政策背景下，儿童的在校年龄状况是基本相同的，而身高、体重的数据差异如此显著，农村儿童显著要比城区儿童要低、轻，能够给我们的解释就是：农村儿童的营养状况明显弱于城区儿童。而作为教育者，必须明白：这种幼年、童年时期的营养状况，一方面体现了他们家庭饮食的区别，另一方面也折射出家庭对于儿童成长的重视情况。这种营养状况的差异，不仅仅影响到孩子成长时期的身高、体重，必然会影响到儿童的智力发育、学业发展。如果把城区儿童的教育要求完全照搬到农村儿童的身上，显然是违背科学的。遵循规律、因人而异、因材施教，以绿色的方式为儿童提供适合的教育，不仅契合了科学规律，也充分体现了学校教育者的道德情怀。

第四节　在实践中悄然改进

上峰中心小学的前后几任校长多年从事学校领导工作实践，深知学校稳健发展的重要性，打心底里对校园里的"改革"持极为慎重的态度，而对于"改进"的做法则更加容易接纳。起初，学校创建绿色学校是为了遵照执行上级要求，不得已而为之；然后从中体验到了学校发展的喜悦，进而演变成为主动去创建，并将创建活动延伸到课题研究，对绿色教育这一概念展开持续的探索。在这样一个过程中，一切都在渐进状态中实施，学校的变化也在悄然之间慢慢发生。蓦然回首，发现学校已经与以前大不一样，已经发生了自己都无法想象的巨大进步。

一、强化校园环境育人功能

提高学生现代文明素质和环境意识，普及环境科学知识，发挥绿色环境熏陶人、教育人的作用，使学生自觉养成热爱环境、保护环境的绿色习惯是广大教育工作者的责任。近年来，上峰中心小学以环境意识渗透教育为突破口，全面开展提高学生素质的特色教育，把环保教育纳入学校教育，有计划、有制度地把"创绿"工作当成学校的一项常规性工作来抓。

学校一直重视绿色环境的育人功能，投资100多万元绿化、美化校园。现在学校校园宽敞，布局典雅，绿意盎然的草坪间点缀着校风校训，处处花团锦簇，曲径通幽，无不映射人与自然的和谐，富有意蕴。

自1996年学校易地新建以来，学校不断加强对校园的美化、净化、绿化建设，教学楼西南侧园林式花园，三季有花，四季常青，各种花儿争奇斗艳，显得更加优美宜人；学校东北侧的篮球场、网球场设施齐全，场地平整；教学楼东边宽阔平坦的体育运动场地上，篮球场、足球场等设施布局合理；教学楼间的大面积草坪，郁郁葱葱，鸟语花香，置身于这样的环境氛围之中的学生，其身心也就自然得了陶冶和净化，这是其他教育形式不可替代的。

学校还投资完善校园基础设施，学校建有专用的垃圾池，甬路、走廊、班级设有环保垃圾箱，实行垃圾分类和袋装垃圾处置办法，对不可回收垃圾及时进行无害化处理，对校园和周边环境不产生污染。校园每天安排值日生打扫，每周用消毒剂杀菌，厕所清理做到干净、无异味。

学校推出创建"无烟学校"目标，明令禁止教师在校园公共场所吸烟，各公共场所均贴有"为了健康，请勿吸烟"、"禁止吸烟"等宣传标语，以教师的亲力亲为去感染学生，营造了一个良好的育人环境。

学校制定了一系列的环境教育措施，包括要求学生慢步轻声靠右走、课间休息不喧哗，要求各班做到及时"三关"（关灯、关电视、关风扇），逐步丰富班级文化建设、各功能室的专业文化建设，使各楼层环境教育特色氛围逐步形成，学校环境建设更加科学、更加规范、更加艺术。

二、以"绿色学校"创建引领学校发展

1. 构建"绿色学校"环境教育体系，加强学科渗透

近几年来，上峰中心小学在环境教育实践与探索过程中，做到了环境教育规律化、制度化、规范化，初步形成了环境教育体系。具体而言，一是立足课堂环境教育，二是抓好课外活动。

学校的教育可分课内和课外两种形式，课堂是学生接受理性教育的主渠道。上

峰中心小学语文、数学、英语、品德等主要学科始终将课本内有关环保知识进行有机整合,寻找教材中的结合点,如科学学科就可以从教材中找到有关环保知识的内容数十处,因而在课堂中很自然地就融入环保知识,从而让学生在学科学习中掌握环保技能,提高环保意识,树立正确的环保价值观,并且学校每学期安排相关学科进行环境教育的公开课,提高环境教育渗透效果,已成为一项重要教学工作。教务处不定期检查有关环境教育的备课,强化环境教育。让环境教育成为学生自觉内化的教育,成为他律和自律的高尚追求。

根据上峰中心小学养成教育系列,学校高度重视学生行为习惯的养成,学校制定了一系列常规举措,例如坚持设立校园环境卫生监督岗、开展周二卫生日活动、校园环境标语征集活动、结合世界环境日开展环保系列活动等,营造班组和学校的环保教育氛围,做到科学化、常态性;利用橱窗、板报、手抄报、广播站、征文等阵地和载体充分开展环境教育。为了深化环境教育,提高教育水平,提升绿色教育相关科研和创新能力,学校积极鼓励教师在日常教学活动和工作中多观察、多思考、多探索、多总结,提炼绿色教育经验,撰写绿色教育相关论文。

教育实践中,课外活动也是不容忽视的重要阵地。学校努力做到一手抓课堂,一手抓活动,养成教育不松懈,课外活动促特色。

学校非常注重环境教育的实践性,结合"植树节"、"世界环境日"、"人口日"、"地球日"、"爱鸟日"、"世界节水日"等与环境有关的重大纪念日,举办主题班会或团会活动课,举行演讲、征文、绘画、小论文等活动,开展适应社会、适应环境,找到一种体验、一种感觉、一种职业、一种岗位的生存环境,进行模拟的社会实践活动。如成立环保课外活动小组,定期开展环保活动,组织学生对校园内部及社区环境进行调查研究,撰写了一批学习小论文,编辑成册。我们还利用学校种养基地的环境教育功能,让学生充当种养工人,解决基地的一些环保问题,如粪便的综合利用、废物的再回收等。

多年来,学校组织学生到野外考察,参与社会实践,在师生和家长中已经留下了深刻印象,如开展"我为校园添绿色"的活动,让同学们自己种花、护花,装扮美丽校园;到居民小区、敬老院、街道、广场等开展公益活动,让学生深入社会、深入生活接受环境教育。

2. 以"绿色学校"创建促进学校阶段性发展

学校办学目标指向促进全体儿童的全面发展,党的教育方针的表述为:"坚持教育为社会主义现代化建设服务、为人民服务,把立德、树人作为教育的根本任务,全面实施素质教育,培养德智体美全面发展的社会主义建设者和接班人,努力办好人民满意的教育。"为了"培养德智体美全面发展的社会主义建设者和接班人",学校大力提升师资发展水平和质量,积极开展各种特色创建活动,包括创建"绿色学校",都成为重要的实施手段和途径。由于这些创建活动具有一定的时效要求,往往成为学校发展的阶段性目标，引领学校在一段时间内的发展。这就给人以假象，隐藏了学校发展的终极目的。

在创建的过程中，上峰中心小学认为"绿色学校"应具备以下特征：

开放型的学校；

校园内绿色环绕、四季有景；

师生环保意识强烈、环保行为规范；

用可持续发展理念组织学校运转；

教职工可持续发展；

学生主动学习、探究学习的场所。

概括起来，"绿色学校"总是在可持续发展思想指导下实现自我管理，不断提升师生发展质量，逐步提高办学效益和效率，不断解决自身发展问题，努力实现自身健康发展、持续改进。

正是在持续探索"绿色学校"内涵的过程中，学校对照南京市环保局、南京市教育局关于"绿色学校"的评估标准，针对学校实际，把创建各级"绿色学校"作为学校规划发展的重要目标之一，坚持环境教育与学校德育工作、环境建设、学科教学、课外活动等其他建设相结合，学校制定并完善了《上峰中心小学环境教育工作计划》、《上峰中心小学环保规章制度》、《上峰中心小学三节一减量实施细则》等一系列管理方案，设立了专项资金用于校园环境完善和改善，学校把环境教育和成果纳入班主任考核项目与学生行为规范的评比检查之中，通过一系列管理措施，加强规范，确保绿色学校创建工作的实施与落实。通过在教职工大会、学生大会、升旗仪式、大型活动中反复宣传和渗透"绿色学校"的理念，不断落实各级创建指标要求，经过近几年的努力，学校各项工作出现新的起色，在教育教学中重新焕发新的光彩。

3. 推行"绿色教育"理念，引领学校中长期发展

从创建"绿色学校"走向构成和推进"绿色教育"理念，必须明晰各部门和相关人员的责任和措施。只有教育者的硬件和软件都"绿化"了，才能达到受教育者的素质和创新能力持续改进、持续发展的教育理想境界。而实现人的"绿化"，任重而道远。比如：教育观念、教育制度、教育内容、教育技术、教师队伍、教育管理以及教育方法，等等，是一个长期而复杂的建设工程，需要各方面的统筹协调和共同努力。为此，学校成立了"创建"领导小组，由校长任组长，全面负责、宏观调控，小组内各科室长、年级组长任副组长，部分教研组长和骨干教师为成员，负责具体落实工作。创建小组每学期至少召开二次关于"创绿"的专题工作会议，布置各项创建任务，把学科教育、课堂渗透、主题教育和社会实践活动、环境改造、活动宣传等分别划归教务处、德育处、少先队等具体部门负责，由于目标明确、内容清晰、责任落实，各部门开展工作按计划，有步骤，互相配合，井然有序，取得了明显的效果，正在逐步迈向人的"绿化"。

全校要求全体师生按学校计划要求，积极参加环保志愿者行动、植树造林活动、

"三优一学"活动①；要求广大师生强化良好的卫生习惯，不随地吐痰，不乱扔纸屑和废弃物，讲文明、讲礼貌；要求广大师生自觉打扫和维护学校各个区域的清洁卫生，爱护花草树木，遵规守纪，做文明的主人。

在学校创建绿色校园的行动中，校长和教师们逐步建立起绿色的同事观、师生观，努力学会立足儿童的终身发展，树立长远发展目标，最终达到环境与教育的和谐、环境与人的和谐、人与人的和谐、当下与未来的和谐，促进儿童健康发展、从容成长。

三、以实践反思促进学校的智慧改进

在绿色教育研究与实践中，结合农村学校的自身特点，上峰中心小学提出：绿色课堂要追求"活而实"——课堂鲜活、教学扎实；以绿色社会实践为代表的学校德育要注重"趣而实"——形式新颖、教育入心；学校发展的保障系统要讲求"和而实"——和谐共进、行有实效。总体来看，农村小学绿色教育的最为本质的特点，如果要用一个字来概括的话，那就是"**实**"。

1. 教育的价值追求何在？

中国特色教育体系的价值追求体现为着力培养有着高度国家认同的一代又一代优秀人才；体现为大力弘扬五千年来生生不息的中华优秀传统文化；体现为实现好、维护好、发展好最广大人民的根本利益；体现为推动本土教育与世界教育的深度融合。②

自诺贝尔奖设立以来，德国人及德裔获得的诺贝尔奖人数将近总数的一半，在很多人看来，德国战后之所以能崛起，与他们"严谨""勤奋"的民族性格密不可分。而人们通常认为，德国这种高素质的民族性格，则得益于对教育的重视，德国的教育有许多值得我们借鉴的地方。曾有名人说过："一个国家的繁荣，不取决于它的国库之殷实，不取决于它的城堡之坚固，也不取决于它的公共设施之华丽；而取决于它的公民的文明素养，即在于人民所受的教育，人民的远见卓识和品格的高下。这才是真正的利害所在，真正的力量所在。"国外的先进教育理念给我们提供了参考，也让我们更加严肃地思考、更加清晰地理解：我们的教育价值追求何在？ 毫无疑问，应当是努力提高国人的素养，这也正是近年来教育研究部门和教育行政部门所热议的话题。

2. 小学教育的终极目标何在？

华裔诺贝尔奖获得者李远哲先生曾呼吁："为了面对 21 世纪给我们带来的挑战，

---

① 即搞好优质服务，建立优良秩序，创造优美环境，学雷锋、学先进活动的简称，是共青团在 20 世纪 80 年代开展的"五讲四美三热爱"活动的重要内容之一。

② 董奇：《中国特色教育体系的价值自觉与价值追求》，《光明日报》2014 年 11 月 19 日。

好好教育我们的下一代将是最重要的课题。"作为一位教育工作者，我们经常思考这样一类教育问题：学校是什么地方？课堂是什么地方？教育的终极目标是什么？教师应扮演什么角色，应当怎样教育我们的下一代呢？

谈到教育的"终极目标"，简单地说就是"育人"。育什么样的人，怎样育人，是不同教育派别的分水岭。有的说"教育的终级目标是培养独立、自律的学习者"，有的说"教育说到底，是自我教育"，有的说是"传道、授业、解惑"，苏霍姆林斯基说"教育的终极目的应该是向人传送生命的气息"，泰戈尔则说"培养学生面对一丛野菊花而怦然心动的情怀"。

卢梭有一个著名论点："教育即生长"。杜威进而阐释道："这意味着生长本身是目的，在生长的前头并没有另外的目的，比如将来适应社会、做出成就之类"。此言精辟地道出了教育的本质，按照这个观点，教育应使每个人的天性和与生俱来的能力得到健康生长，而不是强迫青少年接受外来的东西。比如说，智育是发展好奇心和独立思考的能力，而不是灌输知识；德育是鼓励崇高的精神追求，而不是灌输规范。教育应使受教育者在上学阶段就感受到学习是幸福而有意义的，并以此为幸福而有意义的一生创造良好的基础。一言以蔽之，教育的终极目标就是使人幸福。

3. 绿色教育是教育实践的方法论

方法论，就是人们认识世界、改造世界的根本方法。它是指人们用什么样的方式、方法来观察事物和处理问题。概括地说，世界观主要解决世界"是什么"的问题，方法论主要解决"怎么办"的问题。

方法论是一种以解决问题为目标的体系或系统，通常涉及对问题阶段、任务、工具、方法技巧的论述。方法论会对一系列具体的方法进行分析研究、系统总结并最终提出较为一般性的原则。

教育如何实践？为了获得基本的教育技能，我们的师范生不断学习心理学、教育学、教材教法，从"道"与"术"两个层面展开反复研讨与实践。回顾我们当年走上课堂时的感觉，如今仍然历历在目：师范毕业前的两个月教育实习过程中，几乎大部分实习生都在逐渐强化一个观点：师范教育太"坑人"了，所学习的知识与技能到了课堂上、班级里，几乎无用；师范教育似乎只是培养了我们"三字一话"的技能。回想起来，应当是师范授课教师自身脱离了实践，仅仅孤立地照本宣科进行师范生教学，自身尚未悟道，自然也就未能真正传道于未来的师范生。其实，作为教育而言，其实践过程本身应当是绿色的，绿色教育应当就是教育实践的方法论。

正是基于绿色教育的方法论观点，我们才可以坚信：儿童的健康发展、道德发展、思维发展都是有规律的，教育应当符合这个规律；对于不同的儿童、来自不同社会群体的儿童、不同发展阶段的儿童，应当采用的教育方式是有区别的，也即因材施教；教师职业发展是与学生相关联的，也有发展周期，也存在职业倦怠，需要正确对待这种现象；教师团队协作可以很好地弥补各阶段师资的不足，整体呈现较强的教育实践能力；明确的目标指向和具体要求,可以使得师生在一段时间内发展得更加生动……

　　带着绿色教育的方法论,积极从事教育实践活动,才会让我们真正体会到活力在校园流淌,才能真正展现课堂的活力、儿童的活力、校园的活力,才能真正展现教育实践的勃勃生机。

第三章　活而实的绿色课堂教学

第一节　以绿色教育的理念改进课堂教学

一、绿色课堂的基本理念

绿色的课堂应当是美的、人性化的，而不是野蛮的、兽性的。绿色，象征着自然、和谐、纯净的生命之美；绿色代表自然，和谐氛围亦指师生之间的生态和谐。德国著名哲学家雅斯贝尔斯说："真正的教育，是用一棵树去摇动另一棵树，用一朵云去推动另一朵云，用一个灵魂去唤醒另一个灵魂。""绿色教育"的最大秘密就在于相信和解放孩子、相信和解放教育者自己。绿色课堂应营造"和谐的氛围"，让和谐的课堂氛围，帮助促进儿童智力的发展、知识的掌握和能力的提高；在和谐的课堂氛围中，孩子们的身心才会感到安全、愉悦，他们才会处于积极的状态，情绪高涨、思维活跃。

绿色的课堂应是生态化的，是一片呈现纯净透明的天空、一块滋生美好和平的土壤、一汪产生宽容博爱的清泉。著名心理学家马斯洛认为：随着个体的发展，需要也不断地发展。即便身处同一个班级之内，每位同学的发展也是存在个体差异的，因此，绿色课堂应尊重"个性差异"。教育作为人的教育必须首先尊重人，尊重学生的个性差异，在课堂教学活动中开展民主、平等、自然、和谐的"绿色互动"，让儿童在被尊重的课堂上获得个体的发展。

课堂教学应目标明确、有计划、有组织、有步骤，是教师的教与学生的学相结合的双边活动过程。这是达成教育目标的主要渠道，是学生求知、进取、成长的主要阵地，是教师实践教育理念、形成并展示教育技艺的平台。苏联教育学家苏霍姆林斯基在《给教师的建议》一书中提到："让学生把你所教的学科看作是最感兴趣的学科，让尽量多的少年像向往幸福一样幻想着在你所教的学科里有所创造、有所收获，做到这一点是你应当引以为荣的事。"教师应该尽量通过课堂教学唤起学生对自己所教学科的兴趣，吸引学生、引导学生、点燃学生兴趣的火花，使学生的天赋得到发展，帮助学生确立自己的爱好、才能、志向，而以"绿色教育"理念为指导所构建的"绿色课堂"可以帮助师生达成这样的效果。

（一）绿色课堂的定义

绿色，是充满希望的、生命的颜色。绿色象征着生机、繁茂和永恒；绿色意味着气息的清新、机体的舒展和灵性的激发。"绿色教育"不同于以往所提出的教育理念，其精髓是"人类智力的开发必须符合自然规律"。对自然的开发，必须在不破坏生态平衡的情况下进行，不能造成环境污染，同时要符合可持续发展的要求。对人的开发，同样要维护生态平衡，这就是说在提高科学素质的同时，也要提高人文素质。在绿色教育的理念下衍生出的"绿色课堂"，以学生为本，着眼于学生的可持续发展，在遵循课堂教学规律的同时，注重学生人文素质的提高，用发展的眼光评价学生，用赏识的方法激励学生。

在绿色课堂上，学生在宽松、民主、和谐的学习氛围中，将课堂演绎成为妙趣横生、激情飞扬、智慧灵动的场所。在自主、合作、探究的学习方式中，发展自身潜能，张扬个性，陶冶性情，享受学习的情趣，体验成功的乐趣，感受着生命的活力。

有人给绿色课堂环境总结出几点主要特征：温暖，学生彼此熟悉、相互接纳；不要让学生感受到为难，也不要诱哄着学生去学习；每个成员都是有价值的一员，都享有地位、尊重、基本权力、权利义务；无论学生的学习态度和学习成绩如何，都应该让学生看到，你在关心他们每一个人。[①] 学者、专家、一线教师对此概念可谓见仁见智。叶澜教授说"充满生命活力"的课堂，是绿色课堂；朱永新教授"新教育实验"倡导的"理想课堂"，是绿色课堂；肖川先生提出的能"唤醒沉睡的潜能，激活封存的记忆，开启幽闭的心智，放飞囚禁的情愫"的课堂，也应该是绿色课堂。

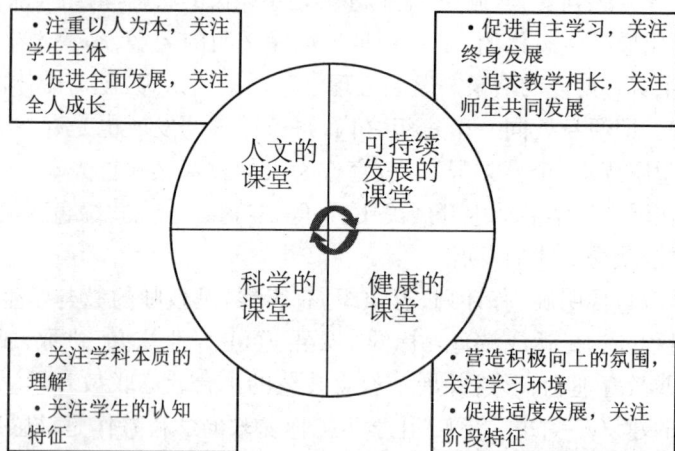

图 3-1　石景山区教委将绿色教育四大核心要素落实到课堂上

---

① 张艾君：《构建绿色课堂的研究》，华中师范大学硕士学位论文，2006 年。

北京市石景山区教委与北京师范大学合作进行绿色教育研究,提出了将绿色教育四大核心要素落实到课堂上,即指人文的课堂、可持续发展的课堂、科学的课堂和健康的课堂。[①]

作为农村学校,上峰中心小学结合自身的"农村"特点以及随之而来的师生实际、学校实际,对绿色课堂进行了简单阐述,认为:"绿色课堂"就是奉行"绿色教育"理念的课堂,就是符合教育规律的课堂,就是促进学生健康成长的课堂,就是确保学生学有所获的课堂,就是可持续发展的课堂。简言之,绿色课堂应该具有这样几个显著特征:科学、人文、扎实、可持续发展。

(二)绿色课堂的基本要求

四川省自贡市蜀光绿盛实验学校原校长赖建容提出,绿色课堂要做到三个"起来"[②]:老师"笑"起来,建立民主平等的师生关系,宽松融洽的课堂氛围;学生"动"起来,倡导自主、合作、探究式的学习形式,让学生变被动为主动,变学会为会学;课堂"活"起来,让学生快乐学习、自主学习,创造性学习,在学习中体验成功的愉悦,在和谐的教学氛围中达成教学目标。三个"起来"描述了绿色课堂的基本生态构架。

在实际工作中,上峰中心小学从实际出发,实事求是,提出:绿色课堂不能徒有形式,必须建立在"实"的基础之上,确保师生的一切活动扎实有效。即,绿色课堂要有互动融洽、主动学习的课堂生态,要有活泼而扎实的教学效果。

(三)活而实的绿色课堂特点

1. 朴实

对于课堂教学,通常人们总是把目光更多地投向"教什么"、"怎么教"这两个层面上,关注的是教材的选取、教学内容的安排,教学策略和教学方法的运用与选择。其实解决好"为什么教"的问题远比上述两个问题更为重要。教育的本质就是通过教育者对受教育者施加影响,使受教育者可能的发展转化为现实的发展。发展是教育的内核,教育对象的发展是教育的价值所在。发展说到底就是变化,但应该是积极的变化。因而,学生在上课之前与上课之后是否发生了变化、发生了怎样的变化,这也就成了衡量课堂是否"绿色"的重要标准。绿色课堂是让学生得到收获的课,是能够促进学生发展的有效教学,学生在这样的课堂上怡情广识,受益匪浅。当然,绿色课堂教学引发的学生变化可能是多方面的:知识的变化,表现在知识的量的累积;能力的变化,表现在能力水平的提升(思维的敏捷、深刻、缜密);情感的变化,表现在课堂教学过程中获得了良好的积极的情感体验(受到赏识的愉悦,战胜困难的快慰,

---

[①]　梁威、于秀云:《绿色教育课堂改进:理念阐述与案例分析》,北京师范大学出版社 2014 年版,第 34 页。

[②]　赖建容:《探索"绿色教育"提升办学内涵》,http://www. wccdaily. com. cn/shtml/hxdsb/20121024/32756. shtml。

收获成功的欣喜等),从而产生更进一步学习的强烈的要求;心向的变化,表现在面对新的学习任务时的兴趣更加浓厚,克服困难的意志更加坚定,投身学习的态度更加积极、更加主动,正所谓"善歌者使人继其声,善教者使人继其志"。总之,通过绿色课堂的朴实教学,学生学得扎实,获得了知识,提高了能力,得到了快乐,面对未来更加坚强和自信。

2.有效

每节课的时间是固定的,如何在有限的时间使学生获得有效的学习是每位教师都必须考量的问题。绿色课堂应该是有效的。而速度、收益、安全是高效教学必须考虑的三个要素:速度可看作学习时间;收益可看作学习结果;安全可看作学习体验。每节课都应该让学生得益,经过学习产生变化、获得进步和取得成绩,有实实在在的收获,从不懂到懂,从少知到多知,从不会到会,从不能到能。同时,掌握相应的学习方法、发展思维方式。在伴随学习活动的同时产生一种愉悦的情绪和积极的情感体验,使学生越来越爱学习。如何使一堂课对所有学生来说都是有意义的,如何使一堂课对于所有学生的意义最大化,这是每个老师必须不遗余力去思考、探究和解决的重要课题。绿色课堂一定是因"校"制宜,因"班"制宜,因"人"制宜。所有的教学活动都能够围绕学生各自已有的经验和未来发展的不同需求展开,教师鼓励和引导学生共同参与,着力激发学生求知探究的热情,以确保课堂上没有学生是"局外人",没有学生被"边缘化"。

3.鲜活

一堂课,相对于一个教学活动的单位来说,肯定有其教学内容和教学目标的规定性。教师课堂教学的基本任务就是通过自己的教学活动,使得课前预设的不同维度的教学目标一一达成。然而,绿色课堂的价值和魅力远不止于此,因为,一堂课不应也无法完全是预设内容的再现。绿色课堂上教师的教学内容是新鲜的、紧跟时代潮流的,不是陈旧的、过时的、无法引起学生兴趣的,同时能运用最先进的教学手段、最新的教学理念来教导学生;而教学方式和方法则应当是新颖、灵活多样的,而不是单一、枯燥的。绿色课堂是师生互动、心灵对话的舞台,也是教师引领学生探奇览胜的一段精彩旅程。舞台上常常有高潮迭起,悬念频生。在这样的课堂上,摒弃了呆板与僵死,凸显出开放性与挑战性;教学内容在保持相对确定的同时,却有着更多的变数,有时是教师的有意延伸拓展,有时则是学生无意的"节外生枝"。几十个鲜活的生命在思想的原野上驰骋,在精神的苍穹里神游,这对于教师的驾驭能力、应变能力都是一种挑战。同其他鲜活的事物一样,绿色课堂不可能十全十美,留有缺憾的课才是真实的课,而教师也正是在这应对挑战不断反思与修正失误之中才有了自己的专业成长和教学智慧的生成。

二、实施绿色课堂教学的基本措施

（一）绿色课堂的构建

明确了绿色课堂的应然状态，把握了绿色课堂教学"活而实"的基本要求，再来思考如何构建也就纲举目张了。绿色课堂的构建中，教学目标的预设、教学策略的运用、教学方法的选择、教学流程的设计等都应立足于"朴实"，着眼于"有效"和"鲜活"，无论是教师、教材还是教法都应当围绕这个目标而有所改进。

一是教师层面。首先要深入钻研教材，读出教材的本意和新意，把握教材的精髓和难点，把教材内化为自己的东西，具有走进去的深度和跳出来的勇气，这是课堂中催生和捕捉有价值的生成的前提。其次要拓宽知识面，丰富背景知识。自觉广泛地涉猎有关的知识，像海绵吸水一样吸取有用的信息，增加一些可以称为"背景"的东西，并把这些东西进行内化，变成对教学有用的东西，这样，文本在学生眼前就不再是孤立出现的一株植物，而是有着深蓝色天空作映衬的一幅图画。正如苏霍姆林斯基所说："只有当教师的知识视野比学校教学大纲宽广得无可比拟的时候，教师才能成为教育过程的真正的能手、艺术家和诗人。"再者要研究学生的生理与心理发育。教师要全面了解学生年龄阶段特征和班级学生的心理状况，深刻地了解学生学习的客观规律和基本过程，清晰地把握班级学生的知识经验背景和思维特点，以及他们的兴趣点和兴奋点，从而能够较准确地洞察和把握学生学习活动、思维活动的走向。绿色课堂上教师不是公正的裁判、威严的法官，对学生的回答、思考、合作进行裁决，更应是谦虚的倾听者、真诚的赏识者、思维张扬的促进者，对学生的回答、思考、合作进行激励、启发、调整。让学生从老师热情洋溢的赏识评价中形成自信，从委婉无痕的否定评价和充满期待的暗示中进行自我反思，从而让思考更深刻、表达更生动、合作更有效。教师的激励方式可以是一个饱含爱意的动作，一抹真诚赏识的微笑，一个透着期盼的眼神，一句热情鼓励的话语。这点点滴滴犹如春风化雨，润物无声，却都会化作涓涓暖流，沁入学生的心灵深处，激发学生的学习兴趣，使学生产生源源不断的学习动力。

二是教材层面。要强调教材的基础性地位和主干性作用，必须对教材有全面准确的理解，真正弄清楚教材的本义，尊重教材的价值取向，在这个基础上再结合学生经验和时代发展去挖掘和追求教材的延伸义、拓展义，去形成学生的个性化解读。否则，所谓的个性解读和生成就会失去根基与方向，教学实践中出现的诸多生成误区都是源于对文本的忽视和误读。同时，根据学生的特点和学科需求相应地拓展教材中的内容，让学生所学的知识不拘泥于书本教材，更多的是从社会这一真实鲜活的教材中汲取营养。

三是教学层面。课前尽可能预计和考虑学生学习活动的各种可能性，减少低水平和可预知的"生成"，激发高水平和精彩的生成。牢固确立三维目标的意识，为每一节课制定切合实际的课程目标，使每一节课都有明确清晰的教学方向，这是提升教学有效性的前提；要依据学科特点和学生认知水平，精选教学内容，突出学科特色，抓住教学重点，突破教学难点，使每一节课都让学生有实实在在的认知收获和科学感悟；要真正确立学生主体地位，认真发挥教师主导作用，一切从学生的实际（身心特点、认知水平、发展需求）出发，精心组织和开展切实有效的教学活动（讲授、提问、讨论、质疑、小组合作、个别点拨，等等），要求学生在知识的累积、能力的提升、积极的情感体验等方面都有实实在在的收获和得益，既要注重调动学生学习的主动性和积极性，又要引导学生进行深入的思考和有深度的交流讨论；注重发挥学生的主动性，培养学生独立学习的能力和学习责任感，加强教学的针对性，不断提升教学的层次和水平，使教学走在发展的前面；要注重每个学生的独特感受，以激励为主，敏锐地捕捉其中的闪光点，并及时给予肯定和表扬，通过每一个教学环节的细微之处让学生感受到教师和同伴心诚意切、实事求是的评价，激励学生积极思考——营造一种热烈而又轻松和谐的学习氛围，从而有效地促进学生的发展，激发学生的兴趣。要把生成和预设和谐统一起来，既要注重高水平的预设，又要注重动态的生成。

绿色课堂，尊重天性，激发灵性，调动悟性，最大限度地开发每个学生学习的潜智、潜质、潜能，让学生豁然开朗、茅塞顿开、悠然心会、深得吾心。绿色课堂，在学生的心灵上播种阳光，让学生的心智之花灿烂开放，让学生怦然心动、浮想联翩、百感交集，感到妙不可言。绿色课堂，帮助学生勇往直前，尽心竭力，乐此不疲，好学不倦，领舞他们学习的激情，让课堂充满生命的灵动。所以，作为教师，理应大力倡导绿色教育，实践绿色课堂，让所有的学生在有所学的同时，能够有所得。

（二）绿色课堂的保障

1. 有效推进前置性学习

在教学组织过程中，"前置性学习"显得尤为重要。它决定了你的课堂是否高效、是否开放，甚至可以说它决定着教师课堂的教学走向。

前置性学习就是教师在进行一节课堂教学之前的一个设计环节，它根据将要学习的新知识和学生情况来确定学习的内容以及所学习内容的难度，让学生在学习中对所学知识有一个自主学习的过程。之所以要学生进行前置性学习和如此强调前置性学习的重要性，是因为要让每个孩子带着有准备的头脑进入课堂、进行学习，而且是因为教师的教是以学来确定教的内容和教的形式，来更好地为学生服务。假如在教学前，学生对所学内容一无所知，就做不到先做后学、先会后学，更不可能做到先学后教。通过"前置性作业"的布置，让学生课前先学起来，使学生有备而来，对课堂充满自信心，能大大提高课堂教学效果。

前置性学习与传统的预习是有一定区别的，简单地说，传统预习强调的是学习内容,前置性学习强调的是学习方法和学习习惯。例如,小学语文传统的预习内容一般都局限于教科书上的文章,而前置性学习既有阅读性内容、积累性内容,还有生活性内容。就一篇文章而言,传统的预习对许多学生来说,大部分学生只是将课文粗略读上几遍,对生字词进行圈划,这就算是预习了。这样预习的结果是低效的,最多解决了生字词,对课文内容基本上没有领悟。而前置性学习则是对文章进行系统的学习,学生不仅要读懂课文,提前解决生字词,还要开展延伸阅读,了解作者、背景及相关资料,重在教给学生学习方法、培养学生自主学习习惯。当然,前置性作业的布置要依据不同的学习内容有所变化。有些前置性作业内容可能是雷同的,但是依据不同的课文类型,依据不同的教学预设目标,前置性作业的布置要有所差异,绝不可以对整册教材的前置性作业提出完全雷同或笼统的要求,这样一方面会大大降低课堂效率,另一方面也会影响学生完成前置性作业的质量。

作为农村小学,家长对于儿童的学业重视程度与城市儿童相去甚远。尽管我们的教师深知前置性学习的重要,但并非可以轻松推进、全面实施。然而,作为教师而言,必须知晓前置性学习的实践策略,这对于逐步提升课堂教学质量意义重大。那么,怎样让学生更好、主动地完成前置性作业,让其带着准备走进课堂进而更好地完成预设的学习目标呢? 关键是注意前置性作业布置要把握几项基本原则。

(1)低入原则。教师在布置作业时要从学生的实际情况、个别差异出发,按优、中、弱三个学生层次来精心设计或选编练习,设计布置作业,让不同层次的学生用适合自己难度的练习来巩固和发展原有知识,找到自己的位置和信心,让每个学生都能有收获。

(2)指导性原则。前置作业的布置必须是下一个课时内容的导航针,必须在作业中体现下一节课老师上课的大概思路。前置作业可以是下节课的重点甚至是难点的直接或间接展示,也可以是抛砖引玉,引领学生走入下一节课。

(3)个人作业与小组合作作业相结合原则。全部是由个人完成的作业,难以培养学生的合作精神,所以前置性作业宜适当安排个人独立完成的作业和小组合作完成的作业相结合。

(4)趣味性原则。提高学生的主动性。兴趣能激发学生的学习动机,颇有趣味的作业具有一定吸引力,能使学生充分发挥自己的主动性去完成。趣味性要体现出题型多样、方式新颖,内容有创造性。

(5)开放性原则。部分作业可以体现开放性,增加学生思考问题的多面性。根据课文,适时适量布置开放性作业,让学生"各有说法",让不同层次的学生都"有话可说"。

(6)监督原则。保证作业的完成质量。作业提供的信息,对教师和学生都是很有用的,我们必须做好督促学生高效、按时完成作业的工作。检查批改要及时。班级可建立监督制度,教师检查和抽查监督,同学之间互相监督;可以组内相互检查批改、组间交叉检查批改、科代表检查批改、教师全收全改、教师抽查批改等手段进行检测作业。

（7）激励评价原则。老师在布置完作业后要尊重学生的劳动,在课堂上尽可能提供机会让学生呈现作业成果,让他们的劳动有所做也要有所用,这样的话,学生完成作业的兴致才能得以保持,学生才乐于去做,才能在学习中取得更大的学习自信,学生会更有成就感,更加乐学。也可将优秀的作业在班内进行传阅或张贴,每个学期或每个月评出最佳作业(作业之星)并进行奖励。

2. 有效开展小组合作学习

随着课程改革的持续深入开展,小组合作越发成为绿色课堂中一个不可或缺的重要元素。尽管我们的教师通过网上视频、外出学习等方式了解到课堂上的小组合作已经发展到了很高的水准,协作的组织、顺畅的交流、呈现的效果常常让自己感到惊讶,感到自己是不是已经被时代所淘汰,但是,学校在推进绿色教育的过程中,始终坚持让教师从实际出发,从学生的实际情况、班级的实际情况出发,因材施教,逐步改进、有效开展小组合作学习。

（1）小组管理与评价

以小组为单位,鼓励小组先进带动落后,追求整体进步。而这首先就要注意小组成员的结构。小组的构成不能是随机性的,而应依据学生现有的不同发展情况,让一个小组内既有优等生,又有中等生和学习上暂时有困难的学生。在这样的小组基础上,同时尽量兼顾学生的不同特点,如善于表达与不善言辞,有领导组织能力与不善与人协作交流,等等。小组长是小组活动的组织者和管理者,他们的能力水平决定着各小组的学习质量,在小组学习中发挥着牵引和桥梁作用。小组捆绑考核的实质是将管理分配到各个小组,由各个小组长进行督促,这样既扩大了督促面,又起到了较好的督促作用。这样,如果把每个小组看成一个小班,那么一间教室就成了若干个小班,绿色课堂就等同于小班化教学,无形当中提高了教学的质量,而这样从某一方面来讲也弥补了大班教学产生的一些弊端。

（2）小组内的交流

实施课堂教学改革,其核心就是要培养学生自主学习的能力,理所当然,我们的课堂就要特别重视个人和群体的自主学习。课堂中要遵循独立尝试在前、合作交流在后的共享原则,进行生生、师生互动。独立尝试有自读、自思、自练等形式,合作学习有互学、互查、互议、互评等方法,而小组合作就是一种非常重要的合作方式。在小组合作时,要互动学习、过关纠错。而互动学习在预习和课堂上都可以进行,主要推动课上组内的 A 层学生带动 B 层、C 层学生学习,大家共同解决问题。而这个过程中要给学生充分的时间来让其在小组内互动,切记不要走过程,毕竟课堂中的时间是有限的,在全班小组大交流的过程中不可能让每一个学生都参与进去,而小组小展示的过程就给了每个学生和学习伙伴互动的时机。在交流的过程中要注意发挥小组长的作用,要让其组织好组内的交流,避免课堂中小组交流中看似热闹非凡,实则胡聊乱侃,同时教师可以参与薄弱小组的讨论交流,并给予适当的指导,帮助他们取得一致的看法。课堂上则通过展示、点评、质疑来实现群体互动。

3. 有效开展小组展示活动

绿色教育就是基于学生现状的教育,学生的起点就是教育的起点。在小组大交流中,就要求我们充分信任学生,教师不要着急去讲,要让学生充分地说;不要在课堂中过多干预学生的思路,而要在他们交流的基础上适当给予帮助,这才真正是以学生为本,才真正是以学定教。现在的课堂上,很多时候不是让学生自己去感悟文本,而是让学生努力感悟老师的感悟,学生是在课堂中努力寻找老师想要的答案,而并非学生自己真实的有感而发。在学生交流之前,老师估计学生在哪里理解起来有难度,准备通过哪里加深学生的感悟,这些在课前都要有所预设。当然,小组大交流的过程还是要由教师组织,并不是让学生漫无目的、随心所欲地交流,教师要根据不同的课型进行相应的形式设置。

(1)小组问题讨论式。各小组根据教师给出的或学生提出的话题或问题展开思考和讨论,各个组员发表意见,经本组记录员记录整理后,由报告员向全班汇报。

(2)角色表演式。其目的是能够在真实情景中运用语言进行得体的交际,传递信息,交流感情。它可以使学习者在模拟的社交情境中扮演不同的角色,获得交际能力,也可以在情境中加深对形象的理解和文本情感的领悟。

(3)游戏竞赛式。团队游戏竞赛是合作学习中一种常用的方法。它能在课堂上营造一种轻松、友好和合作的气氛,为学习者提供大量的实践机会,真正做到以学习者为中心。在游戏竞赛式中,学生都作为不同小组的代表,同以往成绩与自己相当的其他小组成员展开竞赛。教师可根据问题的难易程度,安排各小组中相同编号的学生进行比赛,他们水平相当,机会均等,更能调动学生积极性。

形式是多样的,教师还可以在小组大交流中根据具体教学情况采用疑难破解式、小组辩论式,等等。在这样的课堂中,需要把空间和时间还给学生,做一个学生背后的推动者、团队的调和者、问题的释疑者和学习的建议者。简单说,需要我们教师学会放手。

绿色课堂的本质是回归教育的本真,把学习的主动权、课堂主阵地还给学生。教师要对学生放手,但是并不代表教师无所作为。有人说:“绿色课堂”来了以后,教师在课堂上已经变得无所事事了,听听学生交流交流就够了,既轻松又简单。如果站在这样的角度来解读“绿色的课堂”,那就显得浅薄了。相反,教师要在课堂中时时刻刻关注学生的交流,关注学生在交流过程中的精彩发言并给予相应的肯定与鼓励,关注学生在交流过程中遇到的困难并进行及时的引导帮助,关注学生在交流过程中的临时生成而进行适时的点拨与引导。其实学生在课堂学习中所表现出来的活力、张力、生命力反而更需要教师付出更多辛勤的研究性的劳动。从某种意义上讲,教师的劳动不是减轻了,而是加重了,也更加具有挑战性。设计什么样的前置性作业、设计什么样的开放性问题,都需要教师倾注更多的精力与时间去思考、去设计、去应对。

4. 有效改进课堂教学评价

在绿色教育理念的支撑下,课堂教学评价方式也在进行悄然的改进,原先狭隘地、孤立地看待教师的"教"情、学生的"学"情的方式得到改变。学校教务处开始积极倡导一种新型的评价方式,变孤立评价为评设计、评教、评学三维并举:同时关注课堂教学的设计质量、教师教的质量、学生学的质量。其中对于"学习情况"的评价成为一项重要内容。

教师组织有效的练习既是课堂教学、学生发展的支撑,也是对学习进程中学生掌握相应知识情况的一个检测手段。对小学生而言,机械枯燥的练习检测容易引发学生对练习内容的反感,因此,对于学生学习效果的评价检测需要与实际的课堂预设学习目标相结合,让学生乐于参与,测出实情,以利于改进教学。

(三)绿色课堂的考核与评价

考核与评价的目的是为了全面了解学生的学习历程,激励学生的学习和改进教师的教学。课程改革,所提倡的评价应更加注重学习过程,重视发现问题与解决问题,同时恰当评价学生的基础知识和基本技能。此外,评价的方式要多样,要以定性与定量相结合的方式呈现评价结果。新一轮基础教育课程改变过于强调注重知识传授的倾向,强调学生形成积极主动的学习态度,使他们获得基础知识和基本技能的过程,成为其学会学习和形成正确价值观的过程。因此,评价应以课程改革新理念为指导,遵照课程标准四个方面的目标要求,把握"全面推进素质教育,促进学生发展"的主方向,尊重学生的个性差异,探索发展性学习评价机制,关注人人在教学上得到不同的发展,激励、诱发学生的内在潜能,做出有利于促进每个学生的身心发展和对终身学习有价值的公平的客观的评价。教师应善于利用评价所提供的大量信息,适时调整和改善教学过程。

1. 注重评价学生学习过程

在评价学生学习的过程中,要关注学生的参与程度,合作交流的意识与情感、态度的发展,同时,也要重视考察学生的学习思维过程,并不断给予评价和反馈,才能有效地改变评价过分偏向结果的现象,也有助于实现评价的个体化,实现评价的发展性功能。教师也要注重对学生日常学习和发展的评价,关注学生在学习中的点滴进步和变化,及时给学生评价和反馈。例如:教师在学生的学习过程中经常利用口头评价,对学生的发展状况进行评价和反馈,激发学生的学习积极性,并有效地促进学生朝既定的学习目标迈进。在教学中,教师还应充分发挥评价的及时性优势和激励性作用,加强师生间的联系,使学生能够及时了解自己的进步和不足,从而改进自己的学习。在评价学生学习的过程中,可以采取建立《成长记录袋》的方式,以反映学生学习的进步历程,增强学生学习的信心。教师引导学生在成长记录袋中收录反映自己学习进步的重要资料,如自己特有的解题方法、最满意的作业、印象最深刻的学习体验、探究性活动的记录、所发现的问题、对解决问题的反思、单元知识结构、最喜欢的一本书、自我评价或他人评价,等等。另外,《成长记录袋》的内容还可以设计成包含学期开始、学期中和学期结束三个阶段的学习材料,材料要真实并定期加以更新,使学生感觉到自己的不断成长和进步,这有利于培养学生的自信心,也为教师全面了解学生的学习状况、改进教学、实施因材施教提供重要依据。《成长记录袋》中的材料应让学生自主选择,并与教师共同确定。事实上,让学生参与成长记录袋建立的整个过程与其中所收录的内容一样重要,这有助于培养学生对自己的学习进行监控的能力和树立负责的态度。

2. 恰当评价学生的基础知识和基本技能

在评价学生对基础知识和基本技能的理解、掌握程度中,应遵循《课程标准》的基本理念,以某学段的知识与技能目标为标准。例如:数学学科中第一学段(1—3年级),对数与代数内容的评价,应结合具体情境,考察儿童对数的意义的理解。对空间与图形内容的评价,要结合直观素材和生活情境评价学生对图形的认识。对统计与概率的评价,应结合生活情境考查学生初步的统计意识和解决简单问题的能力。由于学生所处的文化环境、家庭背景和自身思维方式的不同,学生之间在学习的发展上必然存在着差异,应允许一部分学生经过一段时间的努力,随着知识与技能的积累逐步达到应达到的目标。对此,教师可以选择推迟做出判断的方法。如果学生自己对某次测试的答卷觉得不满意,教师可以鼓励学生提出申请,并允许他们重新解答。当学生通过努力,改正原答卷中的错误后,教师可以就学生的第二次答卷给予鼓励性的评价。这种"推迟判断"能让他们看到自己的进步,感受到获得成功的喜悦,从而激发新的学习动力。

3. 重视评价学生发现问题、解决问题的能力

从本质上说,每个学生的学习过程都是一个伟大的创造历程,培养学生发现问题和解决问题的能力至关重要,其评价要注意考查学生能否在教师指导下,从日常生活中发现并提出简单的数学问题;能否选择适当的方法解决问题或探索出解决问题的有效方法,并试图寻找其他的方法;能否与他人合作,能否表达解决问题的过程,并尝试解释所得的结果;是否具有回顾与分析解决问题过程的意识。

4. 评价主体和评价方式多样化

在评价学生学习时,应让学生开展自评和互评,而不仅局限于教师对学生的评价。评价方式应当多种多样,既可用书面考试、口试等方式,也可用课堂观察、课后访谈、作业分析等方式。如课堂观察,主要是考查学生在学习活动中是否积极参与,是否认真听讲,能否克服困难、认真完成作业、乐于独立思考,思考过程是否有条理,是否愿意尝试用不同的方法表达自己的想法,乐于和同伴进行合作与交流;同时考

察学生个人对学科学习的感受,是否善于从日常生活中捕捉信息,发现并提出有关的问题,评价学生的学习习惯、学习方式、学习态度、基础知识、基本能力(思维能力、观察能力、语言表达能力和有序安排自己的行动的能力)和实践能力及创新意识。这是过程性的评价,包括对学生学习过程的评价,也包括解决问题过程的评价。课堂观察是评价学生学习过程的一种重要方法,教师可以随时运用观察的方法了解学生学习的过程,分为非正式和正式两种情况,正式的课堂观察可以运用观察记录表来进行;对解决问题过程的评价可以采用口试的方法,对于有价值的、有创意的问题应及时鼓励学生充分自主表达,充分展示自身学习状态与成效,会对全体学生形成有效的正向激励。

5. 评价结果以定性描述为主

在呈现评价结果时,应采用定性与定量相结合,以定性描述为主的方式。定量评价可采用等级制的方式,定性描述可以采用评语的形式,更多地关注学生已经掌握了什么、有了哪些进步、具备了什么能力,使评价结果有利于树立学生学科学习的自信心,提高学生学科学习的兴趣,促进学生的发展。

总之,绿色的课堂教学评价,应突出学生主体性,着重体现评价内容的多维度和评价方式的多样化,充分发挥学生在评价中的主体地位。只有这样,才能全面、公正、科学地评价每一个学生的进步历程。

三、在教学研究中改进绿色课堂教学

(一) 绿色教学研究

随着现代教育技术的不断更新,随着新课程改革的持续深入,着眼于学生发展、教师发展、课程发展的教学研究方式也在不断演进之中。听课方式多样化让农村小学可以有了多种操作选择。按照教务处、教研组的安排去听课、完成听课任务,这是长期以来形成的规定动作,目的是让教师在被动听课过程中规范课堂教学行为和方式;邀请听课、推门听课、师徒结对听课、同伴听课成为教师、教学管理人员主动听课的方式,成为校内听课方式的新形式,对于迅速实现新教师的角色融入、骨干教师的迅速成长、师徒结对的互帮互学发挥了巨大作用。在这其中,有几种教学研究方式得到了上峰中心小学教师的青睐。

1. 自我研究让教师从容发展

教师一旦在课堂教学研究中成为主角,往往会有一种无形的巨大压力让自己难以释怀。日常教学中的种种行为、教学设计中的每个环节,乃至于自己的语言表达、举手投足,都成为自己怀疑的对象:我这样做到底合适不合适? 效果到底如何? 在传统的教研方式中,主讲教师必然主要通过其他教师的反馈来得知这些信息,让主讲教师有时产生羞愧感、茫然感、无措感。如何通过技术手段实现自我评价、自我改进，成为每一位教师深切关注的焦点。在这样的背景之下，录播教室的建成使用，特别是全自动录播教室的建成，让广大教师看到了希望。

自动录播教室是一间特别的教室，老师与学生的一举一动被布置在四周的摄像头清晰地录制下来，其中有一个摄像头实时跟踪教师，无论老师走到教室哪个角落，都会被拍下来。还有一个是跟踪学生的镜头，学生如果想提问或回答问题，录音设备、摄像头马上会对准他，还会给以特写。录播教室能实现实时录制、网上直播及点播等功能，教师无须佩戴任何设备，尽量在常态下开展教学，各种采集设备会自动跟踪老师进行切换，跟踪平滑，定位准确，画面优质。

有了这种先进技术手段的支撑，教师对于自己在课堂教学过程中的一言一行，对于学生的种种表现，对于课堂教学进程的回顾，都有了一个可以反复揣摩的办法。正是借助于这种技术手段，教师可以清楚看到自己课堂教学的不足之处，可以清晰地看到如何改进课堂教学的关键所在，可以不断修正自己的教学行为，在不断的对比、反思之中，主动实现自我发展。

2. 小组研究让教师团队发展

无论是校内组织教学研讨活动，或是安排教师外出参加教学研究，其目标指向都是提升教师的教学水平，改进教师的课堂教学方法。作为学校教学管理部门，教务处安排这些活动，往往基于这样几个目的：为了完成上级规定的教研任务而应对性地安排教研活动，围绕教师外出赛课而安排教研活动，围绕新教师培养而安排教研活动。不论基于怎样的目的，其基本形式都是近似的，以教务处组织的教学研讨为例，至少应当包括以下六个主要程序：① 教务处：研究确定开课时间、班级→② 教务处：审核确定教学设计→③ 教务处：安排参研人员调课→④ 教师：听课→⑤ 教师：研讨→⑥ 教务处：评价与反馈。然而，许多学校的实际工作中，除了"听课"这些环节之外，其他环节往往被有意无意地合并了、压缩了、忽略了。

"不忘初心"这几个字，在学校课堂教学研讨中，显得非常醒目。或者出于职业倦怠，或者出于审美疲劳，或者出于消极对抗，一些学校的课堂教学研究中确实没有能够坚持"不忘初心"。当几个必要的环节被合并、压缩、忽略的时候，也就往往意味着课堂教学研究的效益被大打折扣了。对此，上峰中心小学有着清醒的认识，有几条不成文的做法：一是为学科教学研究提供相对固定的时间，例如每周二下午都不安排数学教师的课，以便集中进行教学研讨；二是每学期的教学研究活动提前安排、均匀安排、精简安排；三是严格程序，讲求实效，注重团队进步与发展。

教学研讨，正是为教师提供了一个在批评与自我批评中发展、在评价与改进中发展的机会。这种研讨，必然是学术性的研究与探讨，其目标不是单纯指向一节课的某个环节，而是关乎课堂教学的共性、学科教学的共性、学生素质发展的共性、教师专业发展的共性。通常情况下，小组研讨有一个主持人，主导整个研讨的方向与进程,努力确保教师参与的深入程度,确保整个研究的有效推进。而注重团队发展的目标指向,使得全员参与、全员互动成为小组研讨的常态要求。

3.集体备课指向教学质量均衡

俗话说:一枝独秀不是春,百花齐放春满园。通常,学校里的每个年级、每个学科总有几个教师的教学能力比较突出,教学质量更高一筹,他们在教师之中拥有较高的声誉。为了整体提高教师团队的专业发展水平,努力求得教学质量能够在较高水平上得以均衡,学校往往会设法推进集体备课。

通常,集体备课有利于充分发挥集体智慧,做到知识共享、资源共享;有利于准确把握教学的重难点,促进整体教学水平的提高;有利于省时、省力,提高工作效率;有利于增进教师之间的相互了解,营造交流、合作、研究的学术气氛;有利于缩短年轻老师的成长周期。正是由于集体备课的优点有目共睹,目前已经成为教研室对各校教学管理的基本要求之一。在实际工作中,一些学校的教师采用应付的方式来进行集体备课,把集体备课修改为一人备课、众人抄袭,或者轮流分工备课、其他人复印备课文本的操作方式,以至于集体备课流于形式,与最初的设想大相径庭。

上峰中心小学在实践集体备课的过程中,踏踏实实,从均衡质量、提升师资水平的角度出发,做到"四定"、"六统一",即定时间、定地点、定内容、定中心发言人,统一进度、统一目标、统一重难点、统一每单元授课的共性内容、统一作业(课堂练习题和课后作业题)、统一单元检测试题。每次研讨前,由中心发言人提前收集整理初备稿,发给相关教师;研讨过程中,上次的中心发言人就前一次的集体备课进行小结,本次的中心发言人针对本次集体备课内容进行简单说课,然后组织集体研讨,修正教案。研讨过程中,教学内容、学生情况、教法设计、教案的可适性都是必须涉及的重要内容,研讨必须强化五个意识:教师合作意识、学情适合意识、教材整体意识、教法反思意识、实践有效意识。坚决克服"大杂烩""集体剽窃""一言堂"现象,一旦形成共识,就成为必须执行的方案,教师可以根据个人与班级情况进行适当微调,但总体必须保持同步,从而确保同年级教学质量的基本均衡。

(二)为教学研究增添学术元素

1.不学无术现象依然存在

东汉史学家班固在《汉书·霍光传》中评论霍光的功过,说他"不学无术,暗于大理",意思是:霍光不读书,没学识,因而不明关乎大局的道理。这里的"不学",并不是不肯学的意思,而是没有学问。在我们的教学研究过程中,我们是否经常发现有这样的现象呢?教师不读书现象比比皆是,让很多校长对此非常头疼。一些教师自恃已经获得了本科文凭、研究生学历,自认为已经具备了合格学历,尤其是在农村学校,就算得上是一个有才华的知识分子了,于是疏于读书、疏于理论学习与知识更新,在新课程改革的浪潮里沦为"不学无术"之徒。

课堂教学实践中,往往可以凭教师上课时的教态和语调判断出他的专业水平与教学效果。教态从容大方、语调自然亲切的教师,一般专业知识扎实娴熟,教学效果也多是中上乘。反之,装腔作势、拿腔作调多是不学无术、花拳绣腿者,是教师队伍中的南郭先生。

苏霍姆林斯基在《给教师的建议》第 47 章中说:"学校里,先是教师集体里,有一种丰富的智力兴趣的气氛;课堂教学要在多方面的精神生活的背景下来进行;教师知道的东西应当比他在课堂上要教的东西多一百倍。"一百倍,意味着学习的过程要伴随教师职业生活的始终。教师应该深入研究教育教学规律,学理知识、教育学知识是教师必须钻研的学问。虽然人与人各不相同,但人的成长毕竟有其总的规律,教师既不要因为学生个体的千差万别而陷入规律虚无的无作为境况,也不要千篇一律、僵硬死板地陷入教条主义、形式主义的误区,这是两个不可取的极端。教师应该参照前人总结的科学研究成果,根据人的成长规律和教育规律,结合自己的工作实际、学生实际,耐心地、有针对性地研究解决每一个问题,精心呵护每一个学生的成长。①

教师要与时俱进地更新自己的专业学问。过去,教育界流传着一句话"教师要想给学生一碗水,自己就必须有一桶水",现在看来,教师仅有一桶水还不够,必须有活水之源头。教师要想有一桶活水,或者说保持桶中水的活力,就要善于学习、善于读书,不断吸收新的教学思想,勇于保持教学内容的时代性,让这桶水随时与时代的大江大河互通相连。教育是传承文明、启迪智慧、孕育未来的事业,教师是在用已有的知识去为未来培养人才,知识绝不是一个静止的状态,而是不断丰富和发展的,每时每刻都在发生着量和质的变化。所以,教师桶中的水必须是常流常新的水,唯有如此,才能给学生提供一碗"新鲜水""环保水"甚至"多功能营养水"。教师要与时俱进地更新学问,"把学问做在动态发展、不断更新、具有时代感的水平上"。只有这样,教师才能站在时代发展的前沿,实现自身的长远发展,引导学生走向未来发展的人生之路。②

"有学"才能"有术"。人们常说:"教育大计,教师为本。有好的教师,才有好的教育。"著名教育家马卡连柯也说过:"学生可以原谅教师的严厉、刻板,甚至吹毛求疵,但是不能原谅教师的不学无术。"这句名言,已经被许多教师所牢记,成为广大教师激励自己持续学习、不断进步的座右铭。

2. 课堂教学值得研究

二十多年前,当教师们出校参与"课堂教学研究"的时候,往往把它理解为"听课＋教研员评课＋教研员讲座",然后,各学校的教师们开始模仿这个操作方式,在本校内进行"教学研究",虽然这一阶段属于典型的"一言堂"阶段,但是,对于整体规范

① 刘爽:《教师要心怀敬畏》,《吉林教育》2014 年第 Z1 期。
② 赵多山:《教师专业学问的更新之道》,《甘肃教育》2015 年第 19 期。

教师的课堂教学行为产生了重大指导意义。此后,随着教师素质的不断提升、新课程改革的不断深入,课堂教学研究开始走下神坛,让广大教师们参与进来,共同"研究"。然而长期以来,基层学校的课堂教学研究质量往往难以得到有效保障,活动虽然照常进行,但"研究"则常常处于一种封闭环境中的、自我陶醉式的,甚至是自欺欺人式的应付状态,这对于提升课堂教学整体质量是极端不利的。

(1) 课堂教学研究已经具备了基本条件

随着新教师的不断补充加入,师资队伍中的研究型人才越发增多。从上峰中心小学来看,目前具有硕士研究生学历的教师已经有多人,他们都已经在高校经过了专家教授的专门培训,知晓如何开展研究工作。充分发挥他们的作用,围绕课堂教学开展课题研究,将课题研究与课堂教学相结合,相得益彰,学校已经具备了基本的人才要素条件。

(2) 倡导与教学机密相关的"小课题"研究

近年来课题研究受到了各级教育管理部门和业务部门的重视,对于提升教育管理水平、教师素质和教育教学质量发挥了巨大作用。对于课堂教学来说,如何借助课题研究提升师资水平和教学质量,成为众多学校高度关注的话题。结合区教科室、区教研室的指导,上峰中心小学一是把规定动作做到位,动员教师、辅导教师积极申报区级个人课题,开展课堂教学研究;二是瞄准申报动作的实效,鼓励教师围绕绿色教育、绿色课堂开展深入研究,尤其是结合绿色课堂开展"小课题"研究,更加得到学校的鼓励。例如,上峰中心小学 2015 年申报并获得批准的个人课题中,有一部分关于课堂教学的"小课题"受到广大教师的认可(见表 3-1)。

表 3-1　上峰中心小学 2015 年被批准立项的部分个人课题

学科	课题名称	课题编号
数学	新课程理念下构建农村小学数学质疑课堂的研究	KT - SX - 31 - 2015 - 000571
体育	农村小学低年级体育教学激励性语言艺术研究	KT - TY - 31 - 2015 - 000154
体育	将音乐手段融入小学体育课程的研究	KT - TY - 31 - 2015 - 000174
外语	小学高年级英语阅读教学策略的研究	KT - WY - 31 - 2015 - 000229
音乐	音乐教学中柯尔文手势对音高的运用研究	KT - YL - 31 - 2015 - 000003
音乐	让传统失而复得——"沛筑"进入小学音乐课堂中的探索	KT - YL - 31 - 2015 - 000066
语文	运用"批注式阅读"提升阅读理解能力的研究	KT - YW - 31 - 2015 - 000045
语文	以"读书笔记"为载体促进小学毕业班课外阅读的实践	KT - YW - 31 - 2015 - 000716
语文	小学作文起步阶段"家校结合"指导策略研究	KT - YW - 31 - 2015 - 000842
语文	小学中低段语文教材"诗"类课文教学实践与研究	KT - YW - 31 - 2015 - 000853
语文	小学高年级语文课前自主预习意识的培养探究	KT - YW - 31 - 2015 - 000987

（3）倡导基于团队的课堂教学研究

一个人难以持续，一群人才能走得更远。绿色教育背景下的学校教师社群文化就是要让每个成员在团队中有自己的目标和归属感。基于团队，才会有真诚自由的教研话语文化。在每一场研究活动中，只有组织引领者，没有学霸，没有话语霸权。唯如此，教师们才会充分打开自己，敢于言说和争论，表露自己的经验和思维，这正是教师专业发展和课题研究成果产生的必要条件。不断寻找"尺码相同"的人，不断打造"尺码相同"的人，这样基于团队的研究才是可持续发展的。

每次研究都有明确的分工，谁上场，谁调查统计，谁做课堂实录，谁观察课堂，谁来课后访谈，谁写议课综述……这些任务一一落实到专人，在录播教室这个新式"武器"支持之下，这些工作便利了很多。备课，集中团队的智慧；议课，坚持一课一得，实行一时一议，一事一议。这样捆绑式的团队教研行动，才能真正激发教师的团队意识、角色意识、学习意识、研究意识，才能真正激励教师在团队背景下相互促进、共同提高。

（4）倡导研究成果落地

每年都有新的课题研究，每年都有很多很多课题研究成果。但是，年年搞课题、年年老问题，结题就是结束的课题，这些现象一直都存在着。作为学校来说，注重研究成果的收集、展示与转化无可厚非，完全应当。然而，从当下的师资队伍建设角度来说，让每个教师都能够行动起来，加入研究行列，实实在在地做一些事情，把研究工作开展起来，这是更为重要的"战略意图"。相比较而言，存在一些重复性劳动并不可怕，可怕的是后续研究者无视前面已经取得的成果，而在更低层面上进行研究。从这个角度出发，学校积极倡导研究成果的落地、展示，每学期开展交流活动，让教师把自己的研究成果"晒"出来，展示给大家；把自己阅读获得的、他人研究的成果推荐出来，促进团队整体提升对于课堂教学的理解与把握。这正是绿色教育所积极倡导的因校制宜、因人制宜，人文地、扎实地、可持续发展地推进课堂教学的改进与提升。

3. 论文撰写与课堂教学改进

（1）草根化的教学研究论文撰写有助于积累经验

课堂教学是教师职业技能发挥的主要阵地，不能把握课堂教学的教师基本上可以被默认为"无能者"或者"低能者"，在教师群体中会迅速丧失应有的尊严。这在任何一所学校中，都是平常不过的现象。因而，为了保住自己的尊严，为了能够紧跟时代的步伐、团队的节奏，奋勇争先者、得过且过者、滥竽充数者都毫不例外地登上了校内的舞台，为了完成基本工作要求，撰写了大量关乎课堂教学的论文，不论是深入研究类的、个人经验梳理类的、东拼西凑来的，或是无病呻吟的，都需要教师耗费一番心血，都是需要教师反复斟酌的。因此，从某种程度上说，正是因为草根化的教学研究论文离不开具体、鲜活的范例，让教师动笔去撰写论文，有助于课堂教学经验的积累、教学素质的提升,这是毋庸置疑的。

（2）开放式的教学研究论文阅读有助于汲取经验

随着教师素质的不断提升,对教师研究论文质量的要求也在不断提高。以前的经验总结类型的文章,已经太过泛滥;低水平、低质量的拼凑已经难以通过评比和发表审核。同样,以前部分教师通过付费方式在低层次刊物购买版面发表文章的方式也遇到了新的挑战:竞争性的晋升选拔中,高层次刊物、高水平论文才能得到认可。在这样的现实背景下,广大教师出于晋升与竞争的压力,不得不努力花工夫去提升自己的科研水平、写作水平。于是乎,关于撰写的论文主题,教师必须搞清楚几个问题:关于这个主题的研究成果有哪些? 此前的研究结论如何? 有哪些相关的教育政策、教育理论? 我的研究价值何在? 我的研究亮点何在?

正是在不断阅读、学习、思考的过程中,教师大量阅读文献,从而提升了自己的课堂教学领悟能力与驾驭能力,在研究过程中提升了自己的境界。

（3）系统化的教学理论研究助力教学品位提升

没有中心目标,教师团队的发展将可能处于一种无序状态;而围绕一个共同愿景,则教师的个人成长、团队发展都将呈现一个积极、高效的情形。2017 年春节后,江宁区教学研究室面向全区招聘教研员,其中,1981 年出生的周善伟老师胜过多位优秀选手,成为小学数学教研员。这一次公开招聘全程处于监察部门的监控之下,程序透明、公正,但是仍然让许多教师大惑不解:为什么周善伟老师能够在众多强手之中脱颖而出? 如果能够看到他所在的晓庄学院实验小学的科研文化背景,对于这个结果也就不会有太多的惊诧了。晓庄实验小学于 2015 年投入使用,在校长张相学博士的强力推动、有效带领下,学校推行"整全教育"的科研氛围浓郁,几乎每个月都会邀请到省内教育界的顶尖"大腕"到校给教师团队进行一次乃至数次的面对面谈话与辅导。这些顶尖教授、专家也许无法具体指导教师们如何上好一节课,但是他们给广大教师提供了更阔的视野、更高的境界,为"整全教育"的系统化发展理论提供了更多的支撑。作为教务主任,周善伟老师无疑拥有更多的、与这些顶尖专家互动的机会。这样的学术背景,加上个人的不懈努力,使得周善伟成长迅速,极可能成为南京市新一届优秀青年教师,当选为区教研员也就不足为奇了。从他的身上,可以清晰地看到系统化的教学理论研究对于教师个人成长的巨大促进作用。

上峰中心小学开展绿色教育理念的实践与研究,为全体教师提供了系统化的理论引领与支撑,为教师提升课堂教学研究水平提供了较为理想的平台,为课堂教学品位的提升提供了有力的支持。

第二节　绿色课堂的学科教学实践

　　课堂教学是学校教育的主阵地，教师的价值首先是在课堂教学实践中得以体现，学生的文化素质、智力发展、身体发育主要是从课堂教学中得以不断积累。抓住课堂教学这个关键点，是每一个校长、每一位教师不可忽视的职业责任。避开应试教育、素质教育的争议，我们每一位经历过学校教育的人都曾对自己的小学课堂、中学课堂留有一些难以忘却的深刻印象。在与一些教师、学生家长交流的过程中，我们看出大抵有这样几类：

　　我的小学老师可厉害了，除了语文课，还上音乐课，读书声音非常好听，写的粉笔字非常漂亮，音乐课上总是背上手风琴，我们都很佩服她。

　　我在村上读小学，我的数学老师太狠了。当天的课堂作业必须当天完成订正才能回家，如果哪个同学没能完成，肯定是要被留下来的。我也被留过一次，留到很晚。

　　老师叫什么名字记不得了，后来调走了，据说他上课很有水平，有一次来了很多老师听课。那节课上，同学们都很卖力，我们每个人对课堂上的问题都已经提前练习过很多遍了。后来想想，这跟平时简直不一样，太假了。

　　而我对小学阶段的许多老师也是有着特殊的记忆的，我深深感念他们当年给我留下的小学教育，并不是因为他们曾经受到多少领导和专家的青睐，也并不是因为曾经有多少老师进入课堂观摩他们的教学，而是因为这些老师曾经给予我的关心与爱护。他们在日常教学中也给我留下了难以忘却的深刻记忆。

　　陆老师和王老师是来自无锡的一对夫妻，就住在我当时所在的村小里面。瘦弱的陆老师给我们上自然课，讲授水的循环，带了一块玻璃、一只玻璃杯、一只热水瓶，演示了"水→水蒸气→水"的变化过程，让我第一次感受到自然课是如此有趣。胖胖的王老师是我们的数学老师，每天中午都会在班级黑板上出一道四则运算题，记忆中的那些题目必然很长很长，几乎有黑板那么长，然后，每天中午都会让有兴趣的同学练一练，然后去她的办公室批改，按照答题正确的顺序，她会把当天的同学姓名记下来，那个记录本在同学们的眼里就是一个光荣榜。

　　齐老师和张老师是我在五年级转学后的两位新老师。齐老师教数学，在他的课堂上是绝对不允许开小差的，每节课都会留有课堂作业的时间，他是当堂完成作业批改的，早早完成作业的同学必然另有任务：背诵两位数的乘法速算或者其他一道较为复杂的题目。每天晚上,都会让我们几个住在附近的孩子到他办公室去进行数学竞赛训练,要做大量的练习题。从来没有收费、送礼之说。张老师教语文,为了让大家把油菜花描写得更加细致、准确,他带我们整班同学来到油菜地,边观察、边指导,回班写作之后再点评,给我留下了极为深刻的印象,让我们感觉到写好作文其实是有技巧的,并不难。

我的印象中,还有一些这样优秀的老师,他们让我终身受益、终生难忘。等到我自己进入教育系统成为一名教师之后,我发现要做一名好教师还是非常困难的,公开课这一关就很难通过。多年的摸爬滚打之后,多年的学习、实践与研究之后,终于对小学的"课"的类型有了一点点浅显的了解,在上峰中心小学开展绿色教育研究的过程中,就绿色课堂的学科教学实践问题与相关同志进行了多次探讨,基本形成了共识。

一、"课"的几种类型

1. 一个不恰当的比方

每当教室里增加了几张凳子,我们知道,这节课肯定有人要来听课了。面对除自己学生以外的人员开放的课堂教学,我们都可以称之为"公开课"。针对来人听课,授课教师是如何准备的呢?这就不免让我们将之与公务接待相比较。

早些年,在中央严格强调"八项规定"之前,公务接待的方式多样而复杂:对于不同的来客,给以不同的接待。区外来客,那是要隆重接待的:好酒好菜,热情接待,有时还会安排一下地方特色的旅游观光;找个机会,我们还可以组织一个类似的活动,前往对方回访一下。上级领导与专家来校,肯定要视远近、亲疏、重要与否而给予不同规格的高标准接待,务必让他们乘兴而来、满意而归。兄弟学校、周边社区来校的,那必然需要热情接待,安排在小饭馆或者学校食堂就餐,关键是要在酒桌上让对方切实感受到火热的友情。而对于私人感情非常贴近的访客,则往往直接在校园食堂内与师生一样打饭就餐。若干年的校长履职之后,很多校长叫苦不迭:累坏了身体、喝伤了胃。

试想一下,我们的教师,尤其是优秀教师,每年总要面对多次公开课,是否如同校长以前常常忙于酒桌接待?所幸,中央"八项规定"之后,各类接待呈现断崖式的减少,绝大部分公务接待归于规范、简单(也就类似于教师教学的日常课),直接在学校食堂与师生同餐,直接免去酒桌上的觥筹交错了。所不同的是:校长的接待负担大幅下降了,身体素质提升了;而教师的负担仍在那里,仍然需要面对突然而来的公开课。

2. 日常课与公开课

作为一名普通的小学教师,如果认真履职,他的工作量确实不低。例如,区教研室规定教师每学期至少听课20节,且必须留有听课笔记、记有课后反思。为了完成这一任务,校内的教师每人每学期基本上都要开设一至数次公开课,而且要确保在每次别的教师"开课"的时候自己必须到场听课,否则就难以完成20节的听课任务。当然,绝大多数教师都是采用了一人听课、众人借鉴的方式来完成任务,在实际中对这一制度加以抵触。

小学里的课堂教学公开课的形式是比较多样的,大体可以分为示范课、交流课、研讨课、考评课、竞赛课等几种。在胡惠闵教授指导下,华东师范大学2012级硕士张诚同学对于我国中小学公开课的类型进行了研究。[①] 结合他的研究,我们对日常课以及几种不同形式的公开课进行了分析对比(见表3-2)。

表3-2　几种课的类型一览表

类型	实践模式	基本特征	目标指向
日常课	常态化教学。	以完成教学任务为目的;以学生学习成效为考核依据;以学习有效性为基本内涵。	学生的学习状态与效果;根据学生的学习状态调整教学方法。
考评课	教学检查;推门听课。	以检查评定教师为目的;以检查评定结果为考核依据;以上级领导为单一听课者;以日常课为内涵。	评价教师的课堂教学水平;监督教师的工作状态。
示范课	观摩教学;巡回演讲;巡回辅导。	以示范为目的,以观摩为手段,以"好课"为内涵。	形成向示范课学习的氛围;呈现教学的基本流程;引导对"好课"的趋同认识。
交流课	到外校接班上课;观摩教学。	以交流展示为目的;以"有特色"的课为内涵。	在更大范围内展示;呈现教学的基本流程;引发对教学的研讨与反思。
研讨课	循环改进教学;实验教学;轮流教学;同课异构。	以改进教学为目的;以研讨为手段;以"有代表性"的课为内涵。	改进"有代表性"的课;引发对教学的研讨与反思;强化对教学的研究意识。
竞赛课	反复磨课,团队助力。	以选拔"优秀"教师为目的;以"名利"为激励手段;以"尽可能完美"的课为内涵。	选拔"优秀"的教师;展示教学的新技术、新方法;催生"尽可能完美"的课。

上表中,除了日常课以外,其他几种都可以称之为"公开课"。我们教师平常所说的"开课",也就是指的这些类型的公开教学。

3.正确认识"课"的类型与作用

日常工作中,所有的校长、教师对于"课"的几种类型都心知肚明,但是,对于不同类型的"课",对于它们的实践模式、基本特征、目标指向却常常视而不见,容易在实际工作中混淆它们的不同作用,从而给学校的日常教学管理带来困难。在上峰中

---

① 张诚:《我国中小学公开课的类型研究》,华东师范大学硕士学位论文,2012年。

心小学实践绿色教育、推进"绿色课堂"的实践过程中,学校全体教师和行政管理人员首先就需要充分理解这几种课的区别,充分认识不同类型的课对于学校教学改进的重要意义。

经过反复梳理,全体教师一致认为:日常课应该得到应有的重视和尊重,它的存在与科学改进对于学校发展、儿童成长具有决定性的意义;公开课也应该得到应有的重视,它对于优秀教师的成长、学校声誉的提升具有不可替代的作用。任何混淆界限、胡乱替换概念的做法都是错误的。

二、让日常课成为合格课

1. 日常课的目标指向

> 伯乐善相马。有一邻居与伯乐相处甚好,其子成年后,遂求伯乐收为徒弟。伯乐应允,但在教授时却只教其相驽马,即一些只能拉车耕地的普通马。村里有一富人也有一子,也来求伯乐学相马。因这人平日狡诈贪婪,伯乐对其厌恶,但碍于乡亲情面,不得已收其子为徒,而后只授其子相千里马之术。先前那位邻居见状大为不解,于是问伯乐:你我相交甚好,为何只教我子普通的相马之术,却教其子相千里马的绝技,是何原因? 伯乐说:"千里马不常有,利缓。驽马日售,利急。"意思是说,千里马偶尔才能有一匹,从中获得利益很慢。而普通的马每天都有买卖,从中获利会很快。几年以后验证了伯乐所言,邻居的孩子因生意兴隆而收入颇丰,家境日渐富裕,慢慢地也掌握了相千里马的本领。

日常课的目标指向学生发展,并在学生发展的同时发展教师。学生发展情况如何,直接反映了日常课的教学水准如何。对于一线教师来说,"相驽马"之术就是上好日常课所需的教学基本功,只有掌握了"相驽马"的基本功,才能有立足之地,才有进一步学习"相千里马"的必要,也才能进一步掌握"相千里马"的本领。

日常课就是在新课程理念指导下,用心打造的朴实有效、自然生成的常态化课堂。这种课堂教学的底线要求是:合格、有效益。所谓合格,就是要符合一节课的基本要求,教师兢兢业业,按照课程教学标准,认真履行自己的职责,不是作秀,不为展示,而是一以贯之、自始至终、善思善研、善做善成;所谓有效益,就是对于自己所面对的学生而言,努力做到因材施教,让同学们在现有的知识、能力基础之上有所进步,使得"一节课没有白学",努力达成"过程扎实、方法务实、效果真实"的教学常态化、长效化。① 基于这样的考虑,有部分教师课后把部分学生留下来,努力确保"当日

---

① 温小荣:《夯实常态课,建设教学新常态》,《江西教育》2016 年第 5 期。

清",确保学生把当前阶段的学习问题彻底了结,尽管会被误读为"加重学生负担",而从另一层面来看,只要是学生能够接受、家长欢迎、教师愿意,那么,这种行为完全应当理解为日常课教学的补充,完全可以理解为是一名教师负责任的有德行为。

2. 日常课的特点

"教学目标"、"教学内容"、"教学方法"和"教学评价"是"课"所包含的基本内容。学科基本课型是结合学科学习内容的特征为基准去划分和抽象得到的课型,例如小学语文学科有识字课、阅读课、写作课,小学数学学科有概念课、例题课、习题课,每一课型都有其必须遵循的教学常规。每一种"课"需要在规定的时间内,以一定容量的教材内容,(教师)组织全班学生进行学习,并获得一定的教学效果。对于我们常见的日常课、示范课、研讨课等类型,如果针对条件和要求进行划分,则至少有四种组合:

	一般条件	特殊条件
一般要求	日常课、考评课	例如:研讨课
特殊要求	例如:示范课、交流课	例如:竞赛课

日常课是指满足一般条件、只有一般要求的课。这种课客观、合理地存在于现实中,广大教师所设计和实施的绝大部分课就是日常课,它不可能因为某种行政力量而短期改变,反映的是教师群体现阶段的专业化水平。换言之,在现阶段下,不可能通过课堂教学质量评估去大规模淘汰执教水平低的教师,引进执教水平高的教师,通过"换血"去提高日常课的教学质量。至于各级教学研究部门多年来满怀期望,积极推行优质课、比赛课的选拔评奖活动,并期望借此大面积提升全体教师对于新课程的理解力、执行力,往往收效有限,只能改善部分(甚至是个别)教师的教学水平与职业态度,导致他们从此所执教的课的教学质量水平恒定提高,对改善日常课教学质量则辐射作用有限,不能从根本上解决问题。

作为日常课,一般具有以下几个显著特点:

一是真实,注重实际。教学过程要贴近学生学情,以发展学生的素养素质为目标,按照学生的学习规律、认知水平、层次差别,真实展现教学过程,真实生成教学互动,真诚面对每一位学生,做到因材施教与整体提高相结合,注重个体与梯度推进相结合。摒弃一切形式主义,没有矫揉造作,没有无病呻吟;更不需要过度的渲染,不需要过分的雕琢,一切从实际出发,实事求是地根据学校的设施设备条件、师资水平、生源现状等开展常态化教学。

二是自然,注重规律。要因势利导、顺其自然,不能急功近利、揠苗助长。自然是日常课的重要指标,要改变师道尊严,摒弃严师威武,放下"一本正经"的面孔,这样教师才能教得自然顺畅,学生才能学得活泼自由;让教学合作默契生动、浑然天成。返璞归真、自然生成,就是日常课构建的迫切要求,更是教育追求的理想境界。

三是有效，注重实用。日常课的核心就是构建有效教学，杜绝无效和负效教学。包括教案的设计、课堂的铺展、教学的生成、学生的训练等，都需要经过深思熟虑、认真推敲。对与教学无关紧要的、对学生发展无关紧要的，都要大刀阔斧地删除或者调整、优化；对学生成长和发展有利的，就扎实推进、稳步实施，注重教学的实际效果。[1]

教师上好日常课，如同每个家庭做好家常饭菜一样：没有太多的佐料、食材安全、营养全面、有益健康，尽管没有饭店的美味佳肴那么味厚，但是，一个人的健康发育与生长主要取决于家常饭菜，而非饭店美味。明白了这一点，对于日常课的基本特点必然会看得更加清晰。

3. 日常课的基本原则

（1）人本化。以人为本是日常课最重要的构建原则，离开人本教育的课堂就是无源之水、无根之木，离开人本原则的教育就是昙花一现、断线风筝。在日常课上，"人"有两类：学生、教师。既要客观面对学生的现状，也要理性面对教师的现有水平，把"成长比成绩更重要，成才比成功更重要"的理念真正落到实处，坚决杜绝"分分分，学生的命根；考考考，教师的法宝"的片面、过激思想。要更多从师生实际出发，变强迫为引导、变灌输为交流、变高压为影响、变被动为主动，营造一个师生相互接纳、和谐互动、共同进步的学习环境。

（2）快乐化。快乐是学生的追求，是教育的法宝，日常课就是要打造快乐课堂。营造快乐和谐自由的教学双边关系，让学生对学习产生兴趣，让学生乐学、爱学，而不是把课堂看作地狱，形成师生对立甚至对抗的战场。所谓快乐，并非指课堂上散漫无纪律的混乱，而是学生在教师的组织与领导下，在规范的课堂里能享受到学习的乐趣。学生的个性发展得到尊重，学生的创造潜能得到发掘，学生的思维、语言得到发展。保罗·弗莱雷说："没有对话就没有交流，没有交流就没有真正的教育。"在课堂气氛上要求轻松惬意、活泼自由；在师生教学关系上要求人格平等、尊重欣赏；在教学互动上要求合作共商、教学相长；在教育目标上要注重个体差异、因材施教，把课堂真正还给学生，让学生成为课堂的主人，一旦学生的主人翁意识确立，学习就自然成为一种自觉。也只有学生形成了学习的自觉之后，才能够真正享受到课堂学习的快乐，这正是日常课教学中教师的努力方向。

（3）生活化。美国教育家杜威说："教育即生活。"教育必须是生活化的、与班级儿童切实关联的，这样的教育才有生命力，才接地气。日常课的建构要注重课堂的生活化，不能板着面孔说教，不能强压强扭地灌输，不能照本宣科地教授，而是要对课堂的整个设计进行把握，创造性地通过各种方法路径，让课堂生动起来，让教学灵动起来。日常课就是让课堂充满生活的激情，充满探索的神奇，流淌思考的浪花，绽

---

[1]　温小荣：《夯实常态课，建设教学新常态》，《江西教育》2016年第5期。

放思维的彩虹;无论讨论、练习,或互动交流,都要坚持与班级儿童相关联,与现实生活相关联,让教学活动真实、有地气。

三、让公开课成为精品课

在教师的专业成长道路上,公开教学也就是我们常说的"开公开课"成为广大教师绕不过去的坎。从参加工作开始,考评课、指导课、研讨课、竞赛课,几乎都是如影随形。对于优秀教师来说,在相当长的一段时间内恐怕很难摆脱各种类型的公开课。从公开课的目标指向上来说,它直接面对的是教师的专业化发展,是对教师专业化发展的考评、诊断、激励、提升,而对于学生发展而言,它只是作为衡量教师教学成效的一项内容、一个指标而已。因此,有人直接提出"没有公开课,教师的专业成长是缓慢的"①。

1. 公开课历来得到高度重视

从教师个人来说,每位教师自从走上工作岗位的那天起,就注定要在这个庞大的知识分子群体内通过过人的业绩来得到认可、得到晋升,这就是教师专业化成长的实质。应该说,得到认可的渠道是多样的:学生的优秀业绩展示、教师个人的论文发表、教师个人的公开教学展示……而在这个专业成长道路上,每一次机会都来之不易,不能错失。错过一次机会,则往往导致失去更多的机会,甚至导致在专业成长道路上的停滞。在这样的一个氛围熏陶之下,每一位教师面临公开课时,都会高度重视,不论是校内公开课、区内公开课还是市内公开课,都会设法调动一切可以调动的资源,帮助自己努力达成公开课效果的最优化。

从学校集体来说,校内公开课的组织进行直接影响校内教学研究的成效,直接导致校本研究质量的提升和教师群体素质的提升,故而,必须高度重视,尤其对于重要的校内公开课更要给予深层次的关心、高度的关注、倾力的打造。而对于面向外校开放的考评课、研讨课、竞赛课,由于直接代表了本校的课堂教学研究水平,涉及本校的颜面,学校更是不遗余力,倾力打造。这也就是为什么教师常说,公开课的级别越高,相关教师的压力越大。对于这一类公开课,就往往不是孤军作战了,而演变成为团队协作、共同应对的一次乃至数次反复研讨、反复改进的历程了。所以,我们常说,区级公开课的效果,往往直接代表了学校课堂教学水平的高低。如果一所学校每年开设的区级公开课数量较大,那么,毫无疑问,这所学校的课堂教学水平一定是很高的,这一点没有任何疑问。

对于区级地方教育业务管理部门来说,区内教学公开课直接代表了对于课堂教学的一种导向,对于本学科教师专业化成长的一种导向,必须持续予以重视。这也

① 赵小雅:《我们需要真实的公开课》,《中国教育报》2006年。

就是每次区级公开课之前，教研员都会反复斟酌改进教案、反复要求授课教师试讲的主要原因。对于那些走出本区参加教学竞赛或者教学研讨的公开课，由于涉及本区的颜面、代表了本区的水准，故而必须给予更高规格的重视与支持。

2. 公开课应当成为教师专业发展的突破契机

（1）公开课＝作秀课？

公开课历来受到教师个人以及学校，乃至上级部门的重视，这本身是一桩好事，并没有错，但是问题也正是出在此处：由于受到了太多的重视与关心，往往导致公开课"失真"，失去了日常教学所应有的本真，从而给很多教师——包括授课教师与听课教师——以虚假的感受。长期以来，"公开课＝作秀课"这一概念一直存在于教师的脑海之中，挥之不去。一方面，教师需要积极应对公开课所带来的机遇和挑战；另一方面，教师还要接受虚假表演的内心煎熬。尤其是走出校门的公开课，往往最后的授课设计已经与授课教师本人的教学设计原始方案大相径庭，从而让授课教师一方面感受到自己的专业成长，另一方面一次又一次地感受挫败和自信的丧失。甚至有教师说：公开课的过程就是邯郸学步的过程，公开课上过了，赢得了好评；如何上好日常课，反而又成了当前的一大难题。不禁要问：我到底应该如何上课？

（2）公开课应当成为专业发展的突破契机

西南大学张家军副教授指导的戴清同学在硕士学位论文《公开课对小学教师专业发展的影响研究》中指出，当前公开课存在着几种不良现象：一是从上课的主体来看，教师上公开课的积极性不高，多为青年教师和新教师；二是从上课的过程来看，公开课存在着较多的形式主义的问题；三是从上课的结果来看，公开课的质量参差不齐。

针对以上存在的问题，戴清提出三点建议：一是教育主管部门层面，应明确评价目的，完善公开课的评价制度，规范公开课模式；二是学校层面，正确认识公开课的目的，建立相应的制度保障体系，关注教师的生存状态；三是教师层面，应保证公开课的真实性，增强自主发展的意识。[①]

对于目前存在的问题，广大中小学教育管理者、广大教师都有自己的不同认识。但是，不论从哪个角度来说，大家一致公认：公开课非常能够代表教师的教学水平，成为教师专业发展水平的最有说服力的一个标杆。从这个角度来说，能够跨越这个标杆，往往成为教师专业发展路途中实现重大突破的一个标志；跨越这个标杆，往往成为教师专业化发展的一个重要契机。为此，教师个人应当高度重视，开足马力，竭尽全力，努力呈现一节精彩的"课"；学校需要借此机会团队提升教师的专业化发展水平，不遗余力，为这节课的最终成功展示创造条件，提供多次"磨合""指导"的契机，并围绕这一活动开足舆论机器大力宣传，让教师及团队得到持续进步的激励，让

---

① 戴清：《公开课对小学教师专业发展的影响研究》，西南大学硕士学位论文，2014 年。

学校在此活动中收获正向荣耀。

3. 让不同的公开课呈现不一样的精彩

（1）竞赛课，倡导团队协作，反复推敲。出校的竞赛课对于各校而言，意义重大。某种程度上，优秀教师、著名教师往往都是从竞赛课中脱颖而出、崭露头角的。表面上看起来，教师赛课是教师个人的事情，其实不然。参加赛课的教师，往往代表了所在教研组、学校、片区、城市的最高水准，直接关乎一个地区的脸面，直接体现了所在地区课堂教学研究的境界。因此，历来受到极大重视。具体涉及如何重视，则是一个比较复杂的事项，从一所学校来看，目前主要有几种重视方式：校长亲自听课、评课，邀请校外高层次专家前来指导，教研组内反复研讨，校长、主任给参赛教师以鼓励并提供充分的后勤保障。上峰中心小学采取了一套适合自身特点的做法，倡导团队协作、反复推敲。

所谓团队协作、反复推敲的操作办法，首先是给予优秀先行、教师团队发展的考虑。参加出校赛课的教师，必定是本校教师中的佼佼者，力挺他们在更高层面上获取成功，为教师个人及本校赢得"虚名"，这对于本校师资队伍的改良、学校形象的改进具有较大的积极作用，因此，毫无悬念地需要给他们以足够的支持；与此同时，让本校教研组教师同步参与进来、共同研究，让本校教师在参与讨论的过程中同步得到提升，从而在整体上提升团队的水准，这才是学校的醉翁之意，是学校所求之"实利"。

虽说竞赛成绩是"虚名"，但也仅仅是赢得之后才有资格如此评论。一旦投入竞赛，就必须全力以赴，力求佳绩。为此，必须采取多种手段帮助教师提升水平。一是按照师资培养计划，保持教师外出听课学习、回校传达的常态化，外出听课是给了学习的机会，回校传达不仅是让其他教师分享体验，更是为了确保外出听课教师"听有所获"。二是对照赛课要求，邀请名师，专门指导。在时间有限的准备阶段，再多的臭皮匠也顶不过一个诸葛亮。弄斧到班门，是临阵磨枪、快速提升授课水平的捷径，学校努力整合各种资源，帮助赛课教师获取名师指点。三是团队协作。眼前的出校赛课，绝非参赛教师一人可以从容完成。这涉及教学课题的研究、教学资源的整理、学生情况的调研、课件的脚本撰写和软件制作、模拟上课的评价和改进等等内容，非常繁杂。为此，学校会全力调动相关教师组成参谋团队，给予全力配合和保障。而正是在谋求"虚名"的过程中，学校和教师在不断收获"实利"：促进团队融合、提高整体素质境界、加深对学科教学的理解。如此，确保每一次的出校赛课，都会带来教师团队的一次提升，带来相关学科教学品质的一次巨大改进。

（2）校内研讨课，倡导"裸课"，即未经试上的课。为"裸课"点赞，并不是说我们反对磨课，反对改进课堂的不足，而是强调要尊重每一堂课的正常形态，每一堂课都要有每一堂课的精彩。校内研讨课，薛法根老师在不同场合执教《鹬蚌相争》，每次的教学都有所不同。有一回是借一所民工子弟学校的学生教学，竟然同样精彩纷呈。课后交流时，薛老师真诚地说，课前听主办学校介绍了情况，自己也做了一些调整。说是"一些"，其实从整体设计到问题引导都进行了许多改动。显然，在这种情况下不可能进行试教，而课堂上的精彩一定是来自他精心的预设、多次同课教学的经验，或许还有一份在课堂上对于民工子弟的期待。裸课，褪去的是繁复的准备，留下的是对自我的挑战，展示的一定是常态课堂下难以预见的精彩。①

徐学福教授指导的陈璐瑶同学倡导从教学学术视角下探究中小学公开课，这对当下中小学传统的公开课教学模式提出了挑战。尽管教学学术一词应用于中小学教学还处于不太成熟的阶段，但其意义是不言而喻的。教学学术倡导教学与研究的融合，与中小学以公开课为平台开展教学研究活动的本源意义相一致。教学学术强调教师积极发挥自身在"知识、研究、交流、反思"四个层面的主观能动性，这一概念的引入必然能提供给中小学教师对于公开课教学的更多思考以及教学方法等方面的革新。应该说，这一观念直接倡导教师从关注公开课带来的"利"转而关注公开课的"来路"，对于教师的专业成长有着巨大促进作用。陈璐瑶在硕士论文中，建议努力把公开课教学提升到教学学术的高度，高度关注教师的发展，努力规避公开课教学的误区，转变中小学教师对公开课教学的认识，形成教学学术的"风气"与"自觉"。② 这一想法，在上峰中心小学得到了一定范围的认同，并对校园范围内的公开课产生了一定的影响。

四、教学研究有的放矢

1. 教研活动的意义

各学校组织教研活动的意义何在？相信每个学校都有一大串说辞。而当前，开展校本教学研究已经成为各级教育业务管理部门对于基层学校的一项基本要求。至于要求教师每学期必须听课多少节、各校每学期必须组织多少次教学研究活动，则很难找到一个科学的、令人感到有足够说服力的理由。

由于基层教师的工作任务普遍比较繁重，在面临自上而下组织教研活动的时候，敷衍塞责、阳奉阴违的行为就多了起来。有人总结了学校教研活动中存在的几个问题：教研活动意识淡薄；教研活动开展随意；教研活动形式主义；教研活动方式单一；教研活动风气不正。③ 邯郸市教育局副局长曹建召曾在 2014 年第 9 期《邯郸教研》上发表过一篇文章，文中专门谈到校本教研的三种形式：① 互不分享型，即 A＋B＋C＝A＋B＋C；② 主备主导型，即 A＋B＋C＝A；③ 分工协作型，即 A＋B＋C＝D，理想的教研形态应该是第三种形态。

---

① 蒯威：《公开课：要不要试上?》，《教学月刊·小学版》2016 年第 7—8 期。
② 陈璐瑶：《中小学公开课效能提升研究》，西南大学硕士学位论文，2016 年。
③ 陈建学、陈和武：《小议学校主题教研活动的开展》，《地理教育》2017 年第 S1 期。

既然有这么多的弊端,为何学校还要坚持组织校本教研?难道仅仅是为了应付上级的检查么?其实,作为义务教育阶段学校来说,努力达成校际均衡、校内均衡是教育行政部门和学校管理者的共同奋斗目标。校本教研是促进校内教育均衡的重要抓手,学校需要通过这个制度化的手段促进教师之间的交流与沟通,促成校内师资的均衡发展,从而确保教学质量的均衡发展。对于这样的一个基本目标,许多学校在实践过程中显然发生了不该发生的遗忘,丢掉了目的,而只记得需要组织校本教研,于是乎,出现了重重的问题,导致教研偏离了初心。

2. 有的放矢,务实教研

对于学校来说,始终需要牢记:学校为什么要举行教研活动?是为应付而开展教研活动吗?既然要举行活动,就应该体现出活动的价值和意义。只有形式没有实质的活动,就没有继续维持下去的必要了。基于这样的观点,校本教研必须强调"实"这个字,做到有的放矢,务实教研。

一是要认清靶向,明白本校课堂教学中迫切需要解决的问题是什么,在此基础上倡导针对靶向的主题教研活动。医学上针对癌症有靶向治疗方法,是在细胞分子水平上,针对已经明确的致癌位点设计相应的治疗药物,药物进入体内会定向选择与致癌位点相结合并发生作用,使肿瘤细胞特异性死亡,而不会波及肿瘤周围的正常组织细胞。学校课堂教学实践中,常常可以发现的问题大致有几种:教师备课不够深入、班级教学秩序缺乏规范、学生学习质量差异较大、班级整体学习效率低下……如果学校清楚知道自己的课堂教学问题的症结所在,则可以针对靶向组织主题教研活动,力求达成效益的最大化。

二是要善于分解目标。明确靶向之后,并非肯定能够彻底解决问题。靶向,在一定时间之内,只能作为校本教研开展的一个目标。如何达到这个目标,绝非一蹴而就,需要睿智的教学管理人员予以适当分解目标,采取小步子原理,逐步推进。

三是注重实效。每次教研,必须有所得:授课教师有心得、听课教师有提升、研究活动有总结。如果用"踏石留印、抓铁有痕"来形容这股韧劲,显得太过了一些。但是,从绿色教育理念的角度来说,注重的正是持续不断的学校改进,其中就包括课堂教学的不断改进,从小处来说,就是要做到每次活动都能收到实效。

3. 倡导校本研究新做法

校本化的课堂教学研究,要想做到有的放矢、逐步改进,从学校教学管理部门到每一位教师,都需要从思想观念上牢固树立改进意识,在实践中坚持几点做法:① 杜绝假教研,所有的课堂教学研究都必须围绕教务处在学期初提出的研究主题来进行,正式的授课教案必须提前提交教务处;② 倡导自我教研,鼓励教师充分使用录播教室的先进功能,通过自动摄录、自我回放,反复进行自我诊断、自我改进;③ 倡导在校本教研中引入学术讨论方式,将教师授课、学生学习的"术"与"道"关联起来,逐步提升教研品位,促进课堂教学与课题研究相结合;④ 提倡"三一"评课,即针对教师评课过程中只唱赞歌不提建议的普遍现状，为提升教研质量、促进教师有效参与，特提出"三一"评课要求：指出一个优点、一条不足、一个共同商榷的话题。以上四点做法，说起来很简单，但是一旦真正实践起来，其难度相当可观，需要学校教务处、教研组逐步推广、逐步落实。

4.重视教研的"实"绩

作为农村学校，上峰中心小学坚持以"实"为校本教研的基本要求，要求在三个方面取得"实"绩。

一是教学要有实效。教研活动的那一节公开课，必须是"真刀实枪"的"实战"课。由于教师提前精心备课，学生的兴奋程度也更高，故而，这样的一节课必然是教有实效的。但是，这个"实效"不能是虚假的、提前排练的、现场表演的。只有真实的课堂教学，才具有共同研究的价值和意义。

二是教育要有实效。课堂上，除了学科教学的师生活动以外，还有很多因素也是需要参与研讨的教师共同关注的，例如：教师专业化水准、班级管理水平、儿童素养呈现，等等。通常，教师和学生在面对前来听课的外班教师的时候，大家的行为都会有所收敛，刻意把好的一面呈现给客人老师。但是，这一切并不妨碍课堂上仍然会出现这样或者那样的"小情况"，对此，授课教师不必回避，而应当正确应对，且应当作为教学研究的一项内容加以讨论，以促进班级管理水平和师生素养的共同提升。

三是研究活动要有实效。从活动记录的文本上看，要有活动的详细记录，关键是记录内容中要有"料"：师生的教学活动有质量、教师评课表达有质量、参与活动的所有教师有收获，从而形成一次教研活动的完整记录。而这样的具有时效的教研记录对于教师个人成长、团队发展、整体提升，意义重大。

第三节　课堂教学追求绿色质量

近年来，随着教育改革的不断深入，教育教学质量问题得到了国家的高度重视，《国家中长期教育改革和发展规划纲要(2010—2020)》强调指出，要"把提高质量作为教育改革发展的核心任务"，要想提高教学质量，需明确其内涵，而且要确定相应的"绿色"衡量标准，努力追求绿色的课堂教学质量。

一、课堂教学绿色质量的基本内涵

有人认为，教育质量是由社会决定的关于离校者必须达到的知识、技能、习惯与价值水平的一组参数，强调的是满足社会需求的毕业生的特性；也有人提出教育质量就是指教育活动的目标达到了什么程度，等等。各种说法不尽相同，各有其合理方面，但又都存在片面性，未能从本质上揭示教育质量的内涵。那么"教育质量"到底是什么呢？

关于质量这一概念，当前被普遍认同的是国际标准化组织的界定，他们将"质量"定义为"实体满足明确或隐含需要能力的特性的总和"。这一定义揭示了"质量"的内在本质。"实体"包括产品、活动、服务、工程、个人或组织，可以是有形的，也可以是无形的。实体满足"需要"的特性通常表现为实用性、安全性、经济性、可靠性等特性。它们是质量实体内在的固有特性，通过满足需求者的需要，使需求者和生产者相沟通，也使人们对实体质量衡量标准的确立有了真正客观的依据。实体的"特性"是质量的最终体现。由此，我们可以把"课堂教学质量"定义为"课堂教学满足个人和社会显现的和潜在的教育需要能力的特性"。

在工作实践中，有许多人把课堂教学质量仅仅视同为学生卷面考试成绩的观点，这无疑是极为狭隘的。原武汉市武昌区教育局局长王兴文[1]从关注学生健康成长、未来发展的角度列了几条看似"感性"的标准，简单地说，就是"三个不要一个要"，即不要牺牲学生健康的质量，不要高投入低产出的质量，不要虚假的质量，只要科学健康可持续的质量。[2] 结合农村小学的实际，上峰中心小学认为课堂教学绿色质量的基本内涵在于：符合儿童成长规律，质量真实、有效，有利于儿童可持续发展。

二、衡量课堂教学质量的绿色标准

绿色教育所需要的课堂教学质量必须是绿色的，其衡量标准也必然是绿色的。

1. 学生的综合素质是否得到了全面提升

这一标准衡量的是教育对人的发展需要的满足程度。学生首先是自然的人，他们当然有生存和安全的基本需要，随着时代的发展，生产力的提高，他们对自身发展的需要也越来越高级。那么，怎么衡量教育质量的高低呢？我们可以把学生的阅读、数学、科学能力以及学生独立学习的能力，等等，作为一个横向坐标，纵向坐标当然是学生这些能力的提高程度。在衡量时不能仅仅以学生最终的发展结果来衡量教育质量的高低，因为每个人的发展起点是不同的。不考虑起点而对学生的发展结果进行比较、评价是毫无意义的。因此，应把学生受教育后发展的结果与学生受教育前的起点水平之差，即"增值"作为衡量教育质量的纵向维度标准。我们应该关注的是以学生现有状况为起点，通过教育促进其更大的发展，这才是教育的根本宗旨，也只有这样，才能使不同的学校、不同的地区、不同的个体之间具有可比性。学生的素质能否得到全面、和谐的发展，形成完美人格，是要受教育自身活动的性质所决定

---

[1]　参见 http://www.wuchang.gov.cn/wcqzfzz/zwgk/qzzc/wxwfqz/index.html。
[2]　宋立文：《打造充满活力的"绿色教育"》，《中国德育》2013 年第 21 期。

的。教育活动只有不断美化，人的发展才能日趋完美。我们应该客观地看待人的发展，只有这样，才能科学地、合理地评价教育质量。

2. 教学过程是否和谐，是否充分体现了学生的主体作用

这一标准衡量的是教育对人的交往、尊重和自我实现等较高级需要的满足程度。美国教育家杜威对教育的"内在目的"进行过阐述。杜威认为，教育目的不在于教育过程之外，而在于教育过程之中，他认为外在的目的固定、呆板，使得教育活动变成"机械的奴隶的"工作，而内在的目的由于考虑的是教育过程中师生关系性质的改变与质量的提高，因而使教育活动更自由、更活跃、更平衡。换句话说，就是外在的目的由于给教育活动树立了价值标准，因而，教育成了一种手段，而不是一种自在的生活方式，而内在目的则把衡量活动的价值标准归之于教育过程之内，由教育活动本身来决定质量的高低。

杜威的论述为我们恰当地确定衡量教育质量的标准提供了有益的启示，外在目的是指外在于教育过程的结果，即儿童在经过教育过程之后应获取的具体素质。内在目的则是指儿童在教育过程之中与教师之间所达成的某种关系之准则，它不是具体的人格定型，而是参与具体教育活动的主体在关系中的瞬间体验。由于它追求教育过程中师生间和谐的互动关系，因而使思维获得解放，使学生的主体性得到充分、协调的发挥，使学习成为自主自为的活动，成为对成功的体验、对生命的体验和具有追求人生意义根本达成的价值，使教育成为一个学生自由的、自我创造的活动，教育达到如此境界即是立美的教育。它是以追求自由和谐为宗旨，因而具有塑造和谐发展的完美人格之功效。

因此，教学过程中的师生互动是否和谐，教学活动是否充分体现了学生的主体作用，是衡量教学质量高低的一项重要标准。

3. 培养的学生是否符合当前社会发展的要求

这一标准衡量的是教育满足社会进步需要的程度。社会的发展需要人来完成，人才的培养要靠教育，教育培养出的人才是否符合生产力发展的需要，将直接影响到整个社会的进步。人才的培养不仅要在数量上达到一定的规模，在质量和结构上都应符合当时社会发展的需要。在小学阶段，学校培养人才可以视作"育苗阶段"。党的十八大报告指出，要"把立德树人作为教育的根本任务，全面实施素质教育，培养德智体美全面发展的社会主义事业的建设者和接班人"。作为农村小学来说，就是要因校制宜、从实际出发，努力贯彻党的教育方针。

某种程度上来说，学校贯彻党的教育方针实效如何，就是衡量其教育质量高低的必要标准。这其中就必须牢牢把握"立德树人""素质教育""全面发展"等几个关键词，深刻领会这几个关键词的真实含义，而不至于片面理解，甚至曲解。例如，"全面发展"与"发展全面"的意思是有区别的，前者要求为每个学生提供全面发展的教育与可能，而后者则直接提出了不切实际、难以企及的质量要求。作为农村学校而

言,如果将"全面发展"片面地理解为"发展全面",必然给学校的教育教学带来不必要的烦恼。

学校从校长开始,到每一位教师,必须从教育质量的内涵出发,以教育满足个人和社会的需要为依据,遵循绿色的原则,从人的发展、教育活动自身的发展、社会的要求三个方面提出衡量教育质量的"绿色"标准,理清思路,实事求是,不断提高教育教学质量。

三、随班就读智障儿童的特别教学

随着绿色教育的持续开展,课堂教学质量的重要性受到了全体教师的广泛关注。然而,我们目前所说的绿色课堂教学不仅仅包含正常儿童的教学,对于极少数的特殊儿童的教学,学校也必须给予高度的重视。这一点,已经在学校近年来的教育教学中得到了充分的重视。

常态分布下,全校儿童中总会出现一些特殊的残障儿童,他们的教学质量问题一直都是任课教师非常关注的话题。如果一切都以正常儿童的标准来衡量,对这些孩子而言无疑是不公平的;如果对这些孩子放任不管不问,对于教师而言,有悖职业道德。

2015年上半年,上峰中心小学被南京市教育局确定为随班就读实验学校,学校认真贯彻落实上级教育主管部门有关随班就读工作要求,并结合实际情况,认真排查特殊儿童情况,随即按照有关要求开展工作。

2016年3月,学校资源教室的建设工作初步完成,学校建立了随班就读工作的保障支持系统和教研网络,将随班就读工作列入学校的工作计划,建立并完善了一系列的规章制度、随班就读学生的个人档案,并生成了随班就读教师和学生的评价系统。这其中,最为关键的就是牢固树立绿色质量理念,因材施教,对这部分儿童的课堂学习质量评价因人而异、注重发展。

表3-3 上峰中心小学接收残障儿童少年随班就读情况汇总表

学校:江宁区上峰中心小学						填表日期:2015.9.10			
残障类别	姓名	所在班级	性别	户籍	出生年月	家庭住址	有没有办理残疾证、残疾等级	监护人姓名	监护人联系电话	成绩综合等第
视力残障										
听力残障	史××	六(3)班	男	江苏	2004-5-16	鹤龄社区	未办理残疾证	史××	189133××××	中等

学校:江宁区上峰中心小学						填表日期:2015.9.10			
智力残障	万××	二(3)班	女	江苏	2008-6-21	高庄社区	未办理残疾证	万×	153807××××	不及格
	时××	三(4)班	男	江苏	2007-7-1	阜庄社区	未办理残疾证	时×	151904××××	不及格
精神残障	居××(自闭)	四(2)班	女	江苏	2005-3-5	高庄社区	未办理残疾证	居×	135852××××	不及格
其他残障	谢××	三(3)班	男	江苏	2007-4-1	阜庄社区	未办理残疾证	张××	153650××××	优秀
分管随班就读工作的校长 姓名:李小兵		电话: 138516×××××			填表人:葛圣娣		联系电话:138519×××××		

从表3-3的数据统计来看,这批孩子均未办理残疾证。一方面,证件办理审核较严,更为关键的是淳朴的农村人不愿办理残疾证,不愿意让自己的孩子与其他孩子拥有"不一样"的身份。这就让大量的残障儿童游离在民政部门的统计数字之外。学校开展随班就读工作以来,从最初动员学生参加,到后来这些孩子非常乐意参加活动,所有参与的学生家长都对学校和老师表示由衷的感谢,已经有新的家长在积极为自己的孩子申请加入随班就读群体。此项工作获得了显著的阶段性成功。

（一）完善组织管理体系

1. 加强随班就读工作的组织管理

成立校长彭高林、分管校长李小兵、资源教师葛圣娣、闵庭廷等组成的随班就读工作领导小组,并由分管校长全面负责随班就读工作的管理和实施,定期开展研究工作,明确各自的职责。将随班就读工作纳入日常管理,制定了随读工作的系列制度:《上峰中心小学随班就读工作管理制度》《随班就读教育教学工作细则》《上峰中心小学随班就读管理工作细则》用以指导学校随读工作,并制定了资源教室和教师工作职责:《资源教师职责》《上峰中心小学随班就读教师职责》等,使学校随读工作有章可循。使学校随读工作规范化、制度化。

2. 加强随班就读的队伍建设与教研工作的管理

健全组织,加强领导。管理与教学、教研一体化是搞好随班就读工作的保证。学校成立了随班就读工作领导小组,每学期组织专题讨论会,确定学校随班就读规划,制定随班就读各项制度、政策及具体措施。

设立上峰中心小学随班就读资源教师工作组,组长:葛圣娣,副组长:闵庭廷,组员(志愿者):时银、修英英、戈瑶、张虞涵、夏松松、闻晶晶,由工作组定期进行随班就读教师指导,每学期对部分家长提供随班就读咨询服务。

设立学校随班就读教育教学研究组,每两周开展一次活动,交流随班就读工作遇到的新问题及其应对措施,做好随班就读学生的学籍管理、个人档案的管理。

精选教师,加强培训。建立一支相对稳定、素质过硬的教师队伍是做好随班就读工作的前提和保证。为了使特殊儿童享受平等的优质教育,学校精心挑选了思想觉悟高、事业心强,教育、教学有经验的老师担任随班就读的教学工作,积极组织教师参加有关随班就读的各项活动,并由资源教师定期开展校本培训,学校选派资源教师参加随班就读工作的各级培训学习。

(二)做好随班就读学生的教育教学及管理

1.制订个性化的教学计划

2015年,上峰中心小学成为江宁区随班就读工作的实验学校,虽然时间不长,但也争取做一些努力与尝试。实际上从2014年初学校就开始了相关的统计与管理工作。随班生2014学年13名,2015学年12名,2016学年5名。现有5名有特殊需求的孩子在校随班就读,涉及的随班就读班级5个,涉及的随班就读教师十几名(见表3-4)。

表3-4 上峰中心小学随班就读课程安排表

学生姓名	辅导教师	时间安排	辅导内容
万××	葛圣娣	周二、周四 12:20—13:00	语言、情商训练以及学科学习指导
时××	闵庭廷	周一、周三 12:20—13:00	语言、情商训练以及学科学习指导
谢××	夏松松	周一、周三 15:15—15:55	体感训练
居××	时银	周二、周四 15:15—15:55	语言、情商训练以及学科学习指导
史××	闻晶晶	周二、周四 15:15—15:55	学科学习指导

相关教师根据学生不同特点,以及特殊教育学校老师专业性的建议,为每个学生制订相应的教学计划。承担随班就读任务的班级,各科教师根据随班就读学生的缺陷状况、学习能力和兴趣特点等,学期开始时单独制订和实施了"降低目标、简单提问、容易练习、个别辅导"的个别教学计划,力求最大限度地激发学生的学习兴趣,挖掘学生的潜能,使残障学生在各自的基础上得到不同程度的提高。

2.坚持做好个别教学

传统的教学不可能满足残障学生的个体需要,而目前由于教学条件、教师人员的限制不可能实行一对一的个别教学,因此学校采取了集体教学为主、个别教学为辅的教学形式,在集体教学中,兼顾学生的个体需要。

课堂教学要正确处理好整体与个别的关系。一是在教学程序上从开始到结束,都给残障儿童以充分参与的机会;二是在课堂提问时,将备课时设计好的问题按难易程度分别提问正常学生与残障学生;三是在课堂训练中,基本题要求全班学生做,特别定制题可让残障儿童做。

在教学方法上要求做到"讲解与形象示范相结合"、"语言表达与态势表情相结合""解释启发与主体获得成功相结合",并针对残障儿童的缺陷进行补偿。教学过程中的各个环节特别是关键环节都照顾到残障学生,看他们听清了没有、看懂了没有。

3. 尝试发挥小伙伴的助学作用

助学伙伴是随班就读教学中一支不可忽视的力量,它不仅使残障儿童从同学的帮助中解除一部分学习和行动上的困难,还能从与正常儿童的交往中开阔眼界,增加接触社会的机会,学会适应生活、适应社会。随班就读伙伴助学的通常做法是:助学伙伴以个人或助残小组的形式出现,一般选配2—4人,分别在残障儿童学习和行动上给予帮助。助学伙伴的任务是:

(1) 在行动上给予帮助,包括每天陪同残障儿童上下学,协助教师帮助残障学生熟悉学校环境,在教室中寻找自己的座位,认识操场和厕所及协调残障学生参加校内有关活动。这方面最值得一提的是学校三3班的谢××,他先天性下肢发育不全,属于下肢瘫痪,行走困难,上板凳、上厕所、上下楼梯、坐校车等更是完成不了。为此,三(3)班学生在班主任詹老师的组织与安排下,成立了由6人组成的助学小组,主要任务是协助他上下学、上厕所、吃午饭等一系列活动,使他不再因身体残疾感到自卑,反倒因为小伙伴们的帮助变得非常乐观。现在这个孩子由以前的闷闷不乐变得非常懂礼貌,每天无论何时,只要见到老师都会叫一声"老师好"。

(2) 在学习上给予帮助,包括在老师的指导下课前帮助随班就读残障学生预习课上新内容,课中帮助他们完成课上的练习作业,课后协助他们完成笔记和作业等。

(3) 协助教师对残障儿童进行缺陷补偿,如对盲童进行行走及定向的训练,为他们读一些有关的报刊或其他课外读物,帮助他们养成卫生习惯。为聋生矫正发音,进行学业补差等。

4. 充分利用资源教室进行补救教学

资源教室是为随班就读学生提供实施个别化教育计划的场所,弥补了普通教学班的不足,满足了各类随班就读学生的特殊需要,是介于特殊班与普通班之间的桥梁,对随班就读学生进行文化知识补习、缺陷补偿与矫正、感知肌能训练、生活自理能力训练等都有一定的帮助。目前学校的资源教室已建设完成,根据需要划分为办公管理区、心理干预区、感统训练区、补救教学区等。根据个别需要,资源教师安排不同的学习训练内容,重点对学生进行文化补习、缺陷矫正、智力开发、生活适应能力训练等。

5. 建立随班就读学生"成长记录袋"

学校为每个特殊学生建立《随班就读学生成长记录袋》,记录袋中收集有学生的基本情况,教师对其个别指导或康复训练的过程记载,有学生的成绩单和各类作品,等等,里面记载的既是教师的工作轨迹,更是学生的成长轨迹。

（三）家校沟通，共同做好随班就读工作

家长是影响随班就读学生的一个重要因素，也是随班就读工作中较难控制的因素，家长是否能配合学生的教育教学工作将直接影响随班就读工作的成败。另一方面，家长对自己孩子的了解、对教育方法的掌握也能有效地促进随班就读生学业成绩的提高。学校还主动为家长提供有利于其参与学校教育的条件，定期召开随班就读学生家长座谈会，倾听他们的意见，充分发挥家长在随班就读工作中的重要作用，形成学校、家庭、社会教育的合力。

学期中，学校邀请随班生的家长来到资源教室参观，欣赏各种新奇的玩具与器材，陪同自己的孩子们进行训练，与资源教师进行深度交流。春节前，学校专门组织教师前往特殊儿童家里，看望孩子们，给他们送去一份关怀。刚开始的时候，资源教师还担心家长会因为自己的孩子是随班生、被安排在资源教室进行个别辅导而产生抵触情绪，后来经过促膝交谈以后，他们不但没有抵触情绪，反而对学校的工作非常满意，为学校能为他们的孩子提供如此好的学习环境表示感谢！

（四）有效帮扶，促使随班就读儿童健康成长

一是物质助学。每年末，学校都会迎来一批又一批的助学者，如大同博爱基金助学行动、白象集团助学行动、无锡好人包龙标捐助行动、春节特殊学生送温暖行动，每一次活动中，随班学生都是优先享受捐助的对象。同时，学校积极协助部分学生申领残疾证，争取区民政部门给予的物质补助，以减轻学生家庭负担。

二是评优照顾。学校优先考虑身残志坚、品学兼优的随班就读学生申报各类优秀学生等荣誉奖项，给他们以精神上的鼓励。学校在学生奖惩制度中充分照顾到随班就读学生，在期末的进步学生评选中分配一定的名额给随班就读学生，对他们的点滴进步及时给予肯定与鼓励。2016 年 5 月，经学校推荐，肢体残疾的随班就读学生谢××同学被评为"南京市优秀少先队员"。

第四节　绿色课堂教学的研究论文

【论文 1】　"清单式管理"为语文课堂增效

李小兵

[摘要] 课堂教学是一门艺术，是教师与学生共同参与的复杂活动。在语文教学

管理中运用清单式管理,将会有效提升课堂教学效益。

[**关键词**]清单式管理;小学语文;高效课堂

[**案例背景**]

清单式管理是由日出东方管理咨询有限公司首创而推出的支持性管理工具,由于它突出了全面提醒、细节提醒等特点,简单实用,后来慢慢延伸推广至整个项目管理,并渗透到企业管理的方方面面,被越来越多的管理层所接受。^① 所谓清单式管理,是指针对某项职能范围内的管理活动,分析流程,建立管理台账,并对流程内容进行细化、量化,形成清单,列出清晰明细的管理内容或控制要点,检查考核按清单执行。清单式管理给企业管理带来了可观的效益,如果在我们的课堂教学中也适当引入这种管理方式,是否也会提升课堂教学效益呢?

我校是一所农村学校,学生多来源于周边的村庄,外来民工子女不多,但由于市场经济的影响,留守学生相对较多。由于地处农村,部分学生家长文化水平偏低,缺乏对孩子有效的教育和辅导。学生的认识水平和知识水平的基础不同,两极分化现象比较严重,由于种种原因而产生了一些学困生。若教师不对症下药,不注意研究语文学困生的成因及其转化方法,势必造成学生间差距越来越大,整个班级的语文学困生一定会呈上升趋势。语文学困生的大量存在,成为制约语文教学质量提高的瓶颈。在这样的背景下,我结合自己任教的语文学科,引入了"清单式管理"。

[**案例描述**]

一、分班现状令人忧

自任教以来初次教五年级语文,真是满怀忐忑。一直在低年级"婆婆妈妈",每天跟低年级的孩子们打交道,有老师戏称我"奶奶"。"奶奶"要是哪一天、哪一步说不到位,低年级的孩子们就手足无措。面对那群懵懂的孩子,我只能啰啰嗦嗦地说个不停。当学校安排我教高年级时,我虽有忐忑,心中也有窃喜,我终于由"低年级"升到"高年级"了,高年级的孩子年龄大了,懂得也多了,学习能力自然是强得多,课堂上这下我可以少讲两句了。然而,前方正有一盆冷水等着我:"老师,今天语文家庭作业没写的有王淼、张静、李芳、王冉冉……"课代表人还没进办公室,声音就飘进来了。

这是什么状况,每天总有5个左右的同学不写家庭作业,真是让我这个新接手的班主任伤透了脑筋。

这个五(1)是我新接手的班级,班级的成员也是刚从四年级分班后重组的,学生

---

① 清单式管理:http://baike.baidu.com/view/6678365.htm。

之间充满了好奇,就连上课也静不下来——叽叽喳喳。更让人受不了的是还有一小部分学生在原来的班级中养成了作业拖拉的坏习惯,加上原任课老教师力不从心,这些猴子般的学生更是无法无天——课堂作业拖拉、家庭作业不写。新分班后,有些同学更是有样学样,学习任务不能完成的队伍正在扩大,于是我在不断努力的同时,希望寻求这些学困生的家长的帮助,然而事与愿违。还记得那天早上……

"吕飞,你家长怎么还没到学校来啊?"我有些不悦地看着眼前的小姑娘,几乎每天家庭作业都不能完成,就是偶尔写几个字,你只能看到是一堆笔画,至于是神马字,只有天知道。

吕飞低着头说:"我妈妈说今天一定会来的!"

哎!无可奈何,三请四邀,这位家长总是屡屡爽约,对于这样的孩子在学校的作业我可以监督,回家后没有家长的督促,我也是鞭长莫及、爱莫能助。

"老师,老师!我来了!"一个风尘仆仆的中年妇女赶来了。"我女儿是不是又没写家庭作业啊,我说了好多次了,就这样,我也忙,刚把小儿子送到学校,晚上还要加班,她爸爸在外地工作,平时就是奶奶照顾,老师你就多费心了,老师我马上去上班了,就不跟你多说了,哎呀,我来不及了,早上也没请假!老师,再见!"

就这样,这位风一样的女子就消失了,我憋了一肚子准备"教育"家长的话无用武之地,其实我也很体谅生活在我们这样的农村的家长,他们为了生活也无心照顾好孩子的学习,于是在班级中做了一个小调查(见下表):

五(1)家庭情况汇总表

总人数	独生子女	留守儿童	父亲学历				母亲学历				作业由谁辅导		
			本科	专科	初中	小学	本科	专科	初中	小学	父亲	母亲	无
39人	28人	30人	1	2	34	2	0	3	31	5	3	10	26

这样的调查结果令人担忧,身处农村的孩子,本来父母的学历就不高,加之有些父母外出打工,又或者工作的劳动强度大,他们没有时间也没有过多的精力去帮助孩子搞好学习。作为老师的我无力改变现状,世界上的许多事我们都无法改变,能够改变的只有你自己!所以我决定在班级中实行教学管理改革的尝试。

二、清单改革势必行

1. 学习任务制清单

孩子们升入五年级后,课程的难度在加深,学习的任务也在加重,除了以上父母的管教有一定问题外,学习任务的繁重应该是主要矛盾,于是我抽出时间指导学生给自己列一个"个人清单",每人准备一个便签本,将学习任务像清单一样罗列在上面,例如:① 语文《练习与测试》26页,② 语文背诵第十课的第二小节,③ 语文《补充习题》20 页……每完成一项就在后面打上一个"√"。除了制定个人清单,我还为每位小组长准备了一本本子,那就是"小组清单",上面可以记载每天上交作业的情况、背书的情况,等等,对照这个清单,小组长要起好小助手的作用,及时督促那些学习上有惰性的孩子,真正做到每一个都不掉队。能让每位学生跟上大部队,这是我们的教育梦想,当然也会有油盐不进的"顽固派",这时"班级清单"应运而生,有指导、有监督,还得有我这个班主任的全局掌控,每当本小组中有掉队分子,在小组长的监督下也不能完成学习任务的,小组长就将这些人员的名单签到放在讲台上的"班级清单"上,我只要一有空就会催促、监控这些后进学生的动向。

2. 日日清空"回收站"

无论从事哪一个行业,都可以取得优异的成绩。事实上,做事要有计划性是每一个人都应该从小就养成的一种好习惯,就是真正做到今日事今日毕。所以在制定"个人清单""小组清单""班级清单"的基础上,最重要的是如何扫除这些学习上的障碍。首先我会教育孩子们"自扫"门前雪,自己要完成自己的学习任务。然后是小组长、班委的"帮扫",帮助那些学习上有困难、有惰性的学生快速、正确地扫完自己"学"。最后是我这位语文老师的"清空",进入"班级清单"中的学生,我会像清空"回收站"一样,一一将他们清空,和学生拼的就是那份耐力。愚公在移山时曾说:我有儿,儿有孙,子子孙孙无穷尽也!如果在教学中我也能做到这种"愚公移山"的精神,任何大山都会被搬走。早上,我经常 6:40 就到校了,到校后就进入班级,指导那些学习慢的同学查漏补缺;课间十分钟,我会第一时间赶到班级,清扫我清单上学生的学习任务;放学后,我会让一些离家近,又没有家长指导学习的孩子在学校留半个小时写作业。我每天都坚持这样做,我相信我们班的学困生的队伍不会壮大,只会越来越少。

3. 成绩评定绘清单

语文素养的形成是一个长期的过程,语文学习的过程也是一个情感培育的过程,除了在教学中要倾注老师的爱心,语文学习激情的激发也是很重要的一个环节。在语文学习的过程中,我们制定了以上环节,在成绩评定上我也绘制了一份"语文 pk 清单",默写全对者用我们的班级专用章盖上"红星"一颗,书写认真者、考试 90 分以上,等等,都有记录。这份"成绩评定清单"我就将它张贴在讲台上,每个星期评选十名优胜者发放"表扬信",最后五名学生发校讯通给每位家长,以"点名提醒"的方式激发家长用心管教孩子的意识。实行一段时间后,班上学生争创"前十"的学习热情空前高涨。

三、拨开云雾见青天

宣布五年级第一学期期末语文成绩的那天我依然记忆犹新,我们是采用五、六年级互批的形式阅卷的,阅卷组长从我面前经过,我没敢问她我班的语文考试成绩。

第二次遇见她,我依然没敢询问成绩。想想那曾经一堆学生不肯写作业的现状,我真的很忐忑。最后还是阅卷组长忍不住对我说:"你是怎么教学生的? 你们班和最差的一个班级综合得分怎么能相差 17 分,而且还没有一个不及格的学生。"那一刻,我才如释重负,我知道都是"清单式管理"让我尝到了甜头。

[案例反思]

"清单式管理"不是考试,"清单式管理"的对象不是所有学生,而是未能完成基本任务的极少数同学;"清单式管理"的内容就是基础知识;"清单式管理"的方式不是试卷,而是书本;"清单式管理"的时间,不是双休日、节假日,而是在校内的边角时间。在教学过程中,教师要及时总结、及时反思,努力探索出适合自己的课堂教学方法,打造高效的课堂。

一、清单实施有计划

制定学习的清单,就如同梳理学习任务,制订学习计划,让学生、老师心中都有"标"可看、有"迹"可循。这就是让学生在一个典型的处理"任务"的驱动下,展开学习活动,引导学生由简到繁、由易到难、循序渐进地完成一系列"任务",同时,小组长在清单式管理实施的过程中起着举足轻重的作用。

一是实行学习组长负责制。学习组长不仅要管理和服务好本组的学习,还要认真执行课代表和班干部委派的各项工作,可谓责任重大。二是实行小组长帮学制。小组长要督促帮好其他同学,检查同学的作业,这既是权力,又是责任。有些同学作业书写不规范或草草了事,这时组长可以通过检查帮助老师把好每一道关,以避免不必要的错误,既帮老师节省了时间,也锻炼了小组长们细心检查的能力;碰到作业不及时上交的同学,也由组长负责催交。因为涉及的面小,所以收交作业的效率要比课代表统收来得高。三是实行组长和学困生结对帮扶制。四是实行小组自我评价,由组长每周给自己的组员打分,对组员本周的各项表现进行综合评价,评出优秀、良好、合格等次,然后给出评价分,最后誊写到"成绩评定清单"上。

二、"清扫"工作要到位

课堂是学校进行教育活动的重要场所,教学任务主要通过课堂教学来完成。因此,提高教学质量主要应靠课堂。最初给我"清单式管理"的启示来自泰兴市洋思中学提出的"堂堂清、日日清、周周清",其实就是要求学生做到"课堂上能掌握的不留到课后","今日事今日毕"。可是我的清单式管理只有"日日清",因为我知道有些动作慢的同学让他"堂堂清"比登天还难,所以给他们一些缓冲的时间,我将他变为"日日清",小学高年级虽然学习任务重,但是毕竟不比初中学习任务那样繁重,我们做到"日日清",就不会有"月月清"持久之战。如何把"日日清"的工作做到位,关键要把握好两个环节:一是"小组清单",二是"班级清单"。这其中最重要的还是"小组清单",如果培养好小组长,那么语文老师就不需要处理"班级清单",因此,要培养小组长工作不拖沓、秉公办事的作风,这样我们的"清扫"工作一定会干净、彻底。

三、清单管理有恒心

"清单式管理"说起来并不深奥复杂,但真正按照这个要求并能持之以恒做下去,实在是很难。比如:在实施过程中我就遇到小组长"消极怠工"的现象,教师一定要发挥好调控作用,适时地询问小组长"小组清单"进行的情况。在学习上成立互帮小组,让全组学生对学困生进行监督和提醒,并及时帮助他解决在作业当中出现的问题。

著名教育家叶圣陶先生说:"什么是教育,简单一句话,就是要养成良好的习惯。"[①]英国哲学家艾蒙斯说:"习惯要不是最好的仆人,便是最坏的主人。"[②]因为健康来自好的生活习惯,疾病来自不好的生活习惯。习惯有好有坏,好习惯会使人获得成功和幸福,坏习惯会导致人生的失败与不幸。所以,教育的最根本目的是要培养学生良好的习惯,教会学生如何做人。良好的习惯一旦养成之后,便用不着借助记忆,很容易也很自然地就能发生作用,就会成为我们终生受用不尽的财富。正如洛克所说:"事实上一切教育归根结底都是为了培养人的良好习惯,甚至一个人的成功往往归结于自己的好习惯。"因此,教书育人,最首要的不是教书,即不是要教学生学到多少知识,而是要培养一个好的习惯。

参考文献

[1] 清单式管理[EB/OL]. http://baike. baidu. com/view/6678365. htm.

[2] 李春玲. 以学生为本,凸显主体——浅谈语文自学能力的培养[J]. 文教资料,2008(31).

【论文2】 浅谈生活教育思想在语文教学中的实践
——"绿色教育"对小学语文教学的启发

苏 慧

[摘要]针对传统语文教学枯燥、单调、无趣、教师满堂灌的现象,结合陶行知先

---

① 李春玲:《以学生为本,凸显主体——浅谈语文自学能力的培养》,《文教资料》2008年第31期。
② 转自陈珩《加强学法指导培养语文自学能力》,《考试周刊》2007年第3期。

生的生活教育思想和新课标的理念,让教学导入生活化、教学过程生活化和作业设计生活化,可以大大激发学生对语文的学习兴趣,有利于创建一种充满生机和活力的绿色语文课堂。

［**关键词**］生活教育;学习兴趣;导入;教学过程;作业设计

"学习兴趣是个体力求探究某种事物,渴望获得文化科学知识并带有情绪色彩的认识倾向,是人的学习需要的心理表现。"[①]兴趣是推动学生学习的第一动力,兴趣是最好的老师,兴趣能使学生始终保持积极主动的学习状态。由于兴趣的推动,学生对知识的掌握往往更加迅速和牢固。而事实上,我们的语文教学正在变得枯燥、单调、无趣,孩子们被困在狭隘的课堂教学的牢笼里,他们对语文的兴趣正逐步丧失。

生活教育思想是陶行知教育思想的主线和重要基石,也是陶行知先生留给我们的宝贵财富。陶行知先生的"生活即教育",我认为是指教育极其广阔自由,如一只鸟放在林子里面;"教育即生活",可以理解为将教育和生活关在学校大门里,如同一只鸟关在笼子里。

那么如何创造一片"林子"让鸟儿自由飞翔?如何激发学生对语文的兴趣,如何使学生真正领悟到语文的博大精深和它无处不在的魅力呢?结合自己的学习经历和教学实践,对语文教学中培养学生的学习兴趣有了一些粗浅的体会。

一、教学导入生活化

"语文是最重要的交际工具,是人类文化的重要组成部分。"[②]而语文其实来自现实生活,生活中处处有语文。因此,我们要从生活着手,从生活中创设情境,让学生在"生活"这一大背景下自然而然地学习语文。

作为一堂语文课,导入是教学中最先发送的信息。在教学新课时,教师结合生活,通过直观导入、生活经验导入等方式,创设情境,引起学生的学习兴趣,从而使学生积极主动地投入到语文学习中去。

1. 直观导入

"小学生思维发展的基本特点是从以具体形象思维为主要形式逐步过渡到以抽象逻辑思维为主要形式;但这种抽象逻辑思维在很大程度上仍然是直接与感性经验相联系的,仍然具有很大成分的具体形象性。"[③]因此,在语文课堂上,教师特别需要借助直观的形式吸引学生的学习兴趣。

---

① 徐定华:《心理学》,江苏人民出版社 1997 年版,第 112 页。
② 中华人民共和国教育部:《义务教育语文课程标准》,北京师范大学出版社 2011 年版,第 1 页。
③ 朱智贤:《儿童心理学》,人民教育出版社 2009 年版。

在学习《"东方之珠"》《航天飞机》等课文时,我事先搜集了大量的图片和文字资料,然后选出一些具有代表性的资料放进课件中。在新课伊始,我就向学生展示了丰富的图文信息,学生在欣赏了图片的同时,借助文字对所要学习的内容有了初步的了解,更激发了他们探究课文内容的兴趣。

在学习《做一片美的叶子》一文时,我事先在校园里捡了几片不同的叶子,上课伊始,我故弄玄虚,让学生先来说说他们所看到的叶子,然后引导道:"其实啊,每一片叶子都很美,每一片叶子形态各异——你找不到两片相同的叶子,而我们每个人都像叶子,为生活的大树输送着营养,让它茁壮、葱翠。"学生由此产生很多问题,如:"我们为什么都像叶子?""为什么每一片叶子都很美?"学生迫不及待地想要知道答案,便会主动地翻开课本,从课文中寻找答案。

2. 生活经验导入

陶行知的生活教育思想告诉我们:生活是教育的源泉,生活是教育的内容。教师可以利用学生过去的生活经验唤起他们对语文学习的兴趣。由于我们班许多学生都是远离家乡的外来务工子弟,在教学《每逢佳节倍思亲》这一课时,我没有直接导入课文,而是让学生用自己的语言说说自己远离家乡的感受,对家乡亲人的思念之情。学生仿佛打开了记忆的闸门,将对亲人的思念娓娓道来,还回忆了与他们在一起时的一些往事。

随着学生生活经验的唤醒,我又引导道:"我们用我们的语言诉说了对亲人、对家乡的思念,在古代同样有一位大诗人,在重阳节这一天用古诗记下了对远方兄弟的思念之情",学生听到这里,不由地翻开了课本。

于永正老师说:"尽可能保持导入这个教学环节的新颖性,不但是吸引学生、激起学习兴趣的有力保证,而且,会使学生在这个基础上产生更高水平的求知欲,使直接兴趣变为间接兴趣。"[1]实际上,导入的方法还有很多,除上述的直观导入、生活经验导入,还有猜谜导入、释题导入、悬念导入等,设计时要因文而异,做到自然、妥帖,符合学生的生活实际、学习实际。

二、教学过程生活化

《新课标》指出新型的师生模式应该是"教师为主导,学生为主体",传统的语文课堂教学中,教师只顾讲,学生只管听,学生仿佛一只"听话的鸭子",只是被动地接受教师的知识灌输,完全没有主动性,时间一久便失去了对学习的兴趣。因此,必须改变单一的讲授法教学模式,充分发挥学生在教学过程中的主体作用,从而激发学生的学习兴趣。

---

① 于永正:《教海漫记》,中国矿业大学出版社 1999 年版,第 232 页。

俗话说:"要想知道梨子的滋味应该去亲自尝一尝。"同样,对课文的体验也是如此。陶行知先生极其重视让学生参加社会实践,他提出"行是知之始,知是行之成"的口号并将"知行"之名改为"行知",从中可以看出其态度之坚决、立场之鲜明。"教学做合一"的实质就是根据生活的需要而教、而学,通过生活实践去教学,从而使学生获得生活实践所需要的真正的生活力、创造力。

虽然我们使用的教材仍然保留了许多传统的篇目,但是我尽可能地按照新课标的理念来组织教学,充分挖掘教材内容,让学生真正融入教学过程,在课堂中动起来。

在教学《小草中的发现》这次习作前,我先让学生利用周末的时间去观察生活、发现生活。在具体的课堂教学中,我带领学生走进校园,让他们仔细观察校园中的一花一草一木,通过观察,学生不仅发现春天来了,草绿了,花开了,树叶长出了嫩芽,而且发现他们所见到的一花一草一木都是不一样的。再仔细地观察,他们发现了许多从未留意过的小动物,有些小动物的生活习性是他们未知的知识领域,他们就迫不及待地想要弄清楚,这更激发了他们探究的兴趣。

《新课标》强调"写作教学应贴近学生实际,让学生易于动笔,乐于表达,应引导学生关注现实,热爱生活,表达真情实感"①。通过观察,学生们也不害怕写作了,因为他们有话可写,他们把自己观察到、发现到的东西写下来就可以成为一篇不错的作文,却不会因为"肚子里没有货"而咬烂笔头。

三、作业设计生活化

教师布置作业的目的,在于促使学生进一步巩固所学的知识,培养学生灵活运用所学知识,掌握并获得分析问题和解决问题的能力和方法;同时,也有助于教师了解自己教学的情况,以便及时调整教学计划。但是,在传统的小学语文教育中,对于作业,教师往往注重的是数量而不是质量,"题海战术"成为主流,作业的形式比较单一,学生忙于完成任务,渐渐丧失了学习兴趣。

陶行知先生的生活教育思想告诉我们:为生活而教育,教育的对象是生活的,教育的环境是生活的,教育是为了生活服务,因此作业生活化也是必然的选择。如果教师在作业设计上多花一些工夫,就会大大激发学生完成作业的兴趣,也激发了学生学习的兴趣。

在教学《蒲公英》、《三袋麦子》、《哪吒闹海》这一组课文时,由于都是童话故事,我在教完三篇课文以后,给学生布置了这样一个作业:结合自己读过的童话故事和看过的动画片,小组合作选一篇课文将这个故事演一演,可以自己适当地增添一些情节,在班队课上举办一个小小表演会。学生一听说要举办"表演会",两只眼睛立即发出了兴奋的光芒,同桌之间已经开始热烈地讨论起来了。

---

① 中华人民共和国教育部:《义务教育语文课程标准》,北京师范大学出版社 2011 年版,第 23 页。

除了举行表演会,我还利用学生喜欢画画的心理,让他们把自己从课文中学到的知识用手抄报的形式表现出来。在学习了《少年王勃》一文后,学生都被王勃的才气所吸引,都不由得问我在古代还有没有类似的少年,我便相机给他们留了一份作业:古代像王勃这样机敏的少年,你还知道哪些人?搜集他们的故事,以小组为单位做一份手抄报。手抄报是小学生喜闻乐见的形式,他们不仅喜欢这样的作业,也乐于去完成这样的作业,在完成作业的过程中更加深了对课文内容的理解,并由课文拓展开去,探究更多的内容。

我们生活的世界非常精彩,我们需要一双发现的眼睛,去寻找生活与语文的结合点,从生活中寻觅、捕捉现实背景,创设生活情境,在"回忆生活"或"模拟生活"的过程中培养学生的学习兴趣。同时,通过指导学生留心生活,观察并认识生活,加深对课文的理解,强化语言文字的训练,从而提高学生的观察和理解能力,发展学生的语文素养。

语文来源于生活,更服务于生活,将陶行知的生活教育思想与新课标的理念结合起来指导我们的语文教学,不仅可以改变传统单一的讲授法模式,使课堂教学真正实现"教师为主导,学生为主体",还能激发学生学习的兴趣,推动学生主动参与学习,教会学生留心生活、观察生活、发现生活、创造生活,从而真正把以创新精神与实践能力为核心的素质教育落到实处。

【论文 3】 甘当"绿叶",笑看"花开"

王春花

[背景]

课堂教学需要经营。教师是一座桥,桥的这头是学生,桥的那头是知识。教学中,教师是架桥人,教师是引路者,教师是"导"师。新课标指出:学生是学习和发展的主体,是语文学习的主人,教师是学习活动的组织者和引导者,在教学过程中起主导作用。[①] 在语文教学中,有时课堂上,老师抛出问题,学生没有反应或反应淡漠。老师请学生提问,学生沉默不语,似乎没有问题,无须答疑。缺乏激烈的观点交锋、活跃的思维碰撞、真诚的情感互动,这样"有问无答"的课堂,你经历过吗?教师的"包办代替"、教师的"自说自话",让我们的孩子一天天依赖老师,离不开老师这根拐杖。作为老师我们应该意识到问题的严重性,在教学过程中悄悄地"隐藏"自己,努

---

① 《国家中长期教育改革和发展规划纲要(2010—2020 年)》,http://www. moe. edu. cn/publicfiles/business/htmlfiles/moe/moe_838/201008/93704. html。

力去"发展"学生各方面的能力。在教学过程中,步步引导学生,将认识引向深入;学生遇到障碍时,要给予疏导、点化;在学生学习后指导学生总结梳理出方法,以形成能力,为今后的学习打下扎实的基础。可见教师的"导"在学生与知识之间架起了一座通向成功的桥梁,教师要在恰当的时间,运用适宜的方法,真正引领学生高效地学习,做学生驾驭学习的"导师"。

[案例]

一盆冷水透心凉

今年,是我任教以来初次教五年级语文,真是满怀忐忑。一直在低年级"婆婆妈妈",每天跟低年级的孩子们打交道,有老师戏称我"奶奶","奶奶"要是哪天一步说不到位,低年级的孩子们就手足无措。面对那群懵懂的孩子,我常常啰啰嗦嗦地说个不停。当学校安排我教高年级时,我虽有忐忑,心中也有窃喜,我终于由"低年级"升到"高年级"了,高年级的孩子年龄大了,懂得也多了,学习能力自然是强得多,课堂上这下我可以少讲两句了。然而,前方正有一盆冷水等着我:

上课的铃声如期而至,我手捧教科书来到教室,班上的同学恭恭敬敬地端坐着,看到这样的情景,每一个做老师的心中都满是欣慰:孩子们真是太听话了。师生问好后我们的课堂就进入到了正题。今天我们学习的是《火星——地球的"孪生兄弟"》。我抛出了一个问题:"你们知道关于火星的知识吗?"(前一晚的预习题)下面鸦雀无声。作为老师的我很是无奈,只得自己说出答案。过了一会儿,我又抛出另一个问题:"科学家证实了火星上曾经有水的推论,又引起人们什么样的追问?"有三五个孩子举起了手。我降低难度:"科学家证实了火星上曾经有水的推论? 他们又开始研究关于水的什么?"这时又有4名学生举起了手。回想低年级孩子上课时,小手举得恨不得伸到你的鼻子下面,我真的很难理解。真所谓乘兴而至败兴而归,满怀激情去上课,却是这番冷场。接下来的做习题环节真似一盆冷水——让我透心凉。

"请问,这个题的答案是什么?"我抬起头来环顾教室。

"……"(所有的学生低头不语)

"有哪个同学愿意和我们分享?"我放缓声调说。(启而不发,此时的我心中不免有些不悦。)

"……"(教室里鸦雀无声,学生调整姿势依然默不作声)

我努力克制着问:"没有吗?"

"……"(埋头)

"好吧,这道题的答案是……"我无奈地说。

这时,学生才如释重负纷纷抬头。

看着孩子们那种从苦难中解脱的样子,我不禁惘然,是什么造就了现在的他们?沉默、等待、害怕、胆小……一个上午就被这个问题纠结着,我知道其中的因素很多,但我更明白教师难逃其责。课堂的主动权掌握在教师手中,最应该反思的还是教师。自己教低年级的时候,有高年级的老师怪低年级的老师讲的太多、包办的太多,致使高年级的孩子不会学习。当时听来,还觉得义愤填膺,现在想想,说的未尝没有道理。

意外收获费思量

下午还有语文课,我不得不还得面对"冷漠"的他们,想来心中又透过一丝凉意。然而意外却发生了:

"上节课我们研究了《火星——地球的'孪生兄弟'》,知道了为什么把火星和地球称之为孪生兄弟,那是他们有太多的相似,你们能模仿写话吗?"我开门见山地说道。

接着我在黑板上投影映示:"我和_____是一对形影不离的好朋友。我们一起_____,一起_____,一起_____,甚至_____。"

其实看完这题后,我就料想到学生一定会在两个地方遇到卡壳,一是:不能很好地把握"甚至"和前面三个"一起"的关系,不能做到更进一层的表达;二是:不能处理好三个"一起"和"甚至"所列举的事件不能有包含关系。

虽然受到上午的打击,我还是很快从阴影中走出,我动情地说道:"做题啊,就是难者不会,会者不难。会思考了、有办法了,一切就迎刃而解了。这道题的方法第一步就是'话家常',我们四人小组谈谈、写写,你和好朋友一起干什么,老师此前有个温馨小提示,我先说三个词语,请大家判断对不对:踢毽子、拍皮球、做游戏。"

"老师,我知道,做游戏不对,因为拍皮球和踢毽子就是做游戏,所以要把做游戏去掉",一个学生迫不及待地表达自己的看法(孩子没有举手,直接就站了起来)。

我满意地点头说道:"你说的太对了,所以我的温馨小提示就是:在我们这一道题中就不能出现这种具有包含关系的词语,同学们,明白了吗?"

因为是小组交流,同伴间的平等对话更激发了学生的学习热情,气氛是那样的热烈,交流在愉快中结束了,看着学生手上那密密麻麻的小字,我的教学热情也一下子被燃起。

我开心地说道:"同学们,做好这道题,还有第二个温馨小提示:认识一个词——甚至,所谓甚至就是提出突出的事例,表示更进一层的意思。现在请同学们做的最后一件事情就是判断一下你所理解的事情当中哪件事情是有更深层次的事件,更能表达你们之间的最深厚感情,把它打上星号,填在甚至的后面。"

在接下来的交流环节,学生的答案也是各有不同,课堂气氛是空前高涨……

同样的语文课堂,学生的反应却不尽相同,他们为什么会"沉默",为什么又会"不请自答"。在那一刻我才明白放手让学生去寻找答案是多么的重要,老师说的过多、包办的过多,过多地剥夺了孩子们的权利,让这些孩子久而久之产生了依赖感,不想说,也不会说,等着老师对对答案。作为老师的我们,应该将课堂交还给学生,将自己"隐藏"起来,"发展"学生,这里的"隐藏"绝不是对学生不管不问,而是要学会科学地引导学生。

［案例反思］

在语文教学中,也许有不少老师和我一样,有着这样的困惑——课堂上发言的同学就是那几个。以前我们的课堂教学有个弊病——教师一言堂。这些年来,我们学习了新的教育教学理念,懂得让学生自主地学习,让他们成为学习的主人,老师只是课堂上的客人,配合他们学习而已。但我们在课堂教学中就会发现这样的问题,那就是课堂上主动学习、积极发言的同学就是那几个。我希望每个学生都积极地参与到课堂学习中来,但是很多学生却总是沉默不语,不知道他们懂还是不懂,能见到他们小手举起来的来去就那几个同学。我希望有更多的同学举手发言,说出自己的看法、想法。我期待着一个新的面孔举手,在我等待的时候,那些举手的同学似乎有点迫不及待了,只能再次让他们发言。长久下去,就形成了一部分学生永远在课堂上当着学习的主角,而其余的学生总是像书童那样陪着别人学。

新课标指出:学生是学习和发展的主体,是语文学习的主人,教师是学习活动的组织者和引导者,在教学过程中起主导作用。① 法国教育学家斯普朗格说:"教育的最终目的不是传授已有的东西,而是要把人的创造力量诱导出来,将生命感、价值感唤醒,一直到精神生活运动的根。"②德国教育家第斯多惠也曾说:"教育的艺术不在于传授知识,而在于唤醒、激发、鼓励。"③那么教师如何发挥自己的主导作用,在学生与知识之间架起通畅的桥梁呢?

一、诱导——让学生兴趣盎然

我国古代教育名著《学记》就已经提出过启发诱导教学的主张:"故君子之教喻也:道而弗牵,强而弗抑,开而弗达。"可见启发诱导教学的主张早已有之。美国著名心理学家布鲁纳说:"学习者不应是信息的被动接受者,而应该是知识获取过程中的主动参与者。"教师讲课时,首先就要想到怎样能把学生的思想抓住,把学生吸引过来,使学生产生一种学习的积极性,主动接受教师的启发诱导。所谓诱导是利用对方容易接受的因素而引导。诱导的方式一般有三种:

(1)兴趣爱好引诱法。以学生的兴趣爱好为诱饵,在引诱对象得到兴趣爱好的满足之余,接受引诱者的要求,随着引诱者的安排,逐步转移心态,导向施诱者的方向发展。

(2)目的引诱法。为学生设定学习目标,用学习目标激励学生,让学生朝着目标努力。我一般每课都设计预习题,目的是引导整体感知课文,梳理必须掌握的基础

---

① 教育部:《小学语文新课程标准(实验稿)》,北京师范大学出版社 2001 年版。
② [美]Thomas L. Good,Jere E. Brophy:《透视课堂》,陶志琼译,中国轻工业出版社 2009 年版。
③ 吴志宏、郅庭瑾:《多元智能:理论,方法与实践》,上海教育出版社 2003 年版。

知识,培养使用工具书的能力。

(3) 合群引诱法。群体的力量有时是无可估量的,尤其是正处在成长中的小学生,随众性尤其表现明显。所以课堂上要制造浓厚的学习气氛,诱使学生投入到学习中。如果学生对教师讲课没有兴趣,就会导致启而不发。因此教师要根据教材的内容,精心设计,激发学生的兴趣。如何才能使学生主动参与到学习过程中来呢?那就要靠教师运用一切方法激发、调动学生的兴趣。

二、引导——让心灵进入文本

"不登高山,不知天之高也;不临深溪,不知地之厚也。"当学生开始接触文本时,由于生活阅历、阅读经验、文本深度、学习环境等多种因素的影响,学生往往游离于文本之外,很多学生习惯了在课堂上被动地接受老师的知识讲解,把自己当成知识的接收器,不能真正走进文本之中,去体会文中人物的真正感受,从而受到感染,此时教师就应在"引导"上下工夫。

三、疏导——让思维畅通无阻

建构主义理论认为,学习就是由学生本人把要学的东西自己发现或创造出来,学生在发现或创造过程中难免会遇到思维的障碍。此时,教师应加以疏导,让"流水"畅通无阻,使学生茅塞顿开,出现"山重水复疑无路,柳暗花明又一村"的景象。

四、指导——让学生掌握学习方法

语文课不是教师讲、学生听,而是学生在教师指导下自主的语文实践活动,古人云:授人以鱼,不如授之以渔。在教学中,教师应注意学习方法的指导和自学能力的培养。儿童掌握了方法,就能学习得快、学得好、记得牢;教师不再泛泛地教,只是抓住难点,予以指导,其结果往往事倍功半。阅读材料浩如烟海,课文只不过是个教学素材,教师应通过这个教学,教给学生阅读的方法,提高学生的阅读能力。

新课程理念下教师与学生是平等的、互相尊重的关系,教师不是课堂的霸权者,应该成为学生学习的参与者、组织者和引导者,教师要把课堂真正交给学生,让学生在自己的舞台上展示才能。引导学生从"要我学"转变为"我要学",使学生达到"我能学""我会学"。教师适当将自己"隐藏"起来,充分发挥组织、引导、点拨的作用。引导学生自主选择学习内容、自主选择学习伙伴、自主选择学习方式;组织学生采取读、思、议、演等方式使学生学会独立思考、学会质疑问难;鼓励学生发表个人见解,激励学生在学习中有所发现。大教育家陶行知认为"好的教师不是教,而是教学,教学生学"。教师应"甘当绿叶,笑看花开",为学生学习知识、形成能力创造条件,在课堂上为学生体验成功、展示自我搭建舞台,做学生学习上的领路人,做学生驾驭课堂的"导"师,真正发展学生。

参考文献

[1] 国家中长期教育改革和发展规划纲要(2010—2020 年)[EB/OL]. http://www. moe. edu. cn/publicfiles/business/htmlfiles/moe/moe_838/201008/93704. html.

[2] 教育部. 小学语文新课程标准(实验稿)[M]. 北京:北京师范大学出版社,2001.

[3] (美)Thomas L. Good,Jere E. Brophy. 透视课堂[M]. 陶志琼,译. 北京:中国轻工业出版社,2009.

[4] 吴志宏,郅庭瑾. 多元智能:理论,方法与实践[M]. 上海:上海教育出版社,2003.

【论文 4】　对提高学生自主学习能力的探究

王先进

[摘要] 在实际的教学中,一些教师不能正确理解"自主学习"与"自己学习"、"自主学习"与"自由学习"两对概念之间的区别。对此,必须明白:教学的过程就是"教"与"学"双方的事,是师生双方相互交往、共同发展的过程;由于学生的认知水平、社会经验的限制,他们对文本的理解、对事物的认识可能是片面的、肤浅的,甚至是不正确的,这时候需要教师的讲解和点拨为他们拨开迷雾,认清事物的真相;小学生的心理发展还不成熟,他们的自我意识还没有完全确立,自我评价、自我调控的能力还不强,抽象思维能力较弱,缺乏较强的学习能力,因此需要教师的正确指导。

[关键词] 乡村;自主学习;自我意识

新课程改革已深入进行多年,从改革的成果看,涉及的最核心内容就是教师教学观念、教学行为的转变。有了这种转变,最后才能落实到学生学习方式的转变上。自主学习就成了学习方式转变的核心内容,没有自主学习这个基础,就谈不上探究和合作。对于起步相对较晚的乡村学校,这种转变显得尤为迫切。笔者长期担任乡村学校的数学教学,现就这个问题谈谈自己粗浅的看法。

一、什么是"自主学习"

自主学习是指学生在学习过程中能对自己的学习负责,能自我操纵的学习,其核心是主动学习。听讲的时候,神情专注,边听边思考,是主动学习;善于提出疑问,也是主动学习;敢于发表自己的看法,还是主动学习。有些学生,在班级学习中,一切顺从教师和家长,他们也能独立学习,但对学习和生活缺乏自己选择的能力,这样的学习属于他主的、被动的。

自主学习强调自我导向、自我激励、自我监控。自主学习是一种自觉的、主动的、有主见的学习,它不是放任自流的学习,也不是自由散漫的学习。比如,一些学生不能约束自己,无节制地沉湎于学习以外的活动,对自己的学习采取听之任之、自由散漫的态度,这种学习应当区别于自主学习。

鉴于学生自主学习的鲜明特征,教师在安排学生自主学习的过程中反而变得缩手缩脚,有的人甚至认为自主学习不要教师的讲解,这是完全错误的。

二、教学过程是"教"与"学"的双方互动,是师生共同发展的过程

美国著名心理学家布鲁纳说:"学习者不应该是信息的被动接受者,而应是知识获取过程的主动参与者。"[①]在乡村学校执教多年的经历使我认识到:教师在教学中如果仅仅片面强调"学",完全忽视教师的"教",那么就会从一个极端走向另一个极端。

在执教《解决问题的策略——列举》(苏教版五上)时,笔者希望通过教师巧妙的"教(引导)"达到学习的最佳效果。于是,我这样设计——

1. 引入:暑期,学校组织男教师外出参观学习,旅行社安排的旅馆有 3 人间和 2 人间。如果要求每个房间都住满人,你猜可能去了多少位教师?

学生的答案:3 人×2＝6 人;2 人×2＝4 人;3 人×1＋2 人×1＝5 人;3 人×2＋2 人×1＝8 人……

师:如果去了 5 位教师安排住两个 3 人间? 可以吗?

2. 出示:如果旅行社安排 23 人到旅馆住宿,住 3 人间和 2 人间(每个房间不能有空床位),你准备怎么安排?

3. 学生探究:

3 人×3＋2 人×7＝23 人;3 人×5＋2 人×4＝23 人;3 人×7＋2 人×1＝23;

3 人×1＋2 人×10＝23 人;3 人×2＋2 人×8＝22 人(不符合)

4. 归纳方法:

师:如果让一位同学来写出所有答案,你能像这样随便的"拆·凑"吗?

生:我们可以按顺序地来试。(接近课题)

在之前的教学中,一些"潜能生"列举这些看似简单的式子时,其实还是有困难的,所以出于学情考虑,不直接采取口算,而列出每次口算的结果,给他们一个"拐棍",实际操作中,这些"潜能生"虽然慢,但最终也能得出正确结果。

---

① 梁利端、林艳红:《如何引导学生主动参与数学课堂教学》,《中国校外教育》2011 年第 10 期。

三、自主学习离不开教师的讲解和点拨

乡村学生受认知水平、社会经验的限制,对文本的理解、对事物的认识可能是片面的、肤浅的,甚至是不正确的,这时候需要教师的讲解和点拨为他们拨开迷雾,认清事物的真相。当然,教师不是把自己的意念强加给学生,而是和学生互相启发、互相欣赏,师生共同分享彼此的思考、经验和知识,交流彼此的情感、体验和观念。从而达成共识、共享、共进,实现教学相长和共同发展。

例如,公顷是小学阶段学生所认识的较大的面积单位,在学生的感知上有非常大的障碍,反映在实际中就是对 1 公顷的具体大小没有一个明确的表象认知,所以要充分利用好活动,将 1 公顷的认识活动作为认识公顷的主要目标完成,以达到顺利完成教学目标的目的。我这样设计:

1. 感知面积单位"公顷"。

电脑播放:(配以图片)世界文化遗产——南京明孝陵占地面积大约是 1700000 平方米。

北京中华世纪坛占地面积大约是 45000 平方米。

美丽的台湾日月潭面积大约是 8270000 平方米。

2004 年,我国森林面积达到 1750000000000 平方米。

(播放完毕回到空白图片处)

师:记住这些统计数据了吗?感觉怎么样?(数字太大了,不好记)

师:统计中用了什么单位?有没有办法解决数字大这个问题呢?(换个"大"点的单位)

师:好,请看重新统计。

重新出示将平方米改成公顷的统计。

师:现在感觉怎么样?(很清楚,好记)

2. 体会 1 公顷的实际大小。

(1) 提问:现在我们用了什么单位?(公顷)今天就来认识它——公顷

你们有预习的说说 1 公顷有多大?(1 公顷=10000 平方米)

活动感知 10000 平方米的大小(略)

交流:我们的校园大约有多少公顷(略)

利用多媒体课件呈现学生比较熟悉的风景名胜的画面,让学生思考它的占地面积用什么单位比较合适,从而通过新旧知识的相互作用,引发学生的认知冲突,唤起他们学习新的更大的面积单——"公顷"的需要。

四、教师适当的讲解和指导促进学生自主学习

自主学习强调自我导向、自我监控,但是小学生在自主学习过程中,由于心理发展还不成熟,抽象思维还较弱,也缺乏很强的学习能力,就需要教师的正确指导。作为教学活动组织者、参与者的教师,要以一个合作者的身份积极参与学习目标的确定,引导学生用科学的学习方式获取知识、锻炼能力。所以,教师适当的讲解和指导不但与学生的自主学习不矛盾,还会促进学生的自主学习,学习方式的转变不但不能削弱教师的教与导,还要适当加强。在准备"自主研究主线"的同时,充分允许学生的自主、自立、自究,有时甚至有与教材、教师预设不同的结果出现。

在教学五年级上册"小数乘法"这个整段知识时,受到特级教师严育洪关于"整合小数乘法算理"的启发,在第一部分"小数乘以整数"中,笔者援引"发现学习"中关于"最近发展区"知识,来准备学生的学习进程。我将小数乘法"拉回"到小数加法,通过研究,学生们可以得出若干个相同小数相加时可以出现图1的情况,也就是图2的情况,小数点对齐的知识点很自然来自小数加法,也就形成了小数乘以整数时确定积中小数点位数方法,而无须采用教材中利用计算器验证积的位数的方法(如图1、图2所示)。

$$
\begin{array}{r}
0.8 \\
\times\ 3 \\
\hline
\end{array}
\qquad\qquad
\begin{array}{r}
0.8 \\
0.8 \\
+\ 0.8 \\
\hline
\end{array}
$$

图1   图2

总之,"自主学习"是在教师指导下进行的一种学生能自我管束、自我操纵,积极主动学习的方式,它强调学生的主体性,强调学生是学习的主人。而作为一名乡村数学教师,在新一轮课程改革深入之际,只有以更开放的姿态转变教学观念,真正做到尊重学生,实现教学民主,给学生更多的学习自主权,培养学生具备主动探索的精神并有自我调控的能力,才能和孩子们一起"行走"在"自主学习的大道"上。

(此文发表于《江西教育》2016年第36期)

【论文5】 让"环保"走进数学课堂

王 惠

[摘要]环保是当今世界关注的一个重要的课题。对少年儿童进行环保教育,使

他们从小就养成基本的环保素质,已成为广大教育工作者义不容辞的责任。我发现环境教育也可以在我的数学课中渗透。在数学课程内引入环境教育元素,培养学生对环保的正确态度,播下"绿色"的种子,在小学数学教学中,结合环境保护教育,使学生既掌握数学方面的知识技能,又学习环境保护方面的知识,并树立环境保护意识,是值得每个数学教师研究的又一新课题。

[关键词]　数学教学;环保教育

人类与自然界有一种好朋友似的亲密无间的关系,然而,人类在不断进步的同时,却发现生存的环境越来越恶劣,所以不知从什么时候开始,环境保护成了当今社会一个重要的话题。对少年儿童进行环保教育,使他们从小就养成基本的环境素质,已成为广大教育工作者义不容辞的责任。我发现环境教育也可以在我的数学课中渗透。在数学课程内引入环境教育元素,培养学生对环保的正确态度,播下"绿色"的种子,在小学数学教学中,结合环境保护教育,使学生既掌握数学方面的知识技能,又学习环境保护方面的知识,并树立环境保护意识,是值得每个数学教师研究的又一新课题。为了让环境教育走进小学数学课堂,本人在日常教学实践中进行了一些探索。现就小学数学教学中如何渗透环境教育谈几点个人的体会。

一、利用教材渗透点,激发学生的环保意识

由于小学生无论是在生理方面还是在心理方面都处于逐步发展阶段,他们的思维也由具体形象思维向抽象逻辑思维过渡,他们的认识活动很大程度上依赖于具体直观。所以新编小学数学教材图文并茂,有80%以上的插图都蕴含着丰富的环境教育内容,准确地把握插图中环境教育因素,能使学生更易理解、接受。

一天,数学课上出现了一道令学生回味的题目:据调查,每立方米空气中,在干燥无树的地方,含病菌400万个;而在林荫道上,却只含病菌58万个;到了郁郁葱葱的大森林,就只含有病菌50—60个了。读完题目后,我并没有急于解决以下问题:(1)每立方米空气中,干燥无树的地方病菌含量大约是林荫道上的几倍?(2)你还能提什么问题?因为这两个题目对孩子来说简直是"小菜一碟",何不借此渗透"绿色教育"呢?我暗暗想。就用天天学习、朝夕相伴的教室作为"突破口"。

"孩子们,我们的教室长9米,宽6米,面积是多少?"

"54平方米。"孩子们异口同声地说。

"高大约3米,再乘以高,得多少?"

"162立方米。"

"对!162立方米"。

"每立方米空气中,含病菌58万个,试算一下,教室里大约有多少病菌?"

"9600 万个。"

随着醒目的数字出现在黑板上，孩子们顿时瞠目结舌。只见有的孩子捂住了鼻子，有的孩子赶紧开窗换气，有的孩子问：有什么样的病菌？……看到引起所有孩子的关注，机会到了，我暗暗惊喜。

"病菌就像'无形的杀手'飘荡在我们周围，时刻威胁着我们的健康，所以，老师天天叮嘱大家开窗换气、拖地保持教室湿润、时时提醒大家维护教室的卫生，不要随便乱扔垃圾，不要随地吐痰，注意教室卫生保持和个人卫生。今后，能做得更好吗？"

"能！"

"老师相信你们会更棒的！"

"题目中 400 万，58 万，50—60 个，如此天地之别的数字，说明了什么？"

"森林的功能太大了，以后，我们要多植树造林，保护我们的家园。"

"对！想知道森林的功能吗？"

"想。"

"老师先给大家讲一个故事——巴比伦王国的消失。这个世界四大文明古国之一的巴比伦，这个 3800 多年前繁华的王国，由于当年的巴比伦人'超载放牧'使牧草被啃光，兴建房舍又砍掉大量的树木，使生态环境遭到破坏，没有了树木，一下雨，水土都流失了，只剩下沙粒，天气便越来越干，最后曾经不可一世的王国却被埋藏在一望无际的热带沙漠之下。滥砍滥垦使巴比伦人丧失了自己的家园，多么惨痛的教训呀！"

"另外，森林具有涵养水源、保持水土、调节气候的功用，被人们称为'天然水库'。森林还具有消声除尘、净化空气、释放氧气的功能，人们又称它为'地球之肺'。森林还因能提供大量林产品而被称为'绿色银行'。"

"听完后，你们又有什么感想？"

"森林太神奇了，我们要多植树造林。"

"我们要爱护花草树木。"

"不能植树，我要多种花，把可爱的家变成花的世界、绿的海洋。"

"丁零零……"下课了，虽然没有做很多单调的数学题目，但同学们从中接受的"绿色教育"，以及那份热爱家乡、热爱祖国的教育，却更耐人寻味，更启迪人的智慧，更使人受益匪浅。

二、把握课程的现实性，培养环保的正确态度

数学研究的是客观世界的数量关系和空间形式，它来源于现实生活，具有生活性。我国现行数学教材提供的环境教育信息种类繁多、形式多样，根据教学要求，可以从不同角度使用这些丰富的数据材料，融于教学之中，内隐渗透、潜移默化。如结合亿以内数的认识，出示以下一组数据材料：2000 年全国仅计算人类生产活动中产生和排放的废弃物所造成的水污染而带来的经济损失，该数字达到了 5980000000

元。通过这组材料,不仅使学生掌握了亿以内数的读法,也培养了学生对环境问题的关注,对学生树立人与自然和谐相处的观念具有潜移默化的作用。

随着社会的飞速发展,社会的信息量和信息传递的速度是按指数规律增长的,但教科书由于编写时间和容量的限制,一些对儿童有影响的信息不可能都反映出来,因此,要在数学教学中自觉地、有目的地进行有效的环境教育,善于搜取当代社会与数学紧密联系的新颖信息,显得十分重要。这就要求我们平时广泛阅读书报,时时留心有关数据,以便在数学教学中适时提供环境教育的数据。如:

环境与生活:

一公顷生长旺盛的草坪,每天可以吸收 900 千克的二氧化碳,放出 600 千克氧气。一个人平均每天要消耗 250 克氧气,呼出 900 克二氧化碳。照这样计算,一个人必须拥有一个教室大小的草坪,才能满足人体对氧气的需求。

环境与社会的经济发展:

一只燕子在 6 个月里可以吃掉 50 万只害虫,一头猫头鹰一年中会吃掉 1000 只田鼠,而 1000 只田鼠一年要吃掉 2 吨粮食,一只灰喜鹊可以保护 1300 平方米的松林免遭松毛虫的侵害。

环境污染的危害:

目前太空有 2000 个废弃卫星,1400 个用过的火箭助推器和 1100 个游弋的小型物体,这些太空垃圾随时会撞坏卫星。

如此等等,教师向学生提供这些数据信息时,要正确处理好智育与环境教育的关系;要有助于学生"环保"意识的提高;要将有意识的教育寓于无意识的受教育之中,做到自然、贴切、力求渗透,以达到"随风潜入夜,润物细无声"的境界。切忌生搬硬套、牵强附会。

三、加强数学实践活动,提高学生的环保能力

环境意识的形成必须依赖于学生的实践,而且只有在他们的实践中才能表现出来。如果没有接触过协调环境关系的有关活动,那么,热爱环境、保护环境只能是一句空话。所以,在数学教学中必须十分重视理论联系实际,让学生在数学实践活动中提高环境意识,培养利用所学的数学知识解决现实生活中环境问题的能力。

如开展"节约用水"的实践活动。"每年的 3 月 22 日是'世界水日'。我国水资源人均占有量只有 2300 立方米,约为世界人均水平的四分之一,排在世界的 121 位,是世界上 13 个贫水国家之一。"采用这些统计的数据,对学生进行节约用水的教育,要让学生懂得水是大自然赋予人类的一种物质财富,是生命之源,要珍惜水资源,节约用水。课后让学生进行节水实验,计算洗手时水龙头开大和开小两种情况下自来水的流量,得出 1480 毫升－596 毫升＝884 毫升。可见每次可节水 884 毫升。实验后组织学生一起算一算:如果一个学生平均每天洗 4 次手,用小水量可节约 884×4＝3536 毫升,那么一个

月可节约 3536×30＝106080 毫升；如果一年可节约 106080×12＝1272960 毫升。从这些数据可知，一个学生一年用小水量洗手，可节约用水 1.2 吨左右。全班 60 人如果都用小水量洗手，一年可节约 1.2×60＝72 吨左右。如果全校 700 多人都来节约用水洗手呢？那该节约多少吨水？通过实践活动，使学生进一步认识节约用水的意义，纷纷说出要节约用水的计划，要从身边事做起，从每一滴水做起，为节约能源作出贡献。

《统计》教学后，可安排 4 人一组完成实习作业：估计一次性筷子的用量。操作为：从本镇街十几间高、中、低档饭店中抽取 10 家作样本，得到这些饭店每天消耗一次性筷子的盒数。并解决下列问题：

（1）通过对样本的计算，估计我市一年消耗多少盒一次性筷子？（每年按 350 个营业日计算）

（2）在（1）的条件下，若生产一套中小学生桌椅需木材 0.07 米^3，求我市这年使用一次性筷子的木材可以生产多少套学生桌椅？（计算所用数据：每盒筷子 100 双，每双筷子的质量为 5 克，所用木材的密度为 0.5×103 千克/米^3）

（3）假如让你统计广东省一年使用一次性筷子所消耗的木材量，如何利用统计知识去做，简要地用文字表达出来。

这个实习作业，贴近学生生活，学生通过调查计算，不得不惊叹原来在日常生活中我们浪费了许多资源，环境保护不是口头上挂着的，而是要从自己做起，从身边事做起。

总之，在小学数学课堂教学中渗透环境教育是非常有效的，也符合新课程改革和当代社会可持续发展的形势需要。我们要努力调动学生的积极性，充分利用一切可以利用的教育资源，善于捕捉小学数学教材中的环境教育因素，在教学中有计划、有目的地渗透环境教育，脚踏实地地践行"教育即生活，生活即教育"的现代教育理念，使小学数学课堂教学鲜活起来，使每个学生都喜爱上数学，在少年儿童的心灵中播下环境保护的种子，使其终身受益，也为培养有良好环保意识的社会公民和促进国民经济的可持续发展奠定基础。

【论文6】　在快乐中有效开展小学英语教学

谈忠秋

[摘要]针对农村儿童学习英语的困难，教师需要适当引入快乐元素，精心组织教学内容；合理采用多种形式，丰富课堂教学；采用肯定性评价，让学生体验学习成功的快乐。

[关键词]英语教学；快乐；激励；评价

一、适当引入快乐元素，精心组织教学内容

1. 巧用歌曲，让孩子们在快乐中学习

轻松的心情愉快的音乐，学生没有压力的学习会收到事半功倍的效果。比如，利用 chant 把表示 color 的几个词编了进去：Point to red, point to blue. Point to green and yellow, too. Now, what color can you see? Point to it and tell me. 同学们在喊唱的同时还用手指着相应的颜色以加深印象，也可以采用同一旋律不同歌词来帮助学生记忆难说难理解的单词或句子。通过优美的旋律，喊出来，唱出来，做出来。这种方法学生觉得学得愉快，记得扎实。最重要的是体会到了学习英语的乐趣和其独特的魅力，学生学习的积极性会更高，课堂气氛会更加活跃。

2. 巧用情境，让孩子们在表演中学习

创设或者模拟贴近学生实际生活的教学情境，综合运用手、眼、口、身等各种感官，让学生在课堂上扮演角色，体验情境，并发表自己的看法和见解，这样学生就能在不知不觉中学会知识。比如，在低年级的英语教学过程中，教师声情并茂地表演对话，学生目不转睛地观看，对所学内容理解非常透彻。教师示范之后把学生分成小组进行模仿表演，然后全班展示，教师退在一旁当"导演"，必要时提示"台词"。此时，同学们都跃跃欲试地参与课堂学习活动，不仅学会了课文，还培养了表演能力。

3. 巧用游戏，让孩子们在玩耍中学习

爱玩是孩子的天性，我国著名教育家陈鹤琴说过："小孩生来是好玩的，是以游戏为生命的。"①因此，教师紧紧抓住孩子这一心理特点，在教学中巧妙地安排游戏，让学生体验游戏活动的乐趣和成功的快乐，这既可以培养学生的学习兴趣，又可以提升学生在游戏活动中团结协作的精神。因此，在每一节英语课的"practice"环节，老师可以设置多种游戏，如会话表演、单词接龙、小组抢答、猜谜、抢凳子、包团团、拾贝壳、抽福利彩票中奖游戏等，来活跃课堂气氛，真正做到了在玩中学、在乐中学，很轻松地完成了教学任务。

二、合理采用多种形式，丰富课堂教学

1. 教师的表情语言激励儿童学习

小学生活泼、好动、好奇，因此，教师要善于运用肢体语言，运用各种感官来有效

---

① 陈鹤琴：《家庭教育——怎样教小孩》，中国致公出版社 2001 年版。

组织课堂、调动课堂、把控课堂,激活学生学习英语的思维,提高学生学习英语的兴趣,从而达到打造高效课堂、提升质量的目的。尤其是教师要根据预设与生成的关系,善于运用表情语言,使学生始终对英语课堂教学充满期待与希望。同时,采用赏识教育,教师要善于发掘学生身上的闪光点,并发扬这些闪光点,以便培养学习兴趣,调动学习积极性。例如,学生回答问题,回答正确时要多表扬,促进以更加积极的心态对待学习;回答失败时,要多微笑、多启发、多鼓励,以使学生去掉自卑感,树立学习的自信心。

2. 采用多种形式鲜活课堂学习

注重利用各种教学媒体,让教科书活起来。在教学中,教师应充分使用现有的教学素材、教学器材,如电视、白板、电脑、收音机等,鲜活课堂、生动教学形式,利用多媒体技术,将相关图片、视频展示出来,激发儿童的学习热情,使课堂有声有色、生动有趣,让孩子们带着激情,在生动的学习情境中更好地理解和掌握教学内容,在学习活动中综合发挥视觉、听觉、思维的作用,不知不觉地、"绿色"地收获学习效果。

3. 轻松的课堂提升教学效果

俗话说,"兴趣是最好的老师",激发学生的学习欲望和学习动机,如何使学生由"要我学"转变为"我要学",这是我们老师要深思的课题。英语学科要创设民主、平等、和谐的师生关系,构建轻松的课堂氛围,使学生自由畅快地学习英语。尤其是英语学科教学要极为重视对话的训练,要求学生主动参与师生、生生之间的语言交流活动。教师要多表扬、多鼓励、多激励学生,使学生想表达、敢表达、愿表达自己的思想,并根据自己的理解和需要进行听说读写专项训练。只有长期坚持有效的训练,才能真正帮助学生克服"说英语"的胆怯,才能真正给学生以自信和勇气,才能使得课堂成为全体同学的课堂,实质性提升课堂学习效益。

三、采用肯定性评价,让学生体验学习的成功

采用肯定性评价方式,及时评价小组合作的学习情况,能够使各小组清楚自己的进步,体验成功的喜悦,是持续激发儿童英语学习兴趣的有效措施。在评价活动中,不仅培养学生的合作意识和集体荣誉感,更让学生体会到小组合作学习的快乐。对学生的评价,教师要适时、恰当,抓住每一个闪光点,捕捉每一点小的进步,哪怕是简单地说一句"Good"、"Well done"等都能让他们兴奋,从而使每个学生在既轻松愉快又热烈紧张的状态下,学习和掌握英语基础知识。

参考文献

[1] 史广艳. 浅谈小学英语教学活动中的"绿色"教育[J]. 中小学教学研究,2015(z2).

［2］阚维. 连接绿色课堂理念与小学英语课堂教学实践的桥梁［J］.中国教师,2012(5).

［3］朱莺. 小学英语绿色课堂扬帆起航［J］. 校园英语,2015(7).

［4］马秀秀. 实施绿色英语教学,有效提高小学英语教学水平［J］. 中国校外教育, 2013(5).

(此文发表于《内蒙古教育》2016 年第 36 期)

【论文 7】 "老师,我要和你单挑"
——课堂中的一次意外引发的思考

朱述良

［案例背景］

针对低年级学生的心理生理特点,体育课必须坚持"健康第一"的教学理念,在选择教学内容及方法上充分考虑学生的实际,让学生在轻松、愉快的环境下,自主学习,快乐运动。如何让学生喜欢上体育课、充分体现学生的主体地位,主动参与体验、享受自主的快乐呢? 教学实践中,教师要善于营造情感交融和情景教学的良好氛围,仔细观察学生的一举一动,把学生身上的"亮点"及时展现和烘托出来,让学生带着主人翁的思想主动地投入到学练活动中去。

［案例描述］

上午第三节课,我给二(1)班学生安排的内容是一节跳绳单元教学中的连续单脚交换跳。按照教案的设计,在做完准备活动之后开始了我的示范、讲解。然后,让学生分组自我体验连续单脚交换跳的练习,我正在巡视指导时,A 同学突然跑到我面前说:"老师,我早就学会连续单脚交换跳了,而且跳得很快。"A 同学的身体素质不错,模仿能力很强,他这样说我一点都不感到意外,我就顺势说:"那你给老师和同学们展示一下吧。"一听到我这么说,旁边的同学也都围了过来。A 同学看到周围的同学都在看他,更来劲了,拿起跳绳用连续单脚交换跳的方式跳起来,跳得非常好,同学们都不自觉地为他加油、鼓掌。"同学们,A 同学跳的好不好?"我大声地问,"好!"同学们异口同声地回答。A 同学露出了得意的笑容,当我正要说大家要向他学习的时候,A 同学突然大声地说:"老师,我要和你单挑,看谁连续单脚交换跳得快。"一听到 A 同学要和老师单挑,周围的同学一下子沸腾了,都等着看"热闹"呢。为了满足同学们的好奇心,同时不影响正常的上课秩序,我顺势说:"好,老师接受你的挑战,让其他同学当评委。""准备,开始。"只听体育委员一声令下,我和 A 同学开始迅速跳绳,结果是可想而知的,A 同学没能战胜我。"只要你努力练习,以后一定能战胜老师的,下次,老师还会接受你的挑战的。"听到我这么说,A 同学开心地一笑,说:"嗯,我一定会加倍地练习的,一定会战胜老师的。"看到 A 同学和我单挑,其他同学都跃跃欲试,纷纷举手说:"老师,我也要和你单挑,老师,我也要和你比赛。"看到这种情形,我灵机一动,说:"同学们想和我单挑可以,但是你首先要按照老师讲的动作要领认真练习,同时要打败你们组的其他成员,这样你就可以和老师单挑了。"没等我讲完,大家都认真地练习起来,就连平时上课不积极的学生也纷纷拿起跳绳跳起来。

下课的时候,我的脑海里不断浮现刚才上课的一幕,学生的一句话把整个课堂气氛都激活了,为什么不把这种方式用在其他班级的教学中呢? 于是,我在其他班级也尝试了这种向老师挑战的教学方式,同学们表现得都很积极,练习效果很好。

[案例反思]

1. 巧抓时机,激发课堂气氛

在体育课堂教学中,学生不经意的一句话或者一个动作,经过体育老师的"加工"和"放大",都有可能成为体育课中一个"亮点"。这就要求体育教师在教学中要细心观察,随机应变,及时抓住时机,把教学中偶尔出现的"亮点"最大化,巧妙用于课堂教学中,提高学生的练习兴趣,激发课堂气氛。

2. "蹲下身来",拉近与学生之间的距离

教学过程中教师如果一直保持高高在上的姿态进行教学,学生未必能够真正和教师拉近心的距离。本节课教学中,老师如果没有及时接受 A 同学的挑战,不但打击了 A 同学的上进心,其他同学的积极性也未必会被点燃。如果教师在教学活动中能够适时地"蹲下身来",有意识地和学生一起互动,让学生主动地去挑战、去参与,这样更能激发学生参与课堂的积极性,营造一个较好的课堂学习氛围。

3. 适当激励,点燃学生练习激情

体育教学过程是学生自主学习能力发展的过程,在这个过程中离不开动作。要让学生在体育实践中感知、领悟体育的魅力,获得成功的体验,教师就应该用激励性语言在"引"字上下工夫、"精"讲上动脑筋,在与 A 同学比赛完之后,及时对他进行语言支持和鼓励,A 同学的练习积极性更高了,同时带动了其他同学参与的积极性。教师要把主要精力和时间放在学生学习兴趣的培养上,协调解决学生中各种不和谐的心理状况,使学生始终处于主动积极的心态之中,并有意识地让学生通过自主学练达到提高自我锻炼、自我调控、自我检测和自我评价的能力。

4. 以赛促练,提高学生练习兴趣

教学过程中最难突破的瓶颈就是如何将"让我学"变为"我要学"。要想让学生主动学习,就要通过不同的教学形式,调动学生的学习兴趣。教学中我利用 A 同学向我挑战的机会,适当延伸,激发了其他学生练习的热情,逐步把学生的兴趣调动了起来。让学生主动去练习跳短绳,并相互比赛,高效地完成了教学目标。

5. 激发学生课堂展示,增进学生自信心

展示是一种示范,是一种体验,是一种激励,更是学生自信的体现。体育课堂中,A同学主动要求展示,通过他的展示激发了其他同学的展示欲望。老师的赏识放大了学生身上的"亮点",提高了学生敢于展示自我的勇气。学生都是活生生的个体,都具有成就感、表现欲和上进心,老师要善于合理调节课堂教学情趣,给更多学生展示与体验的机会,激发学生的学习兴趣和求知欲,增进学生的自信心。

作为一线的体育教师,在常态课教学中经常会出现一些突发情况,只要我们调整好心态,充分发挥自己的教学智慧,善于抓住时机,寓教于乐,就可以生成意想不到的精彩,使学生在良好的环境中获取知识和技能。

(此文发表于《吉林教育》2017年第1期)

【论文8】　让学生教我上体育课

夏松松

[案例描述]

我在一年级教学投掷时,曾做过学生的"学生",让我的学生来"教"我。

当我把学生领到体育器材室,站好队以后,这次教学就开始了。

师:谁知道篮球在哪里?指给老师看一下。

生:在那里在那里。(手指向篮球)

师:老师不会打篮球,谁能告诉老师这个是怎么玩的?

生:用手拍、两个手往上投的。

师:那可以用脚踢吗?

生:不可以,足球才能用脚踢。

师:哦,足球才可以用脚踢,那足球是什么样的呢?

生:老师,足球在那边,就是有黑白点的那个!!(手指向足球)

师:但是足球太大了,我们一个手拿不了,大家觉得我们可以一只手扔什么球呢?

生:(同学们都在四处打量,一个同学有了惊人的发现)可以用这个绿色的球,网球,我一只手可以拿下。(其他同学迅速地围了过来)

师:对了,这就是网球,现在请大家每人拿一个网球,依次排队走到操场!

同学们每人拿了一个网球,走出了器材室。到了操场以后,一些同学已经忍不住玩手里的网球,有的在扔,有的向上抛,有的往下弹。每个人都很好奇手里的这个小东西。在同学们玩了几分钟后,我就把学生集合起来。

师:同学们,大家手里拿的是什么?

生:网球!(看,大家已经认识了这个东西,而我并没有去教他们)

师:大家手里拿的网球,除了可以用网球拍打,还能干吗?

生：可以扔、向上抛、一个扔一个接。

师：好，老师刚刚听到有同学说可以扔，那谁能上来给大家演示一下怎么扔呢？老师不知道如何扔。

一个个子相对较高的男同学，用力一扔，球飞得很远，下面都在拍手叫好。

师：真不错，没想到网球还可以这么扔，而且扔得这么远。同学们都会扔吗？

生：会！

师：那好，现在我们一排排扔给老师看，扔出去以后，再把球捡回来，第二排才可以开始。

学生一排排地扔了一遍，这个动作虽然相对简单，但是许多学生不清楚下肢如何发力，只是站得笔直，手刚举过头顶，这样的动作是错误的。

师：刚刚同学们都扔了一次，老师模仿了同学们的动作，也学会了扔网球，现在大家看老师扔一次好不好？（我做了一个标准的姿势，故意停留了一会，扔了出去。同学们都惊叹，扔得好远啊！）

师：老师扔得远吗？

生：远，远！

师：那同学们想和老师扔的一样远吗？我问。

生：想，想！

师：其实，老师是模仿了几位同学的动作，他们的动作做得很好，所以扔得远。

我特意留意了几位扔得比较标准的同学，让他们上来做示范，我在旁边提示，看他们的腿，是不是有一个弯曲的，身体是不是向后倾斜了，再看手里的球是不是放在头后，学生们认真看着。

师：好了，现在我们再来练习一遍，记住刚刚几位同学的姿势，腿的位置，球放在脑后。

同学们又一排排扔了一次，这次有很大进步，许多同学的姿势已经进步很多。在练习了几次后，看到同学们有些疲倦，我笑了，说：同学们，你们今天做的真棒，教会了老师扔网球。

于是，在不知不觉中，孩子们已经完成了本节课的学习任务。

[案例反思]

新课程提倡"一切为了学生"，要让学生成为学习的主人，就要给学生创造自由展示的课堂时空，我们在教学中就必须重视并优化课堂教学结构，让教师从关注教材、关注知识，转变为关注人、突出学生的主体地位，更多地注重学生的个人兴趣，只有这样，学生才能真正成为教学活动的主体，使体育课成为学生进行自主学习、自我发展的舞台，使他们成为课堂教学中重要的参与者与创造者，让课堂焕发生命的活力。这正是"绿色课堂"的魅力所在——尊重生命，最大限度地发挥学生的主动。

【论文9】　科学课堂生活化例谈

詹建平

[摘要]　小学《科学课程标准》强调科学课与生活实际相联系。教师在课题引入、教学内容组织、课外作业布置等方面,充分利用生活素材,有效开展科学教学,更容易被学生所理解和接受。

[关键词]　科学;课堂教学;生活化

《科学课程标准》十分强调科学与现实生活的联系,要求学生能用所学知识解释生活和生产中的有关现象,解决有关实际的问题;了解科学在现代生活和技术中的应用及其对社会发展的意义。知识本身产生于现实生活。科学教师应努力通过创设生活情景,通过调动学生已有生活经验激发思维,使课堂情境趋于生活化,唤起学生学习科学的兴趣,让学生感受到科学就在自己的身边,生动而有趣。

一、课题导入生活化

在课堂教学中,教师应选择与本课知识有关的生活中常见现象来导入新课,拉近科学知识学习与生活经验的距离,使学生在听课中产生一种亲近感,让学生在不知不觉中走入新课的学习,让学生感觉到生活中蕴含着科学,消除科学的陌生感、神秘感。

如在教学《斜坡的启示》(五年级下册)(苏教版,下同)一课时,我是这样设计教学情境的:一上课,就让学生观看一个孩子费力地搬自行车上台阶的视频。谈话:同学们,你们在生活中有没有遇到过或看过这种事情?你能有很好的解决方法吗?你知道家里人是怎样解决这个问题的吗?之所以为学生提供视频,就是为了引出斜坡。因为我们的孩子是农村人,现在家里几乎都有电瓶车、摩托车。为了方便进出,家门口的台阶都会设计成斜坡,方便进出。孩子们很快就发现了斜坡。我问:为什么会把台阶做成斜坡呢?把生活中的现象引入课堂中来,采用社会上出现的事例、自然界存在的现象,来安排课堂导入。由于所选视频的真实性,具有很强的说服力。可见,在教学设计和教学过程中,如果教师注意挖掘教材中隐藏的"发现"因素,创设一种能让学生主动发现问题、提出问题的情境,学生就能主动提出问题,主体作用才能得以真正发挥,才能体现真正的自主、探究和发现。

二、教学内容生活化

一切科学知识都来自生活,在一定程度上,学生生活经验是否丰富,将影响学习的效果。学习探究新知识是一堂课的重点。如何将重点内容变成教得轻松、学得愉快,这是师生努力的方向。在新课教学中,生活化的教学内容让学生从现实生活中发现其中的奥秘,往往起到事半功倍的效果。

例如,教授《叶和花》(三年级下册)一课,课上我对学生们说:"今天我们先到校园逛逛,在逛的时候要收集各种植物的叶和花,逛完了回教室我们一起来欣赏叶子和花朵。"我带着学生在校园里收集各种植物的叶和花,他们收集得可认真了,种类非常丰富。回到教室,同学们纷纷拿出收集的叶、花,迫不及待地交流讨论起来。这时我用PPT出示了需要讨论的问题:颜色、形状、气味、相同和不同之处、给树叶、花朵分类。这样学生们拿着自己收集的材料和小组成员一起边研究边讨论,研讨的氛围很浓厚。最后小组长还把本小组讨论、研究的结果填写好。接下来的环节是给学生给自己收集的花朵解剖。这节课我教得轻松、学生学得快乐。学生们通过自己动手收集、观察、比较、解剖,从身边的植物了解叶和花,课堂生动、充实。教育以生活为源,通过生活而教育,课堂变得形象、生动了。

三、课外探究生活化

科学学科的课后作业是课堂教学不可或缺的有益的延伸部分,是对课程意义重建与提升的创造过程,是学生对课堂教学的深化过程。教师要善于布置课外作业,鼓励学生开展课外科学探究活动。

(一)以生活为素材的课前准备作业

课前准备作业是科学课堂教学的前提和基础,以生活为源头,寻找生活中的事与物,拉近了课堂与生活的距离。例如在《校园里的植物》(三年级上册)课前,布置学生在校园、家门口里找找认识的植物,观察植物的高矮、树叶的生长形式。《校园里的小动物》(三年级上册),课前寻找校园里的小动物,捉几只蚂蚁或者蜗牛进行观察。又如上《建桥梁》一课前,让学生事先搜寻各种古今中外不同桥梁的资料,然后拿到课堂上分小组进行展示和研究等,有了这些课前准备,孩子们课堂上就"有话说了"。

(二)在生活中延伸的课后巩固作业

课后巩固作业是课堂教学的延伸,是课堂学习与社会生活联系的纽带。仅仅靠每周两节课的时间远远不够,常常必然将"探究"活动延伸到课堂以外。如:在学习了《铁钉生锈了》(六年级上册)这课后,让学生回家观察家中哪些铁制品生锈了,可以用哪些办法防锈。学生回家和父母一起观察、讨论,研究防锈的办法,提出各种防锈金点子。这样的教学紧密联系生活,生活又为教学提供了鲜活的素材。课后探究作业应坚持"教学做合一",把课堂引向生活,引导学生在生活中去验证,进行科学探究。如在《不用种子也能繁殖吗》(五年级下册)课堂上,我讲了许多不用种子也能繁殖的植物知识,学生心里一定会有疑惑的——不用种子也能繁殖? 于是,教师因势利导布置学生回去之后用宝石花、吊兰、生姜等做繁殖探究实验,等植物发芽长叶后再带到学校来和大家一起分享实验成果。两周后,许多同学都带了自己亲手栽植的植物,用自己的探究、动手实践,证明了有些植物不用种子确实能繁殖的知识,消除了心中的困惑,感受了成功的喜悦。

生活即教育,生活中蕴藏着无穷无尽的教育资源,生活中到处存在着科学。用生活中的现象、事例去验证科学知识,用《科学》课所学知识去解释生活中的"为什么"。教师因时、因地、因学生的特点,创造性地使用教材,使学生体会到科学的趣味性和真实性。引导他们关注生活中的科学,打通书本世界和生活世界之间的界限,从而实现"科学"学习生活化。

(此文发表于《小学教学参考》2017 年第 3 期)

【论文 10】　构建"美味"的信息技术课堂

贾志军

[摘要] 就信息技术课堂教学而言,要让师生尝得"美味",就得多一些幽默,少一些说教——以幽默激活课堂气氛,以比喻化解抽象知识,以类比促成良好习惯;就要多一些情境,少一些枯燥——用故事凸显童真童趣,用精彩视频激发创作灵感;更要少一些理论,多一些活动,让学生在活动中完成学习。

[关键词] 信息技术;绿色课堂;趣味性

教育,既要"解惑",也要"授道",教育过程应注重学生综合素质的培养。因此,要上好信息技术课,不仅要培养学生的智力因素,也要调动学生的兴趣、情感、意志等非智力因素的积极参与。作为信息技术课教师,我们有必要在教学内容的生动性、教学方法的趣味性和直观性等方面下工夫,让趣味性教学为信息课堂添彩。

一、多一些幽默，少一些说教

幽默，是能给人以微妙感的调剂生活的佐料，生活中没有幽默是乏味的，课堂上没有趣味也是枯燥的。

作为老师，我们应努力使自己的教学语言更加形象化、生动化，使课堂摆脱"闷气"充满"灵气"。

1. 以幽默激活课堂气氛

在教授《Word 文本框插入竖排文字》时，为了便于学生理解和接受，教师是这样导入的："今天老师给大家讲一则小故事。有一个英国人到中国来学习中国的古典文学后颇有感触地说：'你们中国人的祖先就是聪明，他们写的书是边看边点头，而我们的祖先写的书边看边摇头。'请大家说说看，为什么我们古人的书是边看边点头呢？"学生回答："因为古书中的字是竖排的。"接着教师顺势利导："前几节课，我们输入的文档都是横排文字。但如果我们采用竖排文字，将会产生一些特殊的效果，给文档增添古朴典雅的韵味。这节课，我们就来学习如何使文字竖排。"

这个幽默的小故事不仅让学生理解了如何运用竖排文档，更由古鉴今激发了学生热爱和欣赏祖国传统文化的情感，活跃了课堂的学习气氛。

2. 以比喻化解抽象知识

针对中低年级学生，教师要能够把抽象的知识和概念用形象化的语言来帮助学生们理解。如在教学《窗口的切换》时，教师把它比作捉迷藏，把 Windows 桌面比作带窗口的小课桌，学生好奇："桌面上怎么会有窗户？"教师为此提前准备了顺口溜："桌面图标像纽扣，双击弹出小窗口。变大变小真自由，还能拖着满屏走。"这样简单通俗的语言，不仅让学生克服了畏难情绪，还在做、记互动中收获知识。

3. 以类比促成良好习惯

学生在平时做选择题时，往往习惯只选正确答案，而不去关注其他选项的错误。这时教师笑着说："计算机中毒了，大家都知道要装杀毒软件来帮它治病，现在题目中的有些选项也病了，你们怎么不帮它医医呢？不然它们要一病不起了。"学生先是惭愧地笑笑，事后却不断地训练，养成了良好的做题习惯。

当然，并不是所有引人发笑的都是幽默，教学语言的幽默应能使学生在笑声中领悟教师的语言所蕴含的丰富知识，感到学习不再是一种负担，而是一种愉快的体验。

二、多一些情境，少一些枯燥

在信息技术教学实践中，充分利用教材提供的课程资源，适当创设情境，不但有利于学生掌握知识、形成能力,还能诱发学生思维的积极性,促使他们自觉、快乐地学习新知识。

1.用故事凸显童真童趣

《网上去冲浪》单元的教学在导入处创设了一种模拟情境:"今天,小博士要带着你们坐上网络快车进入 WWW 网络世界。小博士热情地欢迎大家,并驾驶飞船,来到 WWW 世界大门口。这是一扇声控门,你能用一句话谈谈 Internet 给你的感受吗?谁讲得越好,大门就开得越快!"富有感染力的鼓舞和趣味性的动画情境,使孩子们欣喜万分,他们争先恐后,大胆发言,为接下来自主学习浏览器做好了准备。

2.用精彩视频激发创作灵感

在教授《Word 模块中的图文混排》等内容时,为了激发学生为北京奥运会制作海报的创作灵感,教师播放了"宣布 2008 年奥运会主办城市是北京"的精彩瞬间。良好的情境创设,使学生们积极投入创作,成果丰硕。

总之,教学是一个复杂的过程,只要教师耐心琢磨,很多教学内容都可以创设出有价值的情境,使每堂课都变成一次愉快的学习旅程,让学生在玩中练、乐中学。

三、多一些活动,少一些理论

在新课程理念下传授信息知识时,教师不仅要能采用传统讲解、演示的教学模式,更应该引导学生进行自主探索和互动协作的学习。在课堂中引导学生进行学习实践活动,让学生以"活动任务"为主线,教师为主导,学生为主体,完成教学任务。

比如在小学中年级课内适当组织学生或小组间的汉字输入比赛、信息技术知识竞答等活动,学生会积极地参与进来,在竞赛的激情中享受学习;在高年级学生组织班级或年级间电脑绘画、网页设计、电子报刊预设比赛等,并把竞赛后的优秀作品展示在校园网或橱窗里,这不仅对被展示者是一种鼓励,对其他同学也是一种鞭策。

正如生活中,我们经常在做菜时放点儿佐料,会让菜品更加鲜美,那么在信息技术的课堂教学过程中也不妨添点"佐料",让信息课堂美味起来,不再枯燥。就信息技术课堂而言,课要上得"美味",就得灵活地运用健康幽默的语言,使教学充满趣味;巧妙地运用情境,使教学饱含情味;智慧地留给学生活动空间,使教学具有韵味。

参考文献

[1]南珲斌.让信息技术课多点味道——在信息技术课渗透民族文化的策略例谈[J].东方教育.2011(7).

[2]冯旭鹏.竞赛式教学法在中小学信息技术教学中的应用——以"Word 文本处理"课堂教学为例[J].现代教育技术.2009(9).

[3]姚睿.信息技术课上幽默语言运用的作用[EB/OL].http://www.jdmxx.cn/Article.asp?noad=&cmd=view&option=view&user_id=&articleid=706.

第四章　趣而实的绿色综合实践

在很多教师和领导的观念中,常常狭隘地把学校教育限定在课堂教学、学生教育与管理的范畴,尤其是把学生教育与管理简单理解为班主任和学科教师对学生进行的教育活动。而这一观点在近年来已经有了很大改观,许多学校已经将这一工作内容从教导处剥离出来,成立了"德育处"。上峰中心小学也不例外。然而,如何有效开展农村小学的德育工作,却是仁者见仁、智者见智。在绿色教育的研究与实践过程中,上峰中心小学逐步将综合实践活动课程作为德育工作的重要载体,德育处、教务处协同工作,结合学生发展需求,及学校教师、社区的实际,积极开展多样化的综合实践活动,在活动中实践教育,以综合实践活动促进儿童健康成长。

第一节　动手又动脑,才能有创造

"综合实践课程是一门面向全体学生开设的,以学生自主选择的、直接体验的、研究探索的学习为课程基本方式,以贴近学生现实的生活实践、社会实践、科学实践的主题为课程基本内容,以学生个性养成为课程基本任务的非学科性课程。"作为一种独立形态的课程,综合实践活动课程超越具有严密的知识体系和技能体系的学科界限,强调以学生的经验、社会实际和社会需要及问题为核心,以主题的形式对课程资源进行整合,有效地培养和发展学生解决问题的能力、探究精神和综合实践能力。

一、校内综合实践课程的开设

上峰中心小学认真落实南京市教育局关于开展综合实践活动课程的要求,配备教师,并组织教师认真学习,提高认识,开足课时,确保综合课程开设顺利进行。

（一）认真学习《小学综合实践课程标准》,认清课程的性质与地位

综合实践活动课程是国家规定、地方指导、学校自主开发与实施的必修课程,它以学生的现实生活、社会实践活动为主要课程资源,以实践性主题活动为基本教学

形式,以学生自主学习和直接体验为主要学习方式。通过学习,学校深刻认识到:

综合实践活动是国家必修课程,内容主要包括研究性学习、信息技术教育、社区服务与社会实践、劳动与技术教育;

综合实践活动是由国家设置、地方管理、学校具体开发和实施的课程;

综合实践活动具有综合性、经验性、实践性、自主性、开放性与生成性;

综合实践活动开展没有固定模式,需要地方、学校发挥创造性,建立适合地方和学校实际的课程实施机制;

班队活动、学校传统活动、课外小组活动等,是综合实践活动的非指定领域,这些活动可以与综合实践活动的指定领域相结合,也可以单独开设。

（二）开发资源、研究教学,充分发挥综合实践课程的作用

综合实践活动课程是一门实践性很强的课程,需要加强课程资源建设,并为综合实践活动课程实施提供必要的载体。

1. 开发综合实践活动课程资源。利用寒暑假,组织开展学生假期实践活动,如废旧电池的回收、压岁钱的合理支配、调查春节的来历及有关习俗、调查留守儿童的生活,等等,并结合春秋季节学生综合实践活动,组织学生开展野炊、登山、远足等活动。

2. 充分发挥学校的自主性、创造性,利用各种教育资源（包括校内资源、社区资源和学生家庭中的教育资源）,落实国家课程计划的要求,拓展综合实践活动课程的实施空间。

3. 充分发挥教师的主导性和创造性,使教师成为课程的指导者、组织者、参与者和服务者。勇于创新综合实践活动课程的教学实践方式,善于捕捉综合实践活动课程中恰当的教育时机,不拘形式地指导学生确定实践活动的主题和实施计划;主动参与课程资源的开发,丰富教学经验。

4. 充分发挥学生的主体性、创造性,引导学生走进自然、感受自然、探究自然,开展专题研究;引导学生关注社会、了解社会、服务社会,探究社会问题;引导学生反思自我、发现自我、发展自我,形成良好个性,主动和谐发展。

（三）开足课时,培训师资,确保课程顺利实施

1. 开足课时。面向全体学生,按课程计划开齐、开足综合实践活动课程。每周开设信息技术教育课3—6年级1节,开设劳动与技术教育1—6年级1节,3—6年级每周开设1节研究性学习活动课程,班队活动课每年级每周1节。开设绿色教育校本课程课2—6年级每周1节;社区服务与社会实践活动课每学期2节。

2. 教师配备。安排优秀的班主任和骨干老师任综合实践活动课程的兼职老师。信息技术教师兼职2人,研究性学习、劳技教师兼职3人,社区服务与社会实践兼职6人。组织教师学习综合实践活动课程的目标和原则,掌握课程实施中的各种方法,

不断提高教师课程实施的执行能力。

3. 加强管理。学校校长是综合实践活动课程实施的第一责任人,德育处、教务处、班主任以及全体师生都是综合实践活动课程的管理者。完善相关规章制度,如教学管理制度、教学评价制度,科学合理地计算综合实践活动指导教师的工作量,并将其作为业务考核、评优评先的依据之一。想方设法为综合实践活动的开展提供足够的设施设备、教学资源等方面的保障。

4. 评价鉴定。注重学生参与课程活动的过程性评价,任课教师要及时记录学生在活动过程中的情绪情感、参与程度、投入程度等表现,可采用档案袋评价、展示性评价、研究性评价等多元的评价方式;学习成果可以是调查报告、手抄报、主题演讲、口头报告、研究笔记、墙报、活动方案、活动展示或其他形式。

5. 积累经验。重视综合实践活动资料的积累,对教师的教学、学生的学习、活动的过程材料和评价材料等及时整理存档。

二、学科教学中的实践活动

综合实践活动课程是一门经验性课程。但是,当下的小学教学实际不允许学校额外为综合实践课提供独立的课时,而且学校认为不能将综合实践课单独立为一门课程,而要以现行课程为载体实施下去。为此学校将课堂教学与综合实践结合起来,使之相互补充、相互渗透,培养和发展学生解决问题的能力、探究精神和综合实践能力。

1. 语文学科教学中的综合实践活动

以小学语文三年级课本第四单元为例,说一说某语文教师是如何将学科教学与综合实践课结合起来的。不管是哪个单元都要知道本单元的设计专题,本单元的专题就是"细心观察";有了单元设计专题,就可以将综合实践课的主题定为"细心观察",并在单元教学之初设计好实施策略,根据活动课程及语文课程要求可重新调整教学顺序。例如本单元第一课是《花钟》,本课教学需要学生的直接体验和生活经验的支持,若失去了学生由观察而获得经验的依托,再精彩的讲解也不会达到很好的效果,所以教师将此课放在后几个课时,并让学生知道后置的原因。确定主题为"花语嘤咛"、以观察为主的综合实践活动,活动时间为一周。由学生自由结组并制订观察、记录、总结计划。这不正是综合实践中的让学生直接体验、研究探索吗?

在学习《蜜蜂》这一课时,问学生"你们喜欢小动物吗?"学生踊跃发言;"那对你喜欢的小动物有什么不明白的问题吗?"学生提出了许多问题;教师把这些问题分记在黑板的一侧并将提问者的名字记下。然后,又问:"有了疑问我们该怎么办呢? 有一个人会给我们答案,那就是著名的昆虫学家——法布尔。"接下来通过学习课文让学生学习法布尔观察、思考、试验的方法和探索精神。再回过头来让学生将开始提出的关于动物的问题分小组进行研究并选出组长,制定观察、实验步骤并将这些交给老师,教师根据实际情况规定小组完成实践时间。活动主题就为"我的动物秘密"。并购买《昆虫记》让学生传阅,以激发学生的观察兴趣,鼓励他们坚持观察。

《玩出了名堂》这篇课文的教学通过让学生了解列文虎克在玩放大镜的过程中是怎样发明显微镜和微生物的,从而激发他们的好奇心和求知欲,培养学生的观察能力,增强创造意识。这篇课文如何渗透综合实践活动呢?只有极少数学生能够现场总结玩耍当中的发现,绝大多数同学都不可能在现场玩耍的过程中发现问题,因为任何发现都是兴趣、意志和偶然的结合,并不是短期内刻意追求所能达到的。所以教师将本课的课外活动实践定为"显微镜下的发现",让学生把好奇的、想在显微镜下观察一下的东西带进课堂,将活动场所设在实验室,让学生在显微镜下观察自己的实验品,并写下观察原因、观察过程和观察结果。这样一来既满足了学生对显微镜的好奇心,使学生学会了使用显微镜,又让学生观察到了实际生活当中很难看到的微观世界,又为"我的动物秘密"实践活动的开展提供了方法和途径,一举三得。

这样,教师便巧妙地将综合实践活动渗透到学科教学当中,达到了相互渗透、相互补充、相互提高的目的。

2. 在体育教学中探索"生态教育"

新课程的指导思想提倡,凡是能促进学生身心健康、能体现"健康第一"的内容,都可用来加以借鉴和开发。新课程目标统领教学内容体系的出现,就为我们开发新课程资源提供了丰富的想象空间和创造空间。

课程的资源需要教师去组织、去开发、去利用,教师应当学会主动地、有创造性地利用一切可利用的资源,为教育教学服务。教师还应该成为学生利用课程资源的引导者,要引导学生走出课本、走出课堂和学校,充分利用校外的各种资源,在社会的大环境里学习、探索和欣赏。

(1)对现有的运动项目进行改造。对现有运动项目的改造尽量减少口令性和统一性,多运用游戏和竞赛的方式,例如"投掷",就可设计成"消灭害虫""小八路炸碉堡""投活动篮""打雪杖"等,这比单一的"预备——投"要有趣得多。再例如"立定跳远"就可设计成"小青蛙跳荷叶""袋鼠搬家"等。

(2)改建体育设施,发挥体育器械的多种功能。对体育设施的改建主要是要符合学生运动特点,如适当降低篮球架、排球网、单杠、双杠、平衡木、云梯等器械的高度,采用小篮球、小排球、小足球、小哑铃等;同时,充分发挥体育器械的多种功能,例如跳绳可用来做绳操、斗智拉绳、快快跳起来等,栏架可用来跨栏,也可用作投射门,还可反放进行连续跳等,鸡毛毽可用来踢,也可用来做投掷的工具,篮球也可用来当"保龄球",等等。当然体育教师也可亲自动手或发动学生制作简易器械,改造场地器械,合理布局使用。

(3)开发民族传统体育项目和民间体育活动。我国是一个多民族的国家,有丰

117

富的民族体育文化,如蒙古族的摔跤、朝鲜族的荡秋千、锡伯族的射箭、白族的跳山羊等都非常具有特色。在民间也同样有丰富的体育活动资源,如中华民族武术、山东大秧歌、安塞腰鼓、东北二人转,还有踩高跷、拔河、跳绳、踢毽子,等等。

(4) 信息化体育课程资源的开发。网络技术的快速发展,又为我们开发体育课程资源打开了一片新的天地。体育教师完全可利用网络资源借鉴、下载一些优秀的东西充实自己,更可利用电子邮件扩大交流学习的范围。

3. 利用生活素材,"绿化"信息技术教学

《信息技术》的课程性质,决定了信息技术课重视以学生的生活背景作为构建课程内容的逻辑起点。与此相适应,教学活动必须与社会生活、学生生活相联系,要切实做到"让学生了解和掌握信息技术基本知识和技能,了解信息技术的发展及其应用对人类日常生活和科学技术的深刻影响"。有鉴于此,作为学习活动设计者的教师要依据课程目标的要求充分挖掘源于生活的素材,并有针对性地进行筛选、整合,将学生可感知、体验和贴近他们实际生活的材料融入备课过程之中,精心设计具体的生活情境,让学生感受生活化的学习。

教学内容贴近生活实际,应本着学以致用的原则,选择与学生的学习生活密切相关的内容,即应该是学生今后的学习和工作中经常用到的技能,为学生的终身学习打下坚实的基础。在《中小学信息技术指导纲要》的指导下,学校教师充分挖掘现行教材中的合理因素,对教材进行重组、改编,以再现信息技术与生活的密切联系。让学生真正体会到生活中处处有信息技术,处处离不开信息技术,深刻感受到信息技术的价值所在。

例如:在 Word 模块"查找与替换"的备课过程中,从平时与学生、同事讨论我们周围环境的卫生情况以及结合任教班级学生的实际情况,有意识地选择具有代表性的"我给龙泉山换新装"作为本课的主题。教师准备了一篇介绍汤山以及周围环境的 Word 小文章,让学生讨论寻找文中"饮料瓶""纸屑"等的途径和方法,并给他们换上"小蘑菇""小树苗"等。由于学生平时确实感觉到有些人随地乱丢垃圾,在实际的教学过程中,他们都表现得比较积极、活跃。又如在"数据的统计和排序"的备课中,教师选用学生日常生活中的各种食物所含的营养成分作为数据分析对象,请学生充当一回"小小营养师",来分析自己昨天所吃的食物的营养情况。让他们既学习了怎样排序数据和统计数据,又体会到生活中的饮食健康问题。

"让信息技术走进生活,在生活中捕捉信息。"在信息技术教学中,把信息技术知识与生活、学习、活动有机地结合起来,引导学生把知识合理运用到日常的生活实际中,让学生真正感受到信息技术在生活中无处不在,获得探索信息的体验,提高利用信息技术的能力水平及技能,用活信息技术。教师创设生活情景,设计学生熟悉的、感兴趣的、贴近实际的生活素材。引导同学们展开热烈的讨论,提出自己的设计方案,从而突出学生的主体地位。把教材内容与生活情景有机结合起来,使教学知识

成为学生看得见、摸得着、听得到的现实,让其贴近生活,使学生真正体会到生活中充满了学问。

例如:在"走近校运会——幻灯片模板、母版和版式"的教学过程中,教师设计了"走进校运会"这一情境。首先展示一份结合运动会小视频、照片、宣传语等多媒体的 PowerPoint 作品,但是其中的色彩、版面等设计都不大理想,如文字被图片遮挡、图片和图重叠、色彩比较单调,等等。然后请同学们充当小小设计师,一起来"走进校运会",使用"模板"使作品的风格统一、色彩一致;使用"版式"改变幻灯片的页内排版布局;使用"母版"设置使每张幻灯片右下角加上我们学校的标志等。从而使整个演示文稿变得更加美观、更有特色,同时为以后制作美观大方的幻灯片奠定很好的基础。整节课下来,学生的情绪活泼,课堂的气氛活跃,进而也使学生轻轻松松地完成本课的任务。让学生们了解到信息技术在生活中无处不在。

美国教育家杜威说:"教育即生活。"信息技术课堂相对于孩子丰富的生活世界,是渺小的。我们应该引导学生走进生活,读好生活这本"大书""活书",使孩子们深切地感受到,信息技术离他们很近很近,抓住生活的点点滴滴,眼里有资源,心里有教育,我们的"绿色课堂"就无处不在。

三、儿童参与校园环境美化

在学校建设活动的过程中,可否让儿童适当参与,在活动中得到锻炼和成长?这需要重视挖掘学生的潜能,给学生创设条件,让孩子们动起来。以校园美化为例,学校没有把孩子们局限在美化班级教室这个范围之内,而仅仅把美化校园看作学校领导、学校后勤人员的工作。学校把孩子们也当作学校的主人,安排学生积极参与到美化校园的活动中,让学生在调查、研讨的基础上给校园建设、文化设施、校园绿化、环境美化等提建议,甚至亲自动手参与其中,大大激发了学生的主人翁意识。

这些年来,每位进入上峰中心小学的客人都会惊叹校园内的垂直绿化和地面绿化,这些大多是由同学们在老师带领下完成的。参与校园美化,并非仅仅栽上几种花草那么简单,而需要做好一系列的活动安排,包括环境调查、方案设计、区域任务安排、植物品种的选择、土壤的需求与改良、日常的维护与观察,等等。

(一)调查本校的环境建设

1. 普遍开展校园环境调查

学校请学生根据兴趣、条件等因素自行成立小队,自己取名,选择一个小课题,并写好调查方案。

一是调查主要围绕"学校中尚有哪些不足"而展开。例如,校园的总体规划设计是否合理?校园的净化、绿化做得如何?校园环境是否优美?校园里是否设置了艺术墙、文化角、读书园、宣传窗？应做哪些改进？

二是学校提供统一的基本格式、基本规范，培养学生参与研究的规范意识。老师给同学们设计了《"美化校园，有我一个"之校园美化状况小课题研究记录表》，里面主要包括：小课题名称，课题组成员名单，调查分工，调查过程的时间、地点、内容，调查记录，调查结论，相关建议，自我评价等内容。

三是给予充分的时间。老师给学生充足的时间在自己的校园内开展调查研究，每位学生以学校小主人的身份重新认真审视自己的学校，去发现不足，教师经常性予以提醒和督促，让同学们把调查的资料在小组内进行整理、分析，共同总结出一个结论。

2. 少先队重点关注调查的进展

对于儿童展开校园环境调查，如果完全放任他们自行操作、缺乏学校的指导，那将会大大降低此项活动的实践价值。为了将此项活动做出成效，学校少先队大队部每过一段时间都会组织一次班级规模的活动进展情况交流，请各班级的调查小组选派代表，然后在交流会上进行交流和讨论，帮助大家集思广益、修正路径。对于一些进展缓慢、目标不够明确的小组，学校大队部则给予适当的指导和帮助，后续予以适当关注，努力帮助他们将活动继续进行下去，力求让小组在活动进行过程中得到锻炼。

（二）学习其他学校的建设经验

如何把自己的校园建设得更加美好，一直都是每个老师所关心的，也是同学们所关心的。作为农村小学，自然有自身所拥有的特色。如果一味强调向城市学校看齐，则有可能进入邯郸学步的窘境，失去自身原有的光泽。因此，在借鉴兄弟学校环境建设情况时，上峰中心小学努力确保学校环境建设改进的有效性。

具体实践中，采取了几点策略：一是组织骨干教师和学生代表参观附近的学校，在兄弟学校的实地参观与经验介绍中博采众长；二是安排部分后勤教师上网观看校园环境建设的示范学校，取其精华；三是组织师生研讨，把先进学校与自己所在的学校进行对比，发现自身的优点与不足。在整个活动中，孩子们不仅仅是参与了参观活动、研讨活动，更重要的是他们也了解到学习的方法，学习到思考的方法，从而对儿童的成长产生极为重要的引导作用。

（三）七嘴八舌提建议

对于学校的建设规划者来说，必然有自己的系列想法。但是，让孩子们参与进来，并提出自己的想法，这是一个极为出色的创意。让孩子们精心思考、丰富想象、勇敢表达，远比校长直接确定建设方案更加具有教育意义。

1. 让学生自由提建议

活动中，许多小队提出了自己的想法，其中的一些设想给学校老师带来了惊喜。

（1）红茶花小队：我们调查学校了的绿化,发现学校的绿化面积还不够大。如果能增加四个花坛,再种些灌木,设计一个精美的草坪,实现绿树如荫,绿草茸茸,鲜花盛开,花香四溢,那就更好了。花坛中间还可以有一条绿荫小道,四季常青。并建议校园中能做到水池清清,假山亭亭。

（2）百灵鸟小队：我们对学校的每一面墙壁都进行了调查,发现墙上除了手印、脚印和灰尘,其他什么都没有。我们希望能让学校的每一面墙壁都会"说话"。可以挂一系列我们的书画作品:低年级以儿童画为主,中年级以国画、儿童画为主,高年级以素描为主。内容上尽量体现童心、童趣、童乐。谁在写字课、美术课或书法、美术兴趣小组中的作品好,谁的作品就入选,把这些佳作装进铝合金镜框,挂在校园的各个墙壁上。也可以这样美化:一楼的墙壁上都挂书画作品;二楼的墙壁上都贴些自编小报;三楼的墙壁上则是优秀作文、英语问候语或名人名言等。

（3）大熊猫小队：我们认为学校的橱窗布置太单调。希望学校的橱窗布置能做到多样化。宣传橱窗可以设阅报栏、科技知识、手抄报集锦、爱国主义图片等栏目,每学期可更换四五次,内容要丰富。并建议校园里应该有一个文化角,这里是知识与文明交流的港湾。大家可把小制作、小发明也带到这里。文化角可设在室内,在室外可开辟一个读书园。同学们有空便可以到这里去看看书。

（4）啄木鸟小队：我们觉得校园各类标识牌要重新规划和设立,原则是实用、美观,与校园风格协调一致。

（5）花仙子小队：我们提议在葱郁的树荫下设一个"悄悄话信箱",成为我们可以敞开心扉,道出心声的一块绿洲。

（6）金丝猴小队：学校还可以创设环境音乐。为我们精心策划、设计和编排一些环境音乐内容,如校园歌曲、中外艺术歌曲、传统歌曲、影视歌曲、民歌民乐等,可利用红领巾广播经常播放。最好有一个音乐广场,同学们可以到这里弹琴、奏乐等。

（7）百合花小队：大家说了那么多,要增加什么,设立什么,我们觉得增设了这些以后,还应该给它们取个好名。如我们校园内的一角有一个碧绿的深潭,一条条金鱼在自由自在地游动着,我认为可以取名为"碧潭鱼跃"。学校里有一个花坛是校友捐资所建,花坛里松、竹、梅岁寒三友紧紧地簇拥着,四周还点缀着迎春花,象征着众多校友茁壮成材,团结向上,迎来了母校教育的春天,因此可取名为"三友迎春"。我们校园的西侧,有一汪碧水,几块山石,一棵枇杷,一株金桂,一边是古色古香的亭台楼阁,一边是现代化的教学楼,不妨取名为"蓝庭桂馨"。还有教学楼后边,绿色的灌木丛中,套种着不少红花,可以取名为"新绿点红"。

（8）东北虎小队：我们还可以在校园内写些温馨提示语,张贴在合适的地方。"你我共奉一片真情,校园更添美丽温馨。"这句提示语可贴在一进校门的位置。把"请高抬贵手,留住我们的美丽"这句提示语写在花坛边。在绿荫小道上竖一块牌子,写上"众人呵护,绿荫常驻"。还可以再加上一句"小树苗的呼唤:人要衣装,我爱绿装"或"护绿如护体,爱校似爱己"。可以在草坪周围写上"别踩我,我疼",再写一句"人人爱我校园,天天与美相伴"。

2. 说出自己的构想

在各小组的调查、讨论活动中,还有一项非常重要的活动:学校汇报会,组织高年级同学作为听众,让各小组代表轮流登台,说出自己对于学校环境布置的调查以及改进的构想。学校一直强调锻炼儿童的表达能力,正好利用这个机会,让同学们像模像样地进行一次登台演讲,不仅锻炼自身,也是对于年级内其他同学的一次巨大激励。也就是说,此项活动的意义不仅仅限于"说出什么",更为重要的是提供了"如何说"的平台。

3. 组织优秀美术作品展览

结合学校艺术节活动,学校组织开展"我心中的校园"优秀美术作品展览,让每个孩子发挥自己的想象力,把自己所期望的校园描绘出来。尽管这其中有许多假象的成分,但是,作为学校环境的设计者、建设者,理应高度尊重孩子们的创造,理应高度重视孩子们的心理渴求。于是,我们发现,在校园里的许多场景都应景成为孩子们记忆中的一部分,深受他们的欢迎,故而在历次校园改造中得以保留下来。学校也正是借助这个展览,对于儿童的心理需求有了更多的认识。

(四)亲自动手美校园

目前的上峰中心小学校园内,可以说是一年四季景色宜人,校园环境布置令人赏心悦目。这其中,有许多工作是由小学生亲自参与布置的。大体数一数,此类的工作数量还是很多的,诸如:设立校园各类标识牌,在楼道的墙壁上展示儿童书画作品、自编小报、优秀作文,在树荫下设"悄悄话信箱",在宣传窗里展示学生手抄报集锦、爱国主义图片展览,在教室内设文化角,给校园景点题名,在校园内合适地方张贴"温馨提示语"……

让学生参与到校园的环境美化工作中来,其本身的教育价值已经远远超过了"做得如何",这是让学生亲身经历学校环境建设、培养主人翁意识、公民意识的一项极为重要的举措,对于儿童,尤其是高年级儿童的教育意义非同凡响。儿童在"参与"的过程中,将综合实践课程的价值发掘出来;在辛勤工作的过程中,给教育带来"实",让儿童自身感受到"趣"。

第二节 精彩的社团活动

社团活动能培养学生的个性特长、加强实践体验、培养综合素养;还能创新学校活动形式,丰富学校文化内涵。它是学生接触社会、开阔视野的重要平台,也是丰富学生学习经历,提升综合素养的重要载体。因此,在考虑到小学生的自主能力相对较弱、学校的地域化特色和办学经验的基础上,学校秉持着多元化建设理念、完善的管理体制,引导学生和教师们开展了一系列丰富多彩的社团活动。

一、多元化的建设理念,满足学生们的需要

社团活动是有组织有纪律的集体活动,社团活动遵循多元化的教学理念,对学生的多种智能开发具有积极的效果。因此,多元化的教育取向是我们首先要坚持的。首先,项目多元化。学校社团活动涵盖了:手工操作类、智能思维类、体育运动类、音乐类、绘画类、科学实践类、游戏活动类、言语信息类等,我们将这些活动穿插进行,确保每一个孩子都能够享受到社团活动所带来的乐趣,真正喜欢并融入社团这个集体中。其次,活动时段多元化。根据社团性质的不同,将社团活动的时间分散开来,根据学生的实际情况合理安排社团活动的时间。比如,结合农村实际,将社团活动融入农村日常生活中;结合节假日开展文化建设社团活动,让学生在课余时间充实起来;也可以结合校园体艺活动开展社团活动,为学校文化建设尽心尽力;结合校园书香开展读书社团活动,提高学生的人文素养。多元化活动理念是社团活动开展的基本保证,我们在社团活动中充分贯彻多元化的教育理念,让学生在丰富的社团活动中成长。

图 4-1 走进大棚,听花农授课

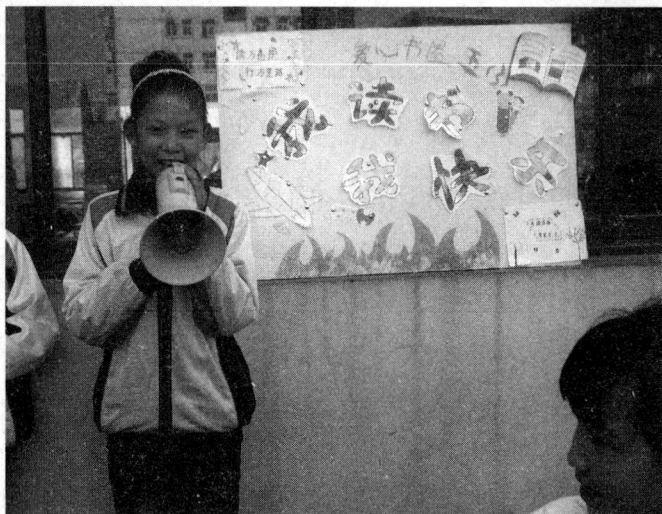

图 4－2 阅读社团组织校园"乐在淘书、低碳阅读"活动

二、完善的管理体制，引导师生积极参与

为了保证社团活动井然有序地进行，我们学校构建了完善的管理体制，保证社团活动能够顺利高效地开展。首先，学校教务处和德育处发挥各自的职能，负责课程的安排以及对教师的管理工作。而少先队大队则要负责协调社团的各项活动和学生的管理工作。其次，社团在辅导老师的带领下，要制订自身完善合理的活动计划和章程，将活动的时间落实下来，保证社团活动拥有独立的教室和活动地点。有了制度的保障，学生才能在社团中有真正的发展的可能和机会。在社团活动中，教师不仅要担任学生社团活动的指导工作，还要引导学生在合作的过程中互相配合，共同参与，保证社团和谐有序地发展起来。上峰中心小学在多年的社团活动实践中总结出了丰富的经验。不仅规定社团要"定时间、定地点、定内容"，而且要有活动器材，有考勤、有活动计划；教师要做好活动记录，负责搜集各个社团的活动方案、活动计划、活动内容以及如何应对突发状况。给予各个社团有针对性的指导和建议，确保社团高效、有序、健康地运行。

三、百花齐放，丰富多彩的社团活动

百花齐放，社团活动丰富活跃。学生社团作为全面提高学生综合素质的重要渠道，在学生的身体、智力、情感、价值观和人格成长方面发挥出越来越大的作用。因此，要鼓励社团活动多样化、尽可能涉及不同层面、不同兴趣爱好、不同学生的需求，满足学生自主发展的需要。

1. 与特殊节日、特殊活动相结合的社团活动

在儿童节、国庆节、元旦这些传统的节日庆祝中，儿童社团是活动展示的主角。而从学校自身来说，还有一些自己的特色节日：读书节、艺术节、体育节，等等，这些节日活动的开展都为学生的社团活动搭建了展示的平台。而在夏令营活动、假日雏鹰小队中，相应社团的学生也能够发挥自己的一技之长。在特殊的节日、特殊活动中展示自己的才能，对学生来说有着特殊的意义。

图4-3 儿童参与社团活动

例如，2016 年，结合中国共产党成立 95 周年、红军长征胜利 80 周年的契机，在 12 月 8 日国家公祭日来临之际，学校开展了以"童心向党共筑梦"为主题的社团活动。

再例如，从 3 月 12 日植树节开始，全校师生一起行动起来，开展形式多样的护绿行动和植物种植实践体验活动。鼓励队员们开展以"绿色环保"为主题的十分钟队会；积极争做社区、学校的护绿手，为绿化地做好保洁工作；热情捧出精美的盆景在班中创办一个植物角；亲手栽下一棵小树苗，与树苗一起茁壮成长……人人为班级、学校、社区增添绿色，为净化、美化环境出一份力。做到了人人参与，宣传与实际行动相结合，从而令学生在活动中体验到成功的喜悦，增加了对植物生长的了解，增强了环保意识、生态意识，达到了为班级、学校、社会增添绿色和净化、美化环境的目的。

2. 根据学生实际和相关学科发展设立社团项目

在设立社团项目时，考虑到学生知识体系的建构问题，做到年级对接、知识对接，在一定范围内形成社团辅助体系。比如汉字文化社团、阅读指导社团、数学珠心算社团、儿童心理剧社团、英语话剧社团等都是根据学科发展的热点未来趋势成立的，以提升学生的相关学科素养。学校积极从辅导教材的选择、辅导方法的指导、辅导年级的编排等多方位出发，多角度为相关的社团确立一个辅导范畴，以确保辅导年级、辅导知识的螺旋形上升。

图4-4 结合学科发展开展社团活动

3.根据学校特色,打造个性化社团

社团建设是学校校园文化建设的重要途径。根据学校发展特色,设立一些相应的社团,是挖掘孩子们的潜能、锻炼他们的能力、培养他们的特长的重要途径。学校根据学校教育技术信息化的发展特色,在"峰鸟教育技术团队"教师团队自身发展的同时,也希望培养出一批热爱摄影及视频制作的同学。在此理念下,以"峰鸟教育技术团队"牵头组建了一个以学生为主体的 10 人左右的影视制作社团。在培养方式上,通过走出去与请进来相结合的方式,团队和外来专业人员相结合,通过实践教学教会学生最基本的摄影技巧和视频制作手段,以此来推动学生的个性化发展和学校的特色文化建设。

总的来说,社团建设关乎每一个孩子兴趣特长的发展,学校应为他们搭建好这个平台,并不断优化管理、提升效能。要进一步规范社团活动,提升活动效能,进而尊重每个孩子个性,发现他们天赋中的亮点,真正使孩子能够通过参加一个社团,培养一种兴趣,学会一门知识,练就一种技能,体验一种成功。

第三节　农村社会资源的综合利用

综合实践活动是国家规定的必修课程,也是教育课程改革中的一个亮点。但由于综合实践活动没有统一的教材、没有专门的教师队伍、缺乏成型的教学模式,因此各学校在实施过程中面临许多困难,教师们普遍感到无从下手,不知道该怎样开展。如果我们"穿新鞋走老路、新瓶装旧酒",那么综合实践活动就不会充满生机与活力,就不能达到促进学生更好发展的目的。如何切入综合实践活动这个有机整体,开发综合实践活动内容,开发好课程后如何整合课程资源并进行有效利用,就成了我们急需探索的课题。

一、围绕绿色课题,开发课程资源

开展综合实践活动,首先是选题问题。恰当选题对综合实践活动的实施与效果起着关键作用,这就要求课题要贴近学生实际,使研究有一定的活力和潜力。小学综合实践活动的内容,可设计经济管理、交通、体育、环境等方方面面。活动课题的确立,应在教师指导下由学生自己来完成,只有这样,活动才具有生命和活力,学生才能带着浓厚的兴趣去研究。

(一)以社会资源为切入点,开发课程内容

社会实践是小学生亲临社会、参与社会实践过程中认识社会规范,掌握社会行

为技能,体验社会情感的活动。它是小学社会教育的重要的途径,也是孩子从自然人走向社会人的有效手段。学生通过对自然、社会等方面的调查,掌握和发现解决矛盾与问题的方法,形成质疑和探索思维的初步能力,培养探索的兴趣和能力,同时初步学会科学的调查研究方法,增强对自然、社会的关注和实践体验。

1. 从地方文化活动中发掘主题

地方文化包含了地方的节日庆典、文艺活动、民间工艺、民间习俗等内容,这些内容是学生生活的有机组成部分,为学生成长营造了良好的社会文化氛围,综合性学习要引导学生关心当地的文化生活。教师可以依据儿童当前的经验、需要、兴趣等,选择某一普遍化或理想化的文化生活的侧面,寻找足以满足和培育这些需要的材料,从而使儿童对自己目前的生活和环境有更深的理解。例如,我们的家乡——江宁,是历史文化名城,有深厚的文化底蕴,自然条件得天独厚,古有南唐二陵、明文化村,今有江宁金箔、湖熟板鸭等,地方文化资源丰富,名胜古迹众多。学校便就地取材,利用身边的"活教材"资源,开展小学社会教育实践活动,让小学生做家乡文化的传承者,引导学生实际感受祖国文化的丰富与优秀,感受家乡的变化和发展,激发孩子爱家乡、爱祖国的情感。江宁特色文化活动的开展,是小学生社会实践活动的延伸,通过宣传江宁特色文化让学生更加关心社会、了解家乡,更加关注家乡的发展,在了解社会生活的过程中,得以自然而然、轻松愉快地融入社会,并从中培养孩子良好的社会性情感。

2. 从自然环境中发掘主题

在开发综合实践活动课程内容的过程中,教师们立足地方自然资源环境特色,开发综合实践活动主题。每个地区的自然环境千差万别,我们进行开发也要立足地方特色。如,学校在开发综合实践活动过程中,引导学生对汤山温泉的旅游文化开展全面而深刻的探究活动,组织的"我是小导游"、"油菜花——汤山美丽的风景"等一系列介绍汤山的活动相继出炉。

图4-5　校外辅导站组织部分学生暑期参观汤山翠谷农业创意馆

3．从地方农副产品中发掘主题

上峰是一个山区乡镇，近年来，上峰发挥当地资源优势，把发展种植产业作为街道林业结构调整、增加林农收入的重大举措来抓，已取得明显成效。在综合实践活动课程内容的开发过程中，教师们立足上峰的特色农副产品，开发综合实践活动主题。例如上峰地区有许多的大棚基地，特别是翠谷生态园，现已是上峰中心小学的综合实践基地（见图4－5）。学校经常组织学生走进基地了解植物无土栽培、无土花木生长的科学知识；在果实成熟季节，带领学生走进果园瓜棚，了解产品特色，向客户介绍花木植物等一系列综合实践活动，这些活动既介绍了家乡的特产，又培养了学生观察和口头表达的能力。

图4－6　在校园里的"开心农场"做观察

4．立足身边事件挖掘主题

学校是学生成长的摇篮，在学校中学习与生活，难免会发生一些意想不到的事情。以这些事件为主题开展调查研究，可以实时地制止一些不良的习惯，发扬优点。如放学时学校门口交通堵塞，学校便开展了"疏通道路之我见"实践探究，展开调查研究；发现一些同学爱看课外书，开展起了"阅读给我带来的快乐"为主题的研究活动，让全校师生都参与到快乐阅读中来，享受知识带来的快乐。

（二）以现实生活为主题，开发课程内容

基于学生的需要、兴趣、直接体验来设计和实施相关活动，是综合实践活动有别于学科课程的根本标志。要建构一个更贴近学生真实世界的课程领域，就必须充分关注学生的个人兴趣与直接生活经验。这样，学生才会对综合实践活动倾注极大的热情，综合实践活动的实施才会取得好的效果。因此，教师要帮助学生从其生活世界发现、选择感兴趣的主题和内容。

1. 立足学生兴趣,开发课程内容

综合实践活动强调给学生提供充分的学习自由度以及各种外显的自主参与活动的条件,让学生主动实践和亲身体验,在开展综合实践活动时要尊重学生的兴趣。对于课程开发,学校鼓励教师统筹资源、开放思维,深入梳理学校周边的人力资源、物资条件、相关社区景点、人文历史,把课程建设从教师的"脑"拓展到学校周边的"域",从而为课程开发提供了更多选择、更宽思路。

图4-7 参观青少年生命教育馆

2. 立足生活实践，提取活动主题

生活是儿童的成长与发展过程，也是儿童成长的源头活水。儿童对于自然、社会、人生具有强烈的探究意识和追问的欲望，有了这种探究和追问，生活才会呈现出多姿多彩的内容，儿童也会因此实现自身的成长。但是，由于儿童生活阅历的局限，对生活的认识容易停留于事物或现象的表面，难以看清事物或现象的本质、提出有价值的问题。而且这些问题往往具有很强的综合性，需要综合运用知识和能力才能得到很好的解决。

3. 走上街头，积极承担社会义务

儿童的学习，并不仅仅限定在课堂上、校园里。走上街头，积极承担适当的社会义务，例如慰问孤寡老人、宣传控烟、参与环卫作业，不仅仅是要把这些活动当作儿童道德培养、社会化发展的契机与素材，同时，这也是让儿童综合素质受到锻炼的良好渠道。通过这些活动，让孩子们学习组织、服务，学习表达、沟通，领悟奉献、责任。古人说，读万卷书不及行万里路，其实想要表达的意思就是：不仅要读书，更要学习做人；不仅要从课堂上学习知识，更要从社会交往与沟通中领悟责任与担当。

图 4-8　走上街头，宣传控烟

因此，综合性学习应该引导学生从生活实践中发现问题，从中提取综合性学习的主题，发掘"其中的生活意义"，唤醒人的生命意识，启迪人的精神世界，建构人的生活方式，以实现人的生命价值。例如，在农村生活中，以农村现实生活为背景，可以引导学生开展探究"树木的作用""乱砍乱伐树林造成的危害"等一系列活动。通过实践研究，学生掌握了知识，明白了乱砍滥伐造成环境污染，同时，提升了自身的环境保护意识和积极参与社会建设的公民环保意识、国家的主人翁意识。

图 4-9 参与街头环卫工作

图 4-10 慰问社区养老院孤寡老人

（三）拓展学科内容,开发课程资源

在基础教育课程体系中,综合实践活动与各学科领域形成一个有机的整体。妥善处理综合实践活动与各学科的关系,是值得广大教师深入探究的课题。在设计综合实践活动主题时,教师们要将综合实践活动与某些学科结合起来进行,从而拓宽综合实践活动的内容领域,引导学生形成综合、延伸、重组学科知识的能力。实践证明,综合实践活动可与某些学科结合起来进行。特别是将新课程中的许多学科整合成为主题活动,更利于学生的全方位发展,培养学生的大局意识。

1. 以文本为起点,在拓展中确立主题

综合性学习是新课程的一个核心内容,也是一种新型的学习方式。它可应用于所有学科教学中。有些教材内容非常适合运用于综合性学习,可以延伸、拓展到课外或与其他学科结合,形成探究课题。

(1) 立足课堂,拓展文本。语文课堂教学内容丰富多彩,富有启迪,可以激发学生对生活的浓厚兴趣。根据课文内容、作者、时代背景等进行拓展,引导学生在广阔的知识背景下选择感兴趣的探究课题。例如,教师在指导学生学习了《丑小鸭》一课后,设计了语文综合实践活动课《走进童话》,引导学生阅读了大量童话故事,培养了学生的阅读兴趣。在学习了《春雨的色彩》《笋芽儿》等写景文章后,老师引导学生开展了以《绿》为主题的语文综合实践活动,说"绿"词,造"绿"句,诵"绿"文,讲"绿"的故事。学习了《比金钱更重要》后,让学生开展研究:什么比金钱更重要? 你从哪些事中发现的? 通过研究,学生明白了诚实和信任的价值。

(2) 立足文本,探究家乡。围绕某一主题,对课本进行探究阅读。如围绕课文中对家乡的描写的课文《家乡的秋白梨》,阅读一至六年级有关课文,摘抄和分析有关描写家乡的文字,分析其描写内容、方法、作用,并将其进行比较,求同存异,归纳综合,找出一些规律性的东西;再根据这样的思路对家乡的特产进行研究,如研究大棚花草栽培、汤山土鸡等,可以在探究中培养学生的观察能力和写作能力。

2. 多学科相融合,拓展综合实践活动

综合性学习提倡跨领域学习,提倡与其他课程相结合。在活动中,要打破传统教学的学科壁垒,多学科整合,使学生开阔视野,提高学习的效率。例如,学校组织五、六年级部分学生组成环保小考察团,举行了一次环保考察活动。参加活动的有语文教师、科学教师、劳技老师、大队辅导员等。学生参观了环境监测仪器,观看了工作人员的实际操作;分组实地考察了水资源、噪音、白色垃圾等,实地采访了部分村民,了解了他们对环境保护的认识。回到学校,学生们写出了调查报告,写了倡议书。这次调查活动,既是语文组课题研究活动,也是学校自然、科技课题的研究活动。它不仅体现了语文学科与社会自然的沟通,而且体现了语文学科与自然、科技学科的融合。学生通过实地考察(照相、观察记录)、访问、上网、看书等方式搜集有关资料,然后将资料进行分析、归类整理并展开研究,提出自己解决环境污染的办法,设想未来的环境。在这一系列活动中,学生自主地、兴致勃勃地参与其中。有位学生甚至展示出了对未来环境的畅想——一幅美丽的画,配以文字,在小提琴的悠扬乐声中为大家介绍。多学科的融合,有利于培养学生的综合素质,提高学生的语文能力。

二、有效利用资源，合理实施课程

新课程下的综合实践活动呈现的教学形态，有一种是儿童直接参与的主题活动。课程目标主要是通过教师指导下的学生主动参与的各种教学活动来实现的，教师的主要角色是指导和组织儿童的活动。综合实践活动怎样开展才能有效呢？根据教学实际，我们认为应精心设计教学活动，对活动的目标、内容、结构、形式等都要做到细致考虑，具体说，应注意以下几点：

1. 处理好教师与学生的角色

综合实践活动是一种主体性、实践性课程，是学生通过实践来学习知识、获得发展的重要形式，学生是课程实施的主体。学生的实践是任何教育者都难以替代的。因此，在活动过程中，教师要发挥主导作用，引导学生发挥自身的主体作用，教师要尽可能地让学生自主活动，在活动过程中起指导或引导作用，防止包办或代替。

2. 教师教学设计具有生成性

综合实践活动课程实施的过程具有综合性强、开放性强、不确定因素多和课程资源极其宽泛等特殊的复杂性。因此，精心预设指导方案，努力为课程的实施准备较充分的工具和资料，是综合实践活动顺利实施的基本条件，也是教师有效指导的必要前提。但是，深陷在"预设"的巢穴里，就会把学生引入幽深的峡谷，而纯粹的"生成"也属于空中楼阁。因此，在实施静态、严谨、规范的设计方案时，教师应充分发挥自身的主观能动性，在教学过程中不仅要成为知识的呈现者、对话的提问者、学习的指导者、学业的评价者、纪律的管理者，更要成为信息的重组者和动态生成的推进者，要灵活驾驭教学过程，推进教学过程在具体情境中的动态生成，使教学过程真正呈现出动态生成的创生性质。

3. 活动目标要具体化

教学目标对教学活动具有导向、激励、调控和评价作用，只有明确、具体、贴近学生生活、解决学生实际问题的教学目标，才能使教学活动有效。但是，如果活动目标不切实际，没有明确的目的性，仅仅是在追求活动的形式，那么，即使活动看起来丰富多彩，热热闹闹，一节课下来，学生究竟体验到什么、感悟到什么，往往不甚了了。因此，实践活动一定要有明确的目标。要使目标具体、明确，教师必须读懂教材，把活动要求与学生的实际结合起来。

三、利用地方资源，开展人生教育

1. 走进敬老院，开展生命教育

结合三月"学雷锋"主题活动，上峰中心小学每年都会组织儿童参加一些社会活动,例如帮助街道环卫工人做保洁,走上街头进行环保宣传,走进养老院慰问孤寡老人,等等。其中,走进社区,探望孤寡老人,一直都受到老人的欢迎、社区的支持、家长的重视。

老人们的欢迎,不仅仅是因为孩子们带来了牛奶水果等慰问品,给老人们带来了丰富多彩的文艺节目,更重要的是,孩子们的到来,给老人们带来了家的温情,驱散了老人们的孤独,给老人们带来了欢乐和温暖。

社区对于组织这种活动,是非常支持的。小学生探望孤寡老人,也是在帮助社区拓展社会扶助职能,为社区民政工作添彩。

老师和家长重视此事,并非仅限于形式上组织一场活动,而是因为这场活动对于成长中的儿童来说意义重大。一是让孩子们感受到自己的成就感,因为他们的到来,让老人们感受到快乐和温暖;二是让孩子们借以了解我国的民政扶持,认识到社会保障制度正在逐步改善,从社区养老中感受到国家、社会对老年人的关心和帮助;三是让孩子们深刻认识到健康的重要性、家庭对于老人的重要性。这个活动,从本质上来说,是一次儿童的生命教育课程。

2. 徒步祭扫烈士陵园,开展红色教育

在每所学校的少先队活动组织之中,必然有一项是祭扫烈士陵园、开展革命传统教育。如果仅仅是说教,孩子们无法听入耳、记于心。如何利用这项活动的机会,有效开展红色教育、生命教育,是每所学校都需要深刻思考的课题。上峰中心小学的做法,或许为我们带来一些新的思路。

一是利用社会资源,做好活动前的资料准备。祭扫烈士陵园,是一件非常庄重的事情,需要庄严的仪式、缜密的组织、肃穆的现场。为了确保活动的有效,活动开展之前,学校会组织相关年级的全体同学了解关于烈士的生平与事迹;学校会预先对家长做好说明,校内则准备好相关的人员、器械、设备,预先与烈士陵园做好各项对接。整体上来看,就是把烈士陵园当作对儿童进行教育的一个大课堂,万事俱备,就等主角——少先队员登场(见图4-11)。

图4-11 "李贯一"中队的少先队员祭扫烈士陵墓

二是设计远足路线,开发徒步课程。从上峰中心小学出发,走村间乡村公路前往土桥烈士陵园,正好是十公里的路程,非常适合高年级儿童开展远足活动。每年的清明前夕,气候、气温、农村春色,都非常适宜组织小学高年级儿童进行一次远足。为了做好这个备课工作,少先队大队部必然会提前走一遍道路、看一次风景、设一个休息站。

三是讲述地方历史,开展红色教育。每一次的教育活动,都期望能够教导学生懂得今天的幸福生活是无数革命先烈用鲜血换来的,都会号召少先队员们向英烈学习,勤奋学习、文明有礼、奋发图强、珍惜时光、学会感恩;每次活动都会安排少先队员代表发言,表示将学习和继承家乡先烈的革命精神,努力学习、报效祖国。这个活动,关键在于"讲好历史故事",讲得生动、入心,才能真正收到红色教育的实效;关键在于将"红色教育"的目标拓展到"生命教育"的高度,让每个孩子都能够更加珍视生命的宝贵、生活的幸福,再从这个角度出发,感恩先烈为我们所做出的牺牲和奉献。

第四节 外面那么大,我们去看看

一、快乐的综合实践活动

社会实践活动课程是新课程改革的一项极为重要的内容,在城区学校、先进学校里面得到了广泛的重视。但是,进入了农村学校之后,具体实施状况如何呢? 云南省玉溪师范学院教师教育学院单新涛老师等人开展的研究表明,农村小学实施"综合实践活动"课程总体上存在四种状况:① 开设这一课程并严格实施,但只占很小一部分比例;② 开设课程,但是实施还不够完善科学;③ 只写在课表上,但实际上不实施或改上其他课,成了摆设;④ 既不把"综合实践活动"课程写在课表上,也不实施,这种情况也占相当大的比例。[1]

上峰中心小学在开展绿色教育特色建设与课题研究的过程中,充分认识到学生综合实践活动对于儿童终身发展、素质完善的重要性,通过多种方式丰富综合实践课程。这些方式可以简单归结成为几种组合,例如:

从开展方式来说,可以有"日常实施＋集中开展"的方式,即日常按照课程表进行教学活动,每学期寻找合适时间,集中一日或数日开展综合实践活动;

从学习地点来说,可以有"学校＋基地"的选择,即在本校内、本班级进行综合实践活动为主,每学期、每年会组织学生走出校门,进入社会实践基地开展活动;

---

① 单新涛、李志朋、陈丽琼:《"综合实践活动"课程在农村小学实施状况的调查分析》,《时代教育》2017 年第 4 期。

从师资来说,可以有"本校学科教师＋外聘专业教师"的组合,即以本校学科教师为主,对一些特殊项目,则聘请专业人员临时充当教师角色;

从活动主题来说,可以有"社团活动＋拓展活动"的搭配,即日常性的综合实践活动以班级规模,或是校内组合的社团活动为主,围绕预设的主题展开活动,学期中根据实际情况选择场地进行拓展活动,大大丰富了综合实践的主题。

按照目前的南京市小学收费标准,学费、杂费、课本费、作业本费都已经全部免除,除了根据学生需要代为收取的伙食费、校服费以外,每学期仅有的收费项目就是综合实践费,上峰中心小学一直坚持按照城市小学的标准(80元/生·学期)进行收费,按照"多退少不补"的原则,努力让每个孩子能够享受和城市儿童一样的出校社会实践活动,而不必额外增加经济负担。这其中,每年春秋季节组织儿童外出,成为每个孩子十分期盼的重要活动。

"暮春者,春服既成,冠者五六人,童子六七人,浴乎沂,风乎舞雩,咏而归。"早在2000多年前,孔子就带领其弟子感受出游的快乐教育,出游的教育方式就开始展现出其独特魅力。出游有助于青少年放松心情、缓解压力。春天是一个万物复苏的季节,而秋天是喜庆丰收的季节,春秋出游有助于释放青少年的好动天性,同时在接触、发现大自然的过程中调整身心,以更饱满的热情投入学习。上峰中心小学以春游、秋游活动为载体,每年都要组织学生走进大自然,开展综合实践活动,培养学生热爱自然、爱护自然的环境意识,释放学生学习压力,增强学生的集体意识,同时使学生的实践能力、活动能力和安全意识得到增强。

每次外出综合实践活动,为了保证安全,在组织学生外出郊游前,学校都要组织召开行政会、教师讨论会,并由分管行政领导带领几名教师对郊游路线和目的地进行实地考察,了解地理环境状况,拟出安全注意事项,再确定具体活动方案和拟定安全预案,并印发给各个班级,在校会和班会上反复对学生进行安全注意事项教育。出游当天,学校行政领导分别到分管年级,配合班主任做好安全工作。对参加活动的学生进行分组,由组长负责本组同学往返路上及活动过程中的安全管理。活动中,要求同一小组学生要始终走在一起;路途中,要求老师要始终跟随本班队伍,到达目的地和离开时都必须清点人数,做到去时、来时人数一致。

2016年4月28日,一个春暖花开、阳光灿烂的日子,学校组织开展了"春上石塘、阳光成长"的春游活动。当天上午,参加春游的同学早早来到学校,整齐地站在操场上,兴奋地聆听校长强调活动注意事项。然后以班级为单位,在班主任带领下,举着队旗,排着整齐的队伍驱车前往当地的阳光实践营地。

一路上,同学们一边欣赏沿途的美景,一边唱着欢快的歌儿。进入营地,同学们像重返森林的鸟儿一般,指着花草、摸着大树,不停地问这问那。走在山路上,同学们你牵我、我拉你,就像兄弟姐妹一般。首先登上山顶的同学顾不得抹去满脸的汗水,带着胜利的喜悦,冲着山下的同学高声呼叫,为大家鼓劲加油。

晚上在篝火旁,同学们以班级为单位,开展了舞蹈、唱歌、相声、小品、诗歌朗诵以及猜谜语、脑筋急转弯等活动,欢笑声在大山里久久回荡。

二、与城里的孩子在一起

现代媒体把人与人的差距迅速缩小,农村孩子与城里孩子借助网络、手机等现代媒体实现了资源共享的平等。同样,通过新的教育技术、教育装备,农村儿童与城市儿童也可以享受近乎相同的教育。然而,农村孩子与城市孩子终究是有区别的,从儿童的日常体育活动来说,就有很多的不同。

近年来,除了乒乓球、羽毛球、跳绳、踢毽子等项目之外,我们发现城乡儿童的玩耍方式出现了一些差异,例如:轮滑、街舞、跆拳道成为城市儿童的代表性体育项目,娃娃鼓之类的项目则成为农村儿童的代表性项目。让农村儿童也能避开场地、教练的短缺,玩上"城里孩子"的项目,让农村儿童与城里儿童的交流顺畅无阻,成为上峰中心小学领导和教师所关心的一个话题。为此,学校颇费了一番心思。软式网球成为学校在这方面的一个突破口,目前已经取得良好的社会反响,深受孩子们的欢迎。

1. 走出去,与城里孩子一起参加趣味活动

2015全国小学生趣味网球大赛(南京站)日前在中华中学上新河初级中学落幕。此次比赛是由中国网球协会主办、南京市网球运动管理中心承办的全国性青少年赛事活动,来自全市各区小学及少儿网球俱乐部的 13 支队伍、约 100 人参加了本次活动。

此次比赛面向网球零基础的小学生,通过把网球特色与趣味游戏充分结合,让孩子们体验到网球的乐趣。比赛共设 6 个项目,其中 5 个项目为趣味项目,分别为:截球高手、网球大战僵尸、网球接力、捕球达人和网球大冲关。"截球高手"考验的是小选手的网球基本步法以及与队友之间的合作;"网球大战僵尸"考验的是小选手发球的动作以及掷球的准确性;"网球接力"考验的是小选手的网球步伐……网球大战僵尸项目中,掷球目标设置为电脑游戏《植物大战僵尸》中的卡通玩偶,深受小选手的喜爱。

此次是上峰中心小学第一次参加趣味网球比赛。赛前经过一周的刻苦训练,最终,上峰中心小学 7 位选手通过顽强拼搏,团结协作,获得总分第五的好成绩。

2. 请进来,提升孩子们的体育技能

2015 年五四青年节,上峰中心小学组织了"软式网球进课堂"的启动仪式。在上峰中心小学的操场上,江宁区体育局网球训练中心陈俊主任、杜子睿教练、江宁区体育教研员包德明老师共同出席了本次活动并发表了精彩的讲话。

仪式伊始,杜教练简单介绍了网球的相关知识,并与本校的贾沐阳同学进行了一场精彩绝伦的表演赛,紧张、有趣的比赛获得在场同学的阵阵掌声。随后,在现

场,陈俊主任进行了赠送网球拍仪式,并表示愿意随时为上峰中心小学的"网球进课堂"提供教学指导,期望能提高教师的网球教学水平,完善网球课堂。最后,杜教练为大家展示了一堂精彩的低年级网球教学课,课堂中,不仅向孩子们介绍了网球拍各部分名称,还带领孩子们进行了简单的球感训练。充实、有趣的课堂内容让学生们听得津津有味,有效地激发了学生对网球的兴趣。

上峰中心小学举办的"网球进课堂"活动,得到了江宁区体育局的大力支持,得到了区教研室的充分肯定,旨在通过今后系统的网球教学,让学生学习网球知识、接受网球文化、长期坚持网球运动,把网球运动作为一项有益学生身心的活动推广下去。通过这项活动的开展,让孩子们以及家长们意识到:学校高度重视每个孩子的成长,努力为每个孩子的成长创造有利的条件,让地处农村的孩子也能拥有城里儿童都不一定能够享有的优质教育资源。同样,此项活动也为上峰中心小学的儿童今后走出农村,与城市儿童同台竞技、相互交流创设了良好的平台。

图 4 - 12　体校专业教练指导孩子们打网球

三、亲子活动

学校是孩子学习成长的地方,家庭是孩子栖息的港湾,父母又是孩子的第一任老师,家庭、学校是孩子一生受教育的两个重要阵地。家校携手,通过亲子活动,增进家长与孩子之间、家长与家长之间、老师与家长之间、老师与学生之间等亲近关系,有助于孩子身心健康成长。学校成立家长委员会,分年级和班级开展亲子活动,构建明晰、丰盈的亲子活动网络,丰富了家庭教育指导内容和形式。由此引导家长形成自主育儿、与孩子共成长的家庭教育理念,充分发挥学校的家庭教育指导作用。

1. 学校层面的亲子活动

家委会成员往往是一些热心教育、具有一定文化素养和组织能力的学生家长。每学期初,学校将本学期的活动计划知会校级家委会,学校与学校家委会共同策划,多年来,学校家委会充分发动家长资源,自主策划了丰富多彩而有意义的全校亲子活动。

例如在每年六一儿童节,举行大型亲子趣味游园活动。家长们精心设计了多种游戏项目,如"盲行亲子人生路",让孩子蒙上双眼,在父母的声音指引下,磕磕碰碰地盲走十多米来到父母面前。当母(父)子相拥时,孩子为感谢妈妈的指引,献上甜甜的吻;许多父母经历了心焦如焚的几分钟,与孩子紧紧相拥,喜极而泣;"为父母穿鞋"时,一位位父母坐在椅子上等待孩子狂奔过来为自己穿鞋子;还有"大小袋鼠跳""亲子拔河"等创意游戏。运动场上欢呼声、笑声、掌声融成一片,泪水与汗水交织,亲子间冲破了隔膜,一起感受至亲的温度与宽容。

2. 年级层面的亲子活动

不同年龄阶段的孩子具有不同的特点,家长对孩子的认识和教育方法也要"与时俱进",亲子活动自然应当与之相适应,才能促进亲子交流。因此,学校成立年级家委会,针对不同年龄段的孩子,由年级组长统筹,设计开展亲子活动,并逐步实现了序列化、主题化。低年级孩子以形象思维为主,因此,低年级家委会以手工制作为主题,开展"亲子制作 DIY"亲子教育活动。通过亲子共读、DIY 手工制作等轻松的活动,家长进一步了解小学生活,也更直接地了解孩子在集体中的表现,促进亲子交流和家校沟通。中年级以学习品质的提高和方法指导为主要内容,开展"我与孩子同学习"活动。如《与学习面对面》亲子课堂,以家庭教育影片《孩子不笨》引入主题,引导家长对孩子存在的问题进行思考、交流,并对照自己的教育行为进行反思。高年级孩子即将进入青春期,青春期亲子沟通方法的指导成为主题。为此,年级组与家委会共同设计了"心理成长训练营",以"亲子心灵沟通"为主题开展亲子教育活动。活动采用互动游戏,强化孩子语言沟通、情感宣泄、社会交往等多种能力。如"代代相传"信息传递游戏:家长和孩子相互间隔站成一竖列,通过身体动作依次向下一位成员传递信息,在这种低效沟通的体验中凸显语言沟通的重要性,让家长和孩子一起反思沟通问题。

3. 班级层面的亲子活动

每一个班级就像是构成学校的基本细胞,保证每一个班级家长与学校的沟通渠道顺畅,才能确保家校合作的顺利开展。在学校和年级组两级家委会之下,各班设立班级家委会,确保亲子活动纵向和横向都有序、多元开展。

日常生活中,班主任通过微信群召开"班级家委会会议",和家长商讨班级事务。家长群体逐步达成了"自己的事情自己做,同伴的事情帮着做,班级的事情抢着做"

的共识。许多班级充分挖掘家长群体这一宝贵教育资源,开展了"家长进课堂"活动。邀请爱读经典的家长给同学们讲国学;邀请家庭主妇教孩子们做菜;结合传统文化教育,开展了"亲子红色线路"实践活动;集家长之力举行环保服装秀,从策划、筹备、培训到演出都由班级家长们负责……星星之火可以燎原。从班级这一"点"开始,更多的家长开始认同并积极参与学校的教育教学工作,主动参与年级和学校的活动,提高了自身的教育技巧,密切了亲子关系。

四、我们去野营——阳光实践活动

1. 成功申请进入阳光体育营地

每一个孩子的健康成长,都离不开一些快乐的回忆。"助力成长、为儿童成长留下美好记忆"成为学校组织特色社会实践活动的一个重要考量因素。如何做到、做好,成为学校反复寻觅、反复斟酌的重要议题。经过多次了解、反复讨论,争取组织学生进入江宁区阳光体育基地,成为学校师生的共识。

江宁区教育局坚持以中小学生"阳光运动"为特色,以学生综合实践活动课程开发为抓手,为学生创造更为广阔多样的身心锻炼和素质拓展平台。作为全国首家阳光体育基地,江宁区"阳光体育基地"依托横溪街道"石塘人家"生态资源,开发出野外生存、海模训练、定向越野、团队拓展、真人 CS、研学旅行等六大系列多个拓展、实践课程。①

由于这个阳光体育基地投入使用的时间不长,每年的接待人数有限,故而需要提前沟通、提前预约。为了确保申请成功,学校也是"拼"了:校领导专门负责联络、对接,德育处专门制作详细活动方案并与家长沟通,"峰鸟"团队全员出动提供支持,在正式活动之前,学校相关人员已经数次前往营地沟通、"踩点",反复完善活动方案,目标只有一个:确保申请成功、活动圆满、记忆美好。

2. 制定详细的活动方案

与其他方案不同,由于此项活动是出校组织活动,且完全是由本校负责全程组织、基地教练负责专业课程教学,需要充分考虑到学校与基地衔接、教师与教练分工、教学与后勤协作等多种因素,因而,这个方案必然是开放式的方案、反复讨论的方案。

---

① 南京市教育局:《2016 年南京教育绿皮书》,江苏凤凰教育出版社 2016 年版,第 209—214 页。

上峰中心小学"春上石塘阳光成长"社会实践活动方案

一、活动目的

小学生社会实践活动,是小学生素质教育的内容之一。为了达到"让小学生们在亲近大自然中体验、促进身心自然和谐发展"的教育目标,提高学生独立生活能力,培养学生的动手能力和团队协作精神,增强学生的学习意识和吃苦耐劳精神,提高学生自身的综合素质,上峰中心小学特举行本次社会实践活动。

二、参与对象

总指挥:彭高林

副指挥:贾志军

学生:五年级全体学生

教师:五年级全体教师,基地全体教练

技术支持:"峰鸟"团队

综合保障:德育处、总务处、医务室全体人员,部分家长

三、活动时间

2016 年 3 月 28、29 日

四、活动地点

南京市阳光实践营地(江宁区横溪街道石塘人家生态区)

五、活动内容

1. 学习野外生存的基本技能

(1) 在教练的指导下搭建帐篷

(2) 学习如何在野外找到方向和团队合作

2. 掌握必要的安全知识与技能

(1) 参观安全教育馆

(2) 学习并演练如何应对突发的安全问题,学习自救和救人的基本技能

3. 参加海模活动、拓展训练(基地提供课程)

4. 开展丰富多彩的篝火晚会

六、活动要求

家长认真做好学生的辅导,让学生学有收获,保证学生在学习、活动时的绝对安全。学生须遵守纪律,服从学校及家长的安排,确保社会实践的安全和活动的顺利开展,须遵守各项规定,要加强自我服务管理意识,培养生活自理能力,锻炼实践能力和合作交流能力。加强对学生生活常规的教育和良好习惯的培养。

七、突发事件处理

遭遇突发事件,教师必须保持镇静、沉着应对,严格遵循四大原则、牢记两

大应急预案:学生优先,就地抢救,报警、求援、快速疏散。两大应急预案如下:

(一)处理外出应急预案

1.学生必须按规定开展活动,不准单独行动。教师应当始终与学生为伍。

2.教育学生遵守交通规则,不到危险场所玩耍,不攀爬险要,不摸带电的各种器械,不做有危险的游戏,不与陌生人争斗。

3.一旦出现学生受伤,教师必须冷静处理,要视其轻重而采取相应的措施,立即报告并拨打120,或送附近医院。总之,绝不能不作为,更不能推诿。

4.活动前,应教给学生一些避险或受伤后自救的方法。

5.教师应随时关注、提醒学生,不买、不吃变质和不洁的食品,不要暴饮暴食,如有学生腹泻、腹胀或食物中毒,应立即采取必要措施(如上报、救护等),并及时收集相关证据,以备查验。同时,还要注意观察了解其他同学的状况,切忌麻痹大意。

(二)处理人身意外伤害及疾病应急预案

1.一旦出现摔伤、扭伤、撞伤或疾病,应立即进行察看,如伤情较重应马上送往就近医院抢救治疗,并及时上报病由、病情。

2.如遇公共场所骚乱事件,教师应围成圈,保护好学生。细心、冷静地观察事态发展,不盲目奔跑,不随人流乱窜,待看清形势后再引导学生安全、迅速地疏散。

3.提高认识,随时随地做好学生的安全教育,不能放松警惕。要仔细视察营地及周边环境,如施工场地、山坡、河道水塘等,凡学生有可能发生危险的地方都要分别站岗,并注意学生动态,不允许学生出入危险场地。

4.学生过马路要走人行道,并时时提醒注意交通安全,注意来往车辆,确保学生安全过马路。如遇突发事件不要慌张,一定要冷静,果断采取措施。

5.自始至终,教师不得中途私自离开学生,保证本次活动顺利进行。

3.给孩子们留下美好记忆

作为农村的孩子,有时对农村的了解并不够多。随着江宁社会事业的发展,原来的农村已经发生了翻天覆地的变化,大量的城市人群不断涌入美丽乡村前来观光,感受乡间田园的美好。走出上峰,到区内的石塘竹海美景胜地去看一看,成为高年级学生的一大向往。为了帮助孩子们留住这美好的记忆,学校出动了"峰鸟"团队,准备充分发挥团队的组织能力、技术优势,同时,也当作对于团队协作能力的一次重大考验。

为了拍摄一些美好的画面,便于后期的相关制作,"峰鸟"团队先后四次前往基地,筹备、踩点、取景、跟拍、剪辑,他们对于基地的寒烟引素、水蓝如染、红日西垂、芳草萋萋已经了然于胸。反反复复、来来去去,只为给孩子们留下美好回忆。现摘取"峰鸟"团队的部分工作笔记如下:

风有点大,不过我们早有准备!

3月22日早晨四点钟,天还没亮,我们哆哆嗦嗦地往半山腰进发! 头天晚上在山上选了好久才确定了这个点,虽然有些陡峭,但是从这个高度和角度看下面的村庄,薄雾笼罩,很有江南水乡的韵致,拍出来的日出一定很美!

山上的风有点大,不过我们早已准备好了御寒的衣服! 瞧,杨志强带了个毯子,这么一裹,嗬,真有点蝙蝠侠的意思!

图4-13　乡村的清晨

图4-14　夕阳下的石塘

这个团队有点疯狂!

3月27日,比学生提前一天去。把所有拍摄点的机位又再确认了一遍,栈桥上的拍摄没考虑到当天拍摄时间的光线问题,汗! 幸亏丁主任的及时提醒。意外地捕捉到夕阳西下时的石塘,航拍里转弯处的竹海连绵起伏,美不胜收!

事无巨细:整理素材、修改、讨论……不知不觉到了晚上十二点,大家早已经呵欠连天,可没有一个人罢工,而是把每一个需要注意的点工工整整地写在自己的脚本上。"这个团队有点疯狂!"丁主任说。诚然,我们确实有些疯狂,不过接下来的两天我们应该会更疯狂吧!

虽然累,但有惊喜、有收获!

3月28、29日,急匆匆地刨几口饭,扛着机器跟在学生后面跑成了这两天的常态。

图 4-15　拍摄团队

图 4-16　寻找合适的拍摄视角

为了找到合适的角度,什么姿势都是美美哒~

拓展训练时有个女同学恐高不敢上去,在下面哭了,同学们自觉地给她在底下鼓劲加油,还有个女生主动陪她一起爬,最终她勇攀高峰,成功地克服了困难。拉练、航模、急救……孩子们在课堂外带给我们不少惊喜,也许只有经历事情,才会尽快长大,很多孩子禁不住事情,不是他们不行,而是我们太"爱"他们了!

晚上的篝火晚会在美妙的灯光和熊熊的篝火中,孩子们超常发挥,玩得真开心!这应该是他们第一次离开爸爸妈妈和同学们一起度过夜晚吧?相信这两天会是他们成长中难忘的回忆!

我们收工喽!

3月29日下午,拍完学生拉练的画面,我们扛着机器走回住的地方,不用再急匆匆地赶时间,可以放慢心情和脚步,最后看一眼横溪石塘的美景。对于我们,石塘也承载了我们太多的回忆:从最初的策划到拍摄的过程中我们队员之间争吵、磨合、互相扶携、挑灯夜战……拍摄已经结束,但故事仍在继续,这些关于横溪石塘、关于我们的酸甜苦辣,静下心来,最终将汇聚成镜头下的我们,对于"峰鸟"团队的自身建设和发展的深切思考……①

图 4-17　山村恢复了宁静

---

①　摘自 http://www.ec.js.edu.cn/art/2016/4/5/art_4331_190847.html。

第五节 绿色综合实践的研究论文

【论文11】 绿色课堂是做出来的

李小兵

[背景]

"做中学"的教学方法起源于美国。它的理念来源于英国心理学家 Galeb Gattegno 的名句:"Tell me and I forget;Teach me and I remember;Involve me and I learn."即"听过的,会忘掉;看过的,会记住;做过的,能理解".[①] 给学生一些事情去做,不是给他们一些东西去学。做事时,学生肯定要进行思维或者有意识地注意事物的联系,结果他们就自然而然地学到了东西。如儿童在没上学前,就知道饿了要吃东西、渴了要喝水、火和热水很烫等,这些知识的获得不是阅读书本得到的,更不是学校教给他的,而是自己吃东西或被火烫了后知道的。

苏霍姆林斯基也曾说"儿童的智慧在手指上",这就告诉我们儿童各种能力的培养、提高是从动作开始的,而动作也是儿童多种感官的协同参与,他们会有所感悟、有所发现,从而轻松愉快地学习语文知识,增长才干。儿童具有内在的学习潜能。作为教师,我们应该尊重和利用儿童这种内在的学习动力,把儿童从传统教育中解放出来,以孩子的发展为本,遵循儿童的认识规律;让他们在"玩"中学,在生活中学,在"做"中探索,在"做"中体验求知的无穷乐趣,激发学习兴趣,不断地产生"做"的需要;对孩子进行多种能力的培养,使他们不断地获得新的动力,从而得到新的发展。因此,我们要通过自己灵巧的双手,让孩子们在"做"的活动中学语文,这样我们的课堂会充满生命的活力,充满绿色。

[案例]

"做"与"不做"

星期一的早上就有点火大,我班的范××又没写语文家庭作业,于是我只能请他妈妈来我办公室了解情况,一会儿他妈妈就赶来了(他妈妈是学校食堂的工作人员),范××的妈妈一脸愁容,无可奈何地说道:"我一回家问他家庭作业写好没有,都说写好了,也不知道什么原因,让他做其他事情快得不得了,一写起作业来就没了

---

① 孟景舟:《社会学与教育学:职业教育本质论的两种不同视野》,《职业技术教育》2008 年第 25 期。

精神。"范××妈妈的这句话引起了我的注意,还真别说,范××在班上可是劳动积极分子,让他端个水、拖个地,只要不是学习上的事情,他总是快乐得跟个天使一样,我特别喜欢那个时候的他;然而一上课,他就变得沉默寡言,不爱举手,更加让我不理解的是作业总是不能按时完成,一回家就"不做"作业。

我把头转向范××问道:"范××,这道题上课老师讲过了吗?你为什么不做?"

"老师说过了,不过我记不住!"范××小声地说。

我有些生气地说:"那你端水、拖地怎么不会忘呢?你妈妈也不经常教你啊!"

"我以前做过,就记住了嘛!"范××调皮地说。

真是又好气又好笑,但是最后范××的这句话却点醒了我"我以前做过,就记住了嘛"。语文课有的时候还真有点枯燥,很多知识我们都是纸上谈兵似的给孩子们灌输,所以孩子们能记住多少也就只能听天由命了,如果在语文课堂中更多的灌输"做"的机制,多开展一些兴趣盎然的活动,学生是不是更能理解、掌握语文知识呢?

"做"语文 high 起来

今天我们学习《荷花》这篇课文,叶圣陶爷爷笔下的荷花栩栩如生,美丽动人,可是再美的文字如果仅仅用空洞的说教也无法激起课堂的涟漪,真的应该在课堂上"做"点什么:

在理解"有的才展开两三片花瓣儿。有的花瓣儿全都展开了,露出嫩黄色的小莲蓬。有的还是花骨朵,看起来饱胀得马上要破裂似的"这句话时,其中的"饱胀"这个词语很难理解,如果让学生去查词典,学生能记住的应该不多,于是我想到一起来"做"出饱胀造型,让学生从多感官的角度理解语文知识。

生:我觉得"有的还是花骨朵,看起来饱胀得马上要破裂似的"这句话特别美。

师:什么叫饱胀,老师带来了一个秘密武器,能帮助同学们知道怎么样就叫饱胀,那就是气球——"吹气球"。

我在班上请了一个大力士帮我吹气球,气球吹到一半,他停住了。

师:同学们还能不能再吹了?

学生大声喊道:"能!"

我示意大力士继续吹气球,当我发现大力士闭上眼睛,气球也大到快要破裂时,我让这名学生停住吹气,并且转身去问讲台下的学生。

师:同学们这次还能不能再吹了?

生1:老师不能再吹了,要爆炸了。

生2:老师气球就要裂开的样子了。

……

师:对了,气球马上就要破裂了,荷花池的荷花马上也要破裂了,急切地就要开放了,这就叫饱胀。

讲台下的学生似乎心领神会,露出一副恍然大悟的表情。

"饱胀"这个词如果单单让学生查字典去理解是空洞的,所以我采用了让学生吹气球的方式,让学生体验感悟气球的饱胀过程,从而理解荷花的饱胀过程,尤其是在实际的教学过程中,学生说气球还能吹还没有达到破裂的过程,真真切切地让学生体验到了,课堂的气氛也活跃起来,学生的学习热情空前高涨,接下来的小环节也打破了我们课堂上的"冷场"。

在我们分析"荷叶挨挨挤挤的,像一个个碧绿的大圆盘。"这句话的时候,我想到以绘画的形式去帮助学生理解,

师:同学也来读读这句话,和同桌讨论,你感到了荷叶(　　　　　　　)。

生:我觉得荷叶的颜色很美,"碧绿的"。

生:我觉得荷叶很多,"挨挨挤挤的"。

我一边听学生说一边在黑板上画了三片荷叶,然后问学生。

师:哦,挨挨挤挤的荷叶,老师啊画上荷叶,你看这样行吗?

生:不行。

师:那怎样才叫挨挨挤挤呢? 谁来帮帮我。(我故意煽情地在讲台上说)

同学们的小手如雨后春笋般举起,于是你会看到黑板上挤满了同学,每个孩子都在专注地画属于自己的那片荷叶,当然我也没有闲着,我在黑板上的同学画画的当儿,我也借机去引导学生理解"挨挨挤挤",学会运用"挨挨挤挤"。

[案例反思]

一、关于"做"

课堂表演具有较强的综合性,它集认知领域、情感领域和身体领域于一体,有利于教育目标的全面贯彻。为了让学生切身感受到"挨挨挤挤",我用让学生上黑板帮老师画荷叶的方式助其加深理解,在画的过程中,我特意叫很多学生上讲台画,在板演的过程中我借机问大家:"同学们,你们看到了挨挨挤挤的什么? 挨挨挤挤的什么正在画什么?"在参与表演的过程中,再问学生:"你明白什么叫挨挨挤挤了吗?"从学生的嘴中说出的答案他们感受会更加深刻。课堂表演独具魅力,它是教学获得成功的一条捷径,它使学习者对语言进行深层次内化。

二、"做"的实践

著名学者张志公先生指出:"作为一门功课来讲,学语文和学其他课程不同,学语文不是从不知到知,从不会到会的过程,而是在已知已会的基础上不断加工的过程,这是一种加工工艺,而不是制造工艺。"[1]由此足见,语文是活的,它需要不断地生

---

① 祝林梅:《立足语文谈综合——语文综合性学习教学初探》,《吉林教育》2010 年第 2 期。

成与创造,这种"生成与创造"离不开学生的"实践探究"与"独特体验"。因此,在语文教学中,注重让学生在"做"中学语文,就能让学生"活"学语文,学"活"的语文。在"做"中学语文,那么我们不得不关注到课堂的语文活动。语文活动是语文教学的有机组成部分,它是人在社会交际活动中用语言文字交际的活动。它既是语文课堂教学的基础,又是它的继续和补充,语文学科的工具性决定了学习语文需要大量的实践活动。

1. 走进故事

在小学课本中有一篇篇图文并茂的小文章,我将教材的文字变成一个个灵动的文字。运用多媒体技术,将故事情节呈现给学生,让学生重温故事情节,重看精彩画面。眼球被吸引住了,心还会远吗?其实,并不需要多少语言,精彩的故事画面足以让他们那小小的心灵心潮澎湃,思绪万千,答案自然也脱口而出。

2. 开展游戏

游戏是小学生最喜爱的一种活动,将游戏与语文教学紧密地结合,对于学生的情感的升华、语文知识的积累是推波助澜、锦上添花,发挥着巨大作用。教师应想方设法调动学生的积极性,使学生从"幕后"走向"前台",真正从被动转为主动,变听语文为做语文。

3. 精彩讨论

语文讨论的内容需要有选择。孩子语文学习的内容是丰富多彩的,有的可以联系生活实际,利用已有经验理解;有的可以根据教师的引导去体会;有的还可以通过自己的想象辅助理解。文字的生命力在于灵活地运用,将文字富于生命力,有针对性地组织学生讨论、交流,能为学生提供表达自己的感受、想法或展示、分享、交流自己成果的多种方法。

4. 表演体会

课堂中的表演指教师根据课文所提供的情节,让学生在课堂里扮演某一角色,模拟某一情境,以此促使学生对课文内容的进一步理解,在表演中得到更加充分的体验。教学过程中可以就某一角色做的一个动作、说的一句话进行表演。这种表演费时少,参与面广,很能展示学生个性化的理解与表达。

5. 亲身实践

教育与社会生活相联系,既是社会发展的要求,也是现代教育思想的产物。脱离了儿童的现实生活,局限于书本世界,那样的理解是抽象的、空洞的、困难的。语言文字是一种描述性的文字,对于小学阶段的学生而言理解它们有难度,填鸭式的教学、流水般的讲述,学生难以理解,更别说掌握了。教师可以让学生在活动中得到实践,在实践中得到成长。

三、关于"做"的要求

"做"语文就必须结合语文活动,语文活动必须是有语文味的活动,是学生经历语文化过程的活动。因此,语文活动的一个重要方面,是要重视让学生从语文层面上来体验、认识所学的内容,理解、掌握基本的语文知识与技能,获得广泛的语文活动经验。教师要引导学生参与挑战性问题的探究活动,让学生在活动中研究,在活动中思考,不断提高语文活动的思维含量,使外显的语文活动与内隐的思维活动紧密结合起来。在活动的过程中我们一定要注重科学而高效,并注意做到以下几点:

1. 努力促进每个学生的多元智能发展

美国发展心理学家加德纳认为,智能是在特定的文化背景或社会中解决问题或制造产品的能力。解决问题的能力就是针对某一特定的目标,找到通向这一目标的正确路线。文化产品的创造则需要有获取知识、传播知识、表达个人观点或感受的能力。人的智能具有多样性和复杂性,而且并不是平衡发展的,所以人们解决问题的方法就千差万别。每个学生都在不同程度上拥有上述七种智能,智能间的不同组合表现出学生个体间的智力差异。学校教育是否能成功,最关键的要素在于如何对待学生的个别差异,在教学过程中是否能使用多样的教学方法,力求帮助每个学生都得到最大限度的发展。多元智能说为我们寻求多样化的教学策略,关注学生多元智能的培养和发展提供了有力的支持。

2. 始终强调每个学生的主动参与性

现代学习理论认为,"学习"不是仅仅汲取应当习得的各门学科的知识内容,而应当是学习者在学习过程中主动实现掌握知识、发展能力、形成态度这三者的统一。这样的学习观必然较多地倡导在学习过程中学习者的主动性和主体性,强调主动的体验性学习。活动性学习既注重对概念、判断、推理的掌握,也强调了个体的情感、体验、领悟等心理功能的发挥;既注重知识的累积,也强调人的直觉和灵性。实践使我们认识到,这样的学习过程可以充分调动小学生运用多种智能参与学习的积极性,培养和发展他们的体验能力。这样的教学过程关注学生的全面发展,努力使课堂教学成为学生和教师共同焕发生命活力的、终生难忘的生命历程。

3. 科学遵循小学生认知特点和学科教学要求

语文是一门人文性很强的学科。小学语文课本中大多数课文是记事、写人、状物、写景的记叙文,它们以生动可感的形象和蕴含其中的情感,对学生进行熏陶感染。小学生的认知特点是以具体形象思维为主,以抽象思维为辅。无论是阅读还是写作,儿童通常都以具体生动的形象为中介来进行思考,可以说学生是凭形状、色彩、声音、动作来思考事物的。学习语文,学习者能否建立"形象"至关重要。我们的语文教学必须努力使学生能主动唤起形象,使凝固的语言文字变得鲜活可感。实践使我们认识到,将语文活动这种直观、生动的形式用于语文教学过程,既顺应了语文学科性质的要求,也符合小学生的认知特点,因而能达到优化学习过程的目的。

小学阶段的孩子活泼好动,情绪波动较大,要想使这一个阶段的孩子能打好学习基础,在课堂教学中无疑要重视孩子,使学生充满活力,让年幼的孩子们在热烈、融洽的气氛中体会到学校生活的愉悦,从而积极有效地学习。语文活动有着许多普通语文教学难以达成的功效,这就需要我们教师不断挖掘语文教学中的活动因素,运用学生喜闻乐见的活动形式让学生从中吸取大量的语文信息,以提高学生的整体语文素养,有效地提高学生的语文能力。

参考文献

[1] 孟景舟. 社会学与教育学:职业教育本质论的两种不同视野[J].职业技术教育,2008(25).

[2] 祝林梅. 立足语文谈综合——语文综合性学习教学初探[J].吉林教育,2010(2).

【论文12】 构建低年级语文绿色生态课堂的实践策略

杨　雪

"绿色",不仅仅是一种生命的颜色,更是一种文化的体现,一种人文精神的象征。它象征生命,饱含希望,孕育理想。而绿色的语文课堂正是围绕"以人为本,以发展为本"这一核心,播撒思考的种子、智慧的种子,生成一种动态的、和谐的、充满活力的"生态式"课堂。

在低年级语文学科中,"绿色生态课堂"是什么样的? 理想的低年级语文课堂又应该给予学生些什么? 这个问题一直困扰着许多语文教师。我试图构建一种能激发孩子们的情感渴望,点燃孩子们的心灵火花,使语文学习更具生机和活力的绿色课堂、生态课堂。

一、教学内容从既定、割裂到生成、开放

绿色语文课堂关注的是师生的精神生命,使师生的精神生命在语文教学中得到蓬勃的发展。新课程背景下的课堂教学不再是一个封闭的系统,而是师生共同成长的学习过程。因此,教师应该用动态的、生成的眼光来看待课堂教学,着力建构开放和谐、动态生成的语文课堂。

(一)教师要学会活用教材

教师应该根据教与学中的实际情况,对教材进行补充、延伸、拓宽、重组,灵活地

使用教材。在低年级的语文课堂上,教师可以借用各种辅助情境诠释文字,可以借用学生的想象充实文字,还可以借用各自的特长才艺表现文字……让抽象的文字符号形象地、丰满地、灵性地跃然纸上,成为有血有肉有情有义的思想,深深地渗进脑里,悄悄地潜入心里……这样的语文学习是一个享受愉悦的过程,是一次创造文本的过程。

比如在教学苏教版小学语文一年级下册第15课《放小鸟》时,在学生深入了解文本之后,我设计出了形式多样的小练习,以拓宽学生的学习。具体的形式有:① 画一画:喜欢画画的小朋友,可以画一画自己心目中最漂亮的或者最喜欢的小鸟;② 唱一唱:喜欢唱歌跳舞的小朋友,可以加上动作表演《小燕子》等儿歌;③ 读一读:喜欢读书的同学,读一读自己课外书中关于小鸟的小故事,分组进行交流;④ 写一写:喜欢写话的同学,可以仿照课文描写小鸟的句子,写一写自己的"自画像"。

在绿色生态的语文课堂上,更多的是学生的一种体验、探究和感悟。教学要跳出文本,与生活沟通,给学生一方舞台,让他们自己去舞蹈。语文课堂是学生激情燃烧的动感地带,是他们求知、创造、展示自我、体验成功的平台。

(二)生活与课堂交相辉映

小学语文教学"大语文观"的提出,引导语文教学课走出课堂,让学生学习有用的知识是我们教育的新理念。[①] 是生活滋养了语文,是生活赋予了语文取之不竭的材料。在绿色生态的语文课堂中,教育必须跳出文本的局限,走出教室、校园,走进社会,与大千世界融为一体,让课堂这一方小天地折射出七彩生活的影子,让学生听说读写于课堂小天地,实践于天地大课堂。语文教学中,要根据课文内容的特点,让学生走出课堂来丰富语文知识。比如在教学一些写景状物类的文章时,应该让他们在大自然里扩大认识的眼界,获得丰富的学问。

[教学案例]《秋姑娘的信》教学

课前我布置学生利用周末的时间去大自然里采集各种各样的落叶,制作成美丽的小标本。课堂上这样导入教学:

1.师:秋姑娘还有许多好朋友呢,你知道是谁吗?
生1:有可爱的小猫、小狗;
生2:不仅有动物,还有许多美丽的小花小草;
生3:还有像我们一样喜欢秋姑娘的小朋友!
师:你们想当一回关心别人的秋姑娘,给好朋友写一封信吗?
生:(兴致盎然地)想!
(发枫叶形的信纸,让学生自由选择写信对象写信。可以用语言文字来写,

① 朱德全:《现代教育理论》,西南师范大学出版社1999年版。

也可以用画图的方式来写信。)

　　2. 四人小组交流写的信,选一位同学上台交流。

　　3. 学生评选出最喜欢的作品,奖励小贴纸。

　　让学生将学习同生活紧密联系,在感受到秋姑娘对朋友的关怀后,用不同形式给自己的好朋友写信。这样既培养了学生的动手能力和观察能力,也在不知不觉中丰富了学生的课外知识。让学生在实践中学习语文知识,学生的创造欲望会越来越强烈,从而达到对文本学习的延伸和拓展。在这样的环境下,每一句诗、每一声笑,都散发着浓郁的生命气息,都荡漾着生命潜能的实现和生命需要的满足。这是充满诗意的语文课堂,这也是绿色生态的语文课堂。

　　(三)关注课堂上的动态生成

　　绿色教育理念认为,绿色教学不能仅仅局限于单一的传统的封闭形式,需要创立师生互动、生生互动、人与媒体互动等多维互动的教学模式,真正使课堂教学"动"起来、"活"起来。语文学习不是简单的知识学习的过程,而是师生共同成长的过程;是学生个性理解、独特感悟碰撞出火花的过程;是三者之间时时生成、动态生成的共进共享的过程。教师应在"生成"中,为学生搭建"互动式"的平台。正如叶澜教授所言:"课堂教学具有生成性的特征,每一次都是唯一的、不可重复的、丰富而具体的综合。"①

　　互动式的语文课堂中,教师要与学生一起接触文本,追寻文本的思想,捕捉文本的情愫。倾听所思,理解所想,关爱所愿,师生互动的场面才能在心与心的碰撞中自自然然地生发出来。教师的讲是精到的点拨和巧妙的引导,学生的学是知、情、意、行的渐臻完善的过程。教师、学生与文本在读、赏、思、评中达到情思的共振,不断地形成自我反思、自我调节、自我建构,从而生成出超文本的异彩,这就是绿色生态的语文课堂。

二、教学方法上打破传统课堂的预设与封闭

　　语文课程标准中指出:学生是学习和发展的主体。语文课程必须根据学生身心发展和语文学习的特点,关注学生的个体差异和不同的学习需求,爱护学生的好奇心和求知欲,充分激发学生的主动意识和进取精神,倡导自主、合作、探究的学习方式,改变原有的单一、被动的学习方式,逐步建立和形成旨在充分调动,发挥学生主动性,多样化的学习方式,促进学生在教师指导下主动地、富有个性地学习。

　　以生字教学为例,生字教学是低年级语文课堂上的重中之重,传统的识字教学,

---

① 叶澜:《让课堂焕发生命的活力》,《教育研究》1997 年第 9 期。

往往是教师出示要学习的生字,然后带领学生逐个分析笔画、笔顺、偏旁、结构、枯燥无味。在下面的案例中,我大胆尝试让学生自主记忆生字的教学方法,收到了令人满意的效果。

[**教学案例**]《奶奶的白发》教学

师:课文我们已经学完了,下面是我们的写字时间(出示本课生字)谁认识?

生:指、半、给、怎、吗、玩、抬、让、会、兴

师:仔细看这些字,你有什么好方法记住它?

生:我会记"吗","马"字加上口字旁就是"吗"。

生:我也会记"吗",我用换偏旁的方法记:"妈妈"的"妈"的"妈"去掉女字旁,换上口字旁就是"吗"。

生:我在课外书上学会了一个口诀记"怎":"作"字去掉"人"字旁,下面加上"心"字就是"怎"。

生:我会记"抬",因为抬东西需要用手,所以左边是"提手旁"。

生:我也会记"抬",爸爸天天看"中央电视台"的新闻,后面那个字就是"电视台"的"台"。生:我们家是开饭店的,妈妈经常记一道菜叫作"凉拌黄瓜",那个"半"就是"拌"去掉偏旁!

生:我有个更好的方法,猜谜的方法来记住"半":伙伴的"伴"去掉一人。

生:我也是用猜谜法记"兴":两点一撇在上方,长长一横在中央,下面"八"字底,一副高兴样。

师:小朋友可真聪明,想了这么多办法来记住这些字。

……

《语文课程标准》指出:低年级识字教学的目标,首先是要让学生"喜欢学习汉字,有主动识字的愿望"。有了这种喜欢和愿望,可让学生学习汉字变得更轻松、更主动。本节课,我不是一味讲解,而是让孩子们根据自己的生活经验进行联想、分析、选择记忆字形的方法,有的用猜谜法,有的用歌诀法,有的用部件法,有的用换偏旁的方法,还有的运用其他课中涉及的知识记生字,课堂气氛非常活跃。孩子们在识字中表现得那么积极、热情、独立、自主,他们完全成为识字的主人。识字教学由枯燥变得有趣,由单一变得多样,识字成为学生的一种精神享受和生活需要,久而久之,学生定能养成良好的自主识字的习惯。

三、师生成为合作的探索者、平等的对话者

教育学家苏霍姆林斯基说:"在人的心灵深处都有一种根深蒂固的需求,就是希

望感到自己是一个发现者、研究者,而在儿童的精神世界中,这种需要特别强烈。"①因此,在教学过程中,教师要尽量为学生提供自主探究的机会,让他们置身于一种探索问题的情境中,以激发学生强烈的求知愿望,积极主动地去探索新知识。"新课标"指出:教师是学生学习的伙伴。这也就是说,教师要做学生学习的朋友,而不是管制式的家长。

(一)民主平等、自由对话

民主的课堂应该是师生平等、民主参与的生态和谐课堂。也就是说,在绿色生态的和谐课堂中,师生应互动起来。教学实践充分表明,对学生热爱、尊重、理解和信任,才能引发学生的学习主动性和积极性。因此,互相尊重的师生关系,是构建绿色生态语文课堂的前提。基于这一观念,在教学中,我始终参与到学生的活动中。我总是这样说:"谁想和老师比赛朗读?""我们一起来做游戏吧!"等等。

如《雨点》一课,语言优美,充满童趣。在课堂上,我根据学生爱动手的特点,设计了和学生"一起读,一起演"的环节。我和小朋友们一起表演雨点"睡觉、散步、奔跑和跳跃",再共同点评、分享。在这过程中,学生能感受到老师和自己可以如此的平等与亲近。和谐产生美,互动让学生情不自禁地投入到学习当中。绿色生态的和谐课堂就是要形成一种良好的心理环境,它能唤醒沉睡的潜能,开启幽闭的心智,放飞隐藏的情愫。

(二)以人为本,尊重个性,着眼学生的发展

绿色生态课堂应是尊重个体、充满信心、充满生命活力的课堂。我所面对的二年级学生好动、注意力容易分散,但爱模仿,爱表现。在教学中,我注意针对班中不同层次的学生设计不同的教学环节,力争让每一位小朋友都能成为课堂的主人。

《语文课程标准》指出:"阅读是学生个性化的行为,不应以教师的分析来代替学生的阅读实践。尊重、珍视学生独特的感受、体验和理解。"只有让课堂成为演绎课文的场所,语文和学生才能各自散发出一种鲜活的生命状态。尊重学生对文本的独特感悟,允许敞开心扉,插上想象的翅膀,才能算是"绿色阅读"。

[教学案例]

> 师:小河与青草谁的作用更大?
> 生1:小河的作用更大。
> 生2:我反对,我认为青草的作用更大。
> 生3:我认为它们的作用都很大。
> (众生哗然。师若有所思,片刻停顿之后,即向学生投以赞许的目光。)

---

① [苏]B. A苏霍姆林斯基:《给教师的建议》,杜殿坤编,教育科学出版社1984年版。

师:读书能读出自己的想法,很好。如果能把理由讲出来说服大家,才是真正的本领哦。

(一石激起千层浪,学生个个跃跃欲试。)

生1:(胸有成竹)小鸟说得对,因为天无边无际,确实大得很。

生2:(迫不及待)青蛙说得对,因为它在井底,只能看到井口那么大的天,它说的是实话,也没错。

生3:(按捺不住)它们都把各自看到的真实情况说出来了,都很诚实,应该都对。

师:(点头肯定,竖起大拇指)好样的! 你们谈出了各自的见解和感受,说得都有道理。大家再想想,假如青蛙跳出井口,它会想到什么,说些什么? 大家讨论讨论,看谁想得好,说得棒。

(学生各抒己见,兴趣盎然。)

在课堂上,教师应给学生多一份自主——让学生在多元的时空里自由自在地表达想法;多一份鼓励——用期待的目光和激励的语言肯定学生的回答;多一份天性——顺应学生的独特体验,这就是绿色生态的语文课堂。

四、体现多元、和谐的教学评价

新课程理念提倡开展学生自评、生生互评、师生互评相结合的多元性评价,以增进评价者和被评价者之间的沟通和了解。在低年级的语文课堂上实施多元评价,能够赋予语文课堂新的内涵,激活学生的学习积极性和内在潜力,使语文课堂焕发出生命的活力,从而形成民主、自由、开放的学习氛围,这对构建绿色生态的语文课堂具有重要的现实意义。

(一)开展自我评价,促进学生自主发展

课堂上根据学习目标和要求,引导学生主动参与学习活动,积极开展自我评价,是培养学生自我意识和自主学习能力的重要途径,是促进学生实现真正的自主学习的重要手段。

学会自评有利于学生对自己形成一个正确的认识,这也是最难培养的一种能力。在教学中,在学生朗读、讲故事、做"小老师"和合作学习等过程中,教师要引导他们对自己的表现做出判断,逐步由概括性评价向具体、客观的评价发展,提高学生的自我意识和自我监控能力。

(二)通过生生互评,增强学习积极性

学生互评在低年级绿色生态课堂教学中运用非常频繁,这种互评的方式有利于

学生互相学习优点,改正不足,促进了学生之间的交流,使更多的学生有发言的机会,也可以锻炼学生自己判断是非的能力和口语表达的能力,还能培养学生自信、勇敢的品质,增强学生学习的动力,不断地发展和完善自己。

[**教学案例**]《司马光》教学

在执教中,我出示句子:"司马光没有慌,他搬起一块大石头,使劲砸那口缸。"请一个同学来读。

读后让同学们互相评价,有的说:"我觉得他应该把'使劲'读得重一点。"

有的说:"我觉得应请一个男生来读,因为司马光搬的是大石头,力气要很大!"

有的说:"我觉得加上动作读会更有感情!"

……

在学生的互评过程中我们看到他们思想在碰撞着、情感在交流着,形成了一种民主、自由、开放的学习氛围,也发展了他们交往合作的学习能力,他们相互间取长补短,共同进步。这样的评价真正体现了学生是学习的主体,关注到每个孩子的个体差异,爱护了每个孩子的好奇心、求知欲。

(三)提倡师生互评,促进共同成长

"师生互评"与新课改中倡导的师生平等、师生互动是一致的。采用师生互评的方式,有利于充分调动学生主动学习的积极性,促使学生在思想碰撞、情感交流中,形成民主、自由、开放的学习氛围,发展交往合作的学习能力,开展主动、有效的互动学习,相互取长补短,共同进步。

许多优秀低年级语文教师的成功,很大程度上,是与学生建立起了一种融洽的关系:相互理解,彼此信任,情感相通,配合默契。教学活动中,我们要把握和运用好师生之间恰如其分的互评手段,努力张扬每一个学生的个性,发现学生透射出的灵性,激励鼓劲,扬长避短。老师的一言一行,甚至一个眼神、一丝微笑,学生都心领神会。而学生的一举一动,甚至面部表情的些许变化,老师也能知之甚深。

(四)实行激励性评价,促进学生自主发展

对待学生的发言,我们不能简单地、武断地判别"对"与"错","好"与"不好"。而应该蹲下身来,从学生的视角去看他们的世界:"你是怎么想的? 你为什么会这样想? 你为什么会有这样的发现?"用亲切生动的语言、充满阳光的关爱引领着学生扬起自信的风帆,沉醉于快乐的学习之中:"你观察得真仔细,真了不起!""你不仅读得好,表情也很丰富,我们很喜欢听你的朗读!""这位同学能认真倾听别人发言,并能指出不足之处,我们应向他学习!"学生们尽情地吮吸着知识的甘露,享受着语文的魅力。

"教学的艺术不在于传授本领,而在于激励、唤醒、鼓舞。"激励性的评价就是如此,它是令语文课堂饱含情意的一枚催生剂,它是令学生沐浴诗情画意的一缕阳光。对学生的赏识与鼓励,不仅有利于提高学生的学习兴趣,而且培养了学生学会欣赏他人、相信自己、积极向上的品格,这就是绿色生态的语文课堂。

五、结束语

绿色生态的语文课堂是充满人文关怀的理想的语文课堂。它追求课堂的自然、和谐、民主、平等、开放、快乐、生成。在绿色生态的语文课堂上,师生会心灵融通、思维碰撞,学生会妙语连珠、兴趣盎然,教师会怦然心动、神采飞扬……孩子们在这样的语文课堂中心灵就放飞了,想象就张开了,灵性就唤醒了,智慧就生长了,收获到的是一次次成功,激荡着的是一回回期待。低年级的语文教师们,让我们共同努力,去实现这份恒久于心中的语文课堂新境界吧!

参考文献

[1] 朱德全. 现代教育理论[M].重庆:西南师范大学出版社,1999.

[2] 叶澜. 让课堂焕发生命的活力[J]. 教育研究,1997(9).

[3] (苏)B. A 苏霍姆林斯基. 给教师的建议[M].杜殿坤,编.北京:教育科学出版社,1984.

【论文 13】 "绿色成长"主题活动实践例谈

詹建平　彭高林

如今,人类走进了一个崇尚绿色的时代。绿色、环保,正成为"可持续发展"的代名词,日益深入地影响到人类生活的方方面面。在新课程改革的宏观背景下,如何让少先队员们感受校园的绿色文化魅力?南京市江宁区上峰中心小学少先队大队部紧紧围绕绿色、环保这两个关键词,结合农村小学实际,积极开展"绿色成长"主题活动,进行了有益的实践探索。

一、让绿色说话

德育的最高境界应该是"育人无言,化人无痕",即所谓"最好的教育是不露痕迹的教育"。但身处农村小学,很多学生严重缺乏绿色思想、环保观念,大部分学生家长的环保观念也很匮乏。针对这种情况,学校少先队开展了"让绿色说话"为主题的一系列活动。

（1）绿色校园环境给儿童以熏陶。校园环境应努力体现儿童化、教育化、艺术化，做到"让学校的每一块土地、每一面墙壁都会说话，都给孩子们带来美的熏陶，都发挥教育的功能"。在校园内，无论是绿树旁，还是花草边……无不展示着那饱含童真童趣的警示语。"学校是我家，环境建设靠大家""红花因你的爱护而艳丽，小草因你的关爱而长绿"……孩子们就是这样在老师的引导下，享受着绿色语言的熏陶。

（2）让学生成为环保的宣传者。学校少先队开展了"我是绿色宣传员"活动，鼓励学生向家长、向邻居、向亲戚朋友宣传环保观念、环保知识。形成学校、家庭、社区为一体的绿色教育氛围，激起学生的环保热情，扩大参与环保的阵容。

二、把绿色植根心底

绿色德育，不仅是通常意义上的生态环境教育，而是融合了"绿色"所象征的和谐、人文、民主等思想的一种现代教育观，教育者从人与人互相依存、和睦相处的生态道德观出发，引导受教育者为了人类的长远利益和更好地享用自然、享用生活，而自觉养成爱护自然的意识，形成相应的道德文明行为习惯，进而感悟人与人之间的文明交往、和谐协作、相互关爱的道德境界，树立一种崭新的自然观、人生观和生存发展观。

（1）结合重大纪念日进行环保教育。结合"六·五"世界环境日、"四·二二"地球日等纪念日，开展丰富多彩的宣传教育活动。例如今年的地球日，学校少先队开展了"环保知识书画竞赛"、"环保杯"征文比赛等，并通过班级板报、学校橱窗、学校网站向队员们和社会展示，进一步提升少先队员的荣誉感，促进环保意识进一步增强。

（2）利用升旗仪式、主题班会，开展环保知识教育。学校把环境教育当成素质教育的重要组成部分，在周一升旗仪式国旗下讲话中，加入"珍惜地球上的有限资源"、"爱我蓝天、爱我清水"等内容，把环境教育渗透到教学中，提高了师生的环境意识。

（3）成立绿色假日小队。学校各中队成立了绿色假日小队，如"青青杨柳小队"、"绿之源小队"等，在假日里开展环保志愿活动，让少先队员们时刻想着绿色，念着环保，让环保意识植根于少先队员们的心底。

三、让绿色贯穿在行动中

学校少先队的一系列活动为绿色环保教育营造了浓厚的环保气氛，增强了学生的环保意识。但绿色教育是以"培养学生的可持续发展的意识与能力"为教育理念，在学校、家庭、社会三结合教育中，充分发挥教育系统工程各要素的综合作用的"可持续发展教育"。如何能让绿色教育成为学生的持续意识与能力？学校少先队把爱绿、护绿、造绿具体落实到行动中去，让环保成为孩子们的自觉行为，从小养成环保习惯。

（一）绿色种植

首先，大队部组织部分少先队员到花卉栽培中心向花农求教，学习一些基本的花卉栽培与管理方法；组织中队辅导员交流自己养花的经验，探讨学校如何开展好绿色种植活动。教导处自编校本教材上中下三册，利用地方课时开展教学。

接着，学校对每层楼的阳台花槽进行了划分，从三年级到六年级，每个中队都欣然认领自己的"责任田"。

然后，小队员们个个摩拳擦掌，积极开展绿色种植活动。中队辅导员根据自己中队领到的"责任田"，分成若干区域，每组推选组长，取个好听的组名，如丁香组、茉莉组，等等。绿色植物的种植品种由队员们自己决定，可以是漂亮的花卉，也可以是婀娜的吊兰，甚至可以带一棵青菜、一根大蒜。队员们用自己所学到的栽培知识将植物栽好、养护好，让学校楼宇实现了立体绿化。

（二）把绿色请进教室

学校少先队大队部组织开展了"我为班级献点绿"、共同布置"生物角"的活动。各中队队员自带植物布置本中队的植物角。各班以小组为单位，开展养花比赛，比比哪组花儿艳，哪组花儿更精神。教室里，学生精心地呵护着本班的植物角，每一盆植物抽出一片新绿，绽开一朵花蕾都令同学们欢呼雀跃，学生以花为伴，以花为友，向花儿倾吐心声、倾诉秘密，与花儿分享快乐，与花儿共同茁壮，与花儿共同美丽。队员们灿烂的笑容与花儿共同绽放，迷人的芳香与银铃般的笑声散发出和谐的魅力。

（三）你我齐努力，争当文明小卫士

为培养学生自治自理的习惯与能力，学校少先队建立了学生管理监督体系。少先队大队委组织成立检查评比队，负责参与评价的全过程。学生通过检查评比，把每班每天检查评比结果（卫生、两操、纪律、学习等）公布于"四项竞赛"栏，以落实学校《一日常规》《课堂常规》，以文明学生的行为。此外，少先队大队部发出了"弯弯腰，伸伸手"的倡议，鼓励学生成为环境的自觉爱护者，营造人人争当文明小卫士的浓厚氛围，树立文明小卫士的形象。

（四）"爱我绿色家园"假日实践活动

学校少先队利用节假日开展了一系列的实践活动。针对日益严重的水污染现状，少先队假日实践小队成员利用节假日，走出学校，开展家乡水资源现状的社会调查，并为净化家乡水资源做宣传教育工作。假日实践小队每月还开展一次回收活动，一个月来，各村社区的回收筒里总塞满了各种各样的回收品。它们有的是学生在生活中产生的废弃物，有的是假日小队活动收集起来的生活废品。假日实践小队把这些回收品集中起来卖给废品收购站，并用这一所得帮助家庭困难的队员。

四、结语

少先队始终关注队员的生命成长。少先队把活动放在绿色生态环境的大背景下,尊重事物自身的特点与规律,组织行之有效的教育活动,促进少先队员的可持续发展。所以,从这个意义上说,少先队文化是焕发生命活力的绿色文化。让少先队员置身在自由的、绿色的环境里,更加健康、活泼地成长,也正是少先队义不容辞的使命与职责。

(此文发表于《江西教育》2017 年第 3 期)

【论文 14】 把握契机,有效促进儿童道德认知发展

闵庭廷 孙 军

焦老师请了婚假,闵老师(下文称为"我")临时代理三(1)班的班主任。

某一天数学课后,小霞同学拿了一个迎春花编织的花环送给我,我很高兴地收下了。第二天中午,班长慌慌张张地跑到我办公室说:"老师,我们班好多男生都跑到花坛里折紫荆花树枝。"听到这话,联想到接受的花环,我的心里咯噔一下:那些花枝很可能正是来自校园花坛! 破窗效应启示我:如果这件事情处理不好,接下来将会出现更多的类似行为。看看桌角的花环,我沉思着……

1. 美丽花环带来的教育难题

小霞同学比较内向。我怕吓着她,先关心了一下她的学习情况,然后慢慢步入那个话题:"昨天你送老师的那个花环真漂亮,老师很喜欢。你能告诉老师你这个枝条是在学校花坛里折的吗?"看她不安的表情,不断地在绞动着双手,我安抚道:"老师跟你保证今天的对话绝对是咱俩的秘密,不会有第三个人知道,拉钩?"她犹豫了一会儿点点头,默认了是在校园里折的。听了事情的来龙去脉,我让她先回了教室。我觉得作为老师,在和学生相处时最重要的是要做个让孩子们信任的人。只有这样我们才能走进学生的内心,才能找到问题的关键,才能使教育产生更好的效果。

记得那天我在办公室考虑了很久,说教、责骂、批评这样的手段也许能够达到目的,但是肯定治标不治本。同事向我支招:"你干脆告诉孩子们校园里有监控……"看着好心的同事,我不免有些担忧:这些主意也许会有效,可也会给孩子心理造成一定的压力。思考再三,这些办法都不太理想。怎么办? 总不能让这事不了了之吧?

苏联著名教育家苏霍姆林斯基说过:"没有爱就没有教育。爱是一切教育工作

的基础。"作为一名教师,爱学生就要在他们碰到困难遇到挫折的时候给予帮助,在他们需要的时候给以关心。如果我在得知学生折断枝条后,立刻加以批评、指责,肯定会在孩子们的心里留下长久的阴影。所以作为老师,我们在日常教育中就应该想方设法,尽量不要对儿童造成心灵的伤害。

参考一些班主任书籍,思之再三,我觉得让学生亲身去体验、感悟,从而自我做出承诺,应该会达到事半功倍的效果!

2. 换位思考,展开讨论

柯尔伯格提出"道德发展六阶段"理论,可以简单表述为:第一阶段——我不想惹麻烦;第二阶段——我想要奖赏;第三阶段——我想取悦某人;第四阶段——我要遵守规则;第五阶段——我能体贴别人;第六阶段——我有自己的行为准则并奉行不悖。[①] 眼下的这些三年级孩子,应该刚刚步入第三阶段,还没有达到"我要遵守规则"的第四阶段。这次的"折枝"事件或许正是引导他们树立规则意识的良好契机。

利用夕会课,我带领全班43名学生细致游览了校园,并提出了三个问题:

你觉得我们的校园漂亮吗?

你愿意做那棵最美的紫荆花树吗?

如果你是一棵树,枝条是你的胳膊,如果有人用力折断它你会有什么感觉?

就这三个层层递进的问题,我让同学们反思摘花、折枝的行为是否恰当,然后适时启发诱导:"爱护公物是对每个同学的基本要求。如果你是一棵小树,你愿意别人来折断你的枝条吗? 为什么?"让孩子们在这样的角色调换中体验小树被折断时的疼痛和伤心,然后感悟自己的行为是否正确。在孩子们的发言中,我看到了最纯真的心灵。有一位同学的发言特别精彩,他说:"老师,我没有折过树枝,但是我踩过小草,我觉得也是不对的,小草也是有生命的。如果我是小草,我想我肯定也会很疼。我以后再也不走在草坪上了。我也要爱护公物、保护环境。"

看到孩子们认真反思的神情,我内心无比感动。为了进一步加强大家爱护花草树木、遵守校纪的意识,我给全班布置了两个任务:一是搜集一些爱护花草、爱护校园的宣传语;二是排练一个与今天主题有关的小节目。

在随后的两天里,我们班再也没有同学去花坛攀折花枝,他们大部分时间都在教室里兴致勃勃地排练节目。班长主持的周五班队课分为环保标语汇报、小品表演、宣誓活动三个环节,全体同学都很投入,我在总结时说:"我们全体同学都是好样的! 大家都知道了要爱护公物、遵守校纪班规,老师为你们骄傲!"

3. 正视规律,把握契机

"莫以善小而不为,莫以恶小而为之。"小学德育姓"小",应抓住一个"小"字,着

---

① [美]雷夫·艾斯奎斯:《第56号教室的奇迹》,卞娜娜译,中国城市出版社2009年版。

重从小处入手,从小事做起。例如踩踏草坪、攀枝摘柳这些现象在每个校园里都会出现,常常被认为就是小事。对于中年级的同学来说,如果当作一个"重要事件"来对待,正是借此引导建立规则意识的重要契机。在这个事件的教育过程中,我没有一味批评,而是把社会生活的小事作为学校教育的良好素材和重要契机,客观面对儿童道德发展的规律,重视学生的参与和体验,高高举起、细致引导、轻轻放下,有效促进儿童道德认知发展。

其实,只要是学生就有可能犯错误,并且学生由于个体的差异,所犯的错误也是各种各样。面对这些错误时,如果心态过急,难免会采取简单粗暴的方式解决,这在一定程度上很容易伤害学生的自尊心和自信心。在教育过程中,教师一定要坦然面对儿童道德发展过程中出现的问题,用良好的心态来对待每一个孩子。相信在教师用心浇灌之下,这些含苞待放的花蕾一定能盛开出绚丽的花朵!

(此文发表于《江西教育》2016 年第 31 期)

【论文 15】 让多彩游戏伴儿童快乐成长

葛圣娣

游戏玩乐对孩子一生有极其重要的意义,儿童应该在游戏中长大,通过游戏获取知识和身体上的训练,从中学会生活,锻炼组织能力,学会与人相处,养成健全的人格。

现在很多学生在进行的游戏,有的有潜在的危险,有的简单、幼稚,有的不卫生或影响环境卫生,有的不珍爱小生命……

一、多方因素,导致儿童游戏问题重重

(1) 社会信息灌输影响儿童的游戏行为。现在是信息化时代,铺天盖地的网络游戏吸引了众多孩子的视线,电视电影中的暴力镜头在很多作品中得到展现和宣扬,使得没有辨别能力的孩子去欣赏、追随、模仿。因此,男生们在游戏时就会不由自主地模仿英雄的武斗动作,女生的视线则被一个个主人公——诸如"小魔仙""公主"之类的明星所吸引。

(2) 家庭过度溺爱导致孩子在游戏中受不得委屈。目前的家庭大多只有一个宝贝疙瘩,父母对子女的期望都很高,一个个望女成凤、望子成龙。只要孩子能考出好成绩,就可以答应孩子的任何要求。生活上更是疼爱有加,照顾得无微不至。可是,家长对孩子的品德、行为、习惯方面的教育却是低标准:在家舒服自由,习惯于称王

称霸,在外哪能受一点儿委屈呢? 当游戏中稍不称心,双方就你一句我一句地对起了仗,甚至拳脚出击。

(3) 学校安全因素限制了儿童游戏的开展。社会各界和家庭对学校教育的期望值是越来越高,这也无形之中给学校增加了许多压力。面对安全第一的前提,学校只能在管理上下大工夫,对学生的行为习惯进行细致的管理,一些学校每天组织值日老师和值日生对各班进行详细考核,稍有违反纪律的就扣分,并张榜公布。这一招使班主任老师也制定出相关的班级条例。难怪在有些小学的校园里,课间变得十分安静,学生不敢动作太"大"了。

(4) 儿童个体差异明显。有的孩子生性活泼好动,精力旺盛,甚至患上了多动症;有的孩子受网络传播的影响,改变了思维方式,追求理性思维,相对来讲比较安静。在社会、家庭综合环境的影响下,孩子们对学校老师的教育比较漠然,甚至视而不见,再加上认识水平有限,对是非尚不能分辨得很清楚,所以一旦发生矛盾,当事人双方谁都不买账,哪能让自己吃一点点亏呢? 少不了义愤填膺,动起粗来。

二、让多彩游戏伴儿童快乐成长

(一) 亲子同乐,让学生感受传统游戏的乐趣

现今孩子的父母均是七八十年代拥有快乐童年的那一群人,我们让孩子们向爸爸妈妈请教,甚至向爷爷奶奶取经,了解他们在小学的时候课间都玩哪些游戏,再把他们玩的游戏学过来,与全班同学交流,再集册推广。活动课上,那一个个沙包飞扬起来,一个个彩色粉笔画好的"房子"成了最抢眼的风景线,一粒粒"黄豆"在"锅子"里翻腾着,伴随着好听的歌谣"炒蚕豆,炒黄豆,噼里啪啦翻跟头"。那里,几个孩子拍手对歌:"你拍一,我拍一,一个娃娃坐飞机。你拍二,我拍二,两个娃娃打电话……"任凭小巴掌拍得通红,仍十分带劲地继续着。还有"我们都是木头人,不许说话不许笑……"一时间一个个孩子忍住笑,甚至连呼吸都屏住了,仿佛都成了木头人了。唱啊,跳啊,拍啊,孩子们人人脸上笑开了花,个个合不拢嘴。

(二) 与时代同行,让学生享受现代游戏的精彩

信息技术时代,资讯传播快速,通过网络、电视、报纸杂志等大众媒体的介绍,让孩子们自己收集同龄人的课间游戏,对他们来说是一件很快乐、很简单的事情。在各界媒体的帮助下,孩子们很快地发现,原来不仅爸爸妈妈的游戏很精彩,别人的游戏也妙趣横生。如利用废报纸做纸球等玩具,利用课间十分钟进行跳绳的练习,原地向前或向上跳跃,板羽球、踢毽子、爬绳爬竿、跳集体舞、比臂力、下棋、斗鸡,还可以玩呼啦圈、顶气球等。学生们玩得兴趣盎然,那么多新鲜玩意,一个一个地尝试去玩。

（三）激情同在，让学生体验创新游戏的活力

孩子们从爸爸妈妈、同龄伙伴的身上接触了这么多的课间小游戏，了解了一些关于小游戏的设计方法和要求，我们因势利导，让孩子们自行设计新的课间游戏，体验设计师的滋味和快乐，每个孩子都以十二分的热情投入到这项新的任务中去。在设计过程中，每个孩子从起名字起就一次又一次地修改自己设计的游戏方案。终于一个个带有孩子自己专利号的游戏诞生了，在交流会上，孩子们逐一大声地介绍自己的游戏，并在黑板上画了简单的游戏示意图，有的还当场请台下的"小评委"现场提问，感觉在开记者招待会呢，还有的就请上几个同学玩一玩自己的游戏。在活动中，我们还评出了最佳创意奖、最佳参与奖、最佳合作奖等多个奖项，让孩子们品味成功的喜悦。

通过一系列的游戏寻找、选择、设计活动，孩子们学到了很多游戏，在以后的课间活动时间，奔跑追逐的少了，埋头作业的少了，打小报告的不多了，发呆的也少见了。同时约法三章：痛痛快快玩，认认真真学；遵守游戏规则，胜负乃兵家常事；不剧烈游戏，不影响上课效率。

课间的十分钟，不再是小小的十分钟，而是学生生命中的十分钟。活动时间是属于每个孩子的，我们要让每个孩子享受愉快的游戏，玩出他们的精彩，玩出他们的自我，激发孩子们的生命活力。

参考文献

[1] 叶澜."新基础教育"探索性研究报告集[M].上海：上海三联书店,1999.

[2] 余文森,吴刚平.新课程的深化与反思[M].北京：首都师范大学出版社,2004.

[3] 陆建.生命中的十分钟——课间的遐想[J].上海教育科研,2005(5).

【论文16】 以班为家的探索

张志琴

[**摘要**]当下农村小学生，有很大一部分属于留守儿童，他们缺乏父母的关爱，缺失应有的家庭教育。作为农村小学教师的一员，笔者运用"家"这一理念来温暖孩子们，和他们共同建立一个和谐、优秀的班集体。一个班级，就是一个家；有了家，就有了爱；有了爱，就有了教育。拉起孩子们的小手，让孩子们亲身参与"家"的建构，认识这个"家"、认同这个"家"、繁荣这个"家"，带给孩子们"回家、为家、有家"的感觉。在此过程中，孩子们的集体意识增强了、综合素质提高了，大家在这个和谐的大家庭中逐步实现理想、放飞梦想。

［关键词］生本；爱；班集体；家

鸟儿的家，在树上；小鱼的家，在水中；狮子的家，在森林；而班主任和学生的"家"，在班级。笔者经本班问卷调查后发现：大多数时间仅和母亲生活在一起的学生比例占9％；大多数时间仅和父亲生活在一起的比例占3％；大多数时间和爷爷奶奶（或外祖父母）生活在一起的比例占38％；大多数时间和父母生活在一起的比例占50％。可见当下农村小学生，有很大一部分属于留守儿童，他们父母长期在外打工，他们缺乏父母的关爱，缺失应有的家庭教育。如何弥补他们在情感这一块的缺失？笔者的做法是运用"家"的理念来温暖这个有三四十人的大家庭，为他们建立起一个和谐的、优秀的班集体。

一、何为家

家是什么？家是温暖的壳，是能铺开心事的地方；家是受伤时的"创可贴"，能温暖那颗受伤的心。记得我班的一位孩子这样描述我们的这个大"家"——"我有一个温馨的家，这个家没有温暖的被子，没有名贵的装饰，也没有父母温暖的怀抱，这个家——就是我的班级。但，我已经把一本本书当成了温暖的被子，把班级的各种角落当成了名贵的装饰，还把老师对我的关怀当成了父母温暖的怀抱。所以，这个家是世上最温馨的家。"是的，在芸芸众生之中，我和班上三四十个孩子的相遇相知，这是一种机遇，也是一种缘分，在这种机遇与缘分下，我们组成了一个大家庭——"三yuan"家庭。在这个家里，我们通过自主动手、自主管理、自我建设，发挥每一个孩子的潜能，共同建设我们温馨的大家园，并促使每一个孩子综合素质更上一个台阶，营造一个圆满的结局。

二、认同家

受传统封闭型班级管理体制影响，"班级即为家"这一观念，不可能在老师说一说、学生议一议的情况下，就深入大家的内心。如何将"班级即为家"这一观念深入人心，让大家认同这个"家"，唯一的方法就是"做"，带着爱去做。让家成为以爱为圆心、一家人手牵手为半径走过的一个圆，让学生感受到家是整个世界在下雪，走进其中却是春天的一个地方。

（一）确立"一家人"的观念

充分利用班会、夕会，让孩子们建立"新家"的感觉。如在第一节短短十几分钟的夕会课上我是这么说的："我们来自不同的小家庭，我们还不怎么熟悉，珍惜相聚的这一刻,我真诚地希望与大家成为朋友,一起热爱我们这个'大家庭'。"初步让孩子产生一种宾至如归的感觉。当然这并不是用一句话就能解决的问题。在之后的日常教育教学中,要经常引导孩子们把自己当成大家庭中的一员,如不能随便把垃圾扔在自己的"家"中;家人遇到困难时,主动伸出你那只友善之手;家人犯错误时,给他指出、让他改正,等等,做到和家人相处要友善、互帮互爱。作为班主任,既要扮演好慈母和严父的角色,也要扮演好朋友和医生等角色,引导孩子健康成长。

（二）树立"我们是主人"的意识

既然是我们共同的家,那么孩子就是这个大家庭的主人、主体,而班主任是家庭中平等的一员,有时要适当地隐退到背后。家是一砖一瓦用爱堆砌出来的城堡,那么就让孩子带着"我当家我做主"这一情感一起给这个"家"添砖加瓦。之后利用班会课以及课间,以"你心中家的一砖一瓦"为主题,用商量的语气和他们交流,发挥每个孩子的创造力以及特长、潜能,如摆放花卉,设立游戏区、读书区等,每个孩子主动负责了"家"装饰的一小部分,让全体孩子参与到建构喜爱家园的氛围中来。除了在环境布置上让孩子初步树立"我们是主人"的意识,随着这个"家"的发展,在班级公约、班委选举、座位编排、值日安排等各方面建设中都要充分收集孩子们的意见,调动孩子们积极性、创造性,增强"家"的向心力、凝聚力,逐步让孩子产生一种"家"的归属感。

三、繁荣家

这个"家"是由大家亲力亲为建立起来的,孩子们内心认同它、珍惜它,自然而然,孩子们对它就有了一定的责任感——让它繁荣昌盛。记得有个孩子这么宣传的:我们是"三 yuan"家庭的一员,给这个家出一分力量是我们应该做的,我们应该为它增光添彩,俗话说"众人拾柴火焰高",让我们一起努力、一起奋斗,在这个大家庭中放飞理想,共创辉煌。下面从建"家"以来,说说大家的奋斗史。

（一）传递一个永恒——"爱"

1. 教师的爱

培根曾说过:幸福的家庭,父母靠慈爱当家,孩子也是出于对父母的爱而顺从大人。这句关于家的名言深深地影响着我,也给了我构建"三 yuan"家庭的核心要素——爱。作为教师的我,应该树立榜样的作用,用自身的行动向学生传递爱,用爱感染每个孩子。孩子犯错是天经地义的事,在纠正错误中,孩子会逐渐成长。面对孩子的错误,要容忍,要正确地看待他们的错误,合理地进行疏导,给他们改过的机会,这个过程中,要把握好"度",不要"真生气"。又如关心孩子的身体状态。当有孩子生病在家时,打个电话,问问他的身体情况,告诉他学习不用担心,回来后,老师再慢慢和他单独一起学,让他感觉我就在他身边。这些可能是不起眼的小事,但真的能给孩子传递出爱的感觉,孩子们那句:"'三 yuan'家里虽然没有父母,但老师却胜似我的父母,老师平时对我做的一件小事和说的一句问候的话就让我感到无比的温暖。"我深信这一点。总的来说,从各种小事入手,陪孩子们游戏、给孩子们做顿饭、给孩子们打个挂念的电话、给孩子们细心的辅导,等等,让爱的阳光照亮每个孩子的心。

2. 孩子的爱

孩子们第一期以"家"为主题的黑板报,我引用木村久一《早期教育和天才》一书中的一句话,这样评价:家庭应该是爱、欢乐和笑的殿堂,我相信我们的"三 yuan"家庭在大家的努力下,会是一个幸福的家。这句话深深地影响着全班的孩子,孩子们也用行动证明了我们这个"三 yuan"家庭就是这样的。班级中,由原来师生共同制定的固定的"一对一"互帮小组,变成生生自主生成的不固定的"一对一"互帮小组;孩子们为我过生日;孩子们探望生病的同学,等等。当孩子们合唱"把爱传出去"这首歌时,就是他们的真情流露。

(二)用心去做每件小事

为家做贡献其实并不是一件很难的事,它只需要我们从身边做起,从小事做起。如当你发现地上有纸屑的时候,弯腰拾一拾;当你发现多媒体没关的时候,动手关一关;当你看见教室里的桌椅摆放不整齐的时候,动手挪一挪;当你发现某位同学因病没来值日的时候,动手扫一扫。也许就因为这些小小的一举一动,我们的家在日常行为规范中取得了第一名的好成绩。在我们这个大"家"中,默默贡献的孩子大有人在。比如说:有的孩子利用课间、放学后的时间来出黑板报,为大家带来各方面的知识拓展;有的孩子带一些图书捐给班级图书角,让大家有更多的课外书;有的孩子参加比赛前不怕苦,一遍又一遍地练习,为在比赛中展现自己最好的一面;有的孩子扶受伤的孩子上下楼梯;有的孩子为其他孩子打饭;有的孩子借给他人学习工具,等等。他们用心去做每件小事,像爱自己的家一样爱自己的班级,像保护自己的眼睛一样维护班级的荣誉,用实际行动向大家证明了我们的努力。

(三)"学业、才能"一个都不落

班级是个家,是个以学习为主要活动的场所,在这个家中,不仅要学习各领域的知识,还要促使自己各方面潜能得以发展。孩子们通过与师生、生生共同学习,通过师生、生生共同组织、筹划、参与各种活动,获得"学业、才能"一个都不落的成果。

在学业上,学期初以主题班会的形式,孩子们自主制定了班级学习目标,制定了每个孩子下一步的学习目标、追赶目标;开展学习帮困、手拉手活动,努力营造学习氛围,形成比学习的竞争和激励机制。在之后的发展过程中,孩子们用实际行动证明了他们学习上不落后的精神,班中永远不会出现"自己不懂、别人又不帮"的现象。在这段时间内,经历的考试中成绩一直在进步,多次位于年级第一,用成果告诉大家,我们的学业一个都不落。

在才能上,活动主题的制定、活动的筹划、组织、参与,均以孩子为主体。在这短短的时间内,孩子们的活动数不胜数,如:多种手抄报,有:"健康心理·阳光青春""文明礼仪""感恩""我爱我家(班级)""数学单元知识我汇总"等主题,通过活动的开展,普及小学生多方面的知识,更为孩子提供展现自我的平台,从孩子视角看心理,更可挖掘孩子的画画、写作等潜能。又如"农村大棚实践基地"、"科技展览实践基地"、多种主题班会、多个运动会、多个心理小游戏,等等。活动对孩子们的教育意义是巨大的,第一,在活动中,孩子们通过各种感官去感受事物,在接触各种人与事中获得知识,开阔视野,增强思考能力。第二,在活动中,孩子们学到了某些技能,提高实践能力。第三,集体观念,集体的义务感、责任感、荣誉感以及为集体服务的能力,在集体活动中得以发展。孩子们从活动中获得的成长,一个个表扬、一张张奖状,同样告诉大家,我们的才能一个都不落。

很多孩子说:家是避风的港湾、家中有亲情、在家可以号啕大哭、在家也可以开怀大笑,等等。一个班级,一个家庭。有了温馨的家,就有了爱,有了爱,就有了教育。我国近代教育家夏丏尊说:"教育之没有情感,没有爱,如同池塘没有水一样。没有水,就不成其为池塘,没有爱,就没有教育。"实践证明,一个温馨民主、积极好学、充满活力的班集体,带给孩子们的是"回家、为家、有家"的感觉。在这个大家庭中,师生共同实现自己的理想,放飞自己的梦想;在这个大家庭中,用青春书写充实的学习过程,用汗水诠释自己最终的辉煌。

参考文献

[1] 姚四军.创建班级文化:从细节入手[J].中国民族教育,2010(2).

[2] 郭双锦.班级文化建设中师生互动的研究[D].上海:华东师范大学,2006.

[3] 冯建军.生命化教育[M].北京:教育科学出版社,2007.

[4] 冯建军.生命化班集体建设[M].北京:教育科学出版社,2007.

[5] 张文质.生命化教育的责任与梦想[M].上海:华东师范大学出版社,2006.

(此文发表于《江西教育》2017年第3期)

第五章　和而实的绿色保障系统

学校发展是否稳健,与它的一整套保障系统密不可分(见图 5‐1)。在上峰中心小学的绿色教育特色发展之路上,可以清晰地看到学校的保障系统以"和而实"为基本要求,成为学校开展绿色教育实践的坚强基础。

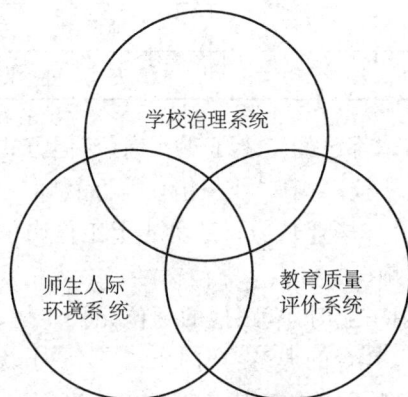

图 5‐1　和而实的绿色保障系统

这个基础的坚实状况,直接影响到校内课堂教与学的实践、课外社会活动的实践两大教育领域的质量,本质上成为学校绿色教育实践的坚强保障。

第一节　绿色的学校治理系统

一、学校发展思路的继承与改进

"一个好校长就是一所好学校"这句话经常见诸报端,耳闻于会议,践行于学校。纵观世界各国教育,尤其是中国教育,此言不虚。例如春秋战国时期,作为中国第一个"民办学校校长"的孔子,以其万圣师表的素养开创了中国教育贵族化向平民化转变之先河;近现代的蔡元培造就了卓越的北京大学;张伯苓成就了南开中学;陶行知示范了全民教育;朱永新、李镇西开展新教育运动;苏联的苏霍姆林斯基创办了世界著名的帕夫雷什中学……这些事例无不彰显着一个好校长的魅力与作用。[1]

目前,中小学普遍实行校长负责制、聘任制、交流制,也有一些地区明确实行校长任期制,在有限的任期内,如何继承传统,从学校实际出发,在发展学校的同时实现自己的个人抱负和教育理想,成为每一位校长所面临的共同任务。从某种意义上说,良好的学校发展离不开有效的校长传承。

近十余年来,上峰中心小学经历了三任校长,他们的学习履历有一些相似之处,但在担任上峰中心小学校长之后的办学思路与领导风格却有一定的差异(见表5-1)。

表5-1　上峰中心小学近三任校长简况

姓名	出生年份	参加工作	前学历	前学历专业	前学历毕业
笪鸿明	1964	1981	中师	普通师范	1981
马本祥	1960	1977	中师	普通师范	1982
彭高林	1971	1990	大专	汉语言文学	1990

20岁之前,这三位同志都已经走上了工作岗位,但方式略有三种类型:初中毕业→三年中师学习→毕业从教;高中毕业→担任民办教师→两年民师班学习→毕业从教;高中毕业→两年专科→毕业从教。这种走上工作岗位的不同姿态,也给他们后来的履职带来了一些影响。

当年,笪鸿明同学初中毕业时,紧跟他的两位兄长步伐,也考入晓庄师范,在全县轰动一时,成为当地励志教育的典范:寒门出了三个"小状元",不简单;由于都是进入师范,于是成为当时尊师重教的宣传典型。由于当年初中毕业时最优秀的农村学生往往都是走中专道路,笪鸿明老师可以说是综合素质优良,一路走来,意气风发。1994年,在他年仅30岁的时候,走上了校长岗位。尽管当时镇政府还有一个"教管会"在牵头管理各学校,但是丝毫不影响笪校长的气魄与才华。由于时代的影响和个人的因素,他豪爽的性格之下,不免带有一些江湖义气。而这对于当年带领学校在经济大潮之中赢得些许帮助与支持,是密切相关的。毕竟,当年能够带领学校稳定下来、生存下来,给学校争取来一些资金,给教师们带来一些实惠,就是一位受大家欢迎的校长。

2007年,马本祥同志在他的第四个本命年里被易校提拔来到上峰中心小学担任校长,从而开始他的校长履职生涯。由于常年担任教学副校长并一直从事数学学科教学,马校长工作严谨,一丝不苟。可一段时间之后,就让他感受到了工作推动的巨大阻力:多年的经济大潮冲击已经让许多教师不再痴心于教育教学,人浮于事的现象极为常见。由于生源持续减少,在马校长到任之前的七年里,学校只补充了一位

---

[1]　刘爱平:《"一个好校长就是一所好学校"之顿悟》,http://aiping9268.eduol.cn/archives/2009/807628.html.

新教师(英语学科),以民办教师为主体的师资队伍暴露出种种缺陷。马校长仍然使用在他原来的学校、原来的岗位上常用的办法,直接进入课堂督察教育教学,也不断给教师指出改进之处,但是收效甚微,让他深深感觉到学校教育环境的不绿色。时任局长大力倡导校长要做"思想者",要"上挂横联下靠",要积极开展各种创建活动,于是乎,马校长因校制宜,围绕"南京市绿色先进学校"这块牌子做文章,申报市级课题研究,然后逐步引导学校顺着这个思路继续拓展外延、挖掘内涵,用课题研究促进学校健康发展。

彭高林同志 2012 年到上峰中心小学接任校长职务。尽管他比较年轻,但是此前已经担任过多年的中学校长职务、九年一贯制学校领导职务,故而来到上峰中心小学之后,很快就搞清楚了学校发展的症结所在。他的策略,可以简单归结为几条行之有效的办法:对待老教师,一方面多一些宽容,同时明确底线要求,另一方面多一些关心,获取他们对于学校各项工作的理解和支持;对待马校长任期内补充的 6 名新教师,以及他上任以后补充进来的 24 名新教师,一方面多一些严格,高度关注他们的专业成长,另一方面多一些关照,给他们以细心的呵护与后勤保障,让他们能够以饱满的热情投入到工作之中。于是,在上峰中心小学之内,常常有人认为彭校长仅仅在名义上继续实施绿色教育,而实际上奉行的是"无为而治"的老子哲学,却不知道他把孔子的因材施教思想变通成为"因材施政"套路,通过春风化雨、润物无声的方式,不断新增校内先进教师的数量,逐步改良校内的师资队伍与教育生态环境,使得学校教育从根本上逐步实现绿色发展的意图。

二、在规范与和谐之间改进学校治理

(一)规范化管理始于建章立制

学校制度是学校全体成员共同认可并自觉遵守的行为准则,是学校办学经验的结晶和反映,它能够体现学校管理的独特风格,对规范教育教学秩序、达成办学目标起到保驾护航的作用。建立、健全学校规章制度,塑造学校制度文化是学校文化建设的一项重要内容,也是学校实现规范化管理的起点。

建章立制是很重要的,至少应体现五个需要[①]:

一是学校发展的需要。学校之所以薄弱,因为学校教育教学管理不规范,缺乏切合自身实际的教育理念引领。薄弱学校要走出困境,得到较快发展,乃至成为名校,必须根据自身的实际,摒弃落后的思想观念,制定出一系列适合自身的规章制度,起到激励师生、引领师生、规范师生的作用,确保学校各项工作卓有成效地开展。

二是内涵提升的需要。学校有较明确的常规管理要求,学校工作也基本能正常

《规范化管理始于建章立制》,http://www.haihongyuan.com/zhidu/1257266.html。

运转,但往往停留在制定各项规章制度上,局限于稳定工作秩序上,难以形成具有特色的校纪校规,教育思想不够活跃。表现在校长对上级布置的任务能勤勤恳恳完成,但结合学校实际,开创特色工作方面则做得不够。

三是班子建设的需要。一所学校,如果班子团结,大家齐心协力,工作就会蒸蒸日上,否则就会走下坡路。俗话说:百人百性百脾气。也就是说每个人都有个性,都有不同于其他人的某些特点。这就要求校长善于发现其长处,并充分利用,形成合力。汉高祖刘邦曾说:"运筹帷幄之中,决胜千里之外,我不如张良;镇守国家,安抚百姓,供给粮饷,不绝粮道,我不如萧何;战必胜,攻必克,率百万之众战于沙场,我不如韩信。"这一段话,很值得我们体味。班子成员中,有的性格张扬一些,有的内敛一些,有年龄的差异,有学历的高低,有认识的深浅。在具体的工作中,校长应努力使班子成员在各自的位置上各司其职,主动地、创造性地开展工作。

四是队伍打造的需要。管理的境界有三个层次,第一个层次是让员工把事情做规范;第二个层次是让员工成为该职位上的专家;第三个层次是让员工感受到工作是一种生命历程,感受到生命因工作而快乐。教师的教学活动是一项艰苦的创造性劳动,其劳动成果无法用常规数量作为标准进行核算。这要求学校管理工作中,尤其是教育教学的考核中,要奖优罚劣,奖勤罚懒,避免"干多干少一个样,干好干坏一个样,干与不干一个样"的不良局面,要让积极改革、勇于探索、大胆创新、效果显著、成绩突出的教师脱颖而出,在名誉上、经济上得到实惠。因此,加强制度建设,通过制度促进教师专业化水平提升,打造一流的师资团队,成为学校面临的一项重要任务。

五是适应教育形势的需要。从现实的角度说,一方面,社会对教育越来越高的期望和并不相称的支持之间的矛盾,家长参与学校事务的意识和对学校教育质量的要求,比以往更迫切和强烈,一旦出现问题,往往把学校推向社会舆论的风口浪尖;另一方面,质量要求却越来越高,学校为获取生存和发展的资源,引起一些制度失范的现象。还有,教职工民主参与学校管理的意识越来越强烈,希望学校尊重他们的知情权、参与权。此外,教师面对新的课程改革要求和社会及家长对教育质量的期望,普遍感到压力很大,甚至存在素质教育与应试教育,在高考指挥棒的导引下形成矛盾的现象。有鉴于此,学校要主动适应社会要求,进一步完善学校的管理制度,以适应师生的主动发展和学校的持续发展。

学校文化指由学校成员在教育、教学、科研、组织和生活的长期活动与发展演变过程中,共同创造的、对外具有个性的精神和物质共同体,如教育和管理观念、历史传统、行为规范、人际关系、风俗习惯、管理制度等,以及由此而体现出来的校风和精神。制度是一种规范管理的手段,更是一种学校文化。加强制度文化建设,可以达到五个"有利于":一是有利于国家教育方针的贯彻落实;二是有利于素质教育进一步推进;三是有利于学校品牌的形成和发展;四是有利于教师专业的发展和价值的实现;五是有利于学生能力的提升和健康发展。

建章立制是学校发展的先决条件,只有让制度规范人,让制度引领人,让制度激励人,才能用"立规矩"来"促发展",才能促进学校的科学发展,促进校长的人文发展,促进教师的专业发展,促进学生的全面发展。

(二)人性化管理营造宽松、和谐、愉快的组织氛围

学校的一切教育教学活动既要服从学生认知和身心成长的规律,也要适合教师应对繁重、紧张工作的规律,使教师以饱满的精神、充沛的精力、健康和谐的心理走进课堂。要让教师"爱校如家"首先要使集体具有"家"的温馨。同时,集体要成为充满活力的组织,个人目标的实现要最大限度地与学校的发展结合起来。为此,学校必须建立和制定规章制度,使学校管理有序、科学,是学校管理应该追求的境界之一。但是,随着时代的发展,社会的进步,教师对民主的要求越来越高、越来越迫切。他们不喜欢领导盛气凌人的训斥和简单粗暴的管理,也不喜欢领导不负责,让教师我行我素、放任自流的管理。他们希望和欢迎领导能以民主的作风为学校创设一种和谐宽松的环境,使大家心情舒畅,和睦共处,自我约束而又自我完善。

1. 尊重

在学校中,学校领导与教师只是分工的不同,每个人在人格上是平等的。作为学校领导学会尊重,不仅是为了得到别人的尊重,更是管理人文化的思想基础。尊重,意味着信任、理解、关爱、平等。所以,要善于尊重和倾听别人的意见,不自以为是,要博采众家之长,全面客观看问题,不偏听偏信,善于与人合作,遇事多商量,不独断专行。在实际工作中,学校领导要把教师放在第一。领导以教师为本,教师才能以学生为本,以工作为本,从而形成良性互动。因为教师也是普通的人,也有七情六欲,也有喜怒哀乐,他们既要承受特殊职业所赋予的巨大的心理压力,也必须承受源自生活的方方面面的压力,他们需要获得人性的关怀和自身的发展。所以,我们首先在管理中尊重教师,尊重教师的人格,尊重教师的工作,尊重教师的合理需要。在学校管理上,坚持校务公开制度,凡是应公开的内容都向教师公开,使教师心里明明白白;坚持倾听不同的意见,甚至是反对的意见,念人之功,容人之过。同时,我们引导教师确立"尊重别人就是尊重自己"的意识,帮助教师在群体中找到自己的位置,并学会与人和睦相处,心理相容,为自己赢得良好的人际环境。

2. 信任

教师往往把得到他人的信任视为人格的尊重。因此,学校领导应给予教师充分的信任,不要事必躬亲,该放手的时候要放手。放手让教师大胆地干,只在教师需要领导出面帮助时才"过问"。在班级集体建设、教研组建设等学校管理的各个方面,放手让教师去做,使他们在获得信任满足的基础上,激发起工作的主动性、创造性。

3. 民主

让教师感受到自己的主人翁地位,从而激发其对工作、对学习、对学校的热情,

使之更好地为学校发展贡献力量,如果一味地依靠强制约束,只能使教师被动地接受管理,对于提高管理效能很难奏效。所以,学校必须把教职员工看成学校管理的主体。一是充分发挥学校教代会、教育工会的职能作用,学校的发展规划、重大决策均在教代会上由教师代表表决通过并在广大教师中进行宣传,达成共识,最后形成决议;二是教师参与落实学校规章建立的过程,如《学校工作制度》,学校可拿出一个大框架让教师参与起草,再组织讨论修改,然后成文。

总之,学校管理工作要重视人性化,在宽松、和谐、愉快的组织氛围中,对教师的管理才能获得成功。也只有对教师的成功管理,才能发挥、调动起教师的主动性、积极性和创造性,才能做到人尽其才、才尽其用。

(三)以年级部为主体的扁平化管理

实施年级部主任负责制,使年级部有了相对独立的管理权,有利于本部教育教学任务的统筹安排。各年级部主任结合以往的工作经验对教学工作进行管理,工作起来更能因地制宜,符合实际。同时,简化了学校各处的职能,学校通过校务委员会,直接抓年级部,做到宏观调控,运筹帷幄。

(1)克服学校信息传递丢失的现象。打破了传统的金字塔式管理模式,高层决策者可以与基层执行者直接联系,基层执行者也可以根据实际及时进行决策,减少中间环节,决策执行快,反馈快,见效快。

(2)使学校的决策更加民主化、科学化。以往的金字塔式管理,决策容易形成官僚主义,高层者一言堂,一人说了算,缺少民主,决策有相当大的局限性,效率低。以年级部为主体的扁平化管理,年级部主任有权力对本部工作做出决策,决策来自基层,更加民主化,科学化。

(3)可以充分调动中层领导管理的积极性。以往金字塔式的管理,中层领导是校长决策的执行者,不管愿意不愿意,都要无条件执行,执行力会大打折扣。而以年级部为主体的扁平化管理,中层领导是决策者,这样角色的转变,大大提高了中层领导的主动性、积极性,他们能够充分发挥自己的聪明才智,展示自己的管理水平,人人参与管理,使管理产生最大的效果。

(4)促进教育教学质量稳步提升。实施以年级部为主体的扁平化管理几年来,上峰中心小学的教育教学质量稳步提升,达到前所未有的好成绩,得到了家长和社会一致认可与高度赞誉。

(四)实行"弹性离校"制度

为深入贯彻落实《关于小学实行"弹性离校"办法的通知》(宁教办〔2013〕39 号)文件要求,进一步深化学校素质教育,减轻学生课业负担,同时解决放学后部分家长按时接孩子离校有困难的后顾之忧,自 2013 年 11 月始,上峰中心小学积极实施"弹性离校"工作。主要做法有几点:

建立相应的领导机构,并做好工作统筹,结合学校实际制定科学严谨、管理规范的具体实施方案;

制定并执行"弹性离校"暨作息时间方案,并通过家校通、电子屏、家长告知书等形式告知学生、家长;

与申请"弹性离校"的学生家长签订协议,将协议书统一收发、装订;向学生家长发放《弹性离校学生接送卡》,要求按时持卡接送、保证学生安全;

学校每天安排一名校领导值班,具体负责当天的弹性离校工作;当天值班领导必须做到按时检查、详细记录、督促到位;以年级组为单位,安排教室供学生学习,合理安排负责"弹性离校"的教师值班。

为了保证"弹性离校"的有效性,上峰中心小学在开展"弹性离校"活动期间,严格遵循以下两个原则:

一是自主性原则。必须坚持学生自愿、家长申请、学校审核为前提,严禁以任何方式强制或变相强制学生参加此活动;此活动时间必须以学生独立自主完成学科作业为主,严禁以任何方式开展语文、数学、英语等学科的补课辅导,严禁以补差等名义组织或变相组织集体补课。

二是公益性原则。学校不以任何理由违规收取学生费用。

"弹性离校"政策一经推出,受到很多家长的好评。尤其是下班时间比较晚的家长,不必再将孩子托付给小饭桌或家教老师,更不必请假外出接孩子。以前部分学生放学后在学校四周乱跑,等着家长来接,这样既不安全,又不利于学生的成长。现在,放学后家长将孩子留在学校,由老师监管,监督辅导学生写作业,更让家长放心省心。随着这一人性化举措的全面推广,解决了很多家长的后顾之忧。

2017年2月,南京市人民政府同意市教育局、市财政局、市人社局拟定的《关于进一步推进小学"弹性离校"工作指导意见》,以"宁政办发〔2017〕28号"正式文件形式通知各级遵照执行。自此,南京市全市范围内正式开展弹性离校工作,而上峰中心小学成功实施三年有余,已经积累了丰富而成熟的工作经验,走在了全市的前列。

三、安全责任重于泰山

1. 坚决杜绝校园霸凌现象

近年来,在新闻广播里、互联网上、报纸上,经常会看到校园暴力事件发生的报道,这成为校园敏感话题,引起了社会各界的广泛关注。严重的校园暴力问题甚至演变成了恶性犯罪事件,使校园环境置身在社会"慌乱"之中,家长更是为孩子的生命安全和心理健康而担忧,学校工作管理人员也倍感压力。和谐稳定的校园环境是培养优秀人才的前提,是孩子们健康学习的必要条件,是和谐发展的社会所需,然而校园暴力却成为和谐社会中必须根除的"疾病",它的存在确实让人忧虑,是亟待解决的社会问题。为此,学校针对其爆发"病因"进行提前预防,对已存在的暴力问题进行综合治理,以期根治校园暴力事件,营造绿色、健康、和谐的校园。

学校从以下几个方面对学生进行教育:

第一,加强学生的心理教育,通过开办心理咨询课程,提高学生心理素质,弱化或预防学生在遇到挫折时的过激行为,指导学生进行自我心理疏导,建立和睦的人际关系。

第二,加强学生道德教育,帮助学生树立科学的人生观、世界观和价值观,一定程度上可以减少暴力事件发生的概率。

第三,加强法制教育,提高中小学生的法律意识和法制观念,让学生明白知法、懂法、守法的重要性。

第四,学校应健全德育规章制度,丰富学生课余生活,提高学生学习兴趣,减轻学习压力。

第五,加强学校治安管理,对校内治安工作人员定期进行知识、技能培训,完善管理方法。

第六,联合社会,营造健康绿色的周边环境。学校积极联合政府大力抓好校园附近流动人口的管理,对校园周边的网吧、游戏厅等娱乐场所进行整顿,将校园暴力违法犯罪的诱因降到最低限度,创建安定的校园内外环境。儿童像早晨七八点钟的太阳,代表着希望和未来。儿童的健康成长是一个家庭幸福的标志,更是整个中华民族强大的希望。校园暴力是影响中小学生健康成长的重要障碍,而引起校园暴力的原因又错综复杂,因此预防和治理校园暴力需要社会各界团体、机构、群众的共同努力,相互协作,共同构建一个安定有序、健康和谐的成长环境,将校园暴力不安定因素彻底根除,还儿童一个快乐的学习园地,从而促进社会稳定、健康地发展。

2. 校车安全管理

上峰中心小学是江宁区内最早配备校车的学校之一,在校车管理方面积累了丰富的经验,并积极向全区推广。近年来,校车已成为上峰中心小学一道亮丽的风景,这些校车的投入运行为解决孩子们上下学交通难的问题发挥了较大的作用。然而,由于运输对象的特殊性,校车安全牵动着千家万户的心,学校依据市、区《关于加强农村中小学生幼儿上下学乘车安全工作》通知的精神,结合实际,高度重视校车的安全管理工作:

(1) 完善校园周边交通安全设施,设定校车接送站点。学校落实值班巡查,每天上学、放学前安排人员到校门口执勤,维护交通秩序,严禁车辆入校,保证道路畅通。组织全面排查,彻底摸清学校周边道路交通情况和交通安全设施情况,并制定实施方案,进一步确定了最优的学生上下车接送点,同时完善校园周边交通标志、标线、停车泊位等交通安全设施的设置。

(2) 召开护导员会议(见图5-2)。明确车内安全责任,提高车内安全管理意识。

图5-2　学校召开护校车护导员会议和乘车学生会议

了解学生乘坐校车情况,及时解决相关问题,对校车安全工作有关的方案、措施、制度、活动等进行详细记录。

（3）定期召开乘坐校车学生会议,增强学生乘校车的安全意识,保障乘车学生的交通安全。会上,总结学生乘校车的情况,表扬同学们的良好表现,也指出存在的缺点。分别从时间、纪律、上下车的要求等方面对学生进行了全面性的教育,特别是点名交接制度、上下车的要求、行车途中的安全、请假制度,都做了详细的说明,使学生进一步明确了乘校车的要求。

（4）组织班主任及校车驾驶员、护导员进行急救技能培训,开展校车安全应急疏散演习。通过培训和演习,老师及驾驶员、护导员们对急救基本知识和方法有了进一步的了解,掌握了一些重要的自救互救技能,提高了学校师生校内外及乘车安全应急的自救互救能力。

附:上峰中心小学校车安全应急疏散演练方案

一、演练目的

为进一步加强我校校车的安全管理,加强对学生安全知识的宣传和教育,提高乘车学生的安全意识和防范能力,提高师生应对突发灾害事件的心理素质,提高团结协作精神,增强自救自护能力,从而保障广大师生的生命安全,维护学校正常的教学秩序和社会的稳定,经学校研究决定,组织一次校车安全应急疏散演练。

二、演练内容

1.校车发生交通事故的处置行动。

2.校车发生火情的处置行动。

三、演练时间

2016年9月22日星期四上午

四、演练地点

学校教学楼正面大门口

五、参加人员

所有校车的驾驶员、护导员、乘车学生、安全员、学校行政人员

六、领导小组及各行动小组

1. 领导小组

总指挥长：彭高林

副指挥长：詹建平（负责演练总指挥）

朱述良（负责疏散学生到安全地点的指挥）

庞志荣（协助组织校车到位及司机、护导员的调度）

2. 应急疏散组

组长：朱述良

成员：各校车司机、护导员

职责：事故发生后，迅速组织车上学生疏散撤离到距离校车 50 米外安全地带。清点人数。向学校报告。

3. 救护组

组长：李静

清点学生人数，清查受伤情况，开展救护工作。

4. 其他工作小组

(1) 摄影组：贾志军（负责拍摄录像、图片）

(2) 广播组：贾俊（负责活动过程的广播系统运行正常，准备两支无线话筒）

七、演练准备

1. 制定《上峰中心小学校车安全应急疏散演练方案》，将方案提供给各班主任和参加演习人员进行学习。（星期三上午大课间）

2. 校车安全应急演练领导与指挥小组对各校车进行全面检查，发现隐患及时整改后方可演练。

3. 对司机、护导员进行灭火器的使用、紧急门的开关等消防知识培训和疏散培训，掌握疏散逃生的办法和自救自护知识。（星期三下午）

4. 其他事项

各班在星期一晨会课上开展一次乘车安全应急逃生教育。掌握正确的火灾逃生方法为主要内容的练习，教育学生遇到火灾等突发事件时，按由后到前（或由前到后）先左后右的顺序依次从紧急门（或前门）下车，弯腰捂鼻，撤离到距车 50 米外的安全地带，不要顾及书包和钱物。要求能够做到：(1) 遇事不慌，头脑冷静；(2) 判明情况，思考对策；(3) 积极自救，互帮互助；(4) 听从指挥，有序疏散。

八、应急疏散演练程序

（一）演练一：模拟校车行驶过程中发生交通事故的处置

1. 参加车辆为 2 号、3 号、5 号、6 号校车。

2. 参加学生为乘坐校车学生。

3. 演练：由现场指挥对过程作解说发生交通事故如何处置

(1) 现场指挥宣布演练开始,5号车开始乘载学生缓缓行进;

(2) 当车行到大门口,与一辆快速拐弯的面包车发生碰撞的交通事故;

(3) 司机马上停车、熄火、亮危险信号灯;下车查看后,打电话向学校、公司报告情况(校车在明阳桥发生交通事故,请立即救援!);

(4) 护导员打开紧急逃生门,与司机组织学生从逃生门撤离到离开下车约50米的安全地点;

(5) 学校与公司在接到报告后,马上启动紧急预案,派出处理小组开展紧急救援工作;

(6) 公司派出另外一辆校车(2号车)将事故车辆的学生接走。

4. 现场指挥作小结。

(二) 演练二:模拟校车行驶过程中发生自燃事故的处理

1. 参加车辆为7号、8号、9号、10号车。

2. 演练:由现场指挥对过程作解说发生校车自燃如何处置

(1) 7号车乘载学生缓缓行驶,进入主席台前位置时,坐后排的一名学生突然发现校车的尾部冒出"浓烟",立即大声报告:"汽车着火啦!"

(2) 司机听到报告后迅速停车,熄匙,打开车门。

(3) 车内护导员立即向学生大声通知:"车着火! 大家镇定! 听从指挥,要快速有序地下车!"护导人员迅速下车,站在车门口,协助学生迅速下车(学生按由前到后先左后右的顺序依次下车,不要顾及书包和钱物)。学生用衣袖、手帕等捂住口鼻,迅速有序地撤离距车辆50米外的安全地带集合,预防汽车油箱发生爆炸。

(4) 学生全部撤离后,司机拿出灭火器灭火。但火情较大,很难扑灭。马上向学校、公司报告:"校车在学校门口发生自燃,请立即救援!"

(5) 学校在接到报告后,马上启动紧急预案,派出处理小组开展紧急救援工作。

(6) 公司派出另外一辆校车(8号车)将事故车辆的学生接走。

3. 现场指挥作小结。

(三) 演练三:由司机实操遇到交通事故时如何处置

6号车独立开展应急演练。

九、演练总结(总结完成后学生回教室)

十、司机、护导员培训

1. 紧急逃生门的开启。

2. 灭火器的使用。

3. 安全管理重于泰山

对于各行各业来讲,安全是工作开展的前提和基础。学校的安全工作是学校教育教学工作的重要组成部分。可以说,它不仅关系到青少年学生能否安全、健康地成长,也关系到千千万万个家庭的幸福安宁和社会稳定。教育要发展,安全必先行。2016年,江宁区委区政府及相关部门进一步加大创建力度,实施专用校车工程,成立校车服务公司,投资6500多万元购置256辆专用校车,一次性实现专用校车全覆盖;公开招标有资质的保安服务公司为全区中小学、幼儿园提供专业的保安服务,年度保安经费达2500多万元;持续推进校园视频监控达标建设,投入4000多万元专项经费,近七成的学校、幼儿园建成数字化高清视频监控系统,重点部位监控信号接入全区监控联网平台;公开招标有资质的消防服务公司为全区校园消防设施设备进行专业检查检测,为消除校园消防隐患、建立专业维保机制奠定基础;持续深入开展"全国安全教育实验区"活动。

对于学校而言,安全工作更是重中之重。上峰中心小学高度重视校园的安全管理,建立了完善的校园安全管理责任体系,及时发现排除安全隐患,有针对性、实效性、经常性地提高全体师生的安全意识和防范意识。具体措施如下:

(1)学校设立安全工作领导小组,全面负责学校安全工作,校长是领导小组组长,其他成员分工负责。领导小组下设安全保卫机构(安保办),保卫主任由分管副校长分管。配备一定数量的专(兼)职保卫人员,建立高效规范的学校安全工作网络体系。

(2)学校安全工作领导小组下设应急小组:指挥组、保卫组、现场处置组、现场救护组、通讯联络组、后勤保障组、事故调查组等。各组根据事故实际情况,启动工作。

(3)切实保证学校安全工作所需人、财、物并合理配置。

(4)制定学校各项安全管理制度、预警和突发事件应急预案,完善事故防范措施,检查督导安全工作"一岗双责"制度的落实。协助有关部门对重大安全事故做出处理,并在适当范围内通报。

(5)定期召开领导小组专题会议,组织学习上级部门下发的安全工作指导文件,制订年度学校安全工作计划,拟定安全目标管理责任书。结合学校特点研究部署学校常规性安全工作。

(6)强化人防、物防、技防手段,抓好校舍设备维护、消防、治安、交通、食品、疾病预防、自然灾害防范等基础性安全工作。定期开展自查,及时排除安全隐患。重点做好校门秩序、教育教学、食堂卫生、大型集体活动、集体外出等方面的安全工作。

(7)组织开展师生安全宣传教育和培训,定期和不定期开展应急演练,提高师生对各类突发事件应急处置能力和逃生自救技能。

(8)在上级部门的指导下和学校周边单位建立校园周边综合治理小组,或建立联席会议制度。注重学校安全长效机制建设,加大校园周边综合整治力度,维护校园及周边安全。

（9）发生紧急情况立即启动应急预案，全面负责突发事件的指挥、协调等工作，及时组织抢险抢救。在有关部门领导下及时、妥善、依法处置事故。对相关人员进行责任追究。

总之，学校安全是一个系统的、全局的管理问题，学校的任何安全隐患都不可忽视，否则，将会造成严重的后果。西方的"墨菲定律"极端表述是：如果坏事有可能发生，不管这种可能性有多小，它总会发生，并造成最大可能的破坏。为了防止这种"小概率事件"发生，学校时时刻刻把学生的安全放在心中，丝毫不敢忘对学生进行安全管理和安全教育，时刻不忘对学校安全隐患的排查和早期预防。战战兢兢、如履薄冰，努力通过自身的严谨细致工作，为全体儿童创造一个安全、宁静、安心的学习环境、成长环境，为儿童的健康成长保驾护航。

四、师资队伍建设的有效实践

2004 年，上峰中心小学成功创建成为首批南京市绿色先进学校，2012 年又成功创建成为江苏省绿色学校。通过这两个创建，对绿色教育进行挖掘，对绿色教育有了新的认识，也对绿色教育注入了新的内涵。之后就绿色教育申报了省级规划课题，并以该项目研究为契机，对教师素质的提升和学校的发展发掘出良好的机遇。

与诸多农村小学相类似，上峰中心小学在 2001 年之前都是本地教师在此任教，且大多是由民办教师转正而来，文化水平、综合素质等诸方面较为薄弱。直到 2007 年之后才陆续有外地的新教师分配到上峰中心小学任教，但是，新教师分配的速度往往赶不上年轻教师调出的速度，导致教师年龄结构老化、断层、人员紧缺。直到近五年来，随着老教师的不断退休、新教师的大量增加，才使得年轻教师的比例大幅提高（见图 5-3）。

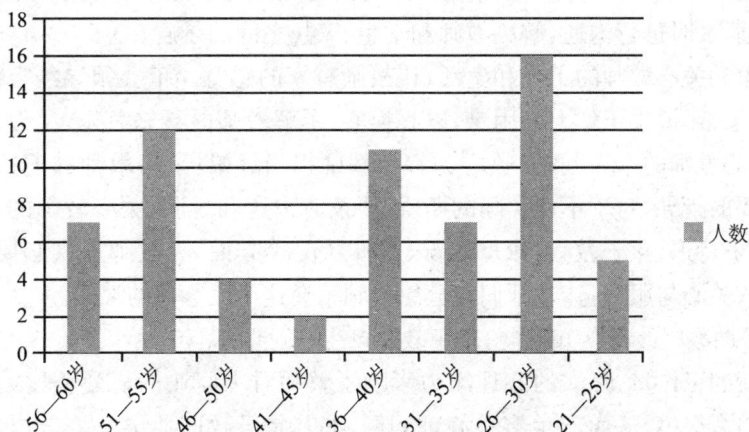

图 5-3　上峰中心小学 2017 年春季教师队伍年龄结构一览

随着新教师的快速补充,生师比、班师比都得到了一定幅度的提升,但是与同类型农村学校相比仍然有一定的差距。例如,2016年,上峰中心小学的生师比为16.2∶1,平均每班拥有教师2.58人,而全区农村学校的平均数字分别为15.90∶1、2.90人。这些年来这种差距始终存在。面对这一困境,学校只能挖掘自身潜力,加强对教师的培养,探寻发展机遇。

1. 关注全体教师心理健康

随着教师地位的不断提高,教师所承担的社会责任也越来越重,很多教师都觉得心理压力很大,甚至出现一些心理问题。江西省教育学院心理咨询中心曾对全省中学的骨干教师心理问题做过调查,发现有42%的教师有轻度心理问题,近6%的教师有明显的心理障碍。学校工会把化解教师心理压力作为新时期出现的新问题,与各部门积极配合,帮助教师克服心理负担,保持绿色健康心态,全身心地投入到工作中去。

(1)营造温馨的校园环境,松弛教师紧张的神经

由于教师工作繁杂、家长和社会的期望越来越高,优胜劣汰的用人机制在校内逐步推行,相当一部分教师还面临贷款买房的经济压力,造成教师对职业安全感的严重缺乏。以上这些现状很难改变,但是学校工会可以发挥自己的作用,努力营造温馨的校园环境,使教师紧张的情绪在和谐的氛围中得到松弛。

一是关注教师工作生活的物质环境。关注校园、教师食堂、教师宿舍等的环境建设,使教师的整个工作生活环境整洁、干净、舒心,体现出温馨的生活气息。为教师办公室添置一些小盆景,开展"文明办公室"评比,为教师创建一个干净、整洁、高雅的工作环境,使教师在繁杂的工作中感到精神的愉悦和情绪的放松。

二是关注教师工作生活的人际环境。积极创造条件,开展各种座谈会、茶话会,让教师畅所欲言,多交往、多谈心。发挥学校党政与学校教工之间的桥梁纽带作用,避免相互之间的误解和不信任,产生不必要的心理压力。经常开展学生座谈、家长接待等活动,及时进行沟通,解决教师和学生、家长之间的矛盾。

三是主动关心教师的工作和生活,让教师有家的感觉。工会领导经常深入教职工中,聊聊家常,说说工作上的困难,以心换心,了解教师的喜怒哀乐,尽力为他们排忧解难;关心教师的个人问题,热心为青年教师担当红娘;了解教师的期望和目标,并给予必要的指导,对于不切实际的期望,要及时沟通和说服;关心教师的基本生活条件,在工资待遇、孩子教育、家庭状况、身体状况等方面,为教师提供必要的帮助。通过细致的关心与服务,让教师们充分感受到工会这个大"家"的温馨。

(2)帮助教师改善认知倾向,避免教师产生职业倦怠

超负荷的工作量、强大的心理压力影响了教师对本职业的喜爱程度,往往导致教师感到心力交瘁,从而产生多种心理问题,尤其是导致职业倦怠。学校工会积极采取措施,一是努力帮助教师完善自我人格,引导教师转换角度看问题,正确认识和

评价工作生活中的挫折和失败,对已有的不合理的甚至极端的信念自我辨析,减轻情绪的困扰,帮助教师树立正确的职业观、人生观、价值观和科学的教育观、学生观,努力塑造具有豁达开放的胸襟、无悔的奉献精神和健全人格的现代师表形象。二是广泛了解教师情况,建议学校改进评价制度,提高教师工作热情。例如,建议学校不要把评价结果作为经济奖罚、提职晋级的直接条件,避免教师过于看重结果而导致严重的心理问题;建议学校采取灵活科学的聘任方式,减少教师的心理压力,同时积极做好安抚和协调工作,尽可能使其减少负面情绪,增强竞争意识和自我反省的能力。

年轻教师的工作状态决定了学校的未来。积极的人生态度是克服心理疾病最好的药方,学校工会要积极引导教师不断发展提高自己。青年教师刚踏上工作岗位,要联合主管部门认真组织岗前培训,帮助新教师度过适应期。初出茅庐的教师通常只有工作热情却不知工作方法,这就需要老教师发挥"帮带传"的作用,可以通过以老带新、师徒帮教带动青年教师,帮助他们迅速适应教育教学工作,减少新上岗的焦虑感和不安定感。教师站稳讲台后,要鼓励他们不断进修提高,促进自我成长,提高工作效能,从工作中获得乐趣。工作与职业不仅是谋生的手段,也是个人获得成就感和自我价值感的主要来源,对于中老年教师,工会应与相关处室一道,引导教师通过争创"教学能手"、"优秀青年教师"、各类"带头人",不断发展自己,实现和提升自身价值。

(3)加强教师心理辅导,提高教师心理健康水平

教师的心理健康从根本上说还得由教师自己维护,一个优秀的教师应该能够处理好两个方面的关系——既关注学生的心理健康,也重视自己的心理健康。优秀的教师在需要的时候能承受巨大的压力,但他绝不应让自己一直处于压力之中以至于身心俱疲,影响工作和生活的正常进行。上峰中心小学对此高度重视。

一是引导教师通过学习来完善心理品质。在市场经济条件下,优胜劣汰是社会发展的必然趋势。作为教师,要在竞争中努力提高自身综合素质,积极接受新事物、新理念,不断适应改革与发展的教育环境。同时,也要重视自我心理调适和心理保健,培养乐观的性情,努力减轻不必要的压力感和没有价值的焦虑。学校工会积极适应形势,充分发挥心理咨询室的作用,向教师推荐有关教育教学、心理辅导方面的书籍及文章,为教师提供相关的资料和信息,让教师通过学习不断提高自己的认识水平,完善心理品质。

二是举办各种心理培训来提高教师心理素质。学校工会聘请心理学专家为教师开设相关心理学讲座,普及心理疾病预防知识,提高教师心理保健意识和技巧,邀请有一定知名度的教师讲述他们处理工作压力的个案。说教对于一名成年教师来说或许多余,但是对身处迷茫状态的少数教师及时给予指点却能给人以启示和动力。通过各种讲座指导,教师们将"美丽人生,健康生活"的理念贯穿于自己的生活工作中,把自己最美最健康的一面展示给学生,报答给社会,把那些牢骚、不耐隔绝在门外。

（4）开展各种文体活动，缓解教师心理压力

文武之道，一张一弛。在长期的精神紧张之后，一定要设法通过一定的活动放松自己。学校工会应组织丰富多样的文化体育娱乐活动来调节教师生活节奏，缓解他们的心理压力。

一是开展丰富多彩的健身活动。俗话说，生命在于运动，多运动可以帮助新陈代谢，让老师们保持愉快的心情，有充沛的精力投入到教学中。学校为教师置办了健身房，供教师们进行健身运动，倡导教师们进行课间锻炼、冬季锻炼，并给予一定的物质奖励，组织乒乓球、篮球、拔河、跳绳、登山等比赛，增加教师的活力。

二是开展健康有益的休闲娱乐活动。学校工会利用"三八"妇女节、五四青年节、中秋节等节日机会，组织教师团队自费旅游，亲近大自然，让教师们在新鲜的空气、悦目的景色、昆虫的鸣声中将工作和生活中的阴霾一扫而光。学校通过开展书法比赛、摄影、绘画作品展等活动，培养和发展教师多方面的兴趣爱好，引导教师活跃身心，陶冶性情，改变教室、办公室、卧室"三点一线"的工作生活模式，在各种健康有益的活动中释放紧张的压力和增强心理张力。

2. 为中老年教师提供宽松的工作与学习环境

学校教育关键在教师，只有教师的观念转变了，认识提高了，学校教育才能上升到一个新的台阶。从近几年的工作实践来看，上峰中心小学之所以能够稳步发展、和谐共进，中老年教师群体功不可没。在大量的新教师补充进来之前，以及他们不断加入的阶段里，中老年教师无疑就是学校最为倚重的支撑。在一些兄弟学校相继为中老年教师提供轻松的岗位"养起来"的同时，上峰中心小学的中老年教师仍然在教学岗位上奉献不止。

学校开展的绿色教育科研活动，成为学校一切工作的中心和引擎，教育工会自然也不落后。为此，学校工会把中老年教师都发动起来，一方面，让他们相互学习、相互激励；另一方面，也用他们的勤勉作风影响和带动年轻教师。以经验交流为主旨的教师座谈会就是其中一个鲜活的亮点。在学校工会组织的以"精神引导，共谋发展"为主题的中老年教师座谈会上，庞道寿老师以极为朴实的语言，道出了普通教师踏实作风的真谛：

> 我是一名即将退休的教师，今天能与各位教师欢聚一堂，我特别高兴，我觉得到会的每一位教师都与我一样，都把学校当作自己的家，长期以来，对学校都付出了自己的一份爱，因为我们都深知学校工作的好坏，与我们每一位教师息息相关，学校的声誉，关系到我们每一位教师的声誉。
>
> 我自踏上教师岗位，至今已41个春秋，41年来我从没离开过班主任岗位，在近41年的班主任工作中，愧疚的是没有积累什么做好班级工作的经验，也没有让自己所任教的班级成为什么"优秀班集体"，只是像在座的每一位教师一

样,在自己的岗位上做了自己应该做的事。

我觉得学校工作的好与坏,关键在于班级工作的好与坏。长期以来,我一直爱着班主任这份工作,并认认真真地做着一个班主任应该做的事。我深知"学高为师,身正为范",教师应"为人师表",是学生的良师益友,是学生的表率、榜样。因此,我能严格要求自己,每天坚持早到校,督促学生打扫教室、清洁区,整理桌凳,督促安排、指导学生早自习,学生是祖国的未来,他们的文化、思想、劳动、身体等素质的高低,决定着祖国的明天。未来孩子,未来教育,我一直不懈怠,始终利用晨会课这一思想教育的主阵地,向学生进行爱祖国、爱人民、讲文明、讲礼貌、遵纪守法、爱护公物、勤奋学习、关心别人、助人为乐……的教育,每个学期都要组织学生学习《中小学生日常行为规范》;利用班队课组织引导学生开展生动有趣的主题活动,让学生在活动中,潜移默化地受到熏陶,进而规范自己的行为,因此,我所任教的班级班风正、学风浓。

班级管理是一门艺术,在工作中我奉行少说多干,事事带头,处处给学生做示范。为了让每位孩子都有所进步,对班级中那些"学困生"总充满爱心,亲切地与他们交谈,耐心地说服教育,并经常与家长联系,及时汇报孩子在校情况,以求得家长的支持、配合。

为了做一个让学生喜欢、家长称赞的老师,我处处严格要求自己,四十多年来如一日,始终如一,遵守校纪校规,虽然腿部有残疾病痛,工作也很忙、很烦,但我觉得充实,特别是当我们看到学生的成长进步时,我也就快慰了许多。

近几年来,学校领导组织教师外出参观学习,使我们从中受益匪浅,受益良多。今后,我还要虚心地向同行学习,争取做一个让学生喜欢、家长满意的老师。让我们期待,并衷心祝福上峰中心小学越办越好。

3. 成立青年教师发展学校

百年大计,教育为本,教育大计,教师为本。知识经济、信息社会、经济全球化、新课程改革给教师带来了前所未有的挑战。教师专业发展,是自我价值提升的需要,是学生发展的前提,是学校发展的关键。教师的专业发展,无论在理论上还是在实践上都成为国内外教育改革所关注的焦点。人们普遍认识到:新课改不仅指向促进学生素质全面提高,也力求促进教师专业发展。这就要求教师必须自觉提升自身教师素养,实现自身专业发展;而学校也必须努力创设环境和条件,关注和促进教师的专业发展,以适应新形势下教师专业发展的客观要求。为此,上峰中心小学抢抓机遇,尤其重视青年教师的培养,积极建设青年教师专业发展学校,以促进教师专业发展,推动学校持续发展。

(1)明确目标、科学规划,指导年轻教师进行专业发展战略规划

教师专业发展是教师内在结构不断更新、演进和丰富的过程。即教师通过接受

专业训练和自身主动学习，逐步成为一名专家型和学者型教师，不断提升自己专业水平的持续发展过程。上峰中心小学深刻地认识到，年轻教师一定要牢固树立终身学习、自主发展理念，充分认识教师专业发展是自我价值提升的需要，是学生发展的前提，也是学校发展的关键，打造高素质教师群体，整体优化教师队伍，直接关系到学校的生存与发展。全校教师达成共识，使之成为全校教师的共同愿景，引领学校走向持续发展之路。

上峰中心小学成立以来一直致力于追求高品位的学校发展，尤其是提出建设教师专业发展学校以后，学校在评估标准的指导下，结合本校实际制定了科学合理的发展目标及《学校发展规划》，并将其纳入学校整体发展规划之中，期望每一位教师都能用现代教育理念，审视自己的教学实践，反思自己的教学行为，提升自己的专业水平，建成一支具有强烈的终身学习、自主发展愿望的教师团队，建成一支具有较强教育科研能力、强烈的敬业精神、良好的职业道德、精湛的业务水平、健康的心理素质、广泛的求知能力、积极的创新意识、和谐的人际关系、持久的合作理念的教师团队，建成一支适应需求、面向未来的"专业型""学者型""专家型"的教师队伍，切实提高教师整体水平，促进整体优化。最初，彭高林校长和行政一帮人就非常清楚地认识到：完全达成这样的目标是几乎不可能的，但是，必须按照这个方向去努力。学校要求每位年轻教师根据《学校发展规划》，结合自身实际，依据学科专业化、教育专业化和职业伦理专业化的要求，制定自身专业发展的年度和未来三年发展的教师个人发展规划，通过定期举行座谈会、教师成长沙龙等形式加强沟通、交流，以增进感情、舒缓压力、促进和谐、提升水平。

（2）完善机构、加强领导，为建设教师专业发展示范学校奠定组织基础

学校提出要创建青年教师专业发展示范学校，校长彭高林亲自担纲第一责任人。彭校长具有深厚的理论素养和较高的学识水平，有先进的发展理念，对教师专业发展和学校建设工作的认识水平高，一直积极倡导教师应该树立"教到老，学到老，终身学习"的学习理念。对于教师专业发展，态度积极，充分发挥主观能动性，自觉主动学习相关专著和文献资料，积累了丰厚的学习笔记和学习心得，积极探索有效实施的方法与途径，工作思路清晰。学校按照整体协调、分工合作的原则，确定了教务处、教研组的职责和任务，做到职责分明，任务具体。建立了教师专业发展的电子档案，完善了教师学习评价、考核、奖惩制度，日常管理规范、有序、高效，管理资料项目健全，归档及时，分类清晰。健全的组织机构，整体的协调，明确的职责，规范的管理，具体的检查，常态的监督为确保建设青年教师专业发展学校提供了坚实的组织基础。

（3）创造条件、建章立制，为建设教师专业发展学校提供可靠保障

一是物质保障。为满足教师专业发展、自主学习的需要，学校给每位教师配备一台高性能联想笔记本电脑，满足教师查找资料、远程学习、拓宽视野之所需，提供促进教师专业发展需要的网络支持平台和网络环境。学校还设有专门的教师电子备课室，其装机台数完全满足教师备课、学习、研讨、交流需要。先后购买了多种教

育理论专著、专业理论书籍、学科报刊,有效地服务于教师专业发展。学校安排了专项经费,用于教师专业发展中聘请专家及教师外出学习、培训所需的资料费、差旅费、住宿费等。学校规定每年教研、培训等时间累积不得低于 240 个学时,这样使教师学习、培训、交流有物质、时间上的保障,从而让教师专业发展和学校建设有了可靠的物质保障。

二是制度保障。建设教师专业发展学校离不开制度建设,学校为此建章立制、完善制度,让建设教师专业发展学校有可靠的制度保障。主要有继续教育制度、校本教研制度、集体备课制度、专家引领制度、教学反思制度、评价奖惩制度,并认真加以落实,有效促进了教师专业发展,推动了教师专业发展学校的建设。

(4)立足实践、创新形式,给建设教师专业发展学校搭建有效平台

伟大的教育家陶行知有句名言:"行动是老子,知识是儿子,创造是孙子。"只有给建设教师专业发展学校搭建有效平台,才能促进教师专业发展,从而建设教师专业发展学校。因此学校开展了一系列丰富多彩的活动,实施一系列工程,主要有读书工程、青蓝工程、名师工程、开放工程、团队工程,旨在促进教师专业发展,促进教师专业发展学校建设。

三国时孙权曾说:"能用众力,则无敌于天下矣;能用众智,则无畏于圣人矣。"青年教师发展学校就是要让年轻教师们彼此之间实现思想碰撞、行动对齐,年轻人思维活跃,老教师经验丰富,有碰撞就会有提升,就会有收获。上峰中心小学至今的蓬勃发展、蒸蒸日上很大程度上得益于青年教师积极参与推动学校发展的有效实践。

五、倾心办好家长学校

家庭是儿童生活的第一个环境,父母是儿童的第一任老师,家庭教育对一个人的成长,特别是对 14 岁以下儿童的教育来说,起着学校教育、社会教育所不可替代的重要作用。苏霍姆林斯基曾说过"家庭是人生启蒙的地方,也是终生的学校"。古语也说"父母耕读子孙贤""上梁不正下梁歪",可见家庭教育对孩子成长的作用是何等的重要。家庭氛围、父母的素养是孩子健康成长的基础,家长的素质、思想认识水平和观念在一定程度上直接影响孩子的成长,影响着学生整体素质的发展,也影响着学校教育的效果。

有专家提出:家校合作是一个有着巨大前景的教育改革领域,从一定意义上讲,谁抢占了这个制高点,谁就获得了基础教育改革和发展的先机。现在许多学校都重视家校合作,但合作现状存在不少问题。中国教育学会副会长兼家庭教育专业委员会理事长朱永新就曾在一次演讲中提到:

一些校长和教师经常把学生出现的问题归罪到父母头上,认为是"家教"不好;或者将家委会、家访等家校合作形式视为向父母"告状"的好机会,专讲学生

的问题和不足,或者用所谓"好学生"的故事教育"坏学生"的父母,却很少与父母协商解决问题的办法;在这种情况下,家校双方关系紧张,态度敌视,根本无法平等地进行交流合作,自然也不能够实现共同成长的目标。

在各个学校开展的家校合作中,围绕服务责任、合作共赢、办学价值三个维度,最容易出现以下的困惑和误区:① 学校要为家长提供多样服务吗? ② 学校能否成为社区文化的中心? ③ 家校合作是教师专业发展之痛吗? ④ 家长是学校办学过程中的负担还是资源? ⑤ 家校合作仅仅是学校德育工作的范畴吗? ⑥ 家庭教育是学校教育的补充和延伸吗?①

新型家校合作应该从家庭单向配合学校的应景性工作,向家校相互支持、共同发展转变,需要不断突破教师、家长的传统角色立场和行动边界,走向持续性的制度化之路。多年来,上峰中心小学始终以德育为首,德育工作中坚持"全员育人、全程育人、注重基础、注重常规"的工作方针,努力提高德育工作的针对性和实效性。以家长学校为核心抓手,有效引导家校协作走向和谐、有效。家长学校工作作为德育常规工作中的一项重要内容,在上级教育主管部门的关心指导下,在学校领导的重视下,通过自身的努力和扎实工作,取得了优异的成绩。

1. 做好家长学校的基础工作,确保教育的长效性

学校专门成立家长校务委员会来负责家长学校的具体工作。家长校务委员会主任李春林是原上峰中学校长,热爱关心下一代。他在家长学校的筹办、开学、授课等过程中亲临现场指导,使上峰中心小学的家长学校的工作得以顺利进行,校务委员会的工作开展也卓有成效。

由于学生家长的素质参差不一,部分家长把孩子交给学校就完全依赖学校,忽视了自己是孩子的第一任教育者的作用。当孩子出现了一些差错时,又不知道如何去正确引导,只会采取简单粗暴的方法。加上现在的家庭普遍都是独生子女,家长身上所反映出的"过分溺爱,过分放纵,过度教育,过度期望"的"四过"现象十分严重,给学校教育带来了困难。通过家长校务委员会李春林主任的分析,每位教师、家长都感到:确实有必要对家庭教育给予指导,使家长自觉要求掌握正确的教育思想和科学的育人方法。

2. 落实教学目标,严格考核办法

如何让家长在家庭这个特殊的环境中担起优秀教育者的重任,让孩子茁壮成长,成为有用人才?上峰中心小学制定了明确的教学目标和教学计划,让家长通过学习,能协同学校让自己的孩子在整个小学阶段轻松、愉快地完成学习任务,健康、

---

① 《家长告状老师吐槽,说好的家校合作却让双方关系变紧张! 从这六个问题着手找到破解之法》,http://www.sohu.com/a/145443994_227364? _f=index,edunews_5。

活泼地成长、发展,并为今后的学习和生活奠定坚实的基础。

上峰中心小学注重对教学效果的及时反馈。通过邀请部分家长座谈的形式,对怎样办好家长学校、家长学校应该有针对性地开展哪些方面的教学工作、如何提高家长学校的教学效果等问题进行探讨研究,及时调整、充实教学计划。上峰中心小学每期都对参加学习的每一位家长进行家长学校授课状况问卷调查,让家长参与学校管理,督导教师工作,以期达到家长学校工作的实效、有序。

3. 举办专题家长学校,提高教育的针对性

在深入进行调查研究基础上,根据不同的学生、不同类型的家长,有针对性地举办各种类型家长学校,以提高家长学校实效。

一是新生家长学校。主要针对一年级学生的年龄特点和教育要点开办专题讲座,如"怎样让孩子适应小学生活""怎样培养孩子良好的习惯""家庭教育与孩子的成长",等等。二是四年级学生家长学校。随着孩子年龄逐渐增大,孩子的生理、心理发生了一些新的变化,及时举办家长学校,做好家校沟通,共同做好孩子疏导、教育工作,主要进行"如何树立正确的教育观""怎样引导孩子健康地走进网络世界"等专题讲座。三是针对六年级学生学习压力过大的心理特点,举办六年级家长学校,召开学生会及家长会,矫正部分学生的不良习惯,收到了很好的效果。

4. 积极举办"家长学校进社区"活动

根据"加强和改进德育工作,家庭和社区紧密配合"这一办学宗旨,几年来,上峰中心小学一直致力于推行"家长学校进社区"这一模式,将家庭教育阵地前移,依托社区开办家长学校,建立健全各项管理制度,充分发挥学校和社区的资源和优势,有针对性地选题和选材,听课和讨论相结合,组织家长参加交流,听讲座,创造性地开展了一系列富有特色的社区家庭教育,进一步拓宽德育网络的途径,巩固学校、家庭、社区"三位一体"的教育成果,为学校教育提供了补充和完善。每个社区的每期家长学校,上峰中心小学都选派经验丰富、责任心强的同志担任教学工作,课前制定详细的备课教案。老教师皇甫才兴为了上好课,其教案几易其稿;裔晓春、张勇、詹志龙、詹建平等老师为了上好课,精心制作教学课件,使学生家长听得津津有味,交口称赞。上峰中心小学还邀请了外地教育名家前来上课,受到了家长的热烈欢迎。

5. 改进家校协作形式,实现教育的广泛性

在现实生活中,家长们总希望自己孩子品学兼优,办事能力强,更希望他们出色、成才。这些想法正好与学校老师工作目标相一致。但在实际教育过程中,一部分家长对子女的教育始终不能与学校工作协调一致,他们往往重智轻德,轻视学生的全面发展。也有一部分老师缺乏了解学生家庭教育情况和学生个性特点,教育效果不理想。因此,我们家长学校重视与家长们通过多种形式,建立信息沟通的渠道,要求教师深入每个家庭实施因材施教,请家长参与和协助学校的各项活动,从而避免出现"双方目的相同而手段各异,造成受教育者茫然不知所措,最终收效甚微"的

现象,促进家庭教育与学校教育相结合,充分发挥了家庭教育的巨大潜力。上峰中心小学采用的主要形式有三种:教师走访家庭、把家长请进校园、让家长走进课堂,这为推进家庭、学校的教育、教学一体化发挥了积极的作用。

6.关爱随班就读特殊儿童

在我们学校有极少部分的特殊儿童随班就读。学校对此极为重视,在上级支持下专门建设了资源教室,安排了专业、敬业的优秀教师专门从事辅导工作。为进一步提高这些家长的家庭教育水平,共同为随班就读孩子生命成长提供帮助,学校还多次专门组织随班就读学生家长茶话会活动,由学校向家长介绍所做的努力与工作,请资源教师向家长们介绍孩子个别辅导方面的进展情况,向家长们展示孩子们取得的成果,家长们畅所欲言,彼此分享经验,引导家长们相互支持、真诚分享、相互汲取力量,增强了家长们的自信心。这项工作,对于学校来说完全就是一份良心工程。学校在这方面花费大量精力组织家校协作,以实际行动向社会兑现了"为了每一个孩子的健康成长"的庄严承诺,真实体现了学校极力倡导绿色教育的社会良知。

第二节 绿色的人际环境系统

一、打造绿色和谐的人际环境

对于"绿色的教育生态",全国人大教科文卫委员会委员、教育部社会科学委员会副主任、原武汉大学校长顾海良教授有过一段讲话,值得我们深思:

> 对于教育来讲,绿色的含义要更广泛一些。有的学者研究教育生态的问题,即能不能形成绿色的教育生态。比如说在教育理念上,怎么适应当代社会发展的需要,适应当代中国特色社会主义建设的需要,适合现在培养人才的需要。那么就要有一个很好的环境、很好的条件,形成很好的生态。如何发挥教师教学的积极性、创造性、主动性,也需要有一个良好的教育教学生态,为教师提供良好的教育发展和创新的条件,使他们在教学上、科研上、生活上得到非常"绿色"的安排。所有这些问题,都涉及教育的生态问题,也就是绿色教育的问题。教师,特别是中青年教师,如何关注和关心他们的成长,如何为他们的成长提供更好的服务和条件,我们的认识还不够。[①]

---

① 顾海良:《以五大理念推进高教发展》,http://www.moe.gov.cn/jyb_xwfb/moe_2082/zl_2016n/2016_zl11/201603/t20160304_231857.html。

从这段话里面，我们可以看到，顾海良教授所说的"教育生态问题"，其实主要是指校内的人际环境问题、人事关系问题等关涉到"人"的问题。

1. 校长要妥善处理校内人际关系

和谐是学校得以良性发展的基础，构建和谐校园，实施和谐教育，培养全面和谐发展的学生，其关键在于学校是否拥有一个绿色和谐的教师群体。能否成功打造一个和谐的教师群体，是检验校长管理才能的最低标准。

所谓管理，首先就是管人理事。管理的科学性就在于让人高效地做事，管理的艺术性就在于让人愉快地做事。精心打造一个和谐的教师群体，让全体教师高效地做事、愉快地做事，应当成为学校管理工作的重要方面。而构建绿色和谐的教师群体，关键是校长要妥善处理好与几类人的人际关系。

（1）妥善处理与教师之间的人际关系[①]

作为校长，首先要积极营造与教师之间的和谐人际关系。在这一点上，时任盛大网络公司总裁唐骏先生的圆心理论可以使我们得到一些有益的启示：

> 在公司里，员工都希望自己能和上司走近一点，但又不想看到别人也走近或者比自己走得更近。如果在一个组织中，上司只和几个或者少数人走得很近，最终的后果一定是在公司形成一个无形的圈子，圈内的人会觉得自己十分受宠，于是忠心耿耿地为上司工作；但多数人还停留在圈外，这些圈外的人会觉得公司的好坏与自己无关，他们正在做的事不过是一份工作，而不是一项事业。工作和事业的差别在于：工作为的是生存，而事业为的是发展。好的管理应该是让每个员工都觉得自己在干一项事业，从而激发他们的潜力。

艺术的最高境界是简单，管理也是如此。如果公司是一个圆，CEO是圆心，那么剩下的所有员工都必须在圆周上，圆心和圆周的距离是最简单、最艺术的距离，这就是唐骏的圆心理论。圆心理论能够让大家感觉到每个人都有一样的机会，认真工作创造成绩才是真正的发展之道。

这种圆心和圆周的距离是员工所期待的上级和下级的关系，因为一旦没有这样的平衡，员工心里就会有危机感，担心自己明天是否会失宠。那些与CEO的距离相似的人会集结在一起，大圆散成几个小圆，形成大小帮派，或者称为小集团。有调查显示，企业发展的阻力有30%源于企业内部派系斗争产生的内耗。在学校管理中，这样的小集团必然对学校发展产生更大的内耗。

实际上，仅仅做到"等距离"是远远不够的，做一个好校长，一种简单有效的方式就是做些让教师感动的事。根据马斯洛的需要层次理论，教师通常对精神的要求大

[①]　孙军：《谈校长处理校内人际关系的几个层次》，《上海教育科研》2010年第1期。

于对物质的要求。一旦你用行动赢得了教师的心,他们就会无怨无悔地为学校做出更多的奉献。在此方面,彭高林校长也有很多的例子可以让教师们津津乐道。

然而,有的校长为了刻意与教师保持距离,对所有教师都很冷淡,表现不出一点亲切和关心,结果让教师体会不到温暖。教师往往把学校当作家,家长可以很严格,但家长心底里必须是真心爱护孩子的。如果教师没有感受到这种爱护,就会失去对家的热爱,事实上,当教师认同了你的圆心理论以后,哪怕你只做了一件只对某个或几个教师关爱的小事,其他教师也会觉得他们得到了关爱,因为大家都是等同的,下一个受到关爱的也许就是他本人。在此刻,大家都会认为,你与全体教师之间是零距离,你的心与大家的心之间是没有距离的。

(2) 妥善处理与中层干部之间的人际关系

中层干部具有普通教师和管理者的双重身份,是学校管理中一支举足轻重的队伍,作为普通教师的一员,他们与其他教师同处在以校长为圆心的圆周上,与校长之间是等距离的。而作为校长意图的执行者,作为学校的管理者,他们又与校长同处于学校的圆心位置,与所有教师之间是等距离的。当然,这是理想状态,在此状态下,中层干部是一个团结一致、协作紧密的领导集体,是一个优秀团队。团队中的成员,都应当德才兼备、善于沟通与协作,能够时刻明确自身的角色,摆正自身的位置,而这需要校长用心去发现、指导、训练与锻造。一旦团队中出现了不和谐的声音,有个别中层干部游离于团队之外,则必然导致领导集体在教师群体中的圆心位置出现模糊、偏差,更有甚者,会在游离于团队之外的中层干部周围形成一个小集体,导致学校管理出现不应有的内耗。

彭高林校长清醒地认识到中层干部的重要性,为了确保他们都拥有相近似的工作动力与认可度,彭校长同样把自己放在管理者队伍的圆心,与所有中层干部保持等距离。如果他表现出对某人特别亲切,很可能会给他的工作开展带来诸多不便:如果此人的能力较差,则会影响到校长的信誉和威信;如果其能力很强,其他教师也会觉得他的提升是因为与校长有特殊关系,反而令他得不到应有的认同,对这个中层干部也是很不公平的。

当所有中层干部都能明确地认识到自己作为教师与其他教师同处于以校长为圆心的圆周之上,作为管理者,与其他管理者也同处于以校长为圆心的圆周之上时,他必然能够感受到校长的公正公平,减少彼此之间不必要的相互猜忌,减少内耗,各人必然会抓住每一次机遇,努力工作、力求成效,而此时,学校的各项奖惩考核制度也必然激励着中层干部迸发出更高的工作激情。

(3) 妥善处理与副职之间的人际关系

副校长(包括校长助理)由于身份特殊,在学校内也分管一块工作,既是学校决策的参与者,又是各项决策的执行者。对于校长来说,如何妥善处理与副职之间的人际关系,直接影响到学校教师队伍人际关系的和谐,也直接关系到学校各项工作能否秩序井然地开展下去。一旦正副职不和谐,往往直接导致学校教师队伍人心浮动,各项工作停滞不前,甚至出现大幅倒退,此类例子不胜枚举。对此,作为正职校长有着不可推卸的责任。为防止正副职矛盾的出现,必须有防患于未然的意识。我们常常说,正副职之间需要相互尊重,不妒忌贤能,不拉帮结派,不推功诿过,豁达大度,克己让人。其实,作为正职校长,完全可以从刺猬法则中获得一些有益的启示。

> 所谓"刺猬"法则可以用这样一个有趣的现象形象地说明:两只困倦的刺猬,由于寒冷而拥在一起。可因为各自身上都长着刺,刺得对方怎么睡都不舒服。于是它们只好离开一段距离,但它们又冷得受不了,于是又凑到一起。几经折腾,两只刺猬终于找到一个合适的距离:既能互相获得对方的温暖又不至于被扎。"刺猬"法则就是人际交往中的"心理距离效应"。

作为正职校长,要搞好工作,必须与副职校长保持亲密关系,便于获得下属的认同;同时,也应与副校长保持适当的心理距离,避免副职之间产生不必要的嫉妒,也可以减少副职对自己的恭维、奉承,以致校长在工作中丧失原则。事实上,雾里看花,水中望月,保持适当的距离,让出适度的空间,给人以"距离美"的感觉,可以让校长、教师和上级领导对副校长的工作能力、业绩看得更加清晰,从另一方面也促进了副校长领导才干的成长和工作效能的提升。

构建一个和谐的教师群体,是校长首先要做的重中之重的事情,其实,只要能够恰当地领会刺猬法则,实践圆心理论,妥善处理好自身与副职、中层干部、教师之间的关系,引导教师之间、中层干部之间、副职之间的人际关系走向和谐,则"人和"景致处处可见,一个和谐的教师群体便已具雏形了。

所幸,我们在上峰中心小学可以清晰地看到彭高林校长与教师、与中层干部、与副校长等三个层次各自保持了一个理性的、和谐的人际关系,为建设学校的绿色教育生态树立了正面的榜样。

2. 校长要善于授权[①]

即使是天才,一个人的乐队也不可能气势宏大。演奏一场波澜壮阔的交响乐得让每一个乐手进入角色。一流的指挥能最大限度地调动每一个乐手表演,并让他或她达到巅峰状态。[②] 这已经是一个再浅显不过的道理了。一方面,指挥需要充分调动、合理发挥每一个人的才能;另一方面,指挥更需要预先充分授权给乐队的每一个人,按照各自的角色,在统一指挥下,尽力展示各自的才华。

"在我向某人演示应该如何做的时间里,我自己已经做了两遍了。"这句话是所有那些不愿意把手头的工作分给别人做时最常用的一句托词。这些人或者会说"他们根本做不好,算了,我知道我只有靠自己了"。而事实上却是,无论是在家里教孩

---

① 孙军:《校长的授权》,《教书育人》2015年第4期。
② [美] Stephanie Culp:《每天为自己找到更多时间》,徐海鸥译,经济管理出版社2001年版,第152页。

子铺床,还是在学校要求助手去接手做自己正在做的案头工作,都是更正确的做法。伟大的母亲是决不会把铺床作为头等大事的,优秀的首席执行官也决不会沉溺于别人也可以干好的办公室的琐事中。① 校长自己做可能的确要快很多,也可能好很多,但是如果不懂得分工,就总有做不完的事,总没有留给自己的时间,而且完全可能永远没有时间和机会去认识自己的巨大潜能。

在美国,爱迪生名下拥有 1093 项专利,他是有史以来最伟大的发明家,迄今为止,在世界上没有一个人打破由他所创造的专利数世界纪录。有人研究后提出,爱迪生独立完成这么多复杂的发明,实在不太可能;爱迪生的时间管理必有独特窍门。事实上,爱迪生仅凭一人之力根本办不到,"爱迪生"实际上不仅仅是一个人的名字,也是爱迪生这位伟大的发明家个人所率领的研究团体名称。他很聪明,甚至知道自己还不够聪明,所以必须借重别人的专长,把这些专家放在最适合的位置上。他发自内心地想要和一群人一起学习,尊重对方长处,互相借助彼此的能力,攀登一个仅靠自己的力量无法抵达的高峰。② 对于广大校长来说,爱迪生是发明家队伍中的杰出管理者,是值得每一位校长学习、研究,乃至效仿、善于借智的巨匠:他对团队中的优秀分子给予了充分的授权,所以才能够带来为数巨大的发明创造。

中国历史上,最事必躬亲、什么细微政事都自己来、夜以继日在批奏章见官员的,就是王莽了。篡位十多年后,国家法制、官制、币制等越来越乱,不多久便天下大乱,自取灭亡。③ 对于校长来说,如果经济许可,千万不要自己"校长兼撞钟"。校长一定要下放权力,对管理团队的成员合理授权。

权力下放意味着分配给某人责任、工作权力、权威,而这也正是行政管理人员自己所掌握的一切。工作繁忙的管理者可以最简单的形式将工作中有关职责方面事务交给一位助理,但这仅表现了这一重要管理方法的低层次方面。管理的真正力量只有在行政管理人员将其权力交给下属人员之时才可获得发展。

但是尽管人们口头上大谈权力下放,仍有一些校长除了最细微工作外,不下放给下属人员任何权力,使得授权工作变得毫无意义。由于校长需要对管理失误负责,所以常常有校长怯于将必要的权力下放给下属人员。若不克服这种心理,那么权力下放只是一场闹剧。这种心理产生的结果即是校长不信任团队成员所做的工作。他用一句话使其对下属缺乏信任这一点完全合理化,即"我自己可以做得更好"。的确,他也许比其下属工作得更为出色,但他的工作是领导学校并主导和参与管理工作,而不是包揽所有事务。如果不下放权力,学校的工作就会在校长的办公桌上受到压制和阻碍。

---

① [美] Stephanie Culp:《每天为自己找到更多时间》,徐海鸥译,经济管理出版社 2001 年版,第 152 页。
② 吴淡如:《时间管理幸福学》,化学工业出版社 2012 年版,第 138 页。
③ 吴淡如:《时间管理幸福学》,化学工业出版社 2012 年版,第 158 页。

管理人员拒绝权力下放的另一个原因是他们缺乏自信。[①] 个别校长担心副职校长和下属能够将工作做得更好,这样自己的职位将会受到威胁。这样的情况是极少的,但也是存在的,这一类校长需要大力培养自信心;否则,他们就会真的像自己所担心的那样无法胜任本职工作。

作为校长,应有所为有所不为,应该明白哪些该做、哪些不该做,哪些该由自己亲自处理,哪些应该授权他人。通过授权,校长简洁使用了其他管理者的时间和管理能力,使得自己在某一个时间段所达成的业绩远远超过了个人的能力所能够达到的数量和质量,使得自己的时间无形之中迅速扩展了宽度、增大了"面积"。而作为授权者的校长,始终握有对被授权者的指导与管理权,始终有权将授出去的"权"再收回来,或者授予另一位管理者。因此,被授权者往往会全力以赴地贯彻校长的指导与要求,从而使校长对于学校的管理节奏得以进行关键的把握。

在上峰中心小学,所有的副校长、中层管理者都清晰地看到彭校长是如何实施"分权"的,也清楚地看到:彭校长的日常工作并不是忙得如同陀螺一般,在大多数教师眼里,彭校长比较悠闲,每天可以非常从容地早起登山、健步,在微信上快乐地"秀"一把他的锻炼行程。而这份从容正是与他的合理授权分不开的。

3. 理性认识教师之间的不平等[②]

如今,师生平等、教育民主的话题越来越引起众多有识之士的关注。然而,在这些关注之中,涉及教师之间的不平等现象的论述,除了个别的不成体统的牢骚怪话之外,竟然极难发现系统的描述与分析。

法国启蒙运动思想家卢梭在《论人类不平等的起源》中说:

> 我认为在人类中有两种不平等:一种,我把它叫作自然的或生理上的不平等,因为它是基于自然,由年龄、健康、体力以及智慧或心灵的性质的不同而产生的;另一种可以称为精神上的或政治上的不平等,因为它是起因于一种协议,由于人们的同意而设定的,或者至少是它的存在为大家所认可的。第二种不平等包括某一些人由于损害别人而得以享受的各种特权,譬如:比别人更富足、更光荣、更有权势,或者甚至叫别人服从他们。

在我们的教育领导与管理实践中,是否存在着教师之间的不平等现象?这根本就不是一个需要回答的问题,稍微有一点认知能力的人都可以给出肯定的答复。

温家宝总理曾说:"一个好老师,可以教出一批好孩子;一个好校长,可以成就一所好学校。"老师是有区别的,影响力是不同的,他们之间是不平等的;校长也是老

[①]　[美] Dale Carnegie:《人·时间·管理》,袁宁、王珍、胡宗等编译,山西经济出版社 1991 年版,第 103 页。

[②]　孙军:《小学校内教师间的不平等与面临的挑战》,《文教资料》2011 年第 3 期。

师,但不是普通老师,他们发挥的作用也不完全一样,他们也是不平等的。小学教师之间的不平等现象有哪些存在形式,或者说存在于哪些方面?如何分析这种现象形成的原因,并把握问题解决的关键?

(1) 不平等现象

同是小学,学校与学校之间的差异显然是存在的:除地域不同、城乡差别、学校硬件环境差异外,在教育均衡发展的时代背景下,更多的则是社区文化、学校文化、教师群体、儿童生源等软件环境的差异,而在一所学校内部的教师之间,也是存在差异的,这些差异直接带来教师之间的不平等。参照卢梭的分类方法,这种不平等大致可以分为两种:一种是教师进入这所学校之初所带来的不平等,是基于教师原先状态的,由年龄、性别、健康、体力、身份、已经获得的教育专业技能发展水平的差异而产生的。在当前的教师聘任、校长任用制度下,这种方式带来的教师之间不平等不是我们讨论的话题。

另一种则是教师进入该小学之后,在新的群体内所获得的不平等。这种不平等是因学校文化差异而产生的,体现在学校的各个方面,如考核与评优、岗位聘用、职务升迁、办公条件、话语权、荣誉称号的获得、绩效工资的分配、其他资源的分配等。通常,只要这种不平等的存在是被大家所认可的、在一定的"度"之内产生的,那么,这种不平等就是公平的、正义的,而一旦超过了"度",或者获得这种不平等的过程是不公平的,则这种不平等的继续存在必然发生危机,产生不平等的机制必然受到严峻挑战。各校的"度"是各不相同的,有的学校"尚同"——爱吃大锅饭,有的学校"求异"——讲究公平竞争。而教师群体追求与其他群体之间的不平等,往往源于学校追求发展高目标、高效能、高声誉,即源于学校的逐利行为,因为在不平等的发展中先行一步的学校可以在有限的社会资源中赢得更大份额。在校内资源不够丰富的情况下,只有通过群体的努力,教师才能占有更多的发展机会与资源配给。

教师个体的不平等源于社会、学校对教师的评价制度。在教师经济待遇大幅提高的今天,广大教师秉承"享受人民供给、必须为人民服务"的思想,亦即最朴实的"端人碗,受人管"的思想,坚定不移地按照教育主管者的思路去争先创优。与此同时,这种个体不平等的追求也预示着荣誉,以及荣誉带来的巨大的潜在利益诱惑。这些诱惑可以是动机,也可以是奖励,例如,一位教师力图获得市级学科带头人头衔,这是一个巨大的荣耀,成为个人的强力动机,而区教育局明确表示对于成功者将给以 10 万元的一次性奖励。名利二者的存在,都可以引发教师个体或主动或被动的追求,这种追求造成了教师之间更大的不平等。

校长个体的卓越也是教师追求不平等的一个重要原因。尽管人人皆知一将成名万骨枯,但是"二战"中美国仍有大量家长愿意将孩子送到巴顿将军的军营中,并以孩子在巴顿军中为荣。同样,优秀的校长在自身追求卓越的过程中必然影响到一大批追随者,从而引起教师个体、教师群体对不平等的不懈追求。

学生与家长群体对教师追求不平等的行为起到了推动的作用。优秀教师总能得到学生与家长更多的尊重,这种尊重通过多种方式、多种途径、多种场合表现出来,反复强化了教师心目中的价值追求,造成了优秀教师"越好越想好"的现象,也造成了部分落后教师自暴自弃、主动"被"边缘化的现象,成为教师群体中的落后分子,不自觉地拉大了教师群体内部不平等的差距。

（2）不平等激励了教师发展

教师群体内的不平等是与生俱来的,例如,即使是在改革开放之前,教师们之间没有政府的干预,声望和权威的不平等也是不可避免的。

不断制造不平等、激励教师追求不平等是促进教育事业发展的良方。在师资紧缺的20世纪80年代,政府通过考试将素质较好的一部分民办教师转为公办教师,此举在民办教师中制造了不平等,却促进了师资整体质量的提升;教师职称评聘、岗位聘任在教师之间制造了等级差异,引发了教师之间的众多不平等,但是通过学习与竞争大大促进了师资水平的持续提高;学科带头人、特级教师的评聘引发了教师荣誉上的不平等,人为地将教师分为不同层次,明显制造了彼此之间的不平等,但是此举却持续地促进了教师专业化水平的不断提升。尽管古语"众不患寡而患不均"不断警醒管理者,但他们总是能够巧妙地寻找到其中的临界点,利用物理学上的"物体受力不平衡产生加速度"的简单道理,将"不均"的促进作用尽量发挥出来。

优秀教师追求彼此之间的不平等。卢梭说过,自从一个人需要另一个人的帮助的时候起,自从人们觉察到个人据有两个人食粮的好处的时候起,平等就消失了,私有制就出现了。洛克说过,在没有私有制的地方是不会有不公正的。由于社会的发展、经济的发展和教师智慧的进步,随着优秀的教师越来越期望通过自己的优秀"据有两个人的食粮",不平等成为优秀教师的强烈要求。有了制度的支持,优秀教师们可以在有限的总体资源内合法地占有更多的份额,获得更多的荣誉和利益,而这一切都在管理者的激励之下不断发展起来,并转而成为整个教师群体的一种主流价值观。马太效应在教师之间不平等的制造上得到了充分的体现。

不平等也是校内管理者捍卫自我利益的潜在后盾。通常,校级干部是由上级教育主管部门任命的,而中层领导多出自校内优秀教师群体,他们被聘任后,与校级领导共同组成了一个利益共同体。以学校奖励性绩效工资发放为例,管理者群体的奖金平均数肯定要比普通教师的平均数要高,这是毋庸置疑的。

（3）不平等现象影响了教师成长

不平等现象不同程度地影响了教师个体的成长。话说乾隆皇帝游江南,登上镇江金山寺,远望长江上点点风帆,就问金山寺长老:"江上有多少只船?"长老回答:"只有两艘,一艘为名,一艘为利。"在强国必先强教育的治国方略指引下,教育受到了国家的高度重视。强教育必须有高水平的师资队伍。管理部门巧妙使用精神奖励、物质奖励两个标杆,引导教师个体朝向不平等努力奋进。在奋进的过程中,终身学习、公平竞争、不断提升自身素质是积极有效的一面,但同时也为出现心理失衡、师德缺失、学术不端、滋生腐败等负面现象提供了机会和平台。

不平等现象也不同程度地影响了教师群体的成长。有这样一种现象:优秀教师总是群体性出现、扎堆出现,这体现了教师群体的共同成长,这种现象源于教师群体中已经形成了群众领袖与追随者,而在整个团队中形成了积极向上、努力进取的学习型氛围。但是,教师群体成长也意味着形成了共同的利益集团,容易导致群体霸占话语权、打压同行成长的负面的可能。

不平等现象也极可能导致校长权力膨胀,容易引发校长领导道德的失范。这样的反面典型不算少。不平等现象直接导致择师择校风经久不衰。择师择校必然导致利益的定向移动,从而导致不平等在校际之间、教师之间的不断扩大。在上峰中心小学内,择师行为已然成为教师之间不平等的一个直接体现。

在教育日益受到全社会关注的情况下,教育中的不平等现象一方面引发了学校、教师积极进取、奋勇争先,另一方面也往往容易引发社会的众多争议,引发社会矛盾的激化,处理不当不仅会造成学校利益受损,有时甚至成为校内不稳定的导火线。

(4)调控

《国家中长期教育改革和发展规划纲要(2010—2020年)》提出,要"重点推进义务教育均衡发展"。温家宝总理说:"公平正义比太阳还要有光辉。"在这样的社会背景下,如何促进学校的均衡发展? 将学校削峰填谷显然是弱智行为,通过错位发展、特色发展、内涵发展来达到共同发展、均衡发展的观点已经被广为接受。而这些发展方式都改变不了学校间的不平等、教师间的不平等。

目前社会广为热议的是教师流动机制。这种机制的目的是促进校际教师均衡,希望借此推动校际均衡。但是,能否真正发挥作用? 教师流动促进的是个体的均衡还是学校规模的教师群体的均衡? 教师流动是否能够促进学校之间文化的均衡? 为教师流动机制预先铺垫的是教师岗位管理制度、绩效工资制度、岗位竞聘制度,可以预见的是,流动机制将对逐渐缩小学校之间的不平等产生积极影响。从宏观上看,实现校际均衡要优先于缩小教师之间的不平等差距。

校长流动机制也是社会关注的话题之一。校长是学校的灵魂,校长的常流常动是否会对学校的均衡发展产生积极的影响,目前还是各地慎重研究的重要课题。有一些地方,例如上海,已经开始实施校长职级制,不同职级的校长之间,差距有时是很大的。一个巨人和一个矮子,在同一道路上行走,二人每走一步,彼此之间的距离都会增大。因此,在校长们不断追求更高职级的不平等之时,教育管理部门还需要慎重考虑校长流动的利弊,毕竟,社会不能容忍一所学校因为调换了校长的缘故而越办越差。所幸,江宁区教育局的新一届领导班子清醒地认识到了这一点,采取更为理智的措施来实施校长流动。

从一所学校的发展角度来看,校内教师之间的不平等必须可控、可接受。罗尔斯的正义理论,可称作正义即公平的理论,他在《正义论》中提出了两个正义原则:第一,每个人都应有平等的权利去享有与人人享有的类似的自由权体系相一致的最广泛的、平等的基本自由权总体系;第二,社会和经济不平等的安排应能使它们符合地位最不利的人的最大利益,符合正义的储蓄原则,以及在公平的机会均等的条件下与向所有人开放的官职和职务联系起来。领导者牢牢地把握住了这两个原则,也就同时把握住了教师队伍中的不平等现象的脉搏。正义原则可以给教育领导者提供良好的解决思路。

在上峰中心小学,我们真切地看到了教师之间的不平等,并真切地看到了教师在如何奋力成长,力图通过不平等获得更多的教育资源。无疑,通过公平竞争获得不平等,而落后者试图通过努力获得平等,这对于学校发展是极为有利的,不仅不应当被指责,而且理应获得更多的支持和帮助,这对于培育校内教师的竞争意识、主动成长意识,对于校内师资的健康发展,是极为有利的。

4.岗位管理带来的激励与挑战[①]

(1)关于小学教师岗位的职务与等级

小学属义务教育阶段学校,岗位分为管理岗位、专业技术岗位(包括教师岗位和其他专业技术岗位)、工勤技能岗位等三个类别。如《南京市幼儿园、中小学、中等职业学校岗位设置管理实施意见》[宁人社(R)〔2010〕6 号]规定,小学教师岗位占岗位总量的 90% 以上,管理岗位、其他专业技术岗位和工勤技能岗位一般不超过岗位总量的 10%。小学教师的岗位职务和等级(自高向低)的对应关系如表 5-2 所示。

表 5-2　小学教师的岗位职务和等级对应关系

职务	副高级			中级			初级		
等级	五级	六级	七级	八级	九级	十级	十一级	十二级	十三级

文件同时明确规定,副高级、中级和初级专业技术岗位结构比例为:2—6∶45—60∶45—50;副高级五级、六级、七级岗位之间的比例为 2∶4∶4;中级八级、九级、十级岗位之间的比例为 3∶4∶3;初级十一级、十二级岗位之间的比例为 5∶5。由于岗位总量和结构比例已经确定,公开、公平、公正地实施竞聘上岗、按岗聘用成为教师岗位聘任工作的基本常规。

目前,普遍实行教师职务(职称)评审、按权限按级别聘任的办法。以《江苏省幼儿园、中小学、中等职业学校岗位设置管理实施意见》为例,副高级教师五级岗位人选,由学校组织评审,拟聘人选报教育主管部门审核后由学校聘用;教师四、七、十、十二级岗位仍按照现行的教师职务(职称)评审办法评审,评审通过的由学校聘用;其他副高级、中级、初级内部不同等级岗位由学校根据条件直接聘任,聘任结果报教育主管部门备案。按照这个文件的规定,教师职务(职称)的晋升由教育主管部门与人事部门评审后确定,而具体聘任的岗位等级则最终由学校决定,即评审是聘任的

---

① 孙军:《浅议小学岗位管理与实践》,《中小学校长》2011 年第 4 期。

基本前提、聘任是评审后岗位等级的约定，各岗位等级享受相应的岗位绩效工资，岗变薪变，从而初步做到了评聘分离明朗化、岗位管理合同化。

（2）岗位管理的长远意义

一是调整队伍结构，激发教师活力。教育大计，教师为本。有好的教师，才有好的教育。而好的教师，一方面靠严把进门关，更为重要的是另一方面，即在职教师的不断学习与自觉提升。当下，小学教师的职务晋升主要有几个环节：转正定级（十二级）、中级职称（十级）评审、副高级（七级）评审，一般在 30 岁左右可以参加中级职称评审，而能够进入副高级的因名额限制只有凤毛麟角的极少数人，按江苏的政策，约占小学教师队伍的 6% 左右。因而，对绝大多数教师而言，获得了中级职称，也就基本上意味着职业生涯中职务晋升的终结，教师专业化成长严重缺乏动力，高原现象广泛产生也就不足为怪了。而更有甚者，在许多学校，还存在职称评审排排座、吃果果的现象，只有熬到一定的资历才有机会晋升，就更进一步压制了教师的成长动力，严重钝化了教师的进取精神。

《国家中长期教育改革和发展规划纲要》明确提出，要严格教师资质，提升教师素质，努力造就一支师德高尚、业务精湛、结构合理、充满活力的高素质专业化教师队伍。其中，"结构合理"涉及教师队伍的岗位类别结构、职务结构、岗位等级结构，从学校来说又涉及学科结构、年龄结构，等等，结构是否合理，关键在于岗位设置以及学校岗位聘任办法的制定，也就是孔子所说的"从心所欲不逾矩"之"矩"的制定。有了合理的结构，为教师专业化向高素质方向健康发展，为教师队伍充盈活力提供了更大空间。国家也明确提出，要建立统一的中小学教师职务（职称）系列，在中小学设置正高级教师职务（职称），在制度上对"三十岁混到退休"的不思进取现象、专业成长高原现象产生的源头予以扼杀，从而为小学教师的专业化成长拓展了巨大空间，提供了强劲的动力。

二是为教育均衡发展、校际教师流动提供了依据。《国家中长期教育改革和发展规划纲要》提出，推进义务教育均衡发展，均衡配置教师、设备、图书、校舍等各项资源，实行县（区）域内教师和校长交流制度。而小学教师岗位管理为区域内教育均衡发展、校际教师流动提供了依据。由于各学校都是采用区域内基本统一的尺度进行岗位聘任，不同学校之间的同等级教师之间的专业化程度具有较大的相似性，从而为区域内教师的流动与配置提供了等级依据。而在南京的小学岗位设置中，普遍设置了"特设岗位"，从而为教师与校长在先进学校、薄弱学校之间的流动预留了充分可能，可以预想，特设岗位的合理使用将会彻底改观教师从弱校奔向强校、由乡村奔向城市的单向流动格局。

三是打破教师职业终身制，包含教师退出机制。2004 年 7 月，全国教育工作会议上，温家宝总理指出要加强教师管理，完善教师退出机制。而在当下，教师管理仍然缺乏退出机制，哪些教师应当退出、如何操作，都亟待制度的建立与完善。目前实施的教师岗位聘任制度，结合教师资格注册制度，为教师退出机制留下了后续操作空间。

《江苏省幼儿园、中小学、中等职业学校岗位设置管理实施意见》规定,学校要在核定的岗位总量和结构比例内,按照岗位设置实施方案,根据按需设岗、竞聘上岗、按岗聘用的原则,自主开展岗位聘用工作;学校与受聘人员应当在平等自愿、协商一致的基础上签订聘用合同,明确受聘岗位职责要求、工作条件、工资福利待遇、岗位纪律、聘用合同变更、解除和终止的条件以及聘用合同期限等方面的内容;现有人员的结构比例已经超过核准的结构比例的,应通过自然减员、调出、低聘或解聘的办法,逐步达到规定的结构比例。在这样的操作框架内,学校与教师采用契约化的岗位合同制管理,这样,滥竽充数者失去了生存空间,要么改变自己以适应新形势的基本要求,竞聘上岗,要么实施离开专业技术(教师)类岗位,转而参加其他专业技术岗位、工勤技能岗位、管理岗位的竞聘,从而彻底打破教师终身制,为今后的教师退出机制营造出能进能出、能上能下的有利氛围。

(3)岗位管理的实践策略

在实际操作过程中,上峰中心小学从长远发展考虑,因校制宜,提出三点实践策略。

一是把握好设置岗位这个关键。在进行岗位设置管理后,事业单位将同时实现"两个转变":由固定用人向合同用人转变、由身份管理向岗位管理转变,这有利于建立起一套权责清晰、分类科学、机制灵活、监管有力的人事管理制度,充分调动广大教师的积极性、创造性。小学教师岗位管理的主权在学校,而科学设置岗位成为学校人事制度改革的原始出发点,成为整个教师人事工作中最为重要与核心的环节。岗位设置中,需要把握几个原则:

① 吃透政策。不逾矩方可从心所欲。学校的岗位设置必须在上级文件规定的框架内进行,严格按照规定的程序和管理权限进行审核。

② 摸清家底。学校必须彻底清楚地了解本校教师的实际状况,并在此基础上因校制宜地制定详细的岗位说明书、聘用合约、考核机制、奖惩办法,做到有的放矢,真正发挥岗位设置的激励作用、引领作用、规范作用。

③ 着眼未来。岗位设置事关全体教师的专业发展,事关全体教师的工作积极性,也事关学校的长期发展,而实践中常常容易忽视岗位类别结构比例、同等级岗位的学科结构,常容易忽视直接聘用、破格聘用、正常申报竞聘的比例,等等。因此,岗位设置中,必须始终坚持"着眼未来"的原则,坚决杜绝寅吃卯粮现象,坚决杜绝短视行为,坚决杜绝渎职现象,以免为学校的长远发展人为地设置不必要的障碍。

④ 均衡发展。党中央新一届领导集体提出要全面建成小康社会、全面深化改革、全面依法治国、全面从严治党的"四个全面"战略布局,大力推进义务教育均衡发展。从国家层面来说,要考虑到东部、中部、西部的区域间均衡发展,城乡教育的均衡发展,从学校实施素质教育的层面来说,要确保儿童素质的全面发展,必须全盘考虑各学科的均衡发展,如果不能考虑到这一点,就可能造成"一科独秀"之类的学科片面发展的状况,这对于激发弱势学科教师工作热情、引导学科均衡发展是不利的。

二是牢牢把握契约管理思想。教师岗位聘任合同的签署,具备明显的契约痕迹,岗位管理契约化已经成为常规做法。在岗位设置实施方案、岗位任职条件、岗位职责、岗位申报竞聘条件之中,尤其是在岗位申报书、岗位聘用合同之中,都可以清晰地看到契约的烙印。契约化的要点有以下几个方面:

① 诚信契约,即签署契约申明所有的申报材料的真实性,否则愿意承担相应的已经罗列出来的惩处。

② 任职期限契约,即岗位申报书、聘任合同都明确了有效期限,且明确指出,合同期满则本次合同自然终止,该岗位等级的相应待遇也自然终止。

③ 职务升降契约,即视期满考核情况,或自然降级,或予以续聘,或推荐竞聘高一级岗位,以契约形式强化了绩效优先的聘期考核思想和职务能上能下的合同用人机制。

④ 岗位退出契约,即对履行教师岗位职责情况考核不理想的人员,除了以契约的方式约定经济赔偿、即刻降职等惩罚措施外,还以契约方式明确了病退、转岗(转入工勤技能岗)、辞职、辞退等岗位退出方式,从而为不合适从教的人员退出预留了法理渠道。

三是做好人性化服务保障。若要将岗位管理真正落到实处,必须重视岗位履职过程的管理。而过程管理的关键是要充分注意人性化服务,严慈相继。在实践中主要是做到以下几点:

① 公平意识贯穿始终。国家提出要大力促进教育公平、加强教师队伍建设,而落实岗位管理正是加强教师队伍建设的重要举措,在评审、聘用、任期考核等整个管理过程中,必须牢固树立服务意识、公平意识。有了这样的意识,也就避免了各个环节的权力寻租、暗箱操作等不应出现的现象,从而用制度的公平、服务的公平来保障结果的公平。

② 申报材料的过程性积累。为了保障申报竞聘的公开公平,为了使得竞聘更加有效地促进教育教学工作质量的提升,更加有效地促进教师个人专业化健康成长,学校宜建立申报晋职教师的个人成长档案袋,约定学校教师岗位申报材料提交的及时性、纪实性,例如约定"教师每年有一篇教育文章发表或获奖,多出的不作为申报材料"。

③ 注重教师成长的有效指导。例如针对一些教师科研能力较弱,写出的文章总是难以发表或获奖等情况,学校应及时安排辅导,邀请专家予以重点辅导与帮助,帮助那些渴望成长的教师获得进步与成功。

④ 关心教师心理健康。有一些教师,在教育生涯的"高原"或是"平原"上,已经习惯以"混""等""靠"的方式过日子,随着岗位管理的逐步强化,他们能力上、体力上、心理上越来越感觉到难以适应,这就需要学校适当予以关心,尤其是要关心这部分教师的心理状况,针对不同情况,分别予以关心、理解与疏导,将存在的隐患彻底消灭在萌芽阶段。对于部分年龄偏大、能力偏弱的教师而言,他们严重缺乏竞争力,如果强行要求他们与其他教师共同竞争岗位晋升机会,他们将彻底绝望,乃至自暴自弃。为了让这些老教师"跳一跳就能够得着",在晋升岗位中按比例拿出专门岗

位,确保不少于一个专用名额,用于照顾老教师群体,尤其是更加照顾即将退休的人员。排除了"定时炸弹",必然会有效推动整体的教师岗位管理工作。

当下,各小学普遍出现职称晋级困难,甚至严重影响到学校的和谐与稳定。在上峰中心小学,由于岗位晋级的制度明明白白放在那里,一切都严格按照既定规章透明办理,没有出现影响稳定与和谐的现象。一方面维护了教师之间的有序竞争,另一方面又确保了校内师资队伍的稳定与和谐。这种绿色人际环境,对于学校健康发展是至关重要的。

二、培树教师团队做楷模

学校要发展,关键在教师。随着一批又一批高素质年轻教师的不断加入,学校的师资队伍结构也在悄然发生变化。是放任新教师随波逐流、湮没在既有的师资队伍之中,迅速融入队伍,且渐次成为既有队伍中的新人,还是把握机会,利用新教师的加盟来逐步改良现有师资队伍?对于任何一位校长,都会做出明智的选择。但是,关键是如何才能借机"改良"师资队伍,扭转学校风气?

彭高林校长采取了培树团队、以点带面的实际做法,简单、有效,给广大校长和管理者带来了启发。俗话说,万事开头难,良好开端即是成功一半。学校与区电教中心紧密协作,利用年轻教师活泼好动、乐于奉献、信息技术能力较强的特点,努力培树信息技术团队,起名"峰鸟团队",创出了一条新路,获得了巨大的成功,得到市、省乃至全国的种种荣耀,成为学校教师团队建设中一颗耀眼的明星。

1. 峰鸟团队的基本情况

这是一群乐于奉献的年轻教师组成的团队。蜂鸟,世界上最小的鸟类,却可以飞行数千公里,只为寻找记忆中的花香,传说,是它们把火种带到人间。而在上峰中心小学的这些青年教师也是这样一群"峰鸟"(与蜂鸟同音);也许他们只是普通岗位上的一名普通教师,在技术上是一群不折不扣的"菜鸟",但是,他们却拥有着像蜂鸟一样坚持不懈、勇往直前的精神,也愿意通过自己的努力把智慧的火种带给学生,点燃学生的智慧。这批教师乐于奉献、勤于钻研,共同组建了"峰鸟教育技术团队",在带领学生组建电脑兴趣小组(制作绘画、生活创意等电脑作品)、制作视频、开发校本课程、参与学校工作等方面都取得了令人瞩目的成绩。

这是一支学科背景多元化的团队。校长助理贾志军老师网名自称"小贾",也是学校的信息技术老师,同时分管学校信息化建设工作。2013 年 11 月他带头组建了"峰鸟教育技术团队"(以下简称"峰鸟团队"),目前共有 10 位老师,涉及语文、数学、英语、美术、音乐、体育 6 个专业学科。这样的年轻团队使得团队在运行中充满了活力和激情;多样化的学科背景也为各项工作的开展带来了不同的专业技能和多样化的视角。

这是一个设备简陋却趣味盎然的团队。相比较于城区小学,上峰中心小学地处江宁区边界,与镇江句容接壤,校内只有两名专职信息技术教师,设施简陋,信息化进程较为缓慢。2012年开始,学校逐步配备多媒体设备,但是设备的数量和质量都不能让人恭维,仅仅是逐步解决从无到有的变化。直到2016年,在峰鸟团队逐渐崭露头角之后,同时也是随着全区教育装备的逐步改良,学校设备才逐步更换一新,为每位在职教师配备了一台笔记本电脑。

学校专门为该团队在学校综合楼三楼准备了会议室,并协助其向上级申请装备。有了这样的"工作活动室",团队工作起来会更加如鱼得水,在这间专门的会议室里,峰鸟团队进行着团队日常的研讨交流、队员培训等工作。工作的有序推进保障着队伍的可持续性发展,为队伍增添了与时俱进的竞争力。峰鸟团队以实实在在的努力不断推动着学校信息化进程!

2. 峰鸟团队不负青春梦想

(1)成立团队源自对教育事业的满腔热情

一方面,作为江宁区的一所农村小学,上峰中心小学地理位置偏僻,信息化设备少。硬件条件上的简陋使得学校在2016年年初被评估为"南京市装备薄弱学校";而在文化软实力方面,由于学生多是留守儿童,因此基本上没有家长的配合,尽管老师和学生都非常努力,在成绩上仍然略逊一筹,每天都围着成绩转,更别提有什么"特色发展"了。另一方面,由于上峰中心小学地处偏远,学校近些年分配过来的年轻教师们生活单一,基本上都是围着日常教学转。这些年轻教师虽然有着对教育事业的满腔热情,有着过硬的工作能力,但学校除了教学之外并没有什么特色项目供他们发挥特长。于是,"峰鸟教育技术团队"在几个志同道合老师的组织下,应运而生。

(2)目标指向以信息化促进教师团队发展

有别于其他的团队,"峰鸟"的成立是队员们主动积极地争取来的,成立的目的也不是为了应付做材料或者是为了完成任务。这支以青年教师为主体的队伍,秉承"自愿加入"的原则,由于经费的短缺,加入的教师也都表示不计较报酬,只是希望能够趁着年轻不碌碌无为,希望团队能够利用信息技术做出一点成绩,在此过程中能够获得成长,体现队员们的自我价值,进而提升学校的整体形象。

3. 成功源自踏实走好每一步

(1)对学生的辅导带动:功在平时

为了能更全面地帮助学生提高电脑知识水平,团队专门为学生开设了电脑兴趣小组,并且在兴趣班课程的设计上进行了一些优化和整合。有别于其他兴趣小组辅导教师的单一和课程的单一,该电脑兴趣小组对电脑方面的专业知识进行了整合和渗透。例如,戈瑶老师是专职音乐老师,团队就安排了MIDI音乐的创作和背景音乐的选择这样的课程,可以让孩子在以后的音乐制作甚至是视频制作中有更专业的知识和能力;电脑绘画是小学阶段各种电脑制作竞赛中最常见的一种形式,因此,团队在安排课时特别请了美术专业的老师来给学生进行专业的辅导,用专业的眼光从画图的比例、数位板的应用、色彩的搭配等方面给学生授课；为了能更好地体现电脑兴趣班的学生与普通学生的差异，团队特别安排英语老师邹梅玲，带领大家认识 BIOS 和 DOS 中的一些常用命令，以帮助学生能够对电脑主板进行设置和系统安装；当然，团队也有专业的计算机老师给孩子们进行基本的打字练习和简单的视频编辑教学。以下是 2014 年第一学期电脑制作兴趣小组的课程安排。

[课程安排]

　　2014 年第一学期电脑制作兴趣小组每周三在机房授课，共安排了以下 16 次课：金山打字、创作 MIDI 乐曲、认识数位板、金山画王（比例）、数位板的应用、认识 BIOS、背景音乐的选择、金山画王（构图）、DOS 中的常用命令、数位板的应用、运动数据记录、金山画王（色彩）、计算机的基本设置、认识会声会影、MIDI 音乐制作、视频制作。

[来自生活的创意]

　　另外，团队还会组织电脑兴趣小组的学生制作作品参加比赛。在每次参赛之前，团队成员都会认真研究参赛的具体要求，吃透精神要领。因此，在最初的电脑制作与生活创意比赛中包揽了南京市的一、二、三等奖，从此一鸣惊人，让江宁教育人都知道了"峰鸟教育技术团队"的存在！

　　刚看到创意、设计之类的关键词时，觉得离我们很远。但当团队成员坐下来具体讨论的时候发现，原来创意就在大家身边，它来源于生活中所遇到的问题。小学生的生活无非就是学校生活、家庭生活、学习生活、社会生活。团队就把研究目标分成了四个小组，各自负责一个方向，一个小组 3—4 名同学，期限为一个星期，都要拿出各自的方案及草图。一个星期后，大组集中，各个小组汇报各自作品，大组研究确定后，再由美术老师，带领画画功底好的学生进行最终的定稿。于是在孩子们和团队队员们的共同努力下，完成了《照明伞》《遥控器照明盒》等作品，如图 5 - 4 所示。

图 5 - 4　峰鸟团队指导的学生作品

（2）热衷于视频拍摄：情有独钟

初战告捷，峰鸟团队也因此得到了教育局领导的赞赏和鼓励。但队员们并不满足现状，在"小贾"和大家的积极争取下，团队申请到了部分视频拍摄设备，如照相机、三脚架、平衡器等。虽然队员们没有拍摄经验，但他们相信自己能够摸索出机器的用法，拍摄出一个不一样的视频。

学校附近有一个汤山七坊，于是团队决定利用就此取景试水。拍摄时已是深秋，团队成员王号芝老师在写好脚本后，反复掂量取景，开始充当导演的角色，朱述良、杨志强老师负责摸索拍摄。在不断摸索的过程中，最终形成了一个一分多钟的诗意微电影。教育局的领导们看到视频的成品时觉得不可思议，评价道：这仅仅是一群业余拍摄者的老师通过自己的摸索第一次拍摄出来的，可一点也不亚于专业设置团队拍出来的作品。团队又一次在自觉摸索与独辟蹊径中得到了鼓励，也赢得了在首届江宁教育技术信息化大会上介绍自己、展示自己的机会！

为了在大会上积极展示团队的发展与建设，峰鸟团队在前期做了充分的准备。有队员提出，平常的报告会上，汇报者总是习惯于采用PPT与讲稿互相配合的方式，这种汇报形式早已让参会的人司空见惯，于是队员们便开始考虑采用视频的手法，以故事情节串起微电影，从独特的视角来介绍这个团队。这样，便有了《峰鸟，不负青春的梦想》这部微电影的诞生。该视频讲述了一个初出茅庐的新教师（由团队成员闵庭廷老师主演）的成长故事——起初不会使用信息技术进行教学，后在团队的帮助下逐步成为信息技术高手，并能够帮助其他老师共同进步，推动学校的信息化进程。从老师的视角出发，讲述峰鸟团队是如何影响和改变学校年轻教师的，队员们又是如何推动团队运行和发展的，这也正体现出了这个团队的精神：人人为我，我为人人。

（3）采百花成蜜：众享甘甜

从2013年团队创建以来，峰鸟团队通过团队合作，结合上级部门和学校开展的一些活动，在生活创意、电脑绘画、视频制作、学校工作等方面都取得了一些不俗的成绩。在2014年电脑制作评比生活创意项目上包揽了南京市的一、二、三等奖，并代表南京市参加省级比赛，其中《教室红外侦探灯》和《遥控器照明盒》分获省二、三等奖。

团队带来学生制作的作品在比赛中获得了不错的成绩，得到了市电教馆的认可。2014年12月，市电教馆组织了南京市生活创意3D打印培训班，分别在玄武区教师发展中心、江宁电教中心和南京一中明发滨江分校给学员们做经验介绍，团长"小贾"开设讲座《自由组团、解环为圆》，得到学员们的一致好评。

团队成立以来，视频制作一直都是重要的工作之一，团队拍摄制作的多个视频在全国、省、市、区等各次评比活动中获得优秀成绩。其中拍摄的《爱·成长》校园心理剧获省三等奖；《关于社区河塘污染问题的研究》公民教育实践活动获南京市二等奖；2016年3月，校园专题片《学生去哪儿》，分获区、市一等奖后，被报送参加全国校园电视节目评比,并获得了中央电教馆颁发的国家铜奖。2015 年拍摄的《梦回故里——汤山七坊》《峰鸟,不负青春的梦想》受到市、区领导的高度赞扬,斩获中央电教馆的银奖和铜奖;2016 年,南京市电教馆、江宁区电教中心与"峰鸟教育技术团队"结成市、区、校三级联动,合作拍摄了《春上石塘　阳光成长》系列实践活动,互动报道载入江苏省教育新闻。

(4) 轻松活泼的交流:让我们团结在一起

开会,给人的印象总是:冗长的开场词,上面领导在讲,下面各忙各的或是鸦雀无声一言堂,这样的氛围总是让人抗拒和疏远。可是,在"峰鸟"这个团队里面,没有领导,只有队员和朋友;没有固定的工作时间和工作模式,只有畅所欲言和随性发挥。

每个星期定一个大家都相对不忙的时间,坐下来开一个短会,简单地说一下开会的目的,大家就针对任务展开交流和讨论,也许你提出的想法还不成熟或只是灵光一现,但总有其他人给你建议,帮你想办法把想法补齐细化,让它变成一个美妙的创意。例如,在一次平时的交流会上,朱述良老师根据颇有人气的《爸爸去哪儿?》提出的微视频创意,然后戈瑶、冯琳等老师建议通过这一微视频把学校的阳光阅读、航模、书法、绘画、合唱等兴趣小组融入其中,通过这一微视频展示出具有上峰中心小学特色的学生生活。于是,团队自编自拍的校园专题片《学生去哪儿》就这么诞生了。

之所以每次都能出色地完成任务,并取得较好的成绩,一个重要的原因就在于:这样的团队合作模式让大家感到很轻松自在,没有任务的压力,也不要求每个人都提出完美的解决方案,在合作过程中尊重每个个体的差异性,承认每个人的优势和不足,取长补短,这正是团队的魅力所在。

4. 做好现在,着眼未来

(1) 融合技术与本土教育

未来,团队将把更多的精力放在收集和研究国内外各种先进的教育科学技术,为教育选择适应教育发展和规律的科技技术上,然后将这些技术与本土教育进行融合和创新,最终将这些相对成熟的教育技术向所有的师生推广,创造高效、乐学的学习环境。希望可以改变传统的班级授课的模式和面授为主的获取知识的方式,关注学生的个性化成长和发展,期待可以增强学生观察、实践、研究的综合学习能力,让学生从被动接受到主动地去获取知识。

(2) 建立长效培养机制

在日常工作中,团队将一如既往地积极配合和参与上级部门与学校开展的一系列活动。针对上级部门开展的各项竞赛,如电脑制作与生活创意、校园电视节目等常规活动,形成在团队内选拔人才、成立辅导小组的长效培养机制,对队员进行定期的日常培训,保持队伍的可持续性发展和与时俱进的竞争力,稳扎稳打,在原有的经验和基础之上,争取获得更优异的成绩。

(3) 开发数字化校本教材

团队计划利用两到三年的时间,通过与南京师范大学新闻与传播学院、江宁区电教中心、南京市电教馆合作开发出一套以《小学生守则》为纲要,集绘本、视频、动画三位于一体的数字化校本教材体系,期望为本校开发出一套具有学校特色和信息化特色的校本课程,在课程体系完备的基础之上,尝试通过智慧教室、数字化平台、微信平台等多种形式从课堂到家庭进行课程的推行和实践研究,并对课程实践进行详细的记录、分析、总结。以教材的开发推动队伍内部教师的专业化成长,打造学校特色文化,提升学校的知名度。

正如峰鸟团队在视频《峰鸟,不负青春的梦想》结尾说的那样:有的时候,人就像一颗平凡的蒲公英花籽,不管气候如何,不管哪里是落脚的地方,只要有生机沉埋在心中,即使在陌生的土地上,也会吐芽、开花,并且结出新的花籽,默默生香,不负青春的梦想!

三、构建班级绿色文化

班集体建设是一项关注学生生命成长的事业,更是一段引领学生迈向幸福生活的重要历程。怎样的班级文化是绿色的?潘章华老师曾任江宁区教育局副局长,他提出:班级无小事,抓大不丢小①。能够把大事、小事都抓好,好像就已经建好了班集体。其实,这还仅仅停留在达标层次,停留在最为基本的要求层面,仅仅停留在了"做事"的层面。虽然,能够达到这个层面的要求已属不易,但是,绿色教育更加期望能够高度重视学生作为"人"的成长,包括身体健康成长、道德健康成长、学识健康成长。

1. 班主任的作用太大了

南京市教科所德育研究中心的李亚娟博士高度重视班主任在班集体建设中的作用,在一次特色班集体建设的总结表彰会上,她借机提出:班主任是学生发展中的重要他人②,是学生的精神关怀者,作为特色班集体建设的领军人物,一是要对特色班集体建设进行整体设计,二是要让特色班集体建设更具有操作性,三是要建立引领特色班集体建设的班本课程,四是要用科学的评价引领特色班集体建设向更高层次发展。③ 小学阶段是孩子成长的儿童时期,成年后,往往会忘掉大部分小学教师,但是对于班主任的记忆显然要远远甚于其他教师。毫无疑问,在小学阶段,班主任给每个孩子留下的印记将长久留存,对于儿童乃至少年、青年时期的成长影响长远。

---

① 《江宁区教育局召开班集体建设推进会暨特色班集体建设表彰会》,http://www.jnjy.net.cn/NewShow-25206.aspx。

② 重要他人(significant others)是心理学和社会学都关注的概念,指在个体社会化以及心理人格形成的过程中具有重要影响的具体人物。重要他人可能是一个人的父母长辈、兄弟姐妹,也可能是老师、同学,甚至是萍水相逢的路人或不认识的人。首先提出这个概念的是美国社会学家米尔斯(C.W.Mills)。

③ 《江宁区教育局召开班集体建设推进会暨特色班集体建设表彰会》,http://www.jnjy.net.cn/NewShow-25206.aspx。

从这个视角来看,班主任群体建设至关重要,他们的道德素质、组织能力、工作方法将对绿色班级文化、班集体绿色成长至关重要,具有至高无上的地位。同样,一些家长想方设法跟学校领导拉关系,设法将自己的孩子放入某个班级里,实际上就是在"择师",在挑选班主任。这种情况,其实一直都隐性地存在着。而客观正视这一现象,也有利于对现有班主任队伍的培训和进一步整体提高执业素质。

2.制度文化不可或缺

学校生态圈中,文化的规范功能在班级文化建设中尤其重要,它对师生心理和行为具有规范和约束作用。这种约束作用是在师生接受浓郁的学校文化、班级文化氛围的感染和熏陶下,产生心理共鸣,从而在控制自我行为中实现的。师生并不感觉到外在的制度压力,因此是一种"软性"约束。为此,学校在"规范管理文化机制"建设方面侧重于"塑造、规范、促进、发展"四个方面。

一是用制度文化塑造集体理念。校园文化体系建设要以培养优良校风、学风为目标,学校努力将"诚实、严格、务实、创新"的校风和"勤学、善思、严谨、求实"的学风铸就成校园精神,牢记"团结协作,求实创新"的校训。学校从抓好班级管理入手,每学期都要制定和下发《上峰中心小学班级管理要求》《上峰中心小学"文明班级"条件与评选办法》(以下简称《办法》)。每学期初,学校德育处都要布置各班根据本班实际,民主讨论订立"班级公约"和"班规",并签名上墙,使每位学生认识到,自己是班集体的一员,必须遵守并维护集体约定。班级公约是一个动态发展的条文,各个班都不同,同一班在不同学期也有不同的约定,但都能符合学校这一大集体的奋斗理念,并促进大集体理念的达成、发展和深入,使全校师生形成"校盛我兴""班荣我荣""我为峰小而骄傲"的集体理念。同样,在班级文化的布置与建设中,我们仍是以制度引领工作:初期,学校德育处制定并下发了《上峰中心小学"班级文化建设月"活动方案》;中期,又为每个年级段设计了符合学生特点的文化布置"精神主线";末期,则进行了班级文化的评比,使全校各班级学生都能以极大的热情投入到班级文化的争先创优中来。

二是用制度文化规范行为习惯。制度是一种规矩,是规范人的行为的准则和要求。我校根据《常规管理基本要求》,不断出台和改革管理制度。学校方面有《上峰中心小学社区家长联系制度》《上峰中心小学德育基地教育制度》等;班主任方面有《班主任工作制度》《班主任考核制度》《班主任例会制度》《班主任家访制度》等;学生方面有《上峰中心小学学生在校一日基本要求》《学生养成训练细则》《卫生管理制度》《文明小标兵、学习小主人、环保小卫士评选要求》等;教师方面有《教师工作要求》《教师"五认真"工作制度》《各活动室制度》等,并着力抓好各项制度的具体落实。德育处定期评选"文明小标兵""学习小主人""环保小卫士",使班级逐步向"和谐、文明、儒雅、育人"的目标迈进。在教育工作推进过程中,一方面定期召开班主任会议,交流班主任工作经验,落实学校中心工作;另一方面,德育处对班级的纪律、卫生、两操、材料上交、教室布置、宣传阵地的利用以及班队晨会实行全程监控、检查和评估。每学期结束时,将依照《办法》和每月每周发放流动红旗的次数评比出优胜班级,另外,我们除了保证班主任津贴按时按标准发放外,还对优秀的班主任实行奖励。

三是用制度文化促进自我管理。加强师生管理是学校管理活动中的重要组成部分,高质量的学校管理制度是推进学校德育工作开展、促进学生素质发展的保证。学校文化制度建设中的管理制度必须是学生能够接受的制度文化,能够渗透于各科教学之中,体现在学校教育活动之中。为促进我校各项管理制度的落实,使学校"法制"管理局面形成,我们根据需要在少先队中推行"大队委竞争上岗制",在班级学生中推行"千人千岗制",在"文明礼仪""环境卫生""课间操"等方面强化学生的自主管理的检查评比,做到一天一检查一公布,一周一小结,一月一总结,通过不断改革、完善评比考核,促进学校"三风"的形成。

四是用制度文化发展个体人格。建设学校文化制度,其目标就是要塑造学生主体性文化人格,要重视、学会用制度文化手段把学生培养成为有理想、有道德、有纪律、有能力、懂合作、会创造、个性健康发展的高素质文化人格。学生每天有差不多三分之一时间生活在校园里,为丰富学生在校文化生活,发展学生文化人格,我校根据实际开展了丰富的活动,有些活动形成了制度。如书法、绘画、演讲、征文、"体育三项"等常规比赛;庆祝"三八""六一""国庆"等特色活动;国旗下讲话、集体晨会、广播站、橱窗、黑板报等多维宣传……学生在这一系列的活动中参与、体验、放飞心灵,培养了学生自身责任感、集体荣誉感,优化了学生的学习合作、守纪和创新,促进了其优良个性品质的形成与发展。

科学的"规范管理文化机制"建设,增强了学校对学生的约束力、吸引力、凝聚力,有助于培养学生朝气蓬勃的精神,增强学生对社会文化的辨析力和自控力。今天的上峰中心小学学生已初步具备良好的品质、一定的进取精神、比较规范的行为习惯,学校也初步形成了良好的校风、班风、学风。

3. 营造班级个性文化,力促班集体温馨和谐

学生在学校生活的大部分时间是在教室度过的,所以教室应成为生态绿色校园的重要组成部分,有利于促进学生的身心发展。把握区教育局启动"班集体建设年"活动的契机,上峰中心小学持续推进班集体个性文化建设,提出了"文化育人、绿色渗透、特色引领"的班集体建设模式和"自己的班级自己建,自己的文化自己创"的创建理念。为凸显出班级文化在班集体建设中的重要性,学校将每年2月定为"班级文化建设月",开展班级文化建设系列活动和评比表彰,评出"十佳班级"综合奖和"最佳小版面"单项奖。

为了让班级文化与校园文化相融,引导班级文化向纵深发展,学校又在此基础上提升了班级文化建设的新要求:

一是班级文化向室外延伸。三至六年级每个班都有教室外墙班级文化展示区。

三年级展示主题是"心灵手巧",四年级展示主题是"心语心愿",五年级是"我行我秀",六年级展示主题是"成长感言"。德育处在校园树木林荫中选择了四个区域,引导学生分块集中悬上了自己制作的特色教育文化挂件:三年级制作了"谜语斗智乐园"挂件,四年级制作了"环保心语之树"挂件,五年级制作了"歇后语乐欣园"挂件,六年级则制作了"节气我知长廊"挂件。班级文化向室外延伸,开阔了各自的视野,丰富了校园文化,更为重要的是为低年级儿童提供了成长的路标与向往。

二是班级文化与做人融合。各班根据各班班况展现自己的班花、班徽、班训,以形成独特的班集体个性。各班根据自己情况研究并制定出"班规",并让每个学生在上面签上名,部分班级学生还按上了手印,意在坚决遵守班规,学做真人,维护班级荣誉。

三是让学生在实践中体验感受。绿色行为文化活动中最值得一提的就是进行了"花木种植养护,让绿色小苗伴随成长"活动。为了使学生的植绿、爱绿、护绿落到实处,让学生将所学技能充分发挥,且与绿色教育特色相结合,特地将教学楼的第二、三、四层上所有的走廊花槽和各教室前的花槽分配到中高年级各个班,再由班级分组进行种植、养护。各班有的栽花,有的种菜,还有的播种,多品种的植物长势喜人。孩子们为自己的花草立标牌进行养护,同时还能做好养护的观察与体验记录,充分体现了学生多感官参与,全方位思考,怡情养性。例如五(4)班有一块负责养护的花槽就在本班教室门口,由于面北背南,长期积水,花草难以成活。面临此景,班主任立马召开了一次班会商讨对策,最后竟然讨论出了一个"惊天计划"——索性加水搞养殖。养殖搞起来了,还在教室的外墙壁上展示了养殖文化、说起了养殖知识,来人看了都夸点子妙。学生在校园文化建设中亲手实践不但美化了校园,还培养了学生的动手和写作能力,更为学生的一生成长增添色彩。

四是课题引领让绿色进教材。学校以构建学校生态绿色系统为总目标,围绕构建"绿色校园、绿色管理、绿色教学、绿色活动、绿色服务"的有机结合、和谐统一开展研究工作。学校绝大部分教师参与课题研究,部分教师还申请了自己的个人研究课题,以学生的绿色系列活动为依据,坚持特色建设"进人心、进环境、进教材、进课堂",编写了低、中、高三个年级段的校本教材《上峰中心小学绿色教育读本(上、中、下册)》,学校安排了教学时间,利用校本教材进行授课,不仅丰富了学生的课外知识,增长了学生的动手技能,也增强了学生的绿色观念。

4.团队激励提供后续保障

有效激励是构建班级文化,确保班集体持续健康发展的重要因素。离开了激励,常常容易导致动力的减弱乃至丧失。这种激励,主要包括班主任和相关教师的激励、学生的激励、家长的激励,也可以划分为个体的激励和团队的激励。俗话说,一花独放不是春,百花齐放春满园。在绿色教育研究与实践过程中,上峰中心小学尤其注重教师、学生的团队激励。

一是注重以学校为整体的团队荣誉竞争。2015 年,彭高林校长、庞志荣主任联合申报的"构建'绿色文化',打造生态校园及班集体"项目,在南京市教育局组织的"第三届南京市学校德育创新奖"评选中荣获优秀奖,在南京市人民政府网站进行了公布。①

二是注重以班级为整体的教师团队激励。除了班主任,班级的所有任课教师均参与班级的管理,对评选为先进班级的教师团队,均给予一定的奖励,以此激励团队协作,引导全体教师共同奋进。

三是注重班级内学生管理团队的激励。很大程度上,班级精神文化优劣是衡量德育工作成败的重要标志。而班级文化的根源往往不在学校的口号、班主任的要求里面,而在班级管理团队的执行过程中。这些同学一方面是班主任和任课教师的小助手,另一方面,他们都是孩子们的"指挥官""领头羊",他们的言行对于班级建设具有无可替代的引领作用。在上峰中心小学德育工作中,一个很常见的、很关键的共同做法,就是高度重视班集体内部的管理团队的激励:团结协作情况、创建推进情况、争先创优情况,等等,都是管理团队的评价范围。在通常的评选先进班集体的同时,开启了"学生干部优秀团队"评选活动。

四是注重优秀学生团队的激励。毫无疑问,伙伴是儿童成长过程中的重要影响因素。一个健康、积极、向上的学生团队,对于每个儿童的成长无疑将发挥巨大的引领作用,有时也可以说是"裹挟"作用。与只关注"三好学生""优秀少先队员""优秀学生干部"等个体评优不同,上峰中心小学高度注重儿童团队发展的重要意义,在绿色教育研究与实践中,开始了"优秀学生团队"评选工作,由学生团队自主申报,可以是班级内的一个自然小组、一个小队、一个兴趣小组,也可以是跨班级甚至跨年级的一个儿童社团,每个团队人员由 3—6 人组成,鼓励这些儿童相互支持、相互激励、共同成长,为每个儿童的成长留下快乐的回忆。

四、重视离异家庭儿童

目前,学校的单亲家庭较多,家庭结构的改变、家庭成员的远离给这些家庭中的孩子带来了很大的心理损害,使孩子的心理、学习、行为等方面的发展都受到了一定影响。虽然这些成长于特殊家庭的孩子在学校学生中所占的比例不高,但由于他们生活环境的特殊性,在心理、行为等方面容易出现问题,因此对于他们的心理教育长期以来一直是学校心理教育的一个不大不小的课题。

对于个别家庭而言,夫妻离异是一种常见的自主选择。然而,家庭的破裂对于子女的成长是巨大的消极因素,这些孩子的心理会因为家庭结构的变化而发生很大

① 《关于公布"第三届南京市学校德育创新奖"获奖项目名单的通知》,http://www.nanjing.gov.cn/xxgk/bm/jyj/201509/t20150906_3545538.html。

的变化。一般来说,离异家庭的孩子在学习、行为、心理、品德等方面都容易出现一些困难和偏差。但是,我们这里所说的,只是这些孩子由于受到家庭变化的影响,在这些方面出现问题的危险性较大,但这种影响并不是必然的,并非所有的生活在特殊家庭中的孩子都会出现这些问题,这取决于孩子所受的教育状况等诸方面的因素。家庭离异可能导致的子女的心理行为问题主要有:

(1)家庭离异使子女产生强烈的自卑感、被遗弃感以及怨恨感等消极情感。这些消极情感的产生,必将影响到他们的人际交往、社会交往,造成与人交往能力的下降,结伴难度增大,相容性较差。而且随着时间的推移,这种不良的影响如果得不到及时矫正,非但不会减弱和消失,反而会逐步积累,引起更加严重的交往困难,甚至造成人际交往障碍。

(2)家庭离异使子女缺乏生活和学习上的自信心,从而产生行为障碍。由于家庭的解体,导致家庭教育残缺不全,生活在单亲家庭中的孩子往往缺乏较好的生活教养和学习上的指导,同时由于家庭破裂给他们的心灵蒙上了一层阴影,致使他们丧失对生活及学习的信心,在行为上往往有较多的反常表现,如与父母闹别扭,与同学不和,对抗教师。这样的孩子因在家庭里缺少温暖而易受外界不良行为的影响,往往容易沉迷于游艺性"三室一厅",在早恋中寻求慰藉,其行为的反社会倾向及社会对立情绪比较严重,甚至因此导致犯罪。

(3)家庭离异导致子女养成不良品行。家庭是孩子的第一所学校,家长是孩子的第一任教师,由于双亲离异,家庭解体,这些子女有养无教,容易形成不良品行。这些学生经常违反道德准则或犯有较严重的行为过错,如破坏公物、颠倒是非、盗窃、打架斗殴等,这对学校的德育工作会产生强烈冲击,也给学校的管理工作带来了严峻的挑战。

(4)家庭离异使子女出现性格缺陷,严重影响青少年个性的形成和发展。一般而言,破碎的家庭带给孩子的是残缺不全的教育和多种负面影响,使孩子形成精神缺陷,抑制了他们个性的健康成长和发展。离异家庭孩子常见的不良性格有散漫、保守、见异思迁、逆来顺受、随波逐流、目空一切、孤芳自赏、盲目冲动等。

(5)家庭离异损伤了子女的思维及想象能力。不管是何种原因引起的家庭离异,对孩子的心灵创伤都是非常巨大的,受到如此惨痛的心灵创伤的孩子往往沉默寡言,心灵被痛苦所缠绕,做事缩手缩脚,不愿迎接挑战。长此以往,会对孩子的思维品质、想象力和创新能力有所影响。

正如上面所说的,离异家庭中的孩子出现心理行为问题的可能性要比其他孩子大,但这并不是绝对的。如果离异家庭的孩子能够得到良好的教育,特别是得到有效的心理辅导,其心理行为问题的出现率会大大降低。对离异家庭的学生进行心理辅导,可从以下几个方面入手:

(1)细致观察,了解心理特征,把握教育契机。离异家庭子女对父母离异所带来的家庭变化感受不一,但都是一个被迫适应的过程,这个过程可分为六个阶段。一是愤怒、痛苦阶段。父母离异初期，孩子表现为极度失望，想哭，心情烦躁，成绩下降，对朋友具有攻击性。二是盲目或麻木阶段。孩子对什么都无所谓，做错事不感到羞愧，处于一种莫名的"亢进"状态。三是流动出走阶段。孩子往往行踪不定，到处乱走，最显著的特征是无论身在何处都处于上满弦的状态，这是一种近乎癫狂的时期，孩子的注意力高度分散，心理负担过重，如果在这阶段再遭受打击，将产生严重后果。四是终日忙碌、足不出户阶段。孩子常常感到自己是一个孤独的孩子，最害怕外界提到他父母离婚的事，精神很紧张。五是渴望、思索阶段。孩子渴望得到朋友，希望有人陪伴他战胜困难。同时，他们会设法了解父母离婚的原因，心理上趋于早熟。六是获得新生阶段。在经历了上述几个阶段以后，心理上得到了新的平衡，恢复了原来的兴趣，又重新有了生活目标。

父母离异，会使子女经历痛苦、复杂、漫长的感情磨砺。在1—4阶段中，孩子需要关心、爱抚、帮助，在5—6阶段中，除了继续需要关心、爱抚外，还需要悉心的引导、鼓励、帮助。因此，教师要根据学生不同阶段的心理情感特点，因"段"施教，把握最佳教育契机，把父母离异给他的心理、学习、品德、行为所带来的不利影响减到最小，保证他们的正常学习、生活及人身安全。

（2）给予关爱和情感补偿，培养健康心理。"师者父母心"。教师要给单亲学生更多的爱抚，在衣、食、住、行上给予他们无微不至的关怀，尽量补偿他们失去的亲情，使他们不受歧视和冷落而感到处处有温暖。组织丰富多彩的活动，加强同学之间的互助，消除其自卑感、孤独感；注意引导他们参加集体活动，并创设机会，让他们在集体活动中培养积极情绪和良好的性格；激发单亲家庭学生多方面的兴趣，转移他们的抑郁情绪；细心发现他们的特长，加以积极引导，并鼓励他们不断努力，取得好成绩。当他们有了兴趣爱好，有了追求目标，就会淡化消极情感，产生愉悦情绪，通过陶冶性情，获得健康发展。樊丽丽老师在《"中西医结合"治"杂症"》一文中描述了对一位孩子的帮助过程：

对于这样的患者，我想采取西药疗法，立竿见影。面对这样的孩子具有内心比较脆弱的特点，我首先想到的是不能伤害他的自尊。所以就卫生问题，我在班级制定了这样一个规则，每个小组选出一名小组长，负责评比出最干净的组员。事先我和朱×那组的成员已经打过招呼，他们组就推选朱×来当这个组长，以此来激励他改掉不讲卫生的坏习惯。当到朱×组的时候，同学们异口同声地推选了朱×，听到自己被评选为组长，朱×的第一反应是惊讶。我在全班宣布了评比规则，首先是穿衣整洁，其次是勤洗手、勤洗头、勤洗澡。每天都要检查，评选出最干净组员，并且给予奖励。听完规则之后，每个组都在兴奋地讨论，朱×那组也不例外，组员们齐声加油，"小邋遢"似乎明白了小组长的分量以及大家对他的信任与期待。果不其然，第二天，朱×就像换了一个人，整个人都干净整洁了很多。解决了卫生问题，还要关注朱×的情感缺失。由于是单亲家庭的孩子,朱×一直缺少关爱。他的爸爸再婚,继母对他苛刻,只顾自己的孩子,朱×连最基本的生活保障都没有。十一岁的孩子自己做饭,自己洗衣,感觉就和孤儿没什么两样。我决定家访,与他亲生父母沟通,因为家庭对子女的成长起着不容忽视的作用。作为单亲家庭的子女,父母更应该关心子女,多与子女进行交流。对于子女所面临的因父母离异产生的心理压力进行开导,让孩子相信虽然父母离异了,但父亲和母亲会依然疼爱自己,以缓和子女因突然的变故而导致的内心的不安与恐惧,消除他们内心的忧虑。同时,离异父母要在子女抚养和教育问题上保持密切合作,为子女创造比较浓厚的家庭氛围。在这种环境下子女的学习成绩往往会得到提高,心情也会比较开朗。由于父母离异,孩子面临着巨大的打击,他们的心理很脆弱,需要安慰和鼓励,更需要父母的关心和爱护。过分的指责,只会伤害孩子,打击孩子的自尊心和自信心,使他们产生自暴自弃破罐子破摔的念头。适当的表扬和鼓励则会增加他们的自信心,使他们勇敢地面对今后的生活。通过"西药治疗"的方法,朱×同学无论是卫生问题还是情感问题都得到了相应的改善。

(3) 树立信心,正视挫折,培养顽强的意志力。单亲学生失去了父亲或母亲,生活的信心受挫。而信心是一个人生存的精神支柱之一。对于单亲学生,教师要适时给予鼓励,帮助其树立对生活、人生的信心。多给这些学生讲一些名人故事,如面临失学挫折而奋发成才的爱迪生、高尔基,笑对挫折的毛泽东、周恩来,身残志坚的张海迪等。通过这些故事告诉单亲的学生,卓越人才的成长必先经过意志磨炼的过程,帮助他们客观地分析现实,正视挫折。通过一些专题活动,树立他们的信心,让他们从困难挫折中领会人生的真谛,培养他们奋发图强的个性和坚韧的意志力。

(4) 亲近家长,加强沟通,帮助家长树立正确的育子观。学校教育的实践一再证明:学校教育离不开家庭教育的配合和支持,良好的学校教育是建立在良好的家庭教育的基础上的,没有良好的家庭教育,再好的学校教育也难以获得预期效果。因此要教育好离异家庭的学生,教师必须把指导家庭教育作为自己责无旁贷的义务,通过家访、家长会、单亲家庭亲子活动等,帮助家长正确认识自己的孩子,了解孩子身心发育情况及存在问题,进一步明确家庭教育的重要作用,树立正确的育子观,自觉调节受家庭、婚姻、生活等方面困扰的心理,为孩子的成长营造良好的家庭氛围,帮助孩子走出心灵困境。

五、关爱留守儿童

在学校开展绿色教育研究与实践的过程中,有两类特殊学生群体始终得到了学校的高度重视,一是流动儿童,二是留守儿童。

1996 年,国家教委印发了《城镇流动人口中适龄儿童少年就学办法(试行)》。

1998年，国家教委和公安部正式联合下发《流动儿童、少年就学暂行办法》，对流动儿童、少年义务教育中的"流入地"政府、"流出地"政府的责任及流动适龄儿童的就学办法做出具体规定，为随父母进城的流动儿童、少年接受义务教育提供了政策依据，各地方政府也随之开始制定和出台配套的政策和实施细则。在国家和地方政策的支持与约束之下，学校近年来对外来务工人员随迁子女入学以及这些流动儿童在校内的教育给予了完全平等的对待，让这些孩子与本地儿童一样享受公平的、免费的在校教育。

近年来，随着市场经济迅猛发展，大量农村剩余劳动力为改变生存状况外出务工，其中大部分为夫妻一同外出，由此引发"留守儿童"问题。留守儿童是指父母双方外出务工或一方外出务工另一方无监护能力的、不满十六周岁的未成年人。其中，与城镇留守儿童相比，农村留守儿童的问题更加突出。在留守儿童中，农村地区的占了绝大多数。根据学者已有的研究，我国留守儿童中超过80％居住在农村。据全国妇联统计数据得知，2015年全国农村留守儿童为6102.55万，比2010年增长了302.55万人次，其中6—11岁小学生占32.01％。他们缺乏家庭、学校和社会的关爱，其教育问题日益突出，同时在思想道德、心理健康和人身安全上也出现了不少问题，这些问题已引起了社会的广泛关注。由于留守儿童的父母长期不在身边，从实际情况来看，他们往往比流动儿童更加迫切地需要得到社会关注、学校关心、教师关爱。在教育实践中，学校充分认识到了这两个群体的特殊性，在日常德育活动中给予其更多的关心和帮助。

1. 提供更多的安全保障

"海南万宁小学校长开房事件"等校园性侵案被媒体曝光后，社会舆论哗然，以留守儿童为代表的处境不利儿童所遭遇的生存危机和"熟人侵害"，使处境不利儿童人格权益的法律保护问题从法学问题上升为一个社会要求在法制社会法律必须做出回应的焦点问题。修订后的《未成年人保护法》第二章第十六条专门规定了"父母因外出务工或者其他原因不能履行对未成年人监护职责的，应当委托有监护能力的其他成年人代为监护"。虽然法律的规定较为明确，但是在实践当中情况则比较复杂。2013年《关于留守儿童关爱问题的意见》中提出，关爱留守儿童是每一个社会成员都应该从事的事业；2016年《关于加强农村留守儿童关爱保护工作的意见》再一次将关爱留守儿童的话题提上教育部的工作日程，要求留守儿童的各相关群体要协同互助，共同打造儿童成长的优质环境。安全是教育之本，教育只有在安全的环境中才能发挥育人的功能，才能培养出和谐社会所需要的人才。独居的农村留守儿童、隔代监护与寄养的留守儿童需要社区的积极关注。真正做到有针对性地帮扶，重点解决无监护及非父母监护问题，有效防止校园暴力侵害和监护人家庭暴力侵害，防止意外侵害的重演。学校高度重视对于留守儿童的生存权保护，通过学习提高他们对抗压力、对抗侵害的能力，使他们具备良好的心理品质，享有发展权。与此同时，学校德育处、安全办加强对校园秩序的管理,严厉杜绝霸凌现象的发生,严防校园伤害事件的发生,确保留守儿童、流动儿童在校园内享有"家"的感觉。

2. 提供更多的活动与交往

对留守儿童而言,祖父母是父母外出后的最主要监护者。但他们大多文化水平较低,加上对孙辈溺爱等因素,往往与留守儿童产生心理隔离,在保障留守儿童物质需要的时却缺乏心理上的沟通,孩子的管教也往往放任自流。在这种状况下,留守儿童一方面缺乏社会规范的有效监督,可能出现问题行为;另一方面,留守儿童本身容易产生情绪问题如孤独感、自卑感、忧虑等。这些情绪如长期得不到排解容易导致一系列社会适应问题。部分留守儿童会出现行为偏差、社会角色定位混乱、生活方式消极、价值观偏离等现象。研究结果表明,留守儿童存在着比较严重的交往问题,最为典型的是孤独与郁闷、放任与自暴自弃、担忧与失眠、欺负与攻击等。

2016年2月,国务院发布了《关于加强农村留守儿童关爱保护工作的意见》;2016年10月,国家卫计委发布了《关于启动实施贫困地区农村留守儿童健康教育项目的通知》,这些都反映出政府保护留守儿童健康成长的努力和决心。对老师而言,应了解关注留守儿童的心理状态,每学期专门组织这些孩子与全体同学一起参加社会实践活动,参加必要的团体心理疏导,并为他们提供个性化的心理咨询支持,动员他们积极参加儿童社团活动,力求通过集体活动为留守儿童的心理健康提供有效的支持和帮助。

上峰中心小学第三届校园"吉尼斯"火爆上演[①]

为丰富校园文化生活,给同学们提供一个超越自我、挑战极限的平台,4月17日下午,上峰中心小学第三届校园吉尼斯大赛在操场火热进行,来自各个班级的同学们踊跃参加,纷纷挑战自我,创造新的纪录。

与上一届校园吉尼斯大赛相比,本次大赛活动项目更加新颖,共设有单摇、双摇、"8"字穿梭跳长绳、盘踢毽共四项技能挑战大赛,同时对比赛规则做了微调整,增加了比赛的趣味性和观赏性。整个比赛现场高潮迭起,精彩纷呈,参赛选手们热情踊跃地参加比赛,在旁边观看的同学也表现出了极大的热情予以支持和鼓励,加油助威声、鼓掌喝彩声此起彼伏。

校园吉尼斯大赛作为学校的校园文化活动,大大丰富了校园文化生活,同学们用自己的活力和激情创造了一个个校园吉尼斯纪录,充分展现了学校学生积极向上的良好精神风貌,对学生的全面健康发展与提高起到了积极的推动作用。

---

① 《上峰中心小学第三届校园"吉尼斯"火爆上演》,http://shfxx.jnjy.net.cn/content.aspx?id=985793293666。

在学校组织的各项活动中，我们可以看到学校在"不经意"之间，为这些留守儿童默默提供了许多支持和帮助：专门组织父亲节讲座，教导儿童珍惜亲情；带领儿童参观生命科学馆，了解生命的起源与人类生命的诞生过程，使他们深深地感受到生命的来之不易；与整个年级同学一起参加野营活动，感受团队的温暖……种种有效实践不断提醒我们：只要用心，就会不断催生新的精彩。

3. 提供更多的校外支持和帮助

留守儿童的父母流动出去，他们所从事工作的性质往往限制了他们在城市抚养子女长大的愿望，权衡之下将孩子留守在家交由别人照看，这似乎是一种较为稳妥的方式，更是一种无奈之举——农村的义务教育至少稳定、安全，而这种看起来最理性的选择让儿童成为最大的牺牲者。[①] 加之有些留守儿童本身就来自"不完整"家庭、"不和谐"家庭，他们的父母离家本来就是逃避（从数据中可以明显看到一些儿童的父母分别前往相隔很远的城市工作），因而，父母的回归与监护就变得更加不可能。由于缺乏父母保护，这些留守儿童往往成为真正的弱势群体，本应该享受忧乐的童年时光，却被迫既要照顾自己，还要当"小大人"，照顾老人，形成了老人和儿童互相守望的局面。父母监护职责的缺位和临时监护人监护的瑕疵给留守儿童的自我发展埋下了隐患。而那些没有人看管的儿童，"无人与我立黄昏，无人问我粥可温"更是对他们独居生活的真实写照。因为缺乏管教，留守儿童往往对自身的行为严重缺乏正确的认知，溺水、跌落等意外事故的发生成为留守儿童在校外可能遭遇的重大安全问题。

面对留守儿童在校外所处的困境，学校每年都会进行一次梳理和统计，针对各社区内的此类特殊儿童，学校会主动组织退休老教师、社区工作者，为这些孩子提供假期的辅导和帮助，让他们在假期里有处可去、有同伴可以相帮。对于家庭较为困难的孩子，更会主动提供一些经济上的支持和帮助；对于有特别需求的同学，所有班主任教师都会随时提供咨询和帮助。与此同时，学校每年都会主动联系这些孩子的父母，要求他们与留在家中的孩子保持积极良好的沟通，关注留守儿童的心理需求，定期与孩子相聚，确保儿童能够健康成长。

第三节 绿色的质量评价系统

一、怎样评价课堂教学？

在课堂教学评价标准的确定方面，国外一直强调自下而上的归纳方法，而我国

---

① 李洪波：《精准扶贫视野下农村留守儿童的权益保障》，《学术交流》2017年第4期。

从 1949 年以来更多采用理论演绎方法,其评价标准的确定都是沿用"一堂好课"的标准,往往习惯于从一堂好课的标准出发,或者从课堂教学质量评价的评价者(谁来评)、评价材料(评什么)、评价方法与过程(怎么评)、评价工具(用什么评)、评价结果(评价结论)五要素入手,或者从课堂教学评价系统的评价对象、评价标准、评价主体三要素着眼①,采取自上而下的演绎,逐步将一级考核指标一步步分解成二级、三级甚至是四级考核观测指标,最终形成精细化的课堂教学评价的指标体系。评价标准的信度效度如何,一线教师往往不会在乎,而其在乎的是学校让他怎么做,根本用不着去考虑这些标准是否适合他,这样就很难使课堂教学评价标准成为被评价者自我调节的内在标准。在课堂教学评价标准的导向下,教师紧扣标准要求,把教学内容分解进行得井井有条,有时把下课时间设计得与下课铃声同步,似乎堪称最完美的课。学生自然而然地成为教师教学设计下的"棋子",学生在课堂教学中始终被教师牵着鼻子走,学生什么时间回答问题,回答问题花多少时间等都被教师设计得"丝丝入扣",其结果是,中小学课堂往往成了"表演"的场所,其主角当然是教师,学生则是观众、配角甚至是群众演员。这种情况即使在新课改语境下的今天,也不同程度地依然如故。② 在上峰中心小学绿色教育研究与实践过程中,我们清楚地认识到,课堂教学评价的目标指向绝对不是打磨几节"好课",而是要着眼于师生发展、质量提升。因此,一切要从实际出发,实实在在地进行,来不得虚假与应付。

(一)关注日常课评价

1. 关注日常课的评价

原广州市教研室特级教师林少杰认为,有效评估日常课(通常也被称作"常态课")必须满足三个基本条件、遵循四个原则。③ 三个基本条件是:① 价值观一致,评估参与者对什么是被评估者的发展和如何促进这种发展必须具有现实的或潜在的共同价值取向;② 事实判断结论认同,评估者与被评估者对评估过程中所需判断的事实必须具有基本相同的知识水平和认识水平;③ 评估效益共享,评估所产生的效益必须是评估者与被评估者皆可共享。四个原则是:① 低利害原则——评估结果不与奖惩挂钩,评估目的不是为了选拔或淘汰;② 共识达成原则——评估者与被评估者对评估对象所进行的价值判断最终必须达成共识,不能达成共识的评估对促进被评估者自我发展意义不大;③ 相对性原则——允许评估者与被评估者对评估对象有不同层次的认识和不同的结论,不赋予评估者的意见以绝对的权威;④ 建议性原则——对于不足之处,评估者应该对被评估者提出改进的建议而不仅是指出不足。

---

① 吴钢:《中小学课堂教学评价系统探析》,《课程·教材·教法》2010 年第 11 期。
② 龚晓林:《建国以来中小学课堂教学评价困境探讨》,《教学与管理》2014 年第 3 期。
③ 林少杰:《"常态课"的教学质量评估》,《教育导刊》2015 年第 8 期。

在实际工作中,上峰中心小学高度认同林少杰老师对于日常课的观点,并在实际工作中予以落实和改进。一是深刻理解和认识开展常态课评估的发展性评价意义,要求评估者端正立场,被评估者放下包袱;二是广泛发动教师参与,通过自评与他评相结合、专家评与草根评相结合、面对面评与背对背评相结合等多种方式开展,集思广益,实现多赢,充分体现评估的发展性效益;三是对评估意见和建议不求全面、但求有效,确保每位参与评估者都能有所收获。

在学校日常教学过程中,能够充分关注日常课,确保日常课有效、规范,就能够确保学校课堂教学的底线质量。如果把竞赛课、示范课的那一套标准拿过来评价教师的日常课教学,历来实践反复证明无法行得通,无法获得广大教师的认同。如果强行要求,那么常常得到的极可能是不真实的日常课,是经过"反复排练"过后的表演课,这对于提升日常课教学质量并无实质性的帮助,反倒是给师生带来了负担或负面影响。

2. 尝试制定日常课评价表

江宁区教学研究室统一制定了全区各小学的课堂教学评价表,主要分为四个部分:教学目标、教学行为、学习方式、教学效果,然后进一步分解为13条评价内容。根据本校的实际情况,结合绿色教育课题的研究开展和深入推进,上峰中心小学尝试制订了本校日常课的评价量表,主要分为设计、评教、评学三个部分(见表5-3)。

表5-3 上峰中心小学日常课评价量表

一级指标	二级指标	三级指标	分值
A1 设计	B1 教学目标	C1 准确性:符合客观的需要和学生的条件	2
		C2 全面性:覆盖学生发展的智、情、体三领域	2
	B2 教学内容	C3 有效:与达标相关度	2
		C4 科学:适切性、主干性、系统性	2
		C5 有趣:兴趣与动机的引发与维持	2
	B3 教学方法	C6 有效:效益与精力时间物质的耗费	2
		C7 互动:师生层面与生生层面	2
		C8 可行:任务特征与条件准备	2
	B4 教学评价	C9 激励:阶段发展和层级发展	2
		C10 诊断:检测内容和方式	2
		C11 及时:反馈的时点和频度	2

一级指标	二级指标	三级指标	分值
A2 评教	B5 目标达成	C12 依据课程目标和学生认知过程	3
		C13 建立于学生未知状态和学生发展	3
		C14 表述清晰细化	3
	B6 内容安排	C15 体现向标性	3
		C16 体现层次性	3
		C17 体现教材内容和关联	3
		C18 体现情境性	3
	B7 方法实践	C19 组织（班级、个体、分组）	5
		C20 手段（教育技术手段运用）	5
		C21 方式（讲解、问答、讨论）	5
	B8 评价实践	C22 巡导与点拨	4
		C23 展示与评价	4
		C24 安抚与激励	4
A3 评学	B9 活动参与	C25 广度	5
		C26 热度	5
		C27 效度	5
	B10 目标达成	C28 知识与技能	5
		C29 过程与方法	5
		C30 情感态度与价值观	5

（二）语文课堂教学评价着眼于后续发展

1. 避免一味表扬，保持评价本真

语文课程标准建议：评价应以鼓励、表扬等积极评价为主。所以在实际教学过程中，许多老师怕伤害孩子学习积极性，面对学生的发言，往往夸大其词，甚至不愿指出学生的错误缺点，不分青红皂白，一味表扬。明明是有争议的问题，明明是信口开河、胡思乱想，明明是难度很低的题目，却以"你真棒""你真会想象""再没比你更出色的了""你真聪明""你真是火眼金睛"等一类的评价语来进行夸张至极的表扬。殊不知这样的评价可能会使孩子忘却谦虚的美德，不分对错，胡诌抢答。如果其他学生也为了得到老师的表扬，顺着之前同学的思路说下去，很容易产生定势思维，让问题进入一个死胡同。如果学生长期接受这样夸大其词的表扬，会导致自我感觉太好，变得心浮气躁。所以，课堂上，教师评价语应该得体、简洁、准确，表扬与批评相结合，让学生听得明白，应该客观地指出学生的长处和存在的问题，鼓励优秀、指出

不足、激励后进。如"你课文读得正确、通顺、流利、有感情,如能声音响亮些就更好了"、"你写字有了很大进步,但你如果能注意正确的姿势,就更好了"等,这样的教学评价语,既明确肯定了他们的长处,又委婉地指出了不足之处,同时对他们提出了更高的要求,激励学生向着更高的层次迈进,学生一定能在课堂评价中不断成长。[①]

著名教育家马卡连柯曾说:"要尽可能地尊重一个人,也要尽可能地多提出鉴定明确和公开的要求。"一分为二实事求是的评价,不仅可使学生对自己的学习效果和能力有一个科学的正确估计,还能让他们知道自己的不足,找出努力的方向,由此向更好的方向发展。如果我们教师总是用那种口头禅式的浮泛空洞的语言来评价学生,或者让学生轻而易举地得到奖励,学生就会觉得索然无味,就会对教师的评价与奖励产生淡漠感,达不到应有的激励效果,也失去了评价的本真。

2. 避免模糊笼统,坚持价值导向

课堂教学中教师对学生的回答不置可否,不论高下,学生很难从教师的评价中分清谬误,明确方向,这就是所谓的模糊性评价。由于新课标强调老师要尊重、赏识学生,保护学生的积极性,课堂评价应多以鼓励为主,因此,许多课堂上出现了以"很好""不错""棒极了"等笼统模糊的语言来评判学生的现象,但"好"在哪里?又"棒"在何处?学生并不了解。还有的老师,在课堂中,面对学生的发言,不认真倾听,不加思考,以含糊不清的"哦""嗯"来回应学生的发言,一个学生刚发言完,就开始点下一位同学,"你说""你来"等,漠视学生的表现。像这样教师对学生的思考成果不做评判、不予以导向,学生就难以从老师的评价信息中澄清是非、分辨优劣、明确方向,这样的评价只能导致课堂教学的表面热闹,学生脑海中的概念模糊不清,造成认识肤浅或价值观缺失。因此,作为教师,当发现学生的见解或认识出现偏颇时,就应不漠视、不袒护地加以引导,及时抓住学生认识上的误区,因势利导,使他们在启发引导下获得正确的价值观。

3. 避免方式过度,尊重学生个性

为了适应新课程改革的要求,有一些课堂,评价形式令人眼花缭乱:有奖励小食品的,有奖励小玩具的,还有的奖励五角星并贴到学生的头上等,甚至有的课堂反复出现学生鼓掌这种评价形式,师生之间就像一种条件反射一样,似乎不搞出一点动静来就不叫课程改革。是的,这样方式过度的教学评价,学生注意力是被吸引住了,但接下来学生再也无法集中注意力听刺激性不太强烈的学习内容,很难取得好的教学效果,而且这样的评价方式如果过度,让人感觉较为虚浮,不是真诚。其实教师评价语言是师生情与情的碰撞、心与心的交融和沟通,它需要的是自然、真诚、温馨,而且不仅仅局限于有声语,多样的无声语有时往往更具魅力。老师在课堂上的一个亲切的微笑,一个欣赏的眼神,一个诚挚、友善的目光都可能影响到学生的情绪和学习

---

① 刘春芹:《基于新课程的小学语文课堂教学评价》,《湖南教育(中)》2014 年第 5 期。

态度。由衷地鼓掌，爱抚地摸头，有力的大拇指，加上真诚的赞语，这样声情并茂的评价，更能传播一种情绪、一种感情，让学生倍感鼓励，拉近师生间的距离。有效恰当的课堂评价是语言评价和非语言评价的和谐统一。

正如"世界上没有完全相同的两片树叶"，学生的个性也是千差万别的。多元智能理论认为：世界上并不存在谁聪明谁不聪明的问题，只是存在哪一方面聪明以及怎样聪明的问题。因此可以说，学校里没有所谓的"差生"存在，每个学生都是一个独特的个体，都是出色的。所以，教师的课堂教学评价语要充分尊重学生的个性，因人而异，因课而异，因时而异，因事而异，具体问题具体分析，做到"一把钥匙开一把锁"，避免对班中不同层次的学生给予的评价标准和评价语言都是相同的。对学习有困难、缺乏主动性的学生来说，教师应该做好"期待式评价"。如：当他们学习遇到困难、回答不出问题时，教师可以说："你肯定能行，再动动脑子，好好想一想!"帮他们树立学习的信心。在教师真诚的期待中，学生能产生积极向上的情感体验，在不断的尝试中获得成功。对于那些头脑灵活、思维敏捷、学习基础好的优生，则要慎用表扬，要让他们"跳一跳，摘到果子"时再予以赞赏，这样才能激发他们学习的兴趣。对于表现平平的中等生，教师应以敏锐的目光发掘他们的闪光点，适时予以肯定，唯有如此，教师的表扬才能显得"物有所值"，学生也才能加倍珍惜。[1]

4. 避免主体缺失，多元共同参与

在传统的教学评价中，师道尊严即教师是权威，是唯一的评价主体，而学生是被束缚着的被评价对象。即使在新课程改革的今天，许多语文课堂仍然存在评价主体单一、教师"一统天下"的现象，学生处于被动的地位没有得到真正改变，课堂中学生自评、学生互评、师生互评等十分少见，评价主体多元化未能得到普遍落实。评价时，一些教师往往关注知识评价，而忽视情感、态度、价值观以及学习方式、学习习惯的评价，这说明老师还没有真正从关注知识为本的教学观向关注学生发展为本的育人观转变。

学生是学习的主体，新课标要求在课堂评价方法上打破教师"一统天下"、垄断评价的现状，通过学生互评、自评来改变以往只有教师评价学生的单一的教学评价方式，给学生评价的权利，让学生变被动为主动，突出学生评价的主体地位。发挥学生学习的主体作用，不但要体现在学习过程中，也要体现在评价过程中。课堂教学评价应包括学生评价和教师评价两方面，学生评价又包括学生自评和学生间互评，而我们往往偏重教师评价。要改变这一现象，教学中，我们要积极引导学生参与评价，评价学习内容、学习过程和学习效果，评价同学对知识的理解和掌握，评价自己的优点与不足等。只有通过学生的自我评价和自我反思，以及学生之间的相互评价和集体反思，才能更积极主动地找到自己与别人的差距，发现别人的优点，激发学习

---

① 刘春芹：《基于新课程的小学语文课堂教学评价》，《湖南教育(中)》2014年第5期。

的动力。在学生评价的过程中,教师则采取延时评价的策略,使学生的思维趋向活跃,然后引导学生互评,在互相评价中产生积极的情感和智慧火花。此外,现代教学理论认为,自我评价能够消除被评者本身的对立情绪和疑虑,调动参与评价的积极性。如一个学生读课文后,教师要求他自我评价,他说:"我读得很有感情,但声音太轻了。""那能不能改进一下?"他又读了一遍,既响亮又富有感情,全班都为他鼓掌表示祝贺。实践证明:自我评价能引导学生用批判的眼光剖析自己,在反省中不断地完善自我,促进学生个性的健康发展。

美国学者卡耐基曾指出:使一个人发挥最大能力的方法是赞赏与鼓励。但在课堂中,学生除了有渴望被认同、被赞赏的内心需要以外,还需要从教师那儿得到尊重、宽容和教诲。基于此,小学语文教师课堂评价语应该是既丰富多彩又不拘形式,既灵活巧妙又恰如其分。只要我们语文教师这样长期坚持下去,就能够创造出一种轻松、愉快、和谐、融洽的课堂气氛,激发学生求知欲,提高学生学习兴趣,使学生以愉悦的心情去投入学习,通过评价让他们品尝到成功的喜悦,明确前进的方向,真正彰显语文课堂评价语言的艺术魅力。①

(三)重视数学文化的浸润

数学课堂教学不仅需要注重知识与技能教学,还需要重视学生数学思维方式与数学精神的培养,而其前提,则是教师本身对数学的实质、精神与思维特征等要有科学的认识。②

张奠宙教授指出,数学课堂教学应以学生是否能学好"数学"内容为核心,数学教学手段必须为数学内容服务。在实际教学中,我们要避免"过度的形式化"和"教条式的教学改革",要返璞归真、回归到数学的本质。③ 黄荣金也指出,有些数学课堂中"只见师生活动,难觅数学踪迹"的现象。④ 可以看出,当前教育教学工作者们反思和关注的不仅仅是如何来创新教学方法,如何用高科技的教学媒体来吸引学生、活跃课堂,而是重点关注如何通过准确而适切的教学策略把最核心的知识和最本质的内容传授给学生。

小学数学课堂教学的方式方法应符合小学生的认知特点和智力水平,力求从生活实验出发形成概念,用实际操作和具体的数学活动进行观察和分析,从而验证一些数学结论的正确性。张奠宙将之概括为:"作为数学基础和日常应用的小学数学",既要培养学生数学思维能力,又要注重数学的生活化,应同时避免"过分强调数学来源于实际生活需要,没有实际情景的数学就不教"和"脱离生活、用智力测试代

---

① 刘春芹:《基于新课程的小学语文课堂教学评价》,《湖南教育(中)》2014 年第 5 期。
② 史宁中:《全日制义务教育数学课程标准(2011 版)解读》,北京师范大学出版社 2012 年版,第 2—3 页。
③ 张奠宙:《教育数学是具有教育形态的数学》,《数学教育学报》2005 年第 3 期。
④ 黄荣金:《华人数学课堂之透视》,《数学教育学报》2006 年第 2 期。

替数学"的两种倾向。[1]

计算机科学家、数学家和数学教育学家张景中教授曾说："小学生学的数学很初等，很简单。尽管简单，里面却蕴涵着一些深刻的数学思想。"《全日制义务教育数学课程标准（2011 年版）》将之前数学课程总目标中的"双基"（基础知识、基本技能）改为"四基"（基础知识、基本技能、基本思想方法、基本活动经验）；基本理念中明确指出数学是人类的一种文化，它的内容、思想、方法和语言是现代文明的重要组成部分。新一轮课程改革更加关注数学的基本思想和数学文化的渗透。

南京大学郑毓信教授认为，数学对象并非自然世界的真实存在而是抽象思维的产物，是一种人为约定的逻辑建构系统。数学对象正是作为文化而存在的，是一种特殊的文化，即"数学文化"[2]。顾沛教授认为"数学文化"是指数学的思想、精神、方法、观点以及它们的形成和发展。广义的"数学文化"内涵还包含数学家、数学史、数学美、数学教育、数学发展中的人文成分、数学与社会的联系、数学与各种文化的关系等。[3] 张奠宙教授认为"数学文化必须走进课堂"，数学文化是数学课堂教学人文价值的体现，只有教师有意识地将数学文化渗透于日常的课堂教学之中，学生才能感悟到"看不见的文化"。数学文化就是强调数学的文化价值，实际的应用性、生活化，美学价值等，从而激发学生学习数学的兴趣，培养学生对数学学习的向往和热情。根据新课程改革的要求，结合课堂观察的不同维度，有学者提出"数学文化"应包括：① 数学史，它展示了数学产生和发展的历史，是数学知识、数学思想和数学方法的集中体现，为学生营造良好的文化氛围。② 数学与生活，"数学作为探索真理的事业，早就有着一种独特的人格气质，一种精神力量——尊重事实、实事求是的求实精神，勇于坚持真理、敢于怀疑、自我否定的批判精神，勇于创新、为真理而献身的科学精神"[4]。③ 数学美，包括简洁美、和谐美和奇异美，加深对数学的理解和认知，完善其数学思维品质。[5]

对于小学课堂来说，教好数学课，绝对不是简单完成课本教学任务那么简单，而是必须带领学生进行数学文化的浸润，从而让小学生热爱数学、接受数学，从而在未来的数学学习过程中带着热情去学习，而不是背负着艰巨的任务去艰难跋涉。

（四）体育课堂教学讲求实效

当前小学体育课堂教学评价工作仍然存在以下问题：① 评价体系的模式化，一

---

① 张奠宙、孔凡哲、黄建弘、黄荣良、唐采斌：《小学数学研究》，高等教育出版社 2009 年版，第 3—4 页。
② 郑毓信、王宪昌：《数学文化学》，四川教育出版社 2000 年版，第 34 页。
③ 顾沛：《数学文化》，高等教育出版社 2008 年版，第 1—3 页。
④ 曹一鸣：《从数学本质的多元性看数学教育的价值——对新课标"人人学有价值的数学"的解读》，《中国教育学刊》2005 年第 2 期。
⑤ 魏悦心、马云鹏：《基于数学本质的小学数学课堂教学评价指标》，《教育测量与评价（理论版）》2015 年第 1 期。

定程度上制约着教学改革的进行，束缚了教师的手脚；② 体育课堂教学的素质教育目标不明确，评价带有主观性，或者仍然用旧有的模式来衡量现在的教学；③ 评价标准不应"一刀切"，需考虑学校和学生的差异，生源差和师资水平低的学校应首先重视规范，抓最基本的东西；④ 规范与创新如何在教学中得到体现；⑤ 应在发展学生的思维能力、实践能力、创新精神和科学素养等方面给出可操作性的评价办法，制定新的中小学体育课堂教学评价方案。①

布卢姆认为："教育中的'诊断'不限于辨认不足或问题。它是一个范围比较大的概念，包括对各种优点和特殊才能禀赋的识别。"②由此可知，要想改进，就得准确诊断出需要改进之处；要想发展，就得准确指出可发展的优点和才能。

著名体育教研员姚玉良老师认为：体育教学质量就是开展体育教学活动的优劣程度。体育教学质量的内涵应包含"学的质量、教的质量和练的质量"③。说白了，就是体育课堂教学必须讲求实效，不能"玩虚的"。对于体育教育质量，习近平总书记高度重视，中考也将此纳入必考科目。是否拥有一副健康的身体，不仅是对于小学体育教学的质量检验，更关乎儿童的健康发育、终身发展。

中小学体育课堂教学评价是以现代教育教学理念、现代体育课堂教学观为依据，运用了可操作的评价手段，评价主体按照有效教学的价值标准，对课堂教学的各个要素及其发展变化进行有效价值判断的过程。在坚持评教与评学相结合的基础上，更为侧重评学。课堂教学是教师组织和引导学生进行有效学习的过程，是师生互动、生生互动共同实现具体发展目标的过程。"评教"，建立促进教师不断提高的评价体系，才能大面积地提高教学质量；"评学"，建立能够评价学生体育学习状态和体育学习效果的评价体系，教师据此可以具体评价一堂体育课的教学效果。中小学体育课堂教学评价要以评学为重点，以此来促进体育教师转变观念，改进教学。④

（五）课堂教学评价的技术与思考

约在 20 年前，我们在帮助同事反复磨课、积极准备市区赛课之前，总会动用摄像器材，把授课教师的"试教"全程摄影，然后，请授课教师和听课教师坐下来，一边看视频回放，一边探讨教学过程的优点与不足。

随着时间的推移，当前的设施设备比起当年已经提升了很多，教学理念也有了许多的改进，但是，利用先进教育技术的手段，反复提炼教学行为的手段，一直没有停歇过。教师精心设计一节课，仍然需要经过分析教材、分析学情、抓住教学重难

---

① 李建军：《基本思路与指标体系——构建中小学体育课堂教学评价体系的思考之一》，《教育测量与评价（理论版）》2014 年第 8 期。

② ［美］B.S.布卢姆：《教育评价》，邱渊等译，中国和平出版社 1996 年版。

③ 姚玉良：《对体育教学质量内涵的认识》，《中国学校体育》2011 年第 3 期。

④ 李建军：《基本思路与指标体系——构建中小学体育课堂教学评价体系的思考之一》，《教育测量与评价（理论版）》2014 年第 8 期。

点、设计教学方法,从形成教学设计到课堂实施,最终一节课的完美呈现,需要经过不断的推敲和打磨。如今看起来,对于授课教师个人以及教师团队的成长,有几个主要过程非常重要。①

1. 授课教师的自我评价过程极有必要

一是对课堂用语和体态举止进行自我评价。语言是进行沟通和交流的重要工具,教师在对课堂教学录像进行自我评价时要检查自己是否操着标准流利的普通话,切忌地方口音和口头禅的出现。教师的体态举止应该既和蔼可亲又落落大方,既风趣幽默又协调得体。通过课堂教学录像回放,教师会发现自己平时课堂中很难注意到的细节举止并加以改正,进而培养良好的课堂形象,以健康优雅的形象感染学生,实现言传身教。

二是对教学流程和教学效果进行自我评价。课堂教学录像可以帮助授课教师审视整个教学流程,了解学生的课堂学习情况。教师的授课过程是一个作品的创作过程,通过观看课堂教学录像,教师可以发现这节课教学设计是否合理,教学重难点是否把握得当,教学方法是否恰到好处,教学过程是否自然流畅,教学效果是否达到预期,哪些环节需要调整,哪些优点可以发扬,哪些缺点需要改正,发现这些问题以便有针对性地加以解决,从而使以后的课堂教学流程清晰流畅,提高教学效果。

三是对板书设计和教学手段进行自我评价。在观看课堂教学录像时授课教师可以重新检验板书的字体是否美观、内容有无冗余、设计是否合理,在今后的教学中加以改进,不断完善教学基本功。在教学中教师往往会借助一些辅助性教学工具进行课堂教学,如课件、实物展示等。教师在观看课堂教学录像时对于这些辅助工具的利用是否恰当、课件设计得是否合理都要进行评价,以不断改善,使它们在教学中发挥最优效果。

四是对教师课堂应变能力和驾驭能力进行自我评价。教学过程不会按照教学设计按部就班,即便进行课堂预设,课堂教学中也会有一些预设外的事情发生。如学生提出的疑问、学生不同的解题思路等,对于这些"突发性事件"的处理需要教师具备机智的课堂应变能力和较强的驾驭能力。在课堂上处理这些事件时可能选择的不是最佳的解决办法,但在重温课堂教学录像时,教师会对"突发性事件"的来龙去脉一清二楚,这对于教师积累经验、更好地驾驭课堂有很大的帮助。

2. 教师团队参与评价极为重要

动用这些技术手段,动用较多的人力资源,往往出于课堂教学竞赛的需要,或者是教研组活动的需要。无论哪一种原因,教师团队参与评价都极为重要。

一是在参与评价的过程中,历经细致研讨,进一步明白课堂教学之中的常见瑕疵是如何产生的、如何剔除之,进一步换位思考自身的教学实践中如何避免这类瑕疵。

---

① 洪臣、李金凤:《教师课堂教学录像的自我评价与应用》,《中小学电教》2016年第9期。

二是在参与过程中进一步明白现代教育技术的使用，以及如何通过设备的使用，促进教学行为的更高效率、更大容量，明白今后如何利用这类设施实现常态自评，以实现自我促进教学能力的大幅提升。

三是现代教育理念得到进一步强化。在集体磨课、团队讨论研讨的过程中，一些教育理念必然得到进一步的明确强化，使得参与者进一步加深印象，也促使团队成员借机实现自我提升。

3. 录播设备的技术介入非常重要

古语道："欲善其事，先利其器"，要提升课堂教学评价的质量和效果，最好能够借助强大的技术支持。随着教育技术的不断发展，以及教育装备的不断升级，与其他兄弟学校一样，目前上峰中心小学的教育技术装备已经实现了"鸟枪换炮"，其中就有新装备的录播教室。对于教师自我评价来说，充分利用录播教室设备，是十分有效的。

自动录播教室最大的优点是能将在教室内现场教学的实情自动录制下来，将视频直接推送到校内多媒体服务器，支持多用户同时在线观看视频直播。当一个班级在自动录播教室内上课时，其他老师可以通过办公室电脑远程观看直播或者把上课视频下载到自己的电脑中保存，授课教师下课就可以轻松拿到这课堂的录像，对教师的课堂教学中的备课、教学、互动、应变能力等环节的揣摩、提高有比较明显的优势。

自动录播教室在帮助教师实现课堂教学自我评价、专业化水平自我提升方面的作用是显而易见的：① 可以在短时间内进行材料的整理；② 可以将课件上传到网络上，迅速实现资源共享；③ 可以查看自己的上课表现，让师生自我发现不足和需要重点关注的学生，有效提升教学的质量；④ 使专家远程实时指导成为现实。

尽管录播教室功能强大，但是在现阶段，其主要用途还是在帮助教师进行课堂教学诊断、促进课堂教学效能提升。充分利用其功能、发挥其应有作用，将有效加快现代教育技术在上峰中心小学的应用，推动全校教师深入开展教学反思，进一步提高课堂教学效率。

二、怎样评价学生发展?

（一）课内评价注重及时有效

1. 注重评价对象的个体性和普遍性

平时我们评价学生应克服两个问题：一是以教师自我的理解和教参来评价学生，二是以班里的尖子学生的回答作为评价参照。这样做的危害是使大多数学生提出问题和解决问题的能力不仅难以得到提高，而且学生的个性见解往往成为教师压制的对象,甚至在教师眼中成为所谓的"奇谈怪论",最终扼制了学生个性的自由发展,限制了学生的思维,学生好奇、探究、创造的内在动力也会减退。所以,教师在课堂教学评价中应注重学生的个体性和普遍性,以学生个体原有水平为标准从"知识能力""情感态度价值观""方法与过程"这三个维度入手综合地去评价学生。评价标准因人而异,学生的表现不求完美,只要有进步就应该给予肯定。这样具有个体性特征的灵活评价,既把握住大方向,又能鼓励学生表达自己的感受、意见,学生不用去揣度教师期待的标准答案,课堂上就会出现不同的声音,引发争论,这样才能促进学生增强自信,发挥其创造潜能。

2. 注重评价内容的及时性和准确性

在课堂教学中,对于学生反馈的信息,教师要善于扮演"公正法官"的角色及时、准确地给予"判决",从而使学生能对自己的学习效果和能力有一个科学的正确估计,并进而明确不足,找出努力的方向。在听课的时候经常会发现,有些教师的课堂评价过于笼统模糊,缺乏准确性,或者对学生学习过程中存在的问题没有表示明确的建议,不置可否,甚至无视学生的意见,我行我素,当学生回答问题时,只要学生的回答没有切近老师所谓的标准答案就用"还有哪位同学来回答这个问题?"来完成教学。有时,没有一个学生答对,就干脆自己代替学生公布答案,至于学生回答得是否全面、是否正确、是否规范,完全不表明自己的态度。这样的教学,老师教得糊涂,学生学得糊涂。要让学生知道自己的回答是否正确、错又错在哪里,老师应该及时帮助学生找出问题所在,然后分析问题、解决问题,这样才能提高学生的学习成绩。学生从这门课当中发现学习的价值,他才更愿意学习这门课。当然,能否及时、准确地对学生的学习做出评价和判断,这需要教师具备敏锐的观察力和较高的自身素养。另外,教师自己课前准备是否充分,是否掌握了这堂课所需要的全部信息,也会影响教师的判断能力。

3. 注重评价语言的生动性和适切性

课堂上如何评价,学生就会有积极的表现,就会有愉快的情绪体验?我们认为,教师还应紧紧抓住课堂评价语言这一法宝,让课堂评价语言这个最直接、最有效的评价方式真正发挥其独有的魅力,关键在于它的生动性和适切性。如果课堂上老是用"不错""很好""再想想""你能比他还好"等评价语言,虽然,这些语言有一定的激励性,但久而久之,学生就会感到枯燥乏味,无法更好地调动学生学习的积极性。甚至有的教师语言尖刻,讽刺挖苦学生,这样的评价会严重打击学生的自信心。当然,无原则的表扬也不行,这会让学生丧失判断正误的能力。一堂好的课评价语言不应拘于一种形式,而应因人而异,因课而异,因时而异,因发生的情况而异,教师要创造性地对学生进行评价,使被评价的学生既能得到学习成功的满足,又能提高学习的兴趣,更积极主动地投入学习,而且也可以具体指出学生的问题所在。[①]

4. 注重评价过程的多样化和激励性

心理学研究表明,激励可以最充分地调动一个人的积极性,能挖掘人的潜在能力,使其朝着既定目标前进,最终使目标得以实现。任何人在主观上都希望自己的目标得以实现,去体验和享受目标实现的欢愉,甚至在未明确真正的目标时,已萌发了目标实现的意识。激励和批评就好像人的左右手,缺一不可。课堂上教师对学生的评价应该以激励为主,但并不是排除批评,因为这样更能唤起和激发学生思维的自觉性、能动性,课上除了要把握激励的评价原则,还要注意评价的多样化,通常我们在课堂上的评价是以口头评价为主,但这还远远不够。

(二)校内评价注重遵循《中小学生守则》

评价是一种价值判断的过程,反映着教育的价值取向,取决于教育的价值观念。新课程评价的指导思想旨在"创造适合儿童的教育",促进学生的发展。评价体系关注的不仅仅是学生的学业成绩,也必须注重学生在学习过程中的情感体验、态度形成、能力发展和习惯养成。适时、正确地运用评价手段,注重过程,发掘潜能,有利于全面提高儿童综合素养。

从学校日常办学来说,能够让每个孩子礼貌待人、认真学习、勤于锻炼、健康生活、规范坐立行、端正写好字、大声朗读、清楚表达、大方表演,等等,设想都是很好的。如何去评价儿童表现? 各校都有自己的一套行之有效的措施。而从国家层面来说,实际上已经为如何评价学生表现制定了纲领性的文件,这就是《中小学生守则》。对于学校来说,一个非常重要的工作,就是如何遵循《中小学生守则》的要求,做好儿童少年的日常评价与指导。

1. 为《中小学生守则》树立法典地位

对于学生来说,如何算是合格的、模范的小学生? 毫无疑问,《中小学生守则》就是每个儿童必须遵循的"法典"。因此,学校显著位置必须为它留下醒目的宣传栏,每个年级的每个孩子,都必须对此"法典"铭记在心。对于每一个小学生来说,熟读、背诵《中小学生守则》,并以此规范自己的言行,应成为一个基本的要求。由于此守则是面向全体中小学生的,故而,对于小学低年级的孩子来说,有一些条款是一时做不到的,需要慢慢学习、逐步改进。这个过程,正是每个孩子成长所必经的过程,上峰中心小学在执行这一守则的过程中,对此长期坚持不懈,这对形成良好的校风、班风、学风,养成儿童良好的文明行为习惯至关重要。

2. 坚持个人评价与他人评价相结合

一是让学生自评,也就是让学生认真回顾自己的学习、生活等,反思自己的所作

---

① 周海燕:《对如何发挥语文课堂教学评价功能的思考》,《考试与评价》2014 年第 8 期。

所为,根据自己的"认识"对自己进行评价,来一个自我定位,这样做既尊重了学生个人,也可逐步培养学生养成"自我反思"的良好习惯。

二是让学生之间进行互评,也就是让学生的同伴根据自己平时的所见所闻、所思所感对学生的学习、生活、为人等进行评价,来一个"对照鉴定",这样做,既帮助了学习同伴,也在评价中剖析了自己、锻炼了自己,还无形中增强了学生的监督意识,对学生来说,于人于己都大有裨益。

三是开展小组评价,也就是借助小组的集体"智慧"对小组内的成员进行评价,在小组成员的"各抒己见"中对某一成员进行全方位的综合性评价。这种评价肯定比"自我评价"和"同伴互评"更科学、更全面,可信度更大——同龄人的评价,起点基本一致,个人境界大致相当,时空更广阔,"论据"更"充实"。这样做,既有利于增强学生的团结协作意识,也可以锻炼学生的能力,还有利于培养"互帮互助"的良好美德,在"综合育人"的基础上提升班集体的整体素质。

四是听取学生家长(或监护人)的评价,也就是听听家长(或监护人)对学生有什么看法——主要是依据平时的所见所闻。这样做,既是提醒学生家长(或监护人)平时多留心自家的孩子,多关爱自家的孩子,也是老师和学生家长(或监护人)的一种"交流"方式,还会让学生感受到家庭的温馨和关爱,有利于家校"合力育人",也有利于争取"社会的育人合力",为"多元化育人"埋下"伏笔"。[1]

五是教师参与评价,也就是要求"育人的主力军"站在育人的高度,用育人的眼光、育人的思维、育人的方式等对学生进行"合理"的评价——借助普通而有价值的手势、微妙而意蕴深刻的眼神、常规而又动情的语言、简洁而又深情的评语……这既是教师的职责,也是时代赋予教师的重任,还是教师育人艺术的一种外显。[2]

3. 注重达成,淡化竞争

《中小学生守则》对于学生来说,就是一个指导性的基本要求,看似简单,而实际上完全做到、时时做到,还是有一定难度的。这个守则,对于每个同学来说,都是一个"达标"性要求,而非竞争性指标。基于这样的考虑,学校和教师可以经常性地提醒同学们,对照守则进行自我评价。针对不同年级儿童的特点,教师可以分别采用不同的方式来指导、帮助儿童积极达成,逐步实现儿童社会化进程。

一是可以利用班队活动机会,组织同学对《中小学生守则》的执行展开常态化的讨论,针对不同年级的特点,有的放矢,表扬先进,对同学之中不文明、不规范的行为进行提醒和督促;二是利用晨会、夕会的短暂时间,对班级里面发生的事情进行点评,并结合《中小学生守则》的要求,予以表扬和批评;三是合理归因,对学习习惯、生活习惯、文明习惯良好的行为和个人,及时归因到模范遵守守则上来,并及时予以表扬和鼓励,对其他类似行为予以追踪观察和及时补充表扬;四是针对实际情况,阶段

---

① 《如何对学生进行有效评价》,http://blog.163.com/xhl_6789/blog/static/20448719420163882431419/。
② 《如何对学生进行有效评价》,http://blog.163.com/xhl_6789/blog/static/20448719420163882431419/。

性提出个别条款的达标申报,让整体氛围逐步得到改良。

(三)深刻认识隐形评价

陶行知先生曾说过,"你的教鞭下有瓦特,你的冷眼里有牛顿,你的讥笑中有爱迪生。"这句话启示我们:教师对学生的评价具有极其重要的显性或隐性影响,有些影响甚至是长期的、终生的。

课堂教学中的隐性评价,是指学生在课堂教学情境中获得的间接的、内隐的、非正式的评价。它具有以下特点:一是渗透性,在每个教学环节乃至整个教学过程中都会有隐性评价的存在,从教师的言语、神态、举止行为,到课堂教学环境的布置,都包含着隐性评价;二是潜在性,隐性评价所传达出的信息与意义往往隐含在教师的言谈举止和教学环境中,潜移默化地发生作用;三是细节性,隐性评价总是与具体的教学情境相关联,尤其是在教学情境中的细微之处体现出来;四是情感性,尽管隐性评价中也包含认知的因素,但情感的倾向性更为突出,学生从中获得的更多是情感、态度的体验,因而对学生的影响也很可能更深刻、更久远。[1]

需要注意的是,课堂教学中的隐性评价对学生的影响可能是积极的,也可能是消极的。积极的隐性评价对学生的成长有着十分重要的促进作用,成为学生可持续发展的源泉;而消极的隐性评价则会对学生造成伤害,使学生在成长的道路上失去信心和动力。那么,教师如何促成积极的隐性评价,减少消极的隐性评价呢?

一是教师需要清楚认识课堂教学中的隐性评价。尽管隐性评价的内隐性特点使其容易被忽略,但作为教育者的教师应充分意识到,课堂教学中不仅有显性评价在发挥作用,还有隐性评价隐含在整个教学过程中,而且后者对学生的影响很可能更深远。教学过程中,看起来不经意的一句话,很可能使学生自信心大增,也可能让学生垂头丧气;而无意之中的一个眼神或手势,可能会让学生迎难而上、积极进取,也有可能让学生心生畏惧、无法前行。教师只有足够地意识到隐性评价的存在,才能对自己在教学中的言行进行细致的反思,从而有效发挥隐性评价的积极作用。

二是建立起绿色的评价观。教师需要明确评价本身是教育的重要组成部分,其根本目的是促进学生的发展,而学生在学习和成长过程中需要得到尊重、理解、宽容、激励。在课堂教学中,教师不仅要对那些和自己意见一致的回答加以赞扬,还要能对相异的,甚至很"另类"的答案给予相应的尊重;不仅要对成绩好的学生欣然赞赏,还要能对成绩暂时落后的学生多加鼓励;当学生出现差错时,要能够细心地理解和耐心地指点,而不是断然指责和惩罚;当学生不够自信的时候,要能够用亲切的语气或是一个微笑的表情让学生重拾信心。可以说,只有树立正确的评价观,才有可能尽量避免评价的消极影响而真正起到促进学生发展的作用。

三是需要了解不同类型隐性评价的特点。课堂教学中的隐性评价可分为言语

---

① 辛继湘:《关注课堂教学中的隐性评价》,《教育测量与评价(理论版)》2014年第12期。

类、表情类、行为类以及环境类等类型。其中,语言类隐性评价以言语为主要方式来传达信息,具有言外之意或弦外之音的特点,表面是一层意思,而隐含着的却是另外一层意义。表情类隐性评价主要是通过面部表情透露出相应的信息,具有直观性、情感性、生动性,虽然悄无声息,却能让学生感受到其中哪怕很微小的变化和意义。行为类隐性评价是从教师各种教学行为中反馈出来的评价信息,其包含的意义比其他类型更丰富、更复杂,一些看起来似乎并不含有评价意义的教学行为,实则起到了十分深刻的评价作用。环境类隐性评价则来自课堂教学环境的布置和安排,教室墙上展出的学生作品、讲台前面公布的学习进展、学生座位的安排等,无不隐含着评价的意味,持久地对学生产生影响。明确了隐性评价的不同类型及特点,有助于教师采用适切的方式使得积极的隐性评价更好地发挥作用,并使学生尽可能免受消极隐性评价的影响。[1]

（四）学生评价着眼于未来发展

基于“对每个孩子负责,幸福人生奠基”的绿色发展理念,着眼于评价导向,在评价内容、评价方式、评价运用等方面都要体现出对儿童发展的促进作用。教育学研究表明:“课堂教学评价用语是教学过程重要的项目,评价不是为了完成某种任务,而是一种持续的过程,它是教与学一个主要的、本质的、综合的组成部分,贯穿于教学活动的每一个环节,它是为人的终生发展服务的。”新课程改革也积极倡导“立足过程,促进发展”的课程评价,重视评价语的激励与改进功能,使评价真正为了促进被评价者的发展。

1. 改进儿童发展评价方式

上峰中心小学在绿色教育活动中,着眼于儿童终身发展,推进“三四五活动”,改进评价方式:定位于“养成教育、学业成绩、特色活动”等三个板块,每年开展读书节、科技节、艺术节、体育节等“四大节日”特色活动,每月组织礼仪之星、卫生之星、学习之星、健康之星、才艺之星等“五星儿童”评比。

一个较为成熟的评价方案应涵盖学生的“德、智、体、美”等各个方面,再往下细分,有多级指标。但为了确保评价落到实处,学校立足校情,彰显特色,将学生评价定位于“养成教育、学业成绩、特色活动”等三个板块。

养成教育评价指向“德”。有专家称,某种程度说小学德育就是培养习惯——养成教育,好了行为习惯,完成了德育的主要任务。所以,避免评价内容的“高大全”,以养成教育之生活习惯、礼仪常规、课堂常规为基本要求,对各班学生的日常行为习惯进行考核评价,帮助学生明辨是非、规范言行,学会自理自律,崇德守礼,培养团队精神与责任意识,塑造健全的人格,进而营造优良的学风、班风和校风。

---

① 辛继湘:《关注课堂教学中的隐性评价》,《教育测量与评价（理论版）》2014年第12期。

学业成绩评价指向"智"。教学质量始终是学校生存与发展的基石,学校以学科纸笔考试与实践性能力检测成绩(比如音乐课低年级侧重舞蹈、律动;中年级侧重器乐、乐理;高年级侧重声乐、鉴赏,艺术节活动整合,举行班级比赛)相结合,开展对各班级的学业成绩评价。

特色活动评价指向"综合素养与个性发展"。学校特色活动以每年"四大节日"(读书节、科技节、艺术节、体育节)为支撑,各年级设置不同的比赛项目,团体总分给班级排序。通过四大节的比赛评价,真正实现了国家课程校本化、校本课程特色化,大大丰富了校园生活,激励每个学生长见识、善创新、懂艺术、强体魄、精口才,为长远发展打下坚实的基础。

学校把表现性评价和过程性评价结合起来,充分发挥班级和学生在评优中的主动性、积极性,为学生树立可亲、可信、可学的身边典型,激励学生不断进步。上峰中心小学根据评比内容和条件,结合本校学生三个板块的表现情况,定了"五星儿童"评比标准,即礼仪之星、卫生之星、学习之星、健康之星、才艺之星。标准贴近学生学习生活实际,便于操作,每月开展一次评比,让每位学生都能看到自己和同学的闪光点,看到身边榜样。

2. 坚持量化评价与质性评价结合

传统的评价定性多、定量少,重印象、轻证据,重结果、轻过程,重整体、轻细节。从评价主体上看,有学校评、教师评、小组评、自我评、家长评等,由于评价主体过多,统计复杂,工作量太大,以致难以落实,往往使评价流于形式。这样的评价结果也难以让人信服,更谈不上什么导向激励作用。而上峰中心小学之所以确定以上三个板块为评价内容,在考虑了纵深推进素质教育的因素外,还考虑了有利于操作运行,有利于调动师生争先创优的积极性,最大限度地做到客观公正,更大限度地激励儿童健康成长。

例如艺术节活动,学校要求全员参与,促使教师尽力让学生个个参与,人人受益,参与方式有精品作业书写展览、儿童绘画展览、歌唱、舞蹈等,让每个孩子都能有所展示、有所成功,让成功的喜悦激励儿童更加健康地发展。

在学生每学期《成长的脚印》报告单中,量化部分很严谨,而教师评语分外温暖,在指标涉及不到的微小方面都给予了充分鼓励,适当采用质性评价,旨在促进、激励学生发展。

3. 评价指向儿童健康成长的终极目标

小学与中学分设,并不意味着彼此之间的教育是割裂的。恰恰相反,小学教育必然是中学教育的坚实基础,必然将对中学阶段的教育产生深远影响。从这个角度来说,小学阶段的儿童发展评价必须指向学生健康成长与全面发展的终极目标,教师必须权衡利弊,转变观念,冲破传统的思维定式,着眼学生的未来,科学评价儿童发展情况,最终让每个学生受益。

实践证明,学校实施的这套促进学生全面发展的评价方案深入人心、行之有效。学校"以教学为中心"的基本原则从未改变,教师们并没有因为学生评价方式的改进而放松本职工作,毕业班统考成绩略有波动,依然总体保持稳定。令人欣慰的是,教师们能理性领会"三个板块""四大节日""五星儿童"对学生成长的意义,重新定位自己的岗位与角色,做好学生成长的引路人。如今,我校经常看到的是老师们为培养学生良好习惯不厌其烦、谆谆教诲;是老师们为四大节日提前谋划、精心准备,在自己的课堂注入新的元素;是老师们带领学生参加各项比赛时的倾情投入。

对于学生来说,评价方案所发挥的作用更是直接体现到日常表现中,无论上下学、上下楼、上下课、上下车、集体活动都能做到井然有序;无论在学校、在家里、在社区,孩子们都能有较好的文明礼貌习惯;无论各科教学、课堂内外,孩子们都能保持良好的学习风气。这些都主要得益于学校一以贯之的养成教育评价体系。至于四大节日特色活动的影响更是不可估量,虽然年年有四节,节节不一样,具体到每个孩子的活动是绝不重复的,他们从丰富多彩的比赛活动中,显得更加阳光自信,更加儒雅大气,更加多才多艺,更加能说会道,更加健康快乐。[1]

目前看来,学校评价研究确实是个永恒的主题,目前只是迈出了一小步,还有很多问题需解决,很多细节需琢磨。但无论如何变化,利用评价的导向功能,促进儿童绿色成长、健康发展的思路是不可动摇的。

4. 日常评价注重激励,理性评价

有教育,就有评价;有评价,就会对学生产生影响。至于产生怎样的影响,这是因人而异、因事而异的。从儿童的长远发展来看,理性评价是教师的必然选择,这要求教师在评价时不要"浮躁",要保持"平和的心态"。

一是评价时要注重"客观性",无任何偏见,尊重学生的个性,考虑时空、具体事物的"特殊性",权衡好利与弊;二是评价时要注重"委婉性",重鼓励轻批评,即使批评也要注重语言的含蓄性、适切性,千万不能伤害学生的自尊心;三是评价时要注重"过程性",要看清学生的"成长主线"和"发展趋势",要注重纵向比较,要分清轻与重,不要过于注重结果性评价,以免出现"一俊遮百丑,一丑掩百俊"的"滑稽"局面;四是评价时要注重"换位性",设身处地为学生着想,揣摩学生此情此景时的心理,防止"逆反",以利于提高评价的"效能";五是评价时要注重"针对性",要进行有目的的评价,可针对学生个人或者学生群体当前或近段时间的表现以及某个偶发事件或突发事件进行评议;六是评价时要注重"冷热性",区别不同现象的"特殊性",采用"冷处理""静观其变",或者采取"热处理""趁热打铁",决不能盲目"一刀切"。[2]

---

① 漆洵:《评价导向,促进学生全面发展》,《教育科学论坛》2016 年第 12 期。
② http://blog.163.com/xhl_6789/blog/static/20448719420163882431419/。

三、怎样评价教学质量？

（一）关于教学质量评价机制

当前，我国学校教育开始进入从传统的求"量"的规模扩张向重"质"的内涵提升转变这一新的历史发展阶段。为推动这一转型，《国家中长期教育改革和发展规划纲要（2010—2020 年）》明确提出，把"提高质量"作为我国未来十年教育改革发展的核心任务，要求"建立以提高教育质量为导向的管理制度和工作机制，把教育资源配置和学校工作重点集中到强化教学环节、提高质量上来"[1]。那么，如何实现学校教学质量的提高？

质量大师克劳斯比认为："质量就是满足需求。"教学质量是指在教学过程中通过教学方法的优化、教学策略的改进、校本课程的开发、特色活动的开展，满足学生内在发展需求。目前，我国学校教学质量的评价的机制主要有两种，一个是以课程目标为基准的目标参照评价机制，另一个是以考试成绩为基准的常模参照评价机制，通常以学生重要考试的平均分作为基准，衡量一个班级或一所学校的教学质量。前者侧重于"达成度"，后者彰显"竞争度"。

目前，相关部门对学校教学质量的评价大多以县、区为单位进行，评价仅仅局限于对学校教学现状的评判和区分。这样的评价主要作用在于评定、鉴别和区分，其评价基准是一个相对的标准，是好中求好、强中求强的标准。这样的标准会变相地引起地区和学校间的相互攀比、竞争，给学生和家长造成了一种无形的压力。

作为学校来说，发展性学校教学质量评价更受欢迎，这是针对现行学校教学质量评价所存在的弊端提出的。发展性学校评价以评价对象为主体，以发展主体为理念，全方位、多角度地促进学生核心素养的健康发展。传统的学校评价制度往往着眼于学校的过去，即已经取得的教学效果如何，而发展性教育评价制度是一种新型的、面向未来的学校评价制度。它不仅关注学校的学业成绩，而且更关注学校未来的发展。[2]

以促进学校未来发展为目标的发展性教学质量评价制度，是一种既有诊断性评价，又有形成性评价和总结性评价的教学质量评价制度，教学质量评价是依据一定的教学目标和标准，对教学活动是否达到国家对于教学规定的要求，是否满足学生、教师的发展需求做出的价值判断。这种评价机制，主要评价学校教学是否"达成"课程教学的基本要求，是否有利于促进儿童的长期发展。

---

[1] 姚林群、陈开懋：《基于校本的教学质量评价与监测》，《教育测量与评价（理论版）》2015 年第 3 期。

[2] 常磊、尚秀芬：《我国学校教学质量评价的现状及应对策略》，《教育理论与实践》2016 年第 26 期。

（二）关于教学质量的结论性评价

1. 上级组织的教学质量评价行为

有教学，则必然有评价；教学质量评价的终极目标在于"以评促教"，提高教学质量，这是教学质量评价的终极逻辑归宿。对于每一所学校而言，都是必须始终牢记的。

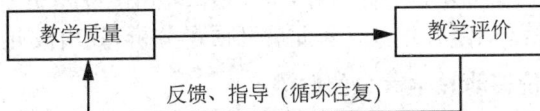

```
┌──────────┐                  ┌──────────┐
│  教学质量  │ ───────────────→ │  教学评价  │
└──────────┘                  └──────────┘
     ↑                              │
     └───── 反馈、指导（循环往复）──────┘
```

当前，即便是对于小学而言，每年也都会有省级的"学业水平测试"、区级的"统测"。这两项测试，对于学校而言，其意义是不同的。省级的"学业水平测试"，其出发点纯粹是了解基层的教学实际状况，并不与各校评价挂钩，因此，各校也都能够组织儿童以本来面目参加测试，表现出最为诚实的学业现状。而省级测试的结果，最终是要和各大市教育局见面的，各市教学研究机构、管理机构的领导们对于这项反馈是非常在意的。只不过，一时之间，这种压力还传递不到基层学校中来。

区级的"统测"评价，一般在四到六年级中挑选一个年级，检测各校在语文、数学、英语以及其他学科中的教学质量情况，为便于组织考试和阅卷，一般会选择两到三个学科进行。这项成绩，将直接计入学校年度评估成绩，直接影响学校年终的评优、评先，当然也直接关系到校长个人的业绩考核。因此，很多学校对于此项测试都极为重视，努力提前刺探"考情"，排"师"布阵，把最精锐的师资投入到这个年级之中，力争在全区教学"大比武"中获得优秀成绩。由于六年级的"中签率"比较高，于是常常可以看到，六年级的孩子每天放学都会很晚。严格意义上说，这就是应试教育的一个缩影。这种方式的测试，对于提升教学质量到底有多大作用，相信组织者们也是心知肚明的。只不过，组织这场考试，可以对全区总体的教学质量有一个警醒，让各校都能够紧扣"教学质量"这根弦。

对于基层学校来说，不得不重视区级的"统测"评价。为此，学校往往将这项统测成绩直接记入教师的个人业绩，与教师的个人绩效评价紧密关联。教师为了获得更好的绩效表现，也往往会铆足了劲，带着孩子们拼命"揪"。但是，如果学校仅仅停留在"提要求—要成绩—定绩效"这个层次，那就显得品位过低了。

上峰中心小学也是高度重视这项考试的，也是要安排得力教师努力拼搏的。所不同的是，学校会把这种终结性的评价测试化解到平时教学中，建立"阶段性评价—团队分析—个别化改进—阶段性评价"的循环，在教学质量与教学评价之间建立更为紧密的联系，借助年级组、备课组、教研组的力量，共同分析出现的问题，共同研究化解的策略，有针对性地进行个别化改进，努力提升教学行为的质量。

2.学校组织的教学质量评价行为

对于每一位老师来说,学校组织的教学质量评价行为是一个常态。尤其对于便于进行书面考试的语文、数学、英语学科而言,更是如此。这种评价,往往是一个"达标性"的测试,老师们没有那么操劳,孩子们也没有那么辛苦。但是,由于始终存在班级之间、教师之间的竞争关系,因此,这种评价也是要努力做到公平、公正的。区内某学科曾经有一次出现了"泄题"事件,而这份试卷是多校共用的,结果还闹出了不小的风波。对于此类评价,学校明确表示,一定要和日常教学紧密挂钩,把平时的日常教学真实状态展现出来,并认真就此展开质量分析,找出彼此差距产生的原因。

3.教学质量评价催动教学行为的改进

目前,校内教师的工作绩效既存在合作,也存在竞争。而教学质量的评价无疑是一个极为重要的抓手。每一位教师都期望自己的教学质量获得更高的评价,而教学管理者则期望自己学校的整体教学水平在区内获得更高的评价。在这样的背景下,共同研究、共同分析、共同提高成为必然的选择。"考、考、考,教师的法宝"这句话流传了多年,其实这不仅仅是教师"管理学生"的法宝,也是学校领导"管理教师"的法宝。借助于考试这个指挥棒,学校督促教师提升课堂教学的有效性、提升教师专业化水平,把相关教师们紧密组成攻关团队,共同研究、共同发展,共同推动日常教学行为的有效改进。

(三)关于教学质量的过程性评价

教学质量并非取决于最终的一次考试,而是取决于日常的扎实教学,取决于日常教学的点滴积累。而在日常教学中,实际上一直都存在着教学评价,只不过没有以记分的形式显示出来。这种评价来自多种角度,有听课教师对课堂教学的评价,有授课教师的自我评价,有授课教师对课堂儿童的评价。这些评价对于教师自我成长、儿童学业发展、学科发展,都有着巨大的影响。

1.课堂教学评价结果要落到实处

课堂教学评价的最终目的是为了提高课堂中教与学的效率,是为了促进教师与学生的共同发展。但是如果将一次评价的结束作为整个课堂教学评价的终结,那就大错特错了。一次课堂教学的评价,仅仅是为此课堂教学提供了一个精细化的评估,并给出一些可行性的发展建议,而最终教师与学生在课堂中能否得到真正的提升,最关键的还是要将这些改进建议落实到实际行动中。没有后续的跟踪落实,一切的评价结果均失去了原有的意义。[①]

2.师生互动过程中要把握时机,有效评价

一是随机及时评价。许多教育的时机往往稍纵即逝,如果教师把握不住,就会

[①] 沈玉红:《发展性课堂教学评价探微》,《江苏教育》2016年第35期。

影响评价的效果。课堂上,学生需要教师的赞同和关心、同学之间的认可和称赞的眼神。一个优秀的教师应该善于捕捉师生交流的每一个瞬间,给学生一些有激励意义的评价,这样的评价恰到好处,课堂也会充满生机和活力。

二是理性延缓评价。课堂上,经常有这样的情况:当老师抛出一个问题,有的学生会马上举手并正确回答。如果教师立即作出评价,就会使学生失去个性化的思考机会。如果这个学生的回答是有争议的,教师马上给予否定,就会挫伤学生学习的积极性,不利于形成畅所欲言的课堂氛围。因此,作为一名有智慧的教师应该静静地站在一旁,认真倾听学生的发言,使学生之间的各种想法自由碰撞,从而产生一些新的设想,激发学生创新的火花。如果教师在学生的思维达到"炉火纯青"之时,适当给予点拨评价,就会有"水到渠成"的效果。[①]

3. 针对儿童课后作业,要理性综合评价

对于学生的作业,教师宜用更开阔的视野给予评价。采用动态、灵活的评价方式。即不要把眼光仅仅停留于传统意义的"对"与"错"上,多层次、多维度地看待学生作业。如对学习努力,由于其他原因(如转学、知识有缺漏)作业完成情况不够好的,教师应不吝对其表扬鼓励,要根据其实际情况,给予适当评语,指出他的优点,并提出相应的改进建议;对学生开放性题目的解答,教师尤其要对思维质量高的解题方法给予特别的嘉奖,并在全班推荐。教师必须有这样一种意识:学生自主解决问题,不等于放弃教师的引导,教师要善于利用评价来激发学生积极的思维。[②]

四、怎样评价教师业绩?

1. 注重团队发展

本书所提及的"绩效考核",是指教育行政部门和学校为执行国务院办公厅于2008年12月颁布的《关于义务教育学校实施绩效工资的指导意见》及相关文件而施行的专项性、制度性管理行为,不是一般的评估用语。这种"绩效考核",看似老话题,但只要绩效工资政策还在施行,就必须不断推进完善;何况,这么多年下来,在大多数学校里,绩效工资的考核和发放基本上都只是针对教师个人,而忽视了绩效考核对于团队建设的作用,好事还没有办得足够好。[③]

(1) 教师团队建设是学校绩效管理的重点

在学校里,更多被关注的是管理者团队,由校领导、中层干部等核心管理人员组成。而在实际工作中,广大教师群体默默无闻,但他们常常是学校发展最为重要的力量。为了能够更加充分地发挥教师整体的智慧与力量,教师团队建设正逐步成为

---

① 朱国娣:《把握有效评价时机 构建和谐课堂教学》,《黑河教育》2015年第2期。
② 刘志萍:《让评价真正促进学生发展》,《中国校外教育》2017年第4期。
③ 孙军:《绩效考核要作用于教师团队建设》,《江西教育》2017年第1期。

学校管理所关注的重点。

在一些办学比较成功的中小学,我们总能看到优秀的教师团队,这些团队多种多样:以班主任为核心的班级任课教师团队,以年级主任为核心的年级教师、班主任团队,以教研组长为领头人的学科教师团队,以个别教师为核心的项目研究团队,等等。但是,无论怎样,这些团队都存在一些显著的特点:有一个或者数个优秀教师成为领头人,其他教师和谐相处,为了一个共同的目标而协作共进。在参观学习这些学校的过程中,我们一些学校领导也常常在思考一个问题:我们的管理构架、教师组织构架也基本类似,为什么彼此之间的成效差别如此之大? 由此引发他们对于教师团队建设的深层次思考,要弄清怎样的团队才是优秀团队的问题。

① 和谐应是团队的底线。总有一些领导认为,坐在一起办公的教师自然就形成了一个团队,此言谬矣。形式上的“在一起”,充其量可以说是构成了一个“群体”“小集体”,绝非实质上的团队,即心在一起才是团队,这成为考量团队凝聚力的关键因素。教师团队之中,彼此和谐相处成为最低的底线,真正的教师团队中,彼此之间应当是充满信任、相互关怀、共荣共进的。

② 团队必须拥有显著核心。优秀学校中的教师团队,他们并非学校刻意安排的师徒团队、备课组团队,而是自发组建的松散团队,他们借助于得到正式批准的项目合作,或者干脆就以一种共同的兴趣为纽带,这样的团队与班级管理团队等其他团队一样成为学校中的亮丽风景线。这些优秀团队中,必然存在至少一位得到“团员”们衷心拥护的核心成员,他们成为该团队的生命力得以持久的重要因素。

③ 共享发展应该成为团队的常态目标。几乎任何一个优秀团队,都不愿意容留一个无用的闲人,也就是说,每一个成员都必须为团队尽力作出自己的贡献;同样,团队的发展成果也必然为团队成员所共享,而非个别人的专利。这种状况,与习总书记所倡导的“共享发展”理念是完全契合的。在一些学校里,遇到荣誉、利益,少部分同志奋力争抢,将团队成员彻底摒弃,显然他们在教师团队建设方面尚处于散沙状态,或者说,尚未真正构建起真的教师团队。充其量,他们所建设的,仅仅是一个教师管理的组织构架而已。

(2)绩效考核及其改进走向

义务教育阶段教师实施绩效工资之后,高中阶段学校、其他事业单位也陆续进行了工资制度改革。教师们从当初的热闹、兴奋之中逐渐冷静下来,发现绩效工资制度中一直都存在着一些不合理因素,他们的一些基本诉求一直没有得到积极的响应,让广大教师“想说爱你其实并不容易”。经历了校际、校内的比较之后,各校绩效考核机制的优点与弊端必然充分暴露出来,从而引导现有机制的渐趋完善与科学合理。

正是在广大校长与教师的高度关注之下,绩效工资改革的脚步从来没有停止过。尤其是那些企望能够带领学校走上健康持续发展之路的校长们,更是对绩效考核办法、绩效工资分配办法进行了持续的探索与实践。一些学校在绩效考核实践中做出了大胆的探索,采用数字化考核、突出团队业绩管理,充分调动教师的积极性,取得了可喜的成效。

(3) 新的绩效考核背景下的教师团队建设

① 新常态下的绩效考核制度

实施绩效工资制度之后,教师的各类津贴、补贴都迅速得到规范,绩效工资成为教师的合法收入。由于大量教师心目中始终坚持认为奖励性绩效工资发放是"用我的钱考核广大教师然后发放",因而在一定程度上对绩效工资的考核奖励制度产生了抵触,在奖励性绩效工资中占有较大比例的管理人员、优秀教师、班主任与普通教师之间,以及他们内部,都相继产生了一些不和谐的声音。一些教师追求个人绩效至上、彼此之间人情淡漠,如何改善教师的工作状态,同时实现校内的有效激励,成为广大校长心中的一件大事。

与此同时,为了扭转教师工资从 2009 年以来基本上就没有做过调整的现实,国内一些地区也陆续通过各种途径,设法增加在职教师绩效工资的标准,例如上海出台了《上海市教育委员会关于进一步完善义务教育学校实施绩效工资工作的指导意见》,江苏南京出台了《关于印发〈南京市市属事业单位绩效工资总量调控管理办法〉的通知》,以进一步调动广大教师的工作积极性。在这样的双重背景之下,如何改进学校绩效考核制度,如何借机充分激发教师团队建设的成效,整体提升教师的工作积极性,成为新常态下绩效考核制度改良的一个重要内容。

② 教师团队的绿色发展

党的十八大提出,破解发展难题,厚植发展优势,必须牢固树立并切实贯彻创新、协调、绿色、开放、共享的发展理念。这五大发展理念中的"绿色发展""共享发展"在教师团队建设中至关重要。

绿色发展理念要求坚持可持续发展,在教师团队建设中就是要求注重规律、立足长远,用优秀团队的特征来构建考核指标引导团队发展、激励团队进步。每一所学校中都建有年级组、教研组、备课组,从某种意义上说,他们应是学校认可的群体、教师共同组成的团队。而在实际工作中,一些学校内部教师彼此之间沟通不畅,常常出现各自孤军奋战的局面。在新的绩效考核背景下,如何妥善改观这一局面,直接体现了学校管理的智慧。

我们在某优质初中调研时,该校校长的奖励办法值得参考。他说:

初三年级的考核中,中考成绩是一个重要指标,具体落实到几个团队的考核上,即年级团队、学科团队、班级团队;整个年级的总分必须在区内达到预设名次、且各班级之间的彼此差距在许可范围内,才有年级团队奖励和个人奖励;整个年级的总分必须在区内达到预设名次,且各班级之间的彼此差距在许可范围内,才有团队奖励和教师个人奖励;整个年级该学科的成绩必须在区内达到预设名次,且各班级之间的彼此差距在许可范围内,才有学科团队奖励和教师个人奖励;整个班级的总分必须在年级内达到一定名次,才有班级团队奖励和教师个人奖励;学校的奖励只发放总量到团队内部,由团队实现具体分配。

正是由于这一策略的实施,集体备课的实效得到根本保障,班级教师团队内部的相互协调成为常态,年级内部相互帮助成为习惯,教师工作精神饱满、学校教育教学质量持续稳步发展。

③ 教师团队的共建共享

教师团队建设中,"共建共享"的理念理应贯穿始终。共建,往往成为一些学校的硬性要求:师徒结对、集体备课、学科教研交流……只有当人们的心拢在一起的时候,才是真正的团队形成的时候。心在一起的团队,是真正的团队,所有的成员对于团队的荣誉和成果,必然是共享的。在新的绩效考核背景下,团队共享理应得到更为充分的肯定。作为学校来说,必须从制度层面给以一定的保障,而必须摒弃一些学校长期推崇的、针对教师个人"奖优罚劣"的策略,设法创设一个"一荣共荣"的团队共享氛围,鼓励教师主动融入团队中,以更加积极的态度、更加有效的策略,投入到学校教育教学工作中去,确保学校长期稳定、健康发展。

2. 绩效评价实践

教师是专业人员,教师工作是一种专业性、人际性的工作,因此,教师的自我评价、同行评价、学生及其家长的评价在教师评价中占有重要的地位。同时,教师工作是一种基于合作的个体性的共和,具有共同性和独特性,因此,教师评价的结果应指向具体行为的诊断与改进,而不仅仅是指向对教师"过去"工作表现的一种鉴定。

(1) 抓住"表现业绩",促进教师成长

① 教师表现业绩应该是事实而非"可能"

衡量教师工作的业绩应是教师工作事实上的表现业绩,而不应该是工作表现的"输入"因素,如德、勤、能等导致业绩的因素。所谓表现业绩特指教师完成工作任务(常规性任务和临时任务、共同性任务和独特性任务)的过程、结果或影响,即做什么、怎样做、效果怎样。而且,教师工作的表现业绩既有清晰的、能获得充分证据的部分,还有模糊的、没有或不能获得证据的部分。教师表现业绩是教师工作过程与结果的重要证据,应该成为评价教师工作的重要依据。

② 避免评价方案的绝对化与简单化

教师工作业绩包括三类:第一类是直接可量化的;第二类是只要过程而无须考虑结果的;第三类是为了获得开放性的学生表现而教师必须提供机会的。因此,任何绝对量化或质性的教师表现业绩评价方案都是不可靠的,任何一方、单项的评价方案也是不完整的。我们需要的是能量化就量化,不能量化的部分或者日常性的、学校无法收集到证据的部分,采用模糊的整体判断进行评价,由自我、同行、学生、部门领导等开展多主体的评价。

③ 表现业绩评价要指向工作,帮助改进

教师表现业绩评价不是对"教师"进行评价,而是对"工作/行为"进行评价,是

"对事不对人"的评价,是对教师的工作本身进行分析、评议,并将结果反馈给教师,促使开展自我评价。教师的某项具体工作只是基于合作的、相互关联的工作的一个部分,也是教师自我持续工作的一个片断。因此,教师表现业绩评价重要的是指向行为的诊断与改进,而不是指向对当前具体工作的终结性鉴定。教师表现业绩是分析、评议当前某项工作做得怎么样,诊断是否存在问题,是否有可改进的余地。教师表现业绩评价只有注重对教师工作的诊断与改进,才能真正发挥教育意义与专业发展意义。

(2)评价"好教师"需要科学的评价框架

① 确立"好教师"的标准

"好教师"的标准是:至少教好一门课程;同行认可;学生及家长满意;自我评价良好。因此,教师表现业绩评价框架包括五个部分:过程性的常规考核;教学结果业绩;学生及家长满意度;同伴评价;自我申报与评价。

② 模糊业绩应该如何评价

模糊业绩评价由教务处、德育处、少先队负责,主要评价教师在执行各项工作常规时的表现。教务处、德育处、少先队通过定期检查、随机抽查和接到举报后查实的方式重点关注;年级组将针对教师信息对组内教师进行每月考评,考评结果作为各部门抽查和检查取向的参考。

其中,定期检查是指各部门根据工作的性质和进程定期安排检查的内容、方式,检查范围涵盖所有人员。随机抽查是指分管校长确定检查的时间和内容,一般每月抽查1—2次。接到举报后查实是指各部门根据举报(包括匿名举报),然后进行相关调查,核实某类举报是否属实。

由校务部统一保存本学期部门的相关处理信息并及时告知当事人。学期结束时,校务部根据下列评等框架,确定相关教师的常规考核等级,并递交给学校考核小组。

A等(20分):没有违规记录。

B等(15—19分):有1—3次违规记录。

C等(10—14分):有4—5次违规记录。

D等(0—9分):违法乱纪,被上级有关部门处分;体罚或变相体罚学生,造成严重后果;上班时间从事第二职业,影响恶劣;搞有偿家教或为校外培训机构有偿推荐、组织、拉拢生源,影响恶劣;发生严重影响学校荣誉事件;旷课、旷工;本学期违规记录超过5次。

③ 教学业绩考核不能搞"大一统"

按照学科把老师分为两类,第一类是语文、数学、英语学科教师,第二类是其他学科教师。教学业绩考核也按照分类进行。具体如下:

第一类:语文、数学、英语学科教师

语文、数学、英语学科教师教学业绩评价主要依据班级平均分的增值情况。平均分提高率＝（本学期的班级平均分）×100％，任教两个班以上的教师的平均分提高率需将几个班合并计算；

平均分提高率大于 0 或平均分名次保持在前三名且没有下降的，认定为教学业绩 A 级；

平均分提高率大于或等于－3％的，认定为教学业绩 C 级。

第二类：其他学科教师

科学、英语学科教师依据期末考试学生的合格率从高到低排列，按照本学期的学校教师教学业绩等级比例确定本学科教师的教学业绩等级（A、B、C 三级）；

其他学科教师依据期末学科教学业绩等级比例确定本学科教师的教学等级（A、B、C 三级）。语文、数学、英语教研组长依据上述规定，将本学科的教师分成 A、B、C 三个等级，并递交给教务处。教务处将依据语数学科教师的教学业绩等级比例，确定本学期其他学科教师的教学业绩的等级比例，并按此比例确定综合科学教师的教学等级。

教务处审核全校教师的教学业绩等级并递交给学校教师评价委员会。

④ 由学生、家长评价教师平时表现

学生、家长满意度主要是指由学生、家长对教师平时表现的一些重要方面进行的评价。本项评价主要采用问卷调查，一、二年级学生请家长协助完成问卷，三到六年级由学生独立完成问卷。问卷内容主要涉及对工作的态度、对学生的态度、上课、辅导、作业等五个方面。问卷采用三级量表，编制成 10 道题，每一题有 3 个选项，对应的分值分别为 5、3、1。调查结果由考核小组负责统计并将每位教师的平均分按比例折算后公示。

3. 绩效工资

每年的绩效工资发放，对于许多学校来说都是一个颇费思量的事情。几乎所有校长都期望能够用好这个抓手，借此提升校内工作的整体绩效，整体推动教师工作"精气神"的提升。然而，目前看来，很难有几个学校可以在绩效工资发放中赢得广大教师一致赞同。其根本原因就在于"利"的体现不能充分满足所有教师的需求：优秀教师期望借此体现出自己的优秀与卓越，并且引发了与其他优秀教师之间的斤斤计较；普通教师期望能够获得尽可能多的份额，以体现自己在这所学校内还算比较"说得过去"，故而他们往往反对给优秀教师以更高的金额；绩效评估较低的教师，则期望"乱"中取利，期望学校在分配中难以达成共识，从而给自己渔利制造机会。

上峰中心小学也在这个道路上不断摸索，不断前行。在绿色教育的大旗之下，学校不断进行探索，不仅是在实践上的探索，更多的是在思考上不断走向深入，试图借此推动学校教师的团队发展，并通过激励先进来促动学校教师整体的绿色和谐。目前整理出来的基本思路是：日常绩效考核制度化，顺序排名、从严公示；年末绩效发放人性化，按序分层、合理差距。即日常工作中强调团队竞争，允许教师、教师团队分分计较,但在年末的绩效工资发放时,则尽量减少等级以及等级之间的差距,让尽量多的教师模糊彼此之间的"层级差距",都能够轻松过年,从整体上体现学校绿色发展的和谐氛围。

然而,由于绩效工资实施之初就提出一个基本原则:各单位总量包干,也就是说,无论如何进行分配,整个单位(学校)的金额总量是不变的。这就带来一个问题:优秀者、多劳者获取的绩效工资越多,也就意味着其他同志的可获取总量越少,这就带来了教师群体对于竞争的抵触,对于多劳者的抵触。于是,在许多学校出现了非常奇怪的、严重违背常识的情况:节假日加班工资每天只有30—50元,远远低于日均工资水平;教师群体对于校内部分教师被评为优秀青年教师、学科教学带头人的反响缺乏热情。因为,加班工资、骨干教师津贴都需要从学校绩效工资总量中划出。优秀教师越多,就意味着普通教师从学校绩效工资总量中获取的分配金额越低。这一负面现象,并非只有今天才出现和单独存在于一所学校,而是存在已久,且早已被上级管理部门所知晓。在江宁区委区政府新一届领导班子的关心下,在市政府出台相应文件的基础之上,江宁区教育局于2017年初正式明确:优秀青年教师、带头人年度考核之后,由区级另行拨付奖励资金;对于经过公示和审批的节假日加班津贴,可以按区级制定的统一标准另行发放,不列入教师绩效工资总额。正是这样的更为宏大宽松的背景,为学校师资成长、绿色发展提供了有利的契机。可以预见,上峰中心小学的教师群体专业发展必然会爆发出新一轮良好态势。

4. 评优评先

评选奖励优秀教师和教育工作者是一项严肃的工作,具有重大的意义。通过评选活动,应该切实让一批显著成绩、贡献大的优秀教师涌现出来,扩大教师评价的正面效应和树立教师发展导向,最大限度地调动广大教师工作的积极性。那么如何更妥善、更合理地评选优秀教师呢?上峰中心小学有四点做法:

(1)增加初评组对参评教师的业绩量化积分程序,计算结果占25%

按照参评条件对教师上交的有效证件,进行量化积分,拿出排序结果。意在助推专业发展方面成绩突出者和丰硕者脱颖而出,克服了原来参评教师只要具备参评条件就可以站在一条起跑线上的不公正性。同时,也体现了鼓励教师们积极参与教育教学研究和各项专业技能展示活动的管理理念。

教师的业绩排序,真实体现了教师在校工作的实绩,也是学校管理极为看重的教师工作绩效,学校对此进行公示,也是对于先进教师的激励和对暂时落后教师的鞭策。这种排序,不仅仅关乎教师的个人颜面,也与教师年末的绩效工资发放紧密相关,必然引起广大教师的高度重视。

(2)改变职代会和校务委员会的评价内容和形式,积分结果分别占30%和20%

美国总统布什说过:"好教师要发挥引领作用,成为一名教师领袖,协力改善课程、教学和评估。"优秀教师是"教师领袖",就是要具有很好地推动一所学校的学科教学改革和发展、大幅度提高学科质量的规划设计与创新能力，在培养优秀学生和转化学习困难学生方面有独特的方法、独到的见解。

凯慕柏莉·奥立佛说过："好教师是那些有能力去反思一堂课、理解什么对了或什么错了、寻找策略让下次更好的教师。"由此可见，较强的组织协调能力和自觉的专业反思能力也是一个优秀教师的核心条件。

因此，职代会代表作为群众代表，校行政会作为管理者联合评议，切实改变单一排序、简单机械的评价方式，从"工作激情及感召力"、"工作方法创新"和"对学生人格修养的影响"三方面多维度评价参评教师是否称职优秀教师的称号：① 优秀教师必须是"用心工作"的教师，他们不但胜任教学工作，而且都富有激情、富有感召力；② 优秀教师必须有自己的教育信仰，他们善于通过激情感召和工作创新，改变学生们的精神面貌，他们坚守教育信仰，不为实利而驱动；③ 优秀教师必须是学生社会化过程的引领者，他们绝不是单纯的考试成绩追求者，而是致力于课堂与社会、学习与生活的联系引导者，注重让学生体验学习的社会意义。

（3）增加学生、家长评价内容，评价结果占 25%

为了让评选更加公正、合理，我们也要把评选优秀教师、优秀班主任、教风师德先进个人的权利交给学生和家长。因为教育作为一种特殊的服务行业，我们必须接受学生、家长甚至社会的监督和评价。教师的优劣，学生和家长是最有权利评价的。

通过评优公示、学生家长评教调查问卷等多种形式，广泛征集学生和家长的意见，评选出真正优秀的教师典型。同时，通过学生和家长参与评选工作，将进一步督促广大教师增强"教育就是服务、一切为学生发展"的服务意识。

（4）树立"倒金字塔"评优理念，提高评优比例

"按照市、区考核文件规定，各单位优秀等次比例必须掌握在实际参加考核总人数的 12% 以内"①。如此小的比例，只有金字塔塔尖上极少数教师才有可能当选。绝大多数爱岗敬业、认真工作的教师因名额有限而与优秀无缘，尽管他们的工作态度和成绩跟那些当选优秀的教师相比，并无多大差别。

心理学家研究发现，这种控制优秀教师名额比例的"精英式"的选举方法，其实不利于调动广大教师工作的积极性。在一所学校中从事教书育人的教师们，绝大多数都有强烈的责任感，在自己的工作岗位上尽心尽力地付出自己的智慧和汗水。他们可以不在乎一些物质奖励，但非常注重追求深层次的精神奖励，内心都渴望得到领导和同事的认可、家长和学生的尊重。因此，广大教师对每年教师节表彰、职称评定、年度考核的评优工作就格外关注。但优秀教师名额比例太少，作为多数中的一员久而久之被冷落就会失望和淡漠，从而导致通过评优来激发教师工作积极性的初衷失去了应有的意义。

---

① 《关于 2016 年度教育系统事业单位工作人员考核工作的意见》，http://www.jnjy.net.cn/New Show-44999.aspx。

优秀教师的评选在很大程度上反映了学校对教师业绩的评判,也在一定程度上代表了社会衡量教师工作优劣的尺度。学校管理人员更新教师评价观念,改进评价措施,通过严肃、有效的评优工作实现促进教师队伍建设,增强办学实力的重大意义。近年来,上峰中心小学每到学年末评优的时候,将优秀教师的名额比例确定在30%左右,其中部分教师获得"年终考核优秀等次",并记入档案,其他同志获得学校表彰的"优秀教师"荣誉。目前,已经在酝酿如何进一步提升这个比例,更加客观地体现教师的辛勤付出,更加感性地肯定这些教师极为出色的教育教学实践。

五、怎样评价学校发展?

1. 学校发展评价的两个视角

学校究竟发展如何? 未来的发展情况究竟如何? 这都涉及对于学校的评价。目前看来,学校涉及道德评价主要来自两个角度:来自外界的评价(当前主要是来自上级教育主管部门的评价)、来自自我的评价。两者之间存在一些区别:

① 前者关注学校办学现有业绩(做了什么),关乎学校声誉与利益,校长往往分分计较;后者关注学校发展的得失,关乎学校未来发展,侧重于反思与改进,校长往往抓大放小。

② 前者使用的标准通常具有共识性、明确性和权威性,但由于标准的统一性,难以体现学校的差异及办学个性。后者既可以采用前者标准,亦可以采用自我设定的标准。

③ 前者是来自外部的评价,评价者试图掰开成绩来细细辨别真伪;后者是来自内部的评价,评价者试图从多维度自我剖析成效。由于前后两者的执行主体不同,对于学校改进的作用具有较大的差异。后者通常能够很好地体现学校文化背景,较少地威胁到被评价者,更加符合评价的伦理性原则,也便于在学校内对评价中发现的问题进行及时或适时的改进。

④ 在学校里,各部门往往眼睛盯着区级评估方案,担心自己的努力成果没有在上级评估中体现出来;而校长则反复揣度学校自我评价情况,斟酌如何继续推进学校改进。

当前来看,江宁区教育局每年都会对区内各中小学进行年度评估,根据评估结果评选出年度先进学校,并对先进学校给以系列的相应奖励,诸如提升教师年度评先的比例、适当增长年末的教师奖金,等等。因此,各校普遍对于这项年度评估高度重视。然而,区级评估说白了就是一种横向的评比性评估,评估的结果是要拿来给各同类学校排座次的;而学校自我评价是一种纵向的发展性评估,评估的结果是要拿来验证学校发展规划的执行成效。因此,就每一所学校本身而言,自我评价其实更为重要。

原浦东新区教育局基础教育处处长赵连根认为:

学校自我评价是学校组织为改进学校管理，通过自主选择评价标准和内容，运用专业评价技术和规范的程序，对学校管理活动进行事实判断和价值判断的活动。学校自我评价在本质上是办学者自主地批判、揭示和发现学校管理活动价值的认识活动。[①]

浙江省教育行政干部培训中心副主任肖远军教授认为：

自我评价是发展性学校评价的核心工作，是为了促进学校的进步与改进学校的教育教学工作，它是一种持续不断的自我分析、自我研究与自我改进的历程，是学校的一次健康检查，可促进学校的健康发展，保持学校的弹性与应变能力。[②]

以上两个界定，清晰地描述了"自我评价"的显著特点：它是对学校的发展不断地进行自主分析、研究和改进的认识活动，其本质是对学校的活动进行事实和价值的判断，目的是为改进学校的管理和教育教学，促进学校的持续发展。这与上峰中心小学持续开展的绿色教育理念十分契合。

2. 学校发展自我评价的内容

（1）学校自我评价对象和主体的确立

学校作为一个复杂的组织，通过一定人、财、物等资源的有机组合以实现组织目标，所以学校评价的对象至少应包括人的发展状况和财务使用效能两方面。[③] 为了保证评价过程及效果的有效性，在学校自我评价过程中，可以请教师、学生、家长和社区代表共同参与，形成一个合作组织。

（2）树立正确的学校自我评价目的

与传统学校评价制度不同，现代社会的学校评价在价值取向上既强调满足社会发展的需要，也强调满足个体发展的需要，最终促进个体全面、自由而充分的发展，这是基于教育促进发展的社会功能和个体功能来确立的。因此，学校自我评价的目的应当包括以下几个方面：一是学校自我评价需提升学校、教师和学生的自主发展意识；二是学校自我评价要促进学校组织成员之间的理解、信任与合作；三是学校自我评价能够检验学校发展与改进目标的实现程度。

（3）学校自我评价内容的选择

学校自我评价的根本目的在于改进学校的管理和教育教学，促进自身可持续发展。而学校可持续发展的首要因素是学校管理人员、教师和学生的主体地位和个人

---

① 赵连根等：《现代学校解读与建构》，上海教育出版社 2008 年版，第 9 页。
② 肖远军：《教育评价原理及应用》，浙江大学出版社 2004 年版，第 5 页。
③ 刘志军、李良虎：《发展性学校评价提升学校专业性之路径分析》，《学校管理与发展·教育测量与评价》2009 年。

需求的充分满足。因此,学校自我评价的内容选择应充分考虑评价对象的需要、办学行为的可调控性。

① 教师评价

教师评价主要有三个维度:一是专业发展评价,即对教师的知识水平、心理状态、工作能力的发展情况进行评价;二是教育成果评价,即从教师所教的学生发展情况对教师的劳动做出价值判断;三是教学行为的评价,旨在帮助教师改进教学、提高质量。

② 学生评价

学生发展是学校自主发展的核心目标,是办学行为的最终表现成果,因而也是学校自我评价的核心内容。具体来看,就是学生是否规范执行《中小学生守则》,是否养成良好行为习惯,是否形成了一定的学习兴趣与策略,学业成绩的发展状况,身体素质发展情况,以及在其他领域的优良表现等。

③ 家长与社区评价

家长与社区对于学校的发展,拥有较大份额的话语权,其功能包括评议、监督、协助、建议、宣传等,尤其在留守儿童教育、儿童弹性离校、特殊儿童随班就读、学校食堂管理等方面,拥有不可辩驳的评价地位。

④ 课程与教学评价

课程与教学改革是当前学校发展的核心任务,学校对于课程与教学的自我评价应充分体现基础课程改革的价值取向和目标,并通过选择适宜的评价标准、方法和程序,促进课程改革、课堂教学改进的充分实现。

⑤ 资源应用与开发评价

学校资源不仅仅限于经费、设备的固定投入,还包括对育人、财、物等各类资源的组合、开发与利用。资源的数量、质量与结构,以及资源的增减和使用情况,都是自我评价的范畴。

⑥ 领导与管理评价

领导与管理是学校组织运作和教育活动得以实施的保证,完全意义上的学校自我评价必然包括对领导和管理状况的诊断、评价,尤其是需要再次审视学校发展目标的科学决策、办学重点项目的选择、办学愿景的树立与宣传、社区家庭参与管理的机制、办学目标的监控机制等,以体现学校办学的规范化与特色化,促进学生全面成长和教师专业发展,整体促进学校健康发展。

3. 学校发展自我评价的指标体系

银川现代教育研究院对学校发展自我评价进行了研究,提出学校发展的自我评价体系应主要从学校发展规划、学校发展过程、学校发展结果三个角度展开,这一研究成果可以为学校的自我评价带来一定的启发。[①]

---

① 《学校发展性评价方案研究》,http://blog.163.com/xhl_6789/blog/static/204487194201638854186654/。

4. 学校发展自我评价的实施

当前,学校发展自我评价可以通过两种主要途径得以实施:一是专门组织进行基于校本的自我评价;二是结合上级组织的年度评估,适当加以校本的自我评价。从时间的综合利用上来说,从工作效率上来说,后一种做法更为妥帖,更加适合各校实施。其主要环节可以归结如下(见表5-4)。

表5-4 学校发展自我评价表

评价领域	指标范围	评价要素
学校发展规划	1. 发展目标	• 符合国家教育法规和政策 • 近期目标、中长期目标明确 • 符合学校发展实际
	2. 发展措施	• 依据目标分解的工作任务、项目具体 • 措施明确、步骤清楚、可操作 • 实施策略得当、有实效
	3. 规划制定	• 教职工参与学校发展规划制定的全过程 • 教职工认可学校发展目标和发展措施
学校发展过程	4. 学校领导	• 领导集体实现学校发展的能力与水平 • 校长的专业能力、工作作风及进取精神
	5. 学校管理	• 管理制度合法、完善、有效 • 管理机制顺畅、高效 • 学校财力、物力资源配置合理,管理优化 • 学校人力资源管理利于师生发展
	6. 教育教学	• 教育教学实施:符合国家课程标准,符合有关德育工作的法规和文件 • 教育教学策略:措施与方法适合不同学生的学习需求,校本教育研究促进学校提高教育教学质量 • 教育教学评价与调控:根据本校的实际情况,运用评价信息调控教育教学工作
	7. 教育资源开发	• 利用与开发学校外部资源促进学校发展 • 利用与开发校内资源建设学校文化
学校发展结果	8. 教师主动发展	• 工作态度及进取精神 • 促进学生发展的专业能力
	9. 学生主动发展	• 学生对进步表现的自我评价 • 教师、家长、社区人员对学生思想道德、学业成就、身体健康、心理健康等方面发展的满意度评价
	10. 学校自主发展	• 根据本校发展规划中确定的重点工作项目设计评价指标

（1）制定方案

一是依据学校发展目标和关键领域明确评价任务，并考虑关于这些领域的信息应该用何种方法收集；二是要明确评价标准的形式，是建立评价指标还是以概括性问题的形式加以评价；三是兼顾区级年度评估需要，充分明确对评估素材的整理要求。

（2）确定并培训人员

学校自我评价的实施主要由学校领导、管理人员组织进行，部分教师、学生、家长以及社区代表也需要共同参与，故而，必须对参与评价人员围绕评价目的、标准、技术、方法等展开适当培训。

（3）信息收集和处理

该阶段的主要任务是，根据相应的指标等级确定所要寻找的特征，并采取有效的途径或方法去发现学校存在的这些特征。学校自我评价除采用传统的信息收集方法外，可充分借鉴质性的资料收集方法，让评价对象及有关人员都有机会表达他们的意见、需求及存在的问题，而不受评价者价值观影响，或者由评价者在与评价对象不断交互作用、共同建构过程中形成评价结果。

通常，学校教职工代表大会、不记名的民主测评等，都是较为合适的信息收集渠道。

（4）自我评价结果的形成

该阶段的主要任务是，把所观察领域的评价结果写成报告。在判断学校质量基础上，确定学校自身的优劣势、教育教学和管理的问题在哪里，并针对存在的问题制定相应的改进措施。在校内，这一重任通常由学校办公室来牵头完成，而且校长必然对此全程给予高度关注，甚至直接参与其中，以求获得更为契合校情的评价结果。

5. 学校发展自我评价的作用

（1）目标指向学校发展的持续改进

学校制定了发展规划，究竟执行成效如何？是否存在实践与规划脱节现象？周期性适度进行学校自我评价，帮助学校进一步修正学校发展规划，是一个重要的实践策略。这其中，SWOT 分析①仍然是不可放弃的好方法。对于明晰学校当前的优势、劣势、机会、威胁（困难），有着无可替代的作用。

明确目的、利用策略、把握过程、实现改进是学校改进的四个关键。上级组织的年度评估重视量化考核甚于定性评价，而学校进行自我评价，更加关注的是质性评

---

① SWOT 分析法（也称 TOWS 分析法、道斯矩阵）即态势分析法，20 世纪 80 年代初由美国旧金山大学的管理学教授韦里克提出，在现在的战略规划报告里，SWOT 分析是一个众所周知的工具。来自麦肯锡咨询公司的 SWOT 分析，包括分析企业的优势（Strength）、劣势（Weakness）、机会（Opportunity）和威胁（Threats）。通过 SWOT 分析，可以帮助企业把资源和行动聚集在自己的强项与有最多机会的地方，并让企业的战略变得更加明朗。

价结果,其目的主要在于促进学校的持续改进。故而,始终牢记这一点,才能够真正做到信息准确、措施有力、执行有效、效果可期。

(2)进一步确立"人"的地位

学校围绕"人"开展工作,其重要性不言而喻。"以人为本"明确指出人的作用是管理的根本,涉及的人包括学校领导、教职工、学生,还有家长、社区群众等,这些人对学校管理的质量都有着重要的影响。自我评估的任务之一就是要进一步明确是否在管理中摆正三个位置:

就师生关系及教育教学活动而言,坚持学生第一。学生是教师的直接服务对象,学生的素质如何直接影响学校的可持续发展。"一切为了每一个学生的发展"是新课标的最高宗旨和核心理念,因此在教育教学过程中,教师必须了解每一位学生的需求,关心每一位学生的发展,关注每一位学生的情绪和情感体验,关注他们的道德生活和人格养成,从而真正做到因材施教,促进学生的全面发展。

就学校领导与教师而言,坚持教师第一。尊重教师,关注教师个体专业发展,引导教师将个人发展与学校发展相协调;关心教师,坚决维护教师合法权益,不断改善教师的工作环境,提高教师的生活品质,促使教师真正把工作放在第一位、把学生放在第一位,从而形成学校主动发展的良好态势。

就学校和家长而言,坚持家长第一。学校教育必须与家庭、社区教育密切联系,努力形成教育合力。坚持将学生和家长的利益放在首位,增强与家长的联系,让家长参与学校的日常管理,如后勤管理、社会实践、教学评价、重大决策等,不断提高家长的满意度,确保学校发展持续保持旺盛的生命力。

(3)进一步改进绿色发展的方式

学校倡导绿色教育发展理念,并不是游离于整个教育系统之外唱独角戏,而是要在整个教育的大环境、大背景之下,在共性之中实践个性化发展。基于这样的考虑,对于国家办学标准、区域学校评估标准,必须严格执行,把这些规定动作做到位;与此同时,结合学校师资特点、生源结构、社区环境等自身特点,从学校的长期可持续发展视角考虑,做好自身的特色打造,把自选动作做出亮点。用通俗的话语来说,就是对照上级标准审视学校现有发展,对照学校规划审视特色建设,通过师资水平、学生状态的提升来有效促进学校的持续改进、绿色发展。

第四节　绿色教育评价的研究论文

【论文17】　巧握"绿色"评价笔,还语文课堂勃勃生机

谢宜华

[摘要]教师在语文课堂教学中充分运用"绿色评价",活用激励性评价,创设和谐课堂;巧用真情评价,构建情感课堂;灵用体态语言,巧成"无声"课堂;善用分层评价,维护差异性课堂;妙用生生互评,筑建能力课堂。由此调动所有学生去关注课堂评价、参与课堂评价,使学生在"绿色"的评价中进步,在生机勃勃的语文课堂中获得全面发展。

[关键词]语文课堂;绿色评价;激励;发展

语文课堂是充满活力的课堂,是以学生为主体、人人积极参与、人人大胆发言的课堂,语文课堂也是贯穿评价的课堂。中国教育学会小学语文教学专业委员会理事长崔峦先生说:"所谓'绿色评价'体现在重整体、整合;重过程、发展;重激励、引导;重主体多元、信息多元;体现对学生的尊重、理解,以学生的发展为本。"①

课堂教学中,"绿色评价"是调动学生积极性和主动性的重要手段。做好语文课堂的评价工作,对正确把握和实施语文课程标准,提升语文课堂教学效果,促进学生语文素养的提高,有十分重要的意义。但是,又有多少教师真正思考过:自己每天的课堂评价是否真的"绿色"呢?

有一次,我在学校听了一节低年级的语文课,老师请小朋友读一段课文,读完以后,学生睁大眼睛充满期待地盯着老师,此时,她多么想听一听老师对她朗读的评价。而老师在低着头停留了一会儿之后,程序性地说了一句:"好,请坐。"老师在评价之前没有看到学生的眼神,评价完以后也没有看到学生低下的脑袋。这样的评价有价值吗?学生需要的不是这样简单的套话,而是老师切实的感受。

语文教育专家周一贯说过:"有倾听意识和习惯的教师不会满足于仅仅听到了学生的言辞,他还善于倾听言辞背后的思绪和性情、欲望和需求,并加以热情地呵护和细心地引导。"可见,教师在课堂上全神贯注地倾听学生的每一句发言,体会学生

---

① 李琼等:《小学生语文口语绿色评价》,安徽文艺出版社 2014 年版。

的真实想法,并及时做出恰当评价是多么重要。因此,在教学中,教师应该像自己教育学生时说的那样——善于倾听,这直接影响到课堂评价的效果,也直接影响了整堂课学生的参与度和学习积极性。

因此,语文课堂评价应当是在善于倾听的基础上做出的充满激励性的、饱含真情的语言和恰当的体态语言的及时反应。不仅有对优秀生,也有对后进生的分层评价;不仅是教师做出的评价,也蕴含学生间的互相评价。关于如何有效进行语文课堂"绿色评价",我在日常教学中从以下几个方面进行了有益的探索。

一、活用激励性评价,创设和谐课堂

课堂教学中的教师评价随时可见,任何老师、任何一堂课都有评价的过程,然而评价不是随心所欲、信口开河的。如何避免课堂上的"廉价表扬",有效激发起学生课堂参与的内在积极性?如何让课堂的气氛和谐、过程有序?这不仅需要研究教师如何设计教学流程引导学生去探索知识,也需要研究课堂评价中如何进行有效的激励。

清代教育家颜昊说:"教子十过,不如奖子一长。"课堂上花费大量时间和精力去苛责学生的过失,不如花一点精力去发现学生的优点和长处,并以此为基点鼓励他,让学生充满自信,体会到经过努力获得成功的滋味。

然而,激励性评价并不是一味褒扬学生某方面的优点和长处,而是提倡正反两方面的综合评价。当然,提出反的方面评价时应讲究语言的艺术性,还是要以鼓励为主,即寓"贬"于"褒",创设一种和谐轻松的课堂氛围。如学生回答问题时说的不完整,教师可以这样评价:"你虽然说得不够完整,但大胆发言的勇气是值得学习的!"学生的答案说错了,教师不能单纯说一句"不对",这会打击学生的自信心,相反,如果老师说句带有激励性的话:"虽然你回答错了,但老师和同学们都很佩服你的勇气,下次继续努力,相信你会成功!"效果就完全不一样了,这位同学肯定会认真听讲,争取用正确回答问题来证明自己呢!

激励性评价也可以是连续的。如在教学《真想变成大大的荷叶》一课时,我指名学生读一节,内容是:"我想变透明的雨滴,睡在一片绿叶上;我想变一条小鱼,游入清凌凌的小河。"有一个孩子看得出来很想读,但可能因为胆小不敢举手。我及时发现后首先给予鼓励:"你来试试吧,相信你一定能读好!"孩子有了信心,站起来流利地读了出来。"读得真流利,如果声音再响一点就更好了。"孩子听了,放大了声音很好地又读了一遍。"读得真好,能加上动作再来一遍吗?"学生放下书本,加上了"睡、小鱼、游入"的动作又读了一遍。"太棒了,掌声送给你!"我带头鼓掌,孩子开心地笑了。这样带有激励性、欣赏性的"绿色评价",可以激发学生课堂上主动、自信学习的积极性,课堂氛围更加轻松和谐。

二、巧用真情评价，构建情感课堂

小学语文《课程标准》在课堂评价建议里说："要从知识与能力、过程与方法、情感态度与价值观几方面进行评价，以全面考察学生的语文素养。语文学习具有重情感体验和感悟的特点，因而量化和客观化不能成为语文课程评价的主要手段。"语文课堂是充满真情实感的课堂，课堂以学生合作探究的学习体验为主，多种学习方式带来不同的知识、情感收获，教师的评价贯穿整个过程始终，语言丰富、充满真情的评价对于情感的课堂具有穿针引线的重要作用。

1. 语言丰富

学生回答问题后很期待教师对他的评价，丰富多样的评价语言能最大限度地调动学生学习的主动性、积极性，活跃课堂气氛。

教师对同一问题的评价应该是丰富多样的，如同样是学生朗读，读得好可以这样评价："读得真不错！""你的嗓音真好听，长大肯定能当一个播音员！""大家听了都很佩服你读得好！""这个句子你读得多美呀！请你再读一遍，让大家仔细听一听！""你读得比老师还要棒呢！""老师也被你的朗读感动了。"……听到老师富有鼓励性的评价，其他学生也会争相举手起来读，他们也想听听老师对自己的看法。人人乐于参与的课堂是活泼的、多产的，是思维的火花碰撞的过程。在这里，师生是平等的，每位学生都积极参与，教师对他们的参与给予鼓励和丰富的评价，不断刺激学生的积极性，增强学习自信心。

2. 充满真情

著名教育家陶行知先生说："教育是心心相印的活动，唯独从心里发出来的，才能打动心的深处。"学生是充满真情实感的天真孩子，课堂上教师面对的是活生生的生命，他们的一举一动、一言一行都是内心情感的释放。教师对这些释放应做出心心相印的回应，发自内心的评价必能打动来自内心的声音。

平时的教学中，当学生《习字册》上的字写得既美观又整洁时，我会给他一个"优秀＋"，再写上一句发自内心的赞美："老师真喜欢你的字！"不仅如此，我还会定期展览字写得好的学生的作业本，当众表扬他们的优点，表扬写字有进步的学生，鼓励全体同学向他们学习。"老师相信每个同学，只要身体做端正，看清字的形状和笔顺，一笔一画照着写，并坚持每天练字，你们一定能像怀素一样成为小书法家的！"不断的真情鼓励，不断有进步孩子涌现。当一个平日胆小的孩子能举手发言，大胆说出自己的想法，我除了给他一个灿烂的笑容，还会补充一句："老师为你的勇气感到高兴！"

"感人心者，莫先乎情。"世间感动源于情，教师富有真情的"绿色评价"学生能感受得到，彼此真情参与课堂，课堂才能充满真情，语文课堂才成为情感的课堂。

三、灵用体态语言，巧成"无声"课堂

无疑，语言的力量是巨大的。然而，有时候保持沉默，单单几个动作也能得到"此时无声胜有声"的收获。人有丰富的表情，动作、表情等肢体语言可以有效传达一个人的喜怒哀乐。在嘈杂的马路对面，想让对方到自己这边，大声呼喊不一定能听得到，但是用手势做一个让对方过来的动作，对方很容易就明白了。

在课堂上也是，教师有时候抛却语言，一个充满鼓励的眼神、一个赞许的点头，一个会心的微笑，甚至拍一拍学生的肩膀，都能让学生感受到老师对他的肯定和赞赏，善意和关爱，能有效传达出教师对学生的信任和激励。

在教授《会走路的树》一课时，课后练习题要求学生续编故事。班上一位思维活跃的学生举起了小手，我知道他是一个"停不下来"的孩子，所以在他编故事的过程中，我没有说话，只是微笑看着他，不时点头表示赞同，他说完一句话就看我一眼，我用眼神给予鼓励后，他再看着正前方继续编故事……故事说完了，我再开口评价："你的思维真活跃，一口气给我们讲了一个这么动听的故事，所有人都要向你学习。"他高兴地坐了下来。

有时候，这种"润物细无声"的"绿色评价"方式反而更具亲和力，更能生成师生、生生间心灵的互动，其作用远远大于随意泛滥的口头表扬。

四、善用分层评价，维护差异性课堂

李琼在《小学生语文口语绿色评价》中说："教学需要因材施教，评价同样也需要根据各个学习层面的学生情况，分层要求，有针对性地进行评价。"[1]

每个学生都有他的个体差异性，不同的智力、品德、家庭背景、生活习性造就了学生间的巨大的个性差异，因此，教师在教学中给学生的评价也是不同的。课堂上，教师表扬、鞭策优秀学生；肯定、鼓励中等学生；宽容、激励后进生。

如在学习《猴子种果树》一课时，《补充习题》上设计了一个问题："因为小猴（　　　），所以它什么树都没有种成。"学生 A 回答："因为小猴做事没有耐心，听到别人的话就拔掉自己种的树，没有主见，所以它什么树都没有种成。"我给他的评价是："你的回答完整而精彩，是大家学习的榜样！"

中等生学习认真，但学习效率不高。如在教授《晚上的"太阳"》一课时，"妈妈得了急性阑尾炎需要马上做手术，但是光线太暗，医生犹豫了，爸爸无可奈何地搓着手，爱迪生想出了什么好办法？"一位成绩平平的孩子举手了，但是由于紧张或还没有在心里理清回答思路，没有表达清楚，此时脸已经涨得通红，我仍给予鼓励："老师

---

① 李琼等：《小学生语文口语绿色评价》，安徽文艺出版社 2014 年版。

知道你心里明白，但是嘴上说不出来，我把你的意思传达给大家，然后再请你说一遍，好吗？"最终这个环节顺利完成了，孩子笑了。相信他也体会到了上课认真倾听的重要性了。

教师在对学生给予鼓励的同时还要注意因人而异，将学生的性格考虑在内，对不同的学生采用不同的"绿色评价"语言，尊重课堂上主体的个体差异性，最大限度地维护孩子的自尊心和自信心。

五、妙用生生互评，筑建能力课堂

《语文课程标准》指出：学生是学习的主体。学生之间的互相评价对于提高学习效率有很大的推进作用，它能提高学生思考问题、分析问题和解决问题的能力，还能有效增强学生的自信、互相学习的意识，增强学生学习的积极性。

采用同桌互评，四人小组评议的方式能激起学生互相学习的欲望。在教学中我发现，很多时候同龄孩子更能彼此间互相传递难理解的信息。记得教授一年级学生拼音时，个别同学因种种原因，课堂跟不上老师的思路，导致当节课的知识不能全部吸收。我课下便给他们安排"小老师"，效果明显，学生之间有种天然的默契。

课堂上的"绿色评价"也是如此，学生间的评价也许更能调动起他们"听"和"说"的欲望。一次，课堂上我指名学生背诵课文的一个小节，我让大家对这名学生的背诵给予评价。"他漏了一个字"、"他背诵的不流利"、"他添了两个字"……同学们对这位同学的背诵找了不少缺点。背诵的同学低下了头，我相机说："难道他背诵的就没有一点优点吗？""他的声音很响亮""他的语气很有感情"……被评价同学满怀欣喜地抬起头，脸上洋溢着笑容。学生间的相互评价能带动大家的学习积极性，激发学生思维的灵活性，使课堂由教师的"独角戏"变为大家的"舞台戏"，学生得以真正成为学习的主体。

然而，生生互评也会出现故意给别人挑毛病、找缺点的现象，使被评价的学生感到很难堪，反而会影响读课文、回答问题的积极性。因此，教师的引导显得尤为重要。虽是"舞台戏"，要有主角的贯穿才能顺利演出。如，一位同学朗读完课文后，教师可以引导学生："我们先说他的优点在哪儿，然后再说说哪些地方还需要改进。"在教师的引导下，有的学生说："他读书声音响亮，但速度有点快了，再慢一点就更好了。""她读得很有感情，但是漏了一个字，希望以后能看清楚再读。"被评价的学生此时能高兴地接受其他学生的建议并努力做得更好。久而久之，学生便认识到互相评价的方法和作用了：评价对方时要先说优点，以便鼓励他，帮助他进步；然后指出还需努力的地方。慢慢地，学生之间不仅学会了发现别人的优点，还学会了用赞赏的眼光去看待同学，毫不吝惜自己的赞扬和鼓励。在"绿色"评价别人的过程中，自己也增强了学习的能力，充满了对学习的乐趣。

崔峦在给《小学生语文口语绿色评价》一书写的序中说："评价能起到指挥棒、加油站和助推器的作用。①"语文课堂教学中充分运用"绿色评价",不管是采用激励性评价、真情评价、体态语言评价、分层评价还是生生互评,不管是创设和谐课堂、构建情感课堂、巧成"无声"课堂、维护差异性课堂还是筑建能力课堂,评价都是来自评价者的切身感受,捕捉、发现被评价者身上的亮点并给予肯定和鼓励,营造轻松而和谐的学习氛围,由此调动所有学生去关注课堂评价、参与课堂评价,使学生在"绿色"的评价中进步,在生机勃勃的语文课堂中获得全面发展。

参考文献

李琼等.小学生语文口语绿色评价[M].合肥:安徽文艺出版社,2014.

【论文 18】 小议低年级语文作业的绿色批改

王号芝

[摘要]作业是反馈教学效果、培养学生能力的一个重要手段。新课程理念也提出了作业批改和评价的功能在于帮助学生发现和发展潜能,认识自我,展示自我,促进学生整体的发展。本文旨在指出现行作业批改中的一些弊端,认为做作业和批改作业是师生之间的一种交往活动,并探索怎样才能让作业批改、评价散发出应有的魅力,成为老师和学生互动的一座桥梁,激发学生认真完成作业,让学生享受到作业的乐趣。

[关键词]小学语文;作业批改;评价;人文性

一、传统批改方式——缺乏绿色

著名教育家苏霍姆林斯基在《给教师的建议》一书中写道:"只要在那一叠一叠待批的练习本看上一眼,没有一个教师不为之心寒的,这倒不是因为要付出许多个小时的劳动,而令人烦恼的是这种劳动那么单调乏味,没有创造性。"而在日常教学活动中,如果我们仔细观察一下,也可以发现:不愿批改作业这种现象比较常见,许多教师把批改作业当作一种例行公事的活儿,甚至是一种负担。出现这种状况常常是因为作业量过多、作业设计毫无新意、缺乏情趣,等等,更多常见的是教师在批改作业时,仍然停留在传统的批改方式上,缺乏人文关怀。对于小学低年级语文作业

---

① 李琼等:《小学生语文口语绿色评价》,安徽文艺出版社 2014 年版。

的批改,如果用绿色发展的理念来加以审视,我们就会发现,这种传统的批改方式严重缺乏"绿色"。

1. 作业批改、评价的方式单一

至今仍有许多教师认为作业评价就是作业批改,没有把作业批改上升到作业评价的高度,往往把作业批改当成例行公事,但对作业批改行为和它所可能产生的后果考虑很少。教师关注的往往是学生作业的答案正确与否,作业书写是否工整,然后根据学生的书面作业的正误和美观与否来评定学生的成绩或等次,教师没有关心或很少过问学生完成作业的过程,对知识以外学生的思想、情感、态度等更是很少关注。因此,在批改作业时,只是简单地打"√"、"×"来评判对错,对作业的结果给予等级或是一个"好"或"认真",或是"阅"、"重做",几乎没有评语。这种批改方式太生硬、呆板、毫无生气。因而,我们不难发现:学生对教师批改后的作业,大多数人往往只是翻开看一下教师在本子上有没有打错的记号,看一看教师给作业打的分数或等级,然后把作业往自己的书包里一塞,很少去追问自己作业错误的原因,或再次欣赏自己的作业,学生很少体验到成功的愉悦、创造的欢乐和自我力量的增长。

另外,"学生写作业,老师改作业"这是亘古不变的规矩,所以作业批改、评价也就自然成为一种居高临下的评判者(教师)行为,学生总是处于被评价的被动状态,在这种缺乏互动的行为影响下,学生对作业批改、评价的关注度也就大大降低了。

2. 作业批改、评价的标准绝对化

在作业批改的过程中教师往往"用一把尺子衡量",不管学生原来的基础如何,忽视学生的个性发展与成长过程。作业的评价也是仅限于甄别学生作业情况的优劣,忽视了评价本身的激励作用。语文老师可能大都会有这样的做法:对好学生的作业(干净整洁,赏心悦目)批改得很仔细,评价上也格外关照些,就连"×"也不会很大;看到那些学困生的作业(脏乱差,甚至不知所云),往往是皱着眉头,打下的"×"也会大打上一圈"○",书写不认真的,还会不时地写上"重做""重写"的字样,甚至于还会多罚写几遍。长此以往,这种做法肯定会导致有些成绩不好的学生很难得到好的评价,慢慢地对语文作业产生畏难情绪,特别是低年级学生,刚刚步入小学阶段,一味地打击会使其陷入越怕越差的恶性循环的境地。

3. 作业批改、评价缺乏人文关怀

目前,新一轮课程改革正在全国如火如荼地进行,其所追求的基本价值理念是:为了每一个学生的发展。因此,在教学体系上都针对"为了每一个学生的发展"的理念进行了调整,在课堂教学的过程中提倡注重知识与技能、过程与方法、情感态度价值观的"三维目标"。语文课程标准指出:语文是最重要的交际工具,是人类文化的重要组成部分。工具性与人文性的统一,是语文课程的基本特点。[①] 所以,在语文教

---

① 《语文课程标准(实验稿)》,北京师范大学出版社 2001 年版,第 1—19 页。

学中还提倡注重语文的工具性与人文性的统一。从新课程改革开始以来,在小学语文教学过程中,基本的教学环节都已经逐步走上了新课程改革的轨道,然而,在作业批改这个环节上则明显地与新课程改革脱节。

在小学的语文作业批改中,教师往往就是检查学生作业中的对与错,而忽略了布置作业的目的是在于使学生巩固和消化所学的知识,并让知识转化成技能技巧,培养和训练学生独立思考与工作的能力,拓展学生的智力和创造性。在当前,小学语文作业批改中所存在的弊端主要是:教师与学生都只是从语文的工具性这个角度出发,教师批改作业仅仅是在学生的作业本上划上对与错的符号,对学生书写的好坏,做题思路的优劣等听之任之;学生呢,则只是在老师的提醒下对自己做错了的作业进行更正,然后就大功告成。在语文的人文性上,无论是教师、学生还是家长,都没有足够重视,因此,也谈不上在小学语文作业批改中渗透人文教育了。

二、转变批改原则——引入绿色

尽管传统的作业批改方式中也强调激励性、启发性、客观性、严格性等原则,但是在渗透绿色意蕴的批改方式中,则赋予了这些批改原则新的意义与内涵。

1. 激励性原则

对学习成绩较差的学生,在批改作业时应该尽量地发现他们的闪光点,坚持以鼓励性原则来调动他们的积极性。赏识对学生来说是一种美的熏陶,所有的学生都希望得到赞赏、信任和鼓励。赏识学生是人文精神在教学中的渗透,教师应在转变思想、更新观念的基础上,从日常批改作业的每一次评价入手,更多地给予学生赞赏、信任和充满热情的评价。[①] 在作业批改时我遇到过一次造句作业,一位学生这样造句:"笔(铅笔)——XXX扔我的铅笔。""多(多么)——我多么想揍XXX啊!"这位学生的造句,如果从语言的组织来说是通顺流畅的,因为两句话都包括了主语、谓语、宾语,表达完整。但是如果从传统语文表达的准确性和规范性来说是不正确的,因此,在评价的过程中,我写道:"'铅笔'的造句能够从生活实际出发,构思也很奇特,但这样的造句是不符合我们造句要求的;'多么'的造句通顺流畅,标点符号使用得非常正确,但是揍人可不是好孩子哦,老师相信你一定能造出更好的句子!"作业下发后,学生看到老师的评语,果然重新上交了一份令人满意的作业。

2. 启发性原则

所谓启发性原则是指教师在批改作业时不仅要注意学生作业中的正误情况,更要注意适当地引导他们独立思考,积极探索,生动活泼地学习,自觉地掌握知识和提高分析问题、解决问题的能力,挖掘出学生的智力因素,以帮助学生拓宽思路,开发

---

① 包虹明:《作业批改与情感交流》,《云南财贸学院学报》(社会科学版)2005年第20期。

潜能,激活创新意识。在一次词语搭配的学生作业中发现这样的一些插曲:

A. 细长的(话语)

B. 快乐的(动物)

C. (可爱)的太阳……

看了之后,我非常惊讶,这位学生的思维实在是新颖——话语变成了细长的,动物很快乐,就连太阳也成可爱的了,这些都是老师及其他学生没有想到的。于是给学生印上了一个大大的笑脸,并在作业旁批上"还有其他想法吗? 聪明的你一定还有其他高招的!"这样,给学生提供了一个独立思考、思维开放的环境,学生的创新思维得到了教师的肯定,激起了创造学习的动力,使学生开启心灵,驰骋在想象的田野里。

三、探索批改方式——体现绿色

1."一本作业"让互动成为可能

尝试利用作业本和学生、家长交流沟通也是受到其他优秀教师做法的启发,我并不是首创,但是通过实践,发现效果显著。学生和家长对我有什么意见、需要彼此提供什么帮助都可以直接写在作业本上,使得作业本成了老师、学生、家长之间互动的桥梁,这样学生不再是一味被动地接受老师、家长的评价,自己也可以加入到评价的行列中,与老师、家长平等对话,学习积极性被大大地调动起来,对待学习的态度也上升到一个新的台阶。实施家庭和课堂作业本合二为一为"一本作业本",并采用合适的批改方式,及时评价作业效果,调节课堂教学,会取得令人满意的教学效果。[①]

推行"一本作业本"就是学生的课内外作业统一要求写在一本作业本上,作业的书写采用笔记的形式,即每单元、每课,及作业时间都统一标清。课堂作业在练习序号后面记上符号"K",家庭作业笔记符号"J"。例如:第一单元 K9 月 12 日 P152①②、第三单元 J11 月 11 日 P60②③。作业本的后两页为教师及家长双向信息"反馈",教师和家长可互通信息,掌握学生的学习情况,对待学生在一本作业本上的作业,做出统一要求:态度认真、字迹工整、格式规范、按时完成、及时改正、保持完整……作业订正的位置格式都做具体规定,以培养良好的作业书写习惯。

2."转移地点"把批改留在教室

在尝试当堂批改作业之前,学生写作业的积极性普遍不高,有的学生甚至不写,并且大多数学生作业的质量也不是很高,交作业时半天收不上来,更有的学生需要老师亲自到他(她)面前要作业本。而在尝试当堂当面批改作业之后,这些现象便发生了明显的变化,因为学生最希望得到老师的表扬,而我呢,哪怕学生只做对一道题,我也会表扬他,所以学生最想让我给他们当堂当面改作业,同时我还当堂公布前

---

① 孙卫胜、朱建伟:《审视新课程理念下的作业批改的走向》,《人民教育》2003 年第 18 期。

五名同学,有时还发一个盖有学校公章的作业本。这也正好符合小学生争强好胜、把做老师最喜欢的学生视为荣誉的心理特点。于是,无形中学生们把每一次的作业都变成了小竞赛,谁都不愿落到最后,谁都想拿到一个盖有学校红章的本子。这样既提高了学生的积极性,也促进学生又快又好地完成作业。久而久之,也使学生逐渐认识到,作业的成败关键在于认不认真听课,能不能勤于动脑动手。有了这样的认识之后,学生上课的兴趣明显大增,教学效率也明显提高,从而实现了由作业竞争到上课竞争的转变,达到了通过作业来促进教学的目的。

我国教育家陶行知先生说过:"最好的教育是教学生自己做自己的先生。"[1]除了当堂面批之外,我还尝试着让学生们互助互批。为了充分调动学生的自评意识,有些作业做完后,学生对自己的作业先做出判断,认真检查,发现错误立即做上记号并及时改正。比如听写词语、组词、按课文内容填空等一些基础知识类的作业,都可以让学生先进行自批自改,然后教师再进行二度评判和点拨。而对待一些学困生的作业,我充分利用学习"尖子",组成作业批改小组。在平时就培养一些"小助手",充分发挥"小助手"在学习上的特长,组成作业批改小组,互帮互学,共同提高。另外,我根据学生群体中语文作业的差异,找出了几个语文水平较好的学生,让他负责一个作业批改小组的工作,主要任务除了负责检查批改本小组的作业,讨论作业中存在的问题以外,还要求他们找一些有关方面的书报学习。必要时,还可以设计几个作业题,带领整个小组的同学研究、讨论。例如,在语文小测试过后,我就把试卷发到每个同学的手中,然后按分成的作业批改小组,认真进行"研究讨论式"的批改。在批改中,有的题目答案正确与否,连小组长也一时拿不准,就提出来让大家讨论,征求每个同学的意见,最后取得了一致的看法,再做出正确与否的结论。在学生批改的过程中,我轮流到各小组去,检查他们批改的情况,在他们遇到实在无法解决的疑难问题时,我就加以必要的引导或给予解答。

通过这一方式的作业批改,后进生的转化工作有了一定成效,班上的学习风气也越来越浓了,既使学习好的同学有了"用武之地",又带动了学习成绩比较差的同学。更主要的是培养了他们的自学能力,调动了学生们的学习积极性。

3."多彩符号"以情趣带动兴趣

在作业批语中加入生动有趣的评语符号,来丰富评语内容,增加评语的情趣,这样比较容易拉近我与学生的距离,符合小学低年级学生心理发育中好奇、对符号形象敏感的特点。

"√"和"×"是教师批改作业中最常用的符号。曾经有不少人提议学生作业本中尽量不要出现"×",别让学生幼小的心灵受挫。其实我认为这些都不是重点,关键是教师要根据班级学生的实际丰富作业批改符号,要让学生充分理解老师在批改

---

① 李兴达:《让作业批改充满人文关怀》,《小教研究》2005 年第 6 期。

作业时所运用的符号的意义。当学生拿到老师批改的作业时，一看就明白自己的作业哪儿是正确的，哪儿是错误的，好在什么地方，错又错在什么地方，便于学生订正错误。

我的学生的作业本上不只是单调的红钩、红字，也有红色的笑脸，那是代表我对学生作业满意的微笑；有的是蓝色的，脸上眼睛、嘴都挤到一起去了，旁边加注批语："你写的字就好像这张脸，五官都紧急集合了！"学生的日记有些写得很感人，我会将我流泪的双眼画上去，有些学生的作业连续几次写得都很好，我会为他竖起大拇哥……这些形象、生动而且通俗易懂的符号为教师批改作业增添了情趣，使学生的作业本犹如网上交流的 QQ 表情，更重要的是拉近了我与学生心与心的距离。

这样，教师通过丰富的批改符号和热情洋溢的评价，使学生在受到肯定和表扬中，获得成功的体验，感受到教师的亲切与信任，也使学生在教师的热切企盼中了解自己作业中的缺点，促进教学质量的提高。[①]　师生间感情的融洽交流，有效地调动了学生的学习积极性，激发了学生的学习兴趣和进取心。

作业，于学生仿佛是一次又一次的探险经历，投石问路，学习的路途中难免跌跌撞撞，然而探索的过程和经历更显得弥足珍贵。只要老师的心中装着学生，从学生的实际出发，关注学生的学习兴趣，激发学生的学习积极性，科学组织学生的作业批改，"蹲"下身去，以尊重、欣赏的心态去面对批改，我们就会心存感动，愉悦身心，就会从批改的劳累走向批改的享受。在新课程改革的实施过程中，我们应从不同的视角全面地看待学生的作业，应在多角度的审视中，关注学生作业中反映出来的飞扬的个性和成功的体验，不妨做学生的"引路人"。

参考文献

[1] 语文课程标准(实验稿)[M].北京：北京师范大学出版社，2001.

[2] 包虹明.作业批改与情感交流[J].云南财贸学院学报(社会科学版)，2005(20).

[3] 孙卫胜，朱建伟：审视新课程理念下的作业批改的走向[J].人民教育，2003(18).

[4] 李兴达.让作业批改充满人文关怀[J].小教研究，2005(6).

[5] 王本陆.课程与教学论[M].北京：高等教育出版社，2004.

【论文 19】　把机会留给学生　让探究充实课堂

皇甫小利

[摘要] 学习方式的转变是学科课程改革的重要议题。小学科学学科教学中，探

究性学习主要体现在对学习材料的处理或问题解决的策略与过程中,把更多的机会留给学生,让科学探究充实课堂。教学实践中,通过扩大学生的认知单元,让探究活动的内容鲜活起来;恰当选择和运用教学方法,让探究活动的内涵丰富起来;延伸学生学习活动的时空,让学生的思维在探究中腾飞起来。

[**关键词**] 机会;探究;探究性学习

学习方式的转变是学科课程改革的重要议题。小学科学学科教学中,探究性学习主要体现在对学习材料的处理或问题解决的策略与过程。我们倡导探究性学习更为重视学习过程,更为重视学生学习时强烈的求知欲和好奇心,更为重视在解决问题中不断思索、不断探究的精神与能力。在教学中它需要创设一种类似于学术研究的情境,让学生自主、独立地发现问题,解决问题,通过实验、操作、调查、搜集和处理信息、表达交流等探索性活动,获得知识和技能、过程和方法、情感态度和价值观的综合发展,特别是探索精神和创造能力的发展。与接受性学习相比,探究性学习具有更强的问题性、实践性、参与性和开放性。

一、密切联系生活实际,让探究活动的内容鲜活起来

探究应从问题开始,而问题产生于当前课程内容与已有经验之间的"信息"差。教育心理学研究表明:当学习材料与学生已有的知识和生活经验相联系时,学生对学习会更有兴趣;当学习材料和学生的现实生活密切结合时,科学才富有生命力。教材的编写不可能完全适合每一个班、每一个学生的现实生活和客观实际。因此,我们必须从学生熟悉的现实情境和已有的知识经验出发,让学生能够积极地参与其中,并体会到科学学习和现实的联系。

在《材料的使用与环境》(三年级上册)(苏教版科学,下同)教学过程中,教师出示了几种不同材料制作的实物,如竹子编成的花篮、大理石做成的笔筒、塑料制成的饮料瓶、铁皮做成的铅笔盒等,问:这是什么材料制成的? 这一看似很平常的导入,巧妙地将学习内容与生活实际联系起来,激发了学生的探索兴趣。当教师在学生认识了"天然材料"和"人造材料"的概念后,又让学生谈谈教室里、家里有哪些天然材料和人造材料。学生对概念有了一定的认识,谈起来也就容易多了。

引导学生及时将所学知识应用于生活实践,以拓宽学生对书本知识认识的视野,进一步加深学生对天然材料和人造材料的认识,有效地促进学习成果的积极迁移。

二、恰当选择和运用教学方法,让探究活动的内涵丰富起来

心理学研究表明:学生的认知规律总是从模糊到清晰,从形象到抽象。因此,在

开展活动中,必须灵活运用多种形式的探究手段,如自学探究、实验操作、社会调查等,把多种学习方法有机地穿插在探究活动中,从而丰富探究活动的内涵。

例如,在《使沉在水里的物体浮起来》(三年级下册)一课教学中,教科书中的橡皮泥、铝箔两种物体在水中下沉,教师提出:"怎样才能不完全沉入水中呢?"要求学生分组讨论、实验,并开展小组间竞赛,比一比,哪一小组的办法更多、更好。这一竞赛活动的开展,充分调动了学生探究沉浮的积极性。学生用橡皮泥、铝箔做成小船浮上来后,教师再引导学生往小船上放重物。通过比较,学生终于发现载重量的多少与小船空间大小有关,小船空间越大,载重量越大。教师适时地引导,不仅为学生提供了研究的方向,而且丰富了探究活动的内涵。

三、延伸学生学习活动的时空,让学生的思维在探究中腾飞起来

在科学课堂的教学活动中,要尽量把整块的时间交给学生,让他们能够沉下心来思考问题,从从容容地动手解决问题。教师应把握好教与学的关系,把尽可能多的时间留给学生,让他们自己去感知、去发现、去探究。例如:《空气占据空间吗》一课的教学中,在研究"空气是否有质量"这一问题时,教师设计了这样一环:先引导学生提出假设,其次,利用事先为学生准备好的"材料超市"——细长棍、细绳、气球、塑料袋、大头针胶泥、胶带、气枪等,放手让学生自选材料、分组讨论、自行研究、验证假设。学生有了自由的空间,有的在吹气球,有的在调天平,有的在思考,有的在争辩……一个个"忙"得不亦乐乎,课堂气氛也顿时活跃了许多。这样,课堂上给学生的时间多了,不仅有利于培养他们的参与、探究能力,而且能使他们的发散思维能力得以发展,使他们逐渐养成从多个角度认识事物的思维习惯。学生通过讨论研究、动手实践,在探究活动中尽情体验科学研究的快乐。

在科学探究中还可以打破课内外、学科间的界限,改变40分钟授课制,将课堂中"探究—研讨"的氛围延伸到课外,让学生到课外去研究、去探索。如在教学生认识"声音是怎样产生的"时,教师课前组织学生参观学校乐器室,带领学生到大自然中去聆听自然界的各种声音,让学生主动地认识自然,在与自然的亲密接触、交流中受到启发,增长知识,提高能力。

总之,倡导探究性学习就是要最大限度地开发学生的潜能,激活学生的灵性,把发现的机会、实践的机会、体验生活的机会……尽可能多地留给学生,鼓励与促进他们利用已知走向未知。

参考文献
[1] 张大钧.教育心理学[M].北京:人民教育出版社,2011.

(此文发表于《吉林教育》2016年第45期)

【论文 20】 评选三好学生的"风雨"与"彩虹"

王号芝

三好学生评选制度自 1954 年开始,是我国中小学普遍实行的学生评价机制。2008 年,中国教育学会会长顾明远先生引发了社会对于三好学生评奖制度存废的广泛关注和热烈争论。随着时代的发展和教育环境的变化,如何充分发挥现行三好学生评选制度的评价作用,完善评奖制度对儿童发展的激励作用,越发成为一线教师常常必须面对的难题。

作为班主任,每到学期期末评选三好学生的时候,望着班级的学生名单,和每个班仅有的几个"三好学生"名额,如何取舍往往难以抉择。不得不承认,很多孩子在某一些方面确实很优秀,但是综合考虑也许就会选不上,令人惋惜。

先看看我经历的一次关于评选三好学生的"风雨"吧。

张同学一向上课认真听讲,积极回答问题,还写得一手好字。作为班级劳动委员,他的工作积极性也是很高的,在他的带领下,教室每天都被打扫得干干净净。按照往年评选"三好生"的惯例,我根据学生平时的表现,征求其他任课老师的意见之后,拟定了若干候选人,然后由全体同学投票选举,候选人中就有这位张同学。班会课刚开始进行得很顺利,可在民主选举的环节出现了问题:许多同学坚决不同意选他作为三好学生,理由是他每次安排值日的时候态度都非常的粗暴和嚣张!话匣子一旦打开,评选现场叽叽喳喳,有的同学甚至说:"我宁可自己不当三好学生,也不能让他当!"张同学听后放声大哭。一时间,哭声、抱怨声、叫好声充斥班级的每个角落。还有同学趁机扯着嗓子喊:"老师,你选的不公平,我们不服气!""我们每个人都应该有机会成为三好学生,除了这几个候选人,我们表现也不差呀!"评选活动顿时陷入了混乱之中。

"同学们,看来是我考虑得不太周全,我向你们道歉。对于'三好学生'的评选,你们有什么好的建议?"我趁势向学生提问。也许,他们能帮助我解开如何更加科学评选三好学生的困惑。

随着这个问题的抛出,有一瞬间的安静,随后学生们就开始叽叽喳喳地讨论了起来。

"我知道,我知道。"我们班的"小机灵"已经有点儿迫不及待了。

"我觉得应该给以每个同学评选的机会,由同学们自愿报名,另外不能只看重考试成绩。"他特别强调了成绩这一点!"可是也不能完全不看成绩吧,最起码成绩要超过全班的 50%。"平时学习用功的这个小姑娘坐不住了。

"我认为,我们应该让三好学生的评选形式丰富起来,候选人要发表竞选演说,然后由班干部组成民主评议小组,再由全体学生表决通过。"看来,这个小家伙对时事政治关注可不少,不仅说话的逻辑缜密,而且"民主意识"浓厚。

"还有人要对问题进行补充么?大家今天可以畅所欲言,机不可失哦。"我进一步诱导那些平时有些腼腆,想说又不敢站起来的同学们。

"也许,我们可以不单单评选出三好学生,有的同学在某一方面比较优秀也值得表扬呀,比如我的同桌特别乐于助人。"一个女同学怯生生地站了起来说。

"哦,如果你要给他颁奖,你觉得他可以得什么奖?"我来了兴趣。

"嗯,可以是小雷锋奖,三月学雷锋,雷锋叔叔就是以乐于助人著称的嘛。"她歪着脑袋,想了一会,接着说,"字写得好的,可以得'小怀素奖'。"嘿,平时真看不出来,这小姑娘还蛮有主意的,我情不自禁地为她鼓起掌来。

最后,在我们的共同努力下,修正了三好学生的评选要求,制定出相对合理的三好学生评选细则,还增设了单项奖。只要达到中位数以上的成绩都可以竞争三好学生的名额,而额外设置的单项奖则力求淡化考试分数,注重素养和平时表现。

课后,每个同学对照要求,领取评选表格,自己申报参加评选的项目,然后利用班会课进行竞选演说,班干部组成民主评议小组结合评选要求进行民主评议,再由同学们表决通过,最后由我审核上报。

经过重新申报、竞选、评审之后,同学们难掩兴奋:有的同学得到了"三好学生"的称号,有的同学得到了"小博士奖",有的同学得到了"小雷锋奖",进步最快的得到"骏马奖"。那位张同学虽然没能当选三好学生,但他得到了标志学习成绩优秀的"小司马光奖"。下课了,我看到张同学弯着腰,手里不停地摆弄着书角,心里肯定有些失落。这个孩子能力比较强,在平时工作中为班级实实在在做了很多事情,而他被同学孤立,我作为班主任忽视了学生在团结同学方面的教育,也是有责任的。放学的时候,我搂着他:"继续努力,不要灰心,还有机会!"他冲我笑了笑。我知道,他心里基本上明白了。

经历风雨见彩虹。这次评选三好学生所经历的挫折、引导、回正过程,给了我关于评价和育人的一些启示。

多一些公平,珍视评价过程之乐。通常的三好学生评选,要么是班主任直接确定三好学生的名单,要么是班主任提出三好学生的备选名单,学生在既定的范围内进行着形式上的"选举"。在那样的评价过程中,班主任成了评价的主体,掌握着评价过程中的所有权力,虽然学生可以投票,但实际上学生只是被所谓的评价绑架而已。而这次学生们提出的评选方案,由申报、演讲,到民主参评,最后到投票选择,层层递进的动态过程,充分发挥了学生们的主体参与作用。学生成为评选的主体,教师重点对评选过程加以适度的引导,使评选过程发挥自我教育、自我激励的作用。这里,全体学生不再置身事外地举手、投票,而是兴致勃勃地参与其中。这种评选方式方法给学生提供了展示自我的舞台,增强了他们的自信心,锻炼了他们的能力,提高了他们的积极性,使评选活动成为学生自我认识、自我激励的愉快过程。

多一把尺子,珍视不可测量之物。在三好学生评选活动中,"一好"代"三好"的现象十分严重,因为当下学习好是可以通过考试来替代测评的,思想好则难以选拔,身体好往往是体育分数达标,这样就势必会造成学习优秀的学生对三好学生的垄断。诚然,青少年的成长需要榜样引导,体现全面发展精神的三好学生榜样教育是无法取代的。① 然而,对于那些综合素质并不特别突出的学生来说,三好学生是"可望而不可即的",班主任常常主要考虑学生的考试成绩,而忽略了学生在平时的综合表现,以"一好(学习好)"来涵盖"三好",长期的挫败感会让孩子们不敢想,甚至不会去努力争取做"三好学生"。这就需要我们对三好学生制度进行改革和完善,建立以三好学生的评选为基础,多种个性化单项奖为补充的激励制度,旨在激励孩子发展自己的优势。增设个性化奖项有利于促进学生个性化发展,激发每个学生的自信心,而原有的三好学生奖引导学生全面发展,两者相互补充,都起着促进儿童素质发展的作用。

多一点引导,珍视动态生成之美。教师和学生在人格地位上是平等的,关键时刻勇于承认错误不仅让我摆脱了尴尬的局面,也以身作则地教育学生如何正确面对工作失误。既然分歧已经形成,面对学生的质疑,我就顺势引导学生充分表达自己的观点,在学生的质疑声中,我当即邀请他们提出建议。课堂中的偶发事件是预料不到的,也是无法回避的,如何能在紧要关头化解尴尬,扭转局面是一个教师教育艺术的生动展现。孔子云"不愤不启,不悱不发",在启发与诱导之下,同学们群策群力,自己把提出的问题解决了。不仅仅为我解决了评选"三好生"的问题,更让他们明白了:在生活中,面对不合理的现象要敢于质疑,敢于说"不",更要积极思考解决问题的办法与途径。

(此文发表于《江西教育》2016 年第 34 期)

【论文 21】 静待花开的声音

宣中虎

[案例背景]

曾在《青年教师导报》上看过关于赏识教育的文章,其中一篇给了我很大的启示,从责骂到赏识,从赏识到成功。这充分说明赏识教育的重要性。作为教师的我,就更需要借鉴这种理念,充分利用赏识这个有利的方式来调动孩子学习的积极性,帮助他们树立自信心。

在我们班有一个特别好动的小男孩他叫胡××,在课堂上他的自律性很差,常

---

① 王苏民:《表扬、批评、奖励、惩罚,孰是孰非——从"三好学生"评选说起》,《中国德育》2009 年第 1 期。

常影响其他同学，真让任课老师头痛，为此，我也没少批评他。

[**案例描述**]

星期五的一节班队课，我走进教室，却看到这样一幕：班里最令我头疼的胡××居然端坐在课堂上！更不可思议的是，他竟然是教室里坐得最端正的一个！这是怎么回事？略一回忆，想起了课前办公室的那一幕：胡××走到我身边，兴致勃勃地问我："老师，下节班队课，我们学唱歌曲《同一首歌》吗？""当然学了，还请你教呢！昨晚你不是打电话告诉我你学会了嘛。"难道，是这么一句简单的话，让他开始改变了？要知道，这个孩子每天都会因为调皮捣蛋而屡屡遭到各科老师的批评。不管老师采取怎样激烈的措施，均不见效，甚至还有变本加厉的势态。

于是，我走进教室，开始了本节课的学习。"今天，我们请胡××同学教我们唱《同一首歌》，大家欢迎。"话音未落，教室就想起了热烈的掌声。胡××快步走上讲台："请同学们先听我唱一遍……"

他教得是那样认真，同学们学得也那样认真，30分钟下来，我们的歌声飘满整个校园。

我随即走上讲台，轻抚着胡××的头："这节课，你真棒！你让我们班的歌声飘满了整个校园，老师感激你，同学们也感激你，是你给我们带来了这么美的享受！"同学们的掌声再次响起，而胡××却不好意思地笑了。

事后没过几天，我收到了他送给我的一张小纸条，只见上面写着："老师，我好喜欢你呀，谢谢你上次给我机会教同学们唱歌。你知道吗？就是那次你表扬了我，同学们都愿意和我交朋友了。"

读着几句简单的话语，我思绪万千……想起来，平时我总觉得他调皮，的确很少表扬他。从这件小事看来他还是挺在乎老师的表扬和肯定的。是啊，调皮的学生也是学生，和大家一样都希望得到赏识，而且，从某种意义上说，也许他比其他同学更希望得到老师的表扬吧——因为调皮，平时挨的批评肯定不少。我以前忽视了这一点，于是我决定在今后的教学中要调整方式。

从那以后，在课堂上，只要看到他认真听讲或回答了一个问题，我就马上进行表扬。经过一段时间的观察，我发现他在课堂表现、作业完成情况等方面都取得了一点小小的进步。但毕竟小孩子的自控能力比较差，要想在很短时间内把坏习惯全部改掉是不现实的。所以遇到他上课又很不认真，小动作不断，对要掌握的知识模模糊糊的情况，我并不灰心，因为我知道这种学生是需要时间磨的，也需要很大的耐心。我坚信，只要坚持把赏识教育的理念运用到实际教学活动中，一定能取得成功。哲人曾经说过，"人的精神生命中最本质的要求就是渴望得到赏识。"训斥只会压抑心灵，只有欣赏、激励才能开发人的潜能。希望通过我的不断努力，以及与家长、其他老师的配合，来慢慢地改造这个孩子，让他得到很好的发展。虽然这个过程是漫长的，但我会坚持。

[案例反思]

每个孩子都是一个独立的生命个体,他们千差万别,个性、能力、兴趣各不相同。作为教师,我们要学会宽容,学会尊重,学会理解,这样才能真正走进学生的内心,成为他们信赖的良师益友。

一、给一份宽容

当我们不断地就某个问题批评一个孩子的时候,我们会发现,这个孩子的缺点会不断地蔓延、不断地扩张,甚至一些原本良好的行为习惯也会随之改变。

案例中的胡××就是这样一个孩子。听低年级老师说,这孩子从跨进小学的大门便是老师最为头疼的孩子。老师反复教育,甚至吓唬他把他赶出教室都没有收到任何效果。

对于他来说,批评已经是家常便饭,"我就是个坏孩子"的想法已慢慢根植于自己的脑海中。像这样的孩子很容易形成"破罐子破摔"的消极想法和"犯错误,吃批评"的思维定势。对于他们,作为教师首先要给予他一份宽容。不要因对孩子的不足而"当头棒喝",而应积极寻找孩子的"闪光点",抓住机会及时表扬。让孩子看到自己也有值得骄傲的地方,以便慢慢树立起自信心。

二、留一份尊重

每个人都希望得到他人的肯定,以体现自身的价值,孩子自然也不例外。作为老师的我们需要懂得尊重学生的个性差异。

胡××就是这么一个好动的孩子,他头脑灵活,爱出怪招惹人注目。在长期的批评声中,他渐渐成了一个不肯听话的孩子。别看他一脸的无所谓,其实,这样的孩子,往往内心是最渴求他人的尊重和赞赏的。教师适时的肯定与赞美,会增添孩子的自信与动力。

因此,教师在与学生交往中,不仅要给予学生更多的言语表扬,而且要用微笑、注视、点头、肯定手势以及关怀性的接触等方式进行鼓励。以便孩子感受到教师对自己的尊重与关注,从而逐步自信起来,达到形成自我要求、实现自我完善的目的。

三、多一份理解

孩子的思想虽还不成熟,但他们也是一个独立的生命个体,他们不满足于被爱、被保护,他们更渴求一种尊重和理解。而这种尊重和理解必须以爱为基石。因为只有心中有了真爱,才能真正走进学生的内心,寻找到切实有效的沟通方式,以不同的策略,逐步纠正其不良的行为习惯。

教育家魏书生曾说:"教师应具备进入学生心灵的本领。育人也要育心。只有走进孩子心灵世界的教育,才能引发孩子心灵深处的共鸣。"当孩子委屈哭泣时,必然有他的原因,教师要善于捕捉细微处,洞察孩子内心的想法。当孩子感受老师的理解与关爱的时候,那也将是孩子主动拉近彼此心的距离的开始。

当然,养成一个良好的习惯,并不是一朝一夕的事,但我相信只要怀揣着教育的梦想,让自己化身为一个欣赏者,总是能看到成功的!

【论文22】 鼓励,将"爱"进行到底

戈 瑶

[案例一]把关爱送给学生

苏霍姆林斯基说过:"你是孩子的老师,请记住,每一位孩子都是带着想好好学习的愿望来上学的,这种愿望像一颗耀眼的火星照亮了孩子们所关心、操心的情感世界,他的无比信任的心情把这颗火星转交了我们——做教师的人,这颗火星很容易被尖刻的、粗暴的、冷淡的、不信任的态度所熄灭,要是我们,做教师的人,在心里也像儿童对待我们那样,把无限的信任也同样给予他们,就好了,那将是一种高于人性的,相互尊重的,美妙的和谐。"所以,做好教育的关键在于对学生的关心、鼓励和宽容大度,在于师生间的情感交融,这就是爱的力量。

在学生的成长过程中,教师适当的指点会让迷途中的学生感受到亲人一样的爱。新的一学期,按照学校历年规定,一年级第二学期都要进行重新分班,刚接到调整过的班的时候,有位老师告诉我:"你们班的某某同学,上学期是我们班的,期末语、数考0分。"家长说:"去儿童医院检查过,七岁的孩子只有四岁的智商,生活差点不能自理,那'哑巴孩子'也不好说话,做家长的舍不得孩子放在家里不让上学,麻烦老师你要多费点神帮忙好好管管。"说这话时,家长满含期待地望着我。我吃了一惊,以为他的孩子真的不会说话。我很在意这事,时时留心他的孩子。孩子名叫雷××,一双惊恐的眼睛,时时怯懦地躲闪着。班里的活动,她从不主动参加。上课提问时,也很少举手回答。观察之后,我下决心改变她——因为,我发现,她不是不会说,也不是不会做,而是特别胆小。

我利用课余时间找雷××谈话,鼓励她大胆回答问题,并有意识地为她提供机会。一次班队课,我提了一个对一年级孩子来说挺有难度的问题:如果父母都不在家时,你一个人该怎么办呢?在我的再三眼神鼓励和动作暗示之后,她犹犹豫豫地举起了手,声音又轻又低:"老师,我……我会把门锁……锁好……不爬窗子……等他们回来……"一个七岁的孩子居然有如此的安全意识,看来,我平时的安全教育还是挺有成效的嘛。我欣喜过望,同学们也愣了。机会不容错过,我在班上表扬她说:

"你看人家雷××多能干啊,懂得保护好自己,比原先进步多了,我们都要向她学习!"她笑了,笑得天真而又舒心。从那以后,她举手的次数明显地多了起来。

除了锻炼她回答问题的胆量,我还请求有着几十年教学经验的搭班老师王老师有意识地培养她的"说话"能力。学期刚开始的时候,每天的晨读,她都会在教室带着孩子们读书,从学过的课文、生字开始读起,时间长了,孩子们自觉地养成习惯,早上来第一件事就是打扫卫生,完了以后,孩子端正地坐好,拿起书开始读起来,根本不需要老师看着,时间久了,"哑巴孩子"也被他们的读书声给吸引住,情不自禁地张开小嘴跟着一起读(虽然不知道读的是哪一个字,甚至嘴巴在读,头伸到窗外看着外面风景),她也能随大家拿着手指在书上指着大声地读了起来。几个星期下来,王老师告诉我雷××居然会读书了,而且能读好几课呢。听着王老师这样一讲,我顿时激动起来,跑到教室把雷××叫过来,她小眼睛吧嗒吧嗒地望着我,还以为是犯了错,语文老师叫她把书拿好从头读给办公室老师听。那小嘴巴厉害得很,声音也很大,几乎不会出现错误,一边读着一边还望着我们,小家伙好像在暗示着我们快点给她表扬,当然我们也非常大方地一个接一个地表扬,夸她进步很大,表现很棒,希望继续努力……

能撬开她的嘴不容易啊,我和办公室的老师都夸赞王老师太了不起了。逐渐地,雷××——这个令家长和老师都发愁的同学,奇迹般地发生了变化,变得积极了,主动了,更加可爱了。我想,不要小瞧这些小小的行动,它有时能影响孩子的一生甚至改变孩子的一切。鼓励的话有着神奇的力量,它能使"哑巴"一样的孩子最终开口说话。

[案例分析]

通过对她的长时间跟踪和教育,我领悟到作为老师在学生心中的分量。如果我对她所存在的欠缺置之不理的话,那么,她只能维持以前的状态,在学习方面难以提高。而进行正确的引导,对她来说就像整理衣服,通过镜子的显现,让她明白她本身所存在的问题,从而加以改正。而我,也不仅要关注这一位同学,还要关心其他每一个学生的发展情况,做到不偏心。因为,我深知只有雨露均匀地洒向大地,才能使每一棵树苗都能得到充分的滋养和灌溉。

[案例二]把信任送给学生

教师的信任是一座桥,能沟通教师与学生的心灵之河;教师的信任是阳光、空气和水,是学生成长不可缺少的养料;教师的信任是一支无形的催化剂,能增强学生的自尊、自信、自强。教师的信任越多,学生就越显得活泼可爱,学习的劲头就越足。

新学期开学后的一天,我发现班里的纪律比较松散,分析原因,主要是因为组长不能起到带头作用。为了既能改选出的新组长,又不挫伤学生的自尊心,我想了个两全其美的办法:通过竞争,从全体同学中选出 4 名同学当组长。

宣传鼓动之后,学生们纷纷登台"演讲"。很快,3 名组长尘埃落定。忽然,一位同学站起来说:"老师,我也想当组长……"我定睛一看,原来是班里素有"小霸王"之称的韩×同学。班里有些同学已"嗤嗤"地笑起来,经常任性,有点不讲道理的他也想当组长?"他能胜任吗?"我质问自己。可我实在没有理由拒绝一个同学进步的正当要求。我望着他,他也望着我,他的眼神告诉我:"我能行,老师,相信我吧!"我点了点头说:"老师相信你,你能做好的,是吧?"

[案例分析]

说来也怪,从那以后,这个同学像变了个人似的,回答问题积极,工作认真负责,性格也变得开朗活泼起来,他再也不是那个和同学斤斤计较的小少爷,开始学会谦让与宽容了。

和谐的师生关系,孕育着巨大的教育"亲和力",师生适当的沟通足可以改变教育。看着学生的变化,我有所感悟:是一种什么力量让他脱胎换骨呢? 这就是信任,这就是鼓励。

[案例反思]

实践使我懂得,教师一句鼓励的话语,一个关爱的眼神,一个信任的表情……往往能给我们带来意想不到的收获。教师对学生小小的成功、点滴的优点给予赞美,可以强化其获得成功的情绪体验,满足其成就感,进而激发学习动力,培养自信心,促进良好心理品质的形成和发展,有助于建立和谐的师生关系,营造一个奋发向上的班集体氛围。

学生的变化源于鼓励,教学中不能缺少鼓励。人的思维能力若面团,鼓励犹如酵母。离开了鼓励的思维如死水一潭,思维中加入鼓励成分,就会产生巨大的创造力。学生的能力存在个别差异,因此,教学中,教师应根据学生的实际水平,分层次采取不同的鼓励方法。

正如美国著名心理学家杰丝·雷耳所说:"称赞对鼓励人类的灵魂而言,就像阳光一样,没有它,我们就无法成长开花。"虽然学生的具体情况千差万别,但不管个性如何复杂,鼓励对启迪学生思维、培养学生的创造意识,终会起着巨大的作用。

教师要善于发现学生身上的"闪光点",用他们身上的长处去克服他们的缺点,用积极的心态克服消极的心态。往往教师的一句赞扬,会给学生开辟另一片天地。

第六章　课题的研究成果与启示

第一节　课题研究的结题报告[①]

一、课题的提出

　　1996年，国家环境保护局、中共中央宣传部、国家教育委员联合颁布的《全国环境宣传教育行动纲要（1996年—2010年）》指出：到2000年，在全国逐步开展创建"绿色学校"活动。"绿色学校"的主要标志是：学生切实掌握各科教材中有关环境保护的内容；师生环境意识较高；积极参与面向社会的环境监督和宣传教育活动；校园清洁优美。[②]

　　2004年，我校被授予"南京市绿色学校"称号，从此拉开了"绿色教育"实践与研究的序幕。2007年4月，我校申报市课题"乡村小学绿色教育的实践与研究"，并被南京市教育学会成功立项，于2011年10月顺利结题。在创建绿色学校和市课题结题的过程中，我校积累了丰富的绿色教育教学经验，并且结合学校的实际发展状况，适应潮流，因校制宜，提出课题"农村小学绿色教育特色建设的实践研究"。该课题旨在根据中小学生自主成长的需要，运用"绿色教育"理念、现代化的教育技术，追求人与自然的和谐，创造性地设计绿色校园文化，开展绿色教学研究，努力将"绿色教育"渗透到有关的学科教学之中，在"绿色教育"理念下关注学生的健康成长，让学生走上健康、和谐、可持续发展的成长之路，帮助学生确立民主与法制观念，树立正确的价值观。

[①]　此报告由教科室朱述良主任执笔，彭高林校长汇报，此处整体引用结题报告原文。
[②]　教育部关于印发《中小学环境教育实施指南（试行）》的通知，http://www.moe.gov.cn/srcsite/A06/s7053/200310/t20031013_181773.html。

二、课题的界定

绿色是生命的颜色、和谐的标志。"绿色教育"作为偏正结构的词语,可以简单理解为"绿色的教育",借用植物的"绿色",为教育赋予生命活力、健康、可持续生长等意蕴;"绿色教育"作为动宾结构的词语,可以理解为"使教育绿色化",系相对于儿童教育中仍然存在的"不绿色"现象而言,意在努力改正之、使其"绿色化"。

结合教育工作实践与研究,上峰中心小学认为:绿色教育是基于对学生生命的尊重,顺应儿童发展规律,在对现有教育实践进行梳理、改进过程中逐步形成的更为协调、更为健康的教育。

绿色教育倡导共存共生,其实践目标在于引导每个孩子健康自由成长,激励每位教师有效工作、幸福生活,实现学校持续协调发展。

绿色教育秉持一个核心理念、关注两大实践领域、构建三个保障系统。"一个核心理念"即健康、可持续发展的理念;"两大实践领域"即文化课程的课堂教学实践领域、活动课程的综合实践领域;"三个保障系统"即绿色的学校治理系统、绿色的师生人际环境系统、绿色的教育质量评价系统。

三、课题的理论依据

(一)卢梭的自然主义教育理论

卢梭自然主义教育的核心是"归于自然"。他认为教育应顺从于大自然的法则。在教育中更侧重指人性中的原始倾向和天性的能力,此与人类所处的"自然状态"又紧密联系:善良的人性始终存在于纯洁的自然状态之中。他认为每个人都是由于自然的教育、事物的教育和人的教育共同培养的,但是自然的教育不受控制,无法让自然的教育向事物的教育和人的教育靠拢,只能让后者向自然的教育靠拢,进而实现三种教育的有机结合。

(二)杜威的实用主义教育理论

杜威认为,在不断发展变化的社会中,教育是一个不断改造教育经验、重新组织教育经验的过程。依据这种思想,杜威主张"教育即生活,不是生活的预备",并提出"学校即社会",把现实社会生活中的一些东西组织运用到教育过程中,把学校打造成一个"雏形的社会"。杜威提出这样的教育理念,其实是针对传统教育而言的。杜威认为,传统教育远离生活,已不适应美国现实的需要。杜威指出传统教育存在三个弊病:一是传统教育传授过时的知识,并且这种知识是以固定的教材形式传授给学生,教师照本宣科,学生死记硬背;二是传统教育用"以前形成的道德规范"去培养学生;三是传统教育的教师其实只是传授知识技能的代理人。杜威对传统教育的批评,在很多方面是有积极意义的。杜威强调,教育与实际社会生活应该协调一致,注意实际管用的科学知识,学校的教育应该能够对社会生活起积极的作用。

(三)陶行知的生活教育理论

陶行知在杜威实用主义理论影响下进一步提出:生活无时不含有教育的意义。如果教育只是书面上的,那么就失去了教育的真正意义。将生活作为教育内容,才不会使得教育的内容狭隘,才会广阔丰富,用好的生活改造不良的生活。陶行知认为:"'生活即教育',是指教育从书本的到人生的,从狭隘的到广阔的,从字面的到手脑相长的,从耳目到身心全顾的。"陶行知所说的生活是包含生活实践的意义:有怎样的生活就有怎样的教育,生活决定教育,而教育可以改造生活。他所说的"生活即教育"是民主的、科学的、大众的、创造的教育。"生活即教育"是人类本来就有的、是随着人类的生活而改变的、在生活中接受的学习和教育,并且应该是终身的教育、活的教育,这个思想与现代教育思想不谋而合。

(四)苏霍姆林斯基的全面和谐发展的教育理论

苏霍姆林斯基根据苏联社会的要求和自己的实践,提出苏联学校的主要任务是培养全面和谐发展的人。这是他所追求的教育目标,也是其教育思想的核心。他认为:全面、和谐、发展的人,是把健全的体格、纯洁的道德、丰富的生活有机融合在一起的"新"人,是良好科学文化素养和高尚思想信念和谐结合的人,是把为社会劳动和对社会需求和谐统一的"新"人。[1] 要实现这一目标,必须实施全面、和谐、发展的教育,即把教育作为由德、智、体、美、劳等五部分相互联系、相互渗透的统一的整体。

四、课题的研究目标

(一)营造绿色健康的校园环境

通过对课题的实践研究,把学校建设成绿色庄园,把班级建设成绿色家园,促进师生健康发展,使整个校园充满绿色、充满活力、充满生机。

(二)形成本校的德育特色

遵循道德发展规律,以丰富多彩的活动为载体,融绿色教育于活动之中,让学生在体验之中感受到潜移默化的绿色教育。提升学校德育工作的科学性、有效性、持续性,形成本校的德育特色。

---

[1]　戚妍、沈文雪:《浅析苏霍姆林斯基的全面和谐发展教育理论》,《才智》2011 年第 20 期。

（三）打造高效有序的课堂

综合运用教学论、环境心理学、教育技术学、教育社会学和社会心理学等学科的原理与方法，来探讨每一学科的发展规律，以人、自然和社会相统一、相协调的观点去思考、应对教学中的问题，寻求人、自然和社会的和谐发展，构建符合规律的、健康有效的教学系统。

（四）形成科学民主的管理体系

在课题研究过程中不断摸索积极有效的方式方法，理顺各部门职能职责，学校达到稳定、有序而充满活力，使每个个体都实现自我规划、自主发展，使学校得以健康持续有效发展。

（五）提高教师课题研究的能力，促进教师的专业成长

以课题研究为抓手，定期对课题组教师进行课题培训及课题研讨交流会，坚持集体研训与自主学习相结合，提高课题组教师课题研究的能力，促进教师的专业化成长。

五、课题的研究内容

（一）绿色校园——关于育人环境的优化与实践探索研究

从本校的实际出发，重视校园文化建设和校园生态建设。在借鉴外校建设优美校园方面的成功经验基础之上，结合本校实际，组织师生摸索生态校园建设，并且以班级为单位，积极开展"绿色班级文化"创建研究，建立起师生全面参与校园管理的模式，并提炼出一系列的绿色校园管理经验和建设经验。

（二）绿色德育——体验式德育活动的探索研究

通过在建立绿色教育活动基地、组织开展社会实践活动等实践研究中不断经历实践—反思—再实践—总结的过程，逐步确立本校特色德育活动内容，提炼绿色德育经验。

（三）绿色教学——高效有序课堂的目标、原则与策略的研究

以绿色教育理念为指南研究教材，结合学生的年龄和心理特点及其现状，重组课程，优化教学，形成绿色课堂体系建构的策略。

（四）绿色管理——关于建立绿色学校自主管理机制的有益尝试

学校领导干部通过不断自我否定，进行可持续自我创新的探索，追求最优教学

和管理模式,改进现有教学和管理的技术,开发更新绿色管理手段,注重团队建设与激励,建立课堂教学与班级管理体系,逐步形成"尊重、赏识、激励"的现代学校教育管理文化。

六、课题的研究方法

(一)文献综述。借鉴前人、国内外学校相关课题的研究成果,找到新的生长点和支撑性理论,针对性制定研究策略,科学地开展课题研究。

(二)个案研究。对照支撑性理论,要求实验教师根据"绿色教育"理论和计划,对教学实际中的案例进行分析与研究。

(三)行动研究法与问题研究法相结合。多数教师采用行动研究法展开研究,部分教师根据教学情况采用问题研究法。

(四)经验总结。通过总结农村小学绿色教育特色建设的实践研究,即绿色校园、绿色德育、绿色教学、绿色管理等四个方面,编写《农村小学绿色教育的实践与研究——一所农村小学改进的实践探索》专著。

七、课题的研究过程

第一阶段:课题准备阶段(2012.3—2012.12)

I 通过文献研究与调查研究了解本课题的研究现状,学习绿色教育理念

首先对本课题的相关文献进行研究,了解本课题的国内外研究现状,以此作为我们自己研究的借鉴,从而更好地定位自己的研究目标。国内外研究现状:

(1)关于绿色教育的研究

绿色教育最早起源于20世纪后期欧洲的"绿色环保"行动。1992年,在联合国主持召开的环境与发展会议上,绿色教育的研究方向从环境教育延伸到可持续发展的教育。在中国,"绿色教育"是著名教育家、中国科学院院士杨叔子在2001年"中外中小学论坛"上第一次提出的教育理念,他认为:"科学求真,人文求善,现代教育应该是科学教育和人文教育相融合而形成一体的绿色教育。"2002年,他在《教育研究》和《高等教育研究》杂志上发表了两篇文章,再次倡导科学教育与人文教育相交融的绿色教育,提出"科学求真,人文求善,科学人文交融生绿"等观点。从此,绿色教育逐渐受到重视,各个教育领域的专家学者也对绿色教育有了新的认识和研究成果。

(2)关于绿色学校的研究

1994年,在欧洲环境教育基金会(FEEE)提出的一个全欧"生态学校计划"(Eco-Schools)中,第一次提及"绿色学校"的概念,旨在将环境教育从课堂教学渐渐渗透到学校教育教学以及日常管理的各个环节中,把学校建设成为一个综合性的绿色管理系统。1996 年,在中国国家环保局、国家教育委员会、中共中央宣传部联合颁布的《全国环境宣传教育行动纲要(1996—2010 年)》中,正式使用"绿色学校"这一概念。《纲要》指出:"到 2000 年,在全国逐步开展创建绿色学校活动。"不久,国家环保总局宣教中心制定的《绿色学校创建指南》对"绿色学校"做出了明确的界定:"绿色学校是指学校在实现基本的教育功能的基础上,以可持续发展的思想为指导,在学校整个日常工作中纳入有益于环境教育的管理举措,并不断进行改进,充分整合校内外的一切资源,全面提升教师和学生环境素养的学校。"1998 年,清华大学在全国首次提出创建"绿色大学"的构想,并向国家环保局递交了具体的"创建绿色示范工程"的建设方案。当时,绿色学校主要是以环境教育为中心的,例如,广东省创建绿色学校要求以《中小学环境教育实施指南》为纲,从态度、价值观、情感,知识、方法、过程等层面来构建一体化的环境教育的课程,绿色学校的评审标准要紧紧依据环境教育。现行的"绿色学校"与"绿色教育"最大的不同点就在这里,即是否以环境的教育为中心。实际上,绿色学校应该有更广义的概念:应该是能更好地体现绿色教育的学校。针对这种认识,国内的著名学者崔学鸿建议:"目前的绿色学校创建工作应实现两个回归:第一个是将当前的绿色学校按照它的内涵进行还原,称之为生态学校,仍然由环保局牵头组织开展评审工作;第二个是把绿色学校创建工作的责任主体归还给教育局,积极开展可持续、高效、和谐的绿色学校创建评审工作。"这是对绿色学校新的认识,也是对建设绿色学校的执着追求。

(3) 关于绿色课堂的研究

绿色课堂,是在倡导绿色教育理念下所形成的。美国的学者里德利等人在《自主课堂》中积极倡导绿色的课堂环境,其核心就是"以人为本、以学生发展为本",所强调的就是一种可持续发展、和谐、动态,以及充满活力的高效的绿色生态课堂。绿色的课堂环境的主要特征应该是:师生相互尊重、彼此接纳;无论个体的学习成绩、学习态度如何,教师都应该让他们感受到关心和呵护。在我国,对"绿色课堂"的认识有不同的见解,一部分人把绿色课堂理解成环境教育的课堂,但更多的人认为绿色课堂是与绿色教育相一致的课堂,也就是所倡导的可持续发展的课堂。叶澜教授认为,"充满生命活力"的课堂,就是绿色课堂;朱永新教授在"新教育实验"中所倡导的"理想课堂",就是绿色课堂;肖川先生提出的能够"唤醒沉睡的潜能,激活封存的记忆,开启幽闭的心智,放飞囚禁的情愫"的课堂,就是绿色课堂。南京师范大学的吴康宁教授开展的课堂教学社会学的研究应该属于我国以课堂为研究对象的比较系统和全面的研究。至于一线的老师们所提出的绿色课堂也是各不相同。综上所述,那种能够使学生健康成长的课堂、符合教育规律的课堂应该就是绿色的课堂。

根据以上理论,结合教育工作实践与研究,上峰中心小学认为:绿色教育是基于对学生生命的尊重,顺应儿童发展规律,在对现有教育实践进行梳理、改进过程中逐步形成的更为协调、更为健康的教育。

课题得到学校领导以及全体教师的高度重视。校内先后多次组织课题组成员到我区相关绿色学校和园林式校园参观学习,在校内组织课题成员教师学习《追随绿色教育生态梦想》、《绿色教育课堂改进:理念阐述与案例分析》、《丁国君与绿色教育》、《绿色生态课堂认识》、《绿色校本课程的构建》、《绿色教育课堂改进》等绿色课堂的专题学习资料。

Ⅱ 多次邀请专家进行课题指导

课题组成员积极参加各级各类的实践培训。学校邀请教科室汪圣龙主任,南京师范大学教育经济与管理学科带头人、教科院领导与管理研究所所长张新平教授,南京师范大学教育科学学院博士生导师程晋宽教授对课题组成员进行省课题指导工作。

Ⅲ 召开课题组核心成员会议,明确研究目标和内容,规划子课题研究项目,分解和落实课题研究任务

绿色校园课题组:制定关于育人环境的优化与实践探索研究实施方案。

绿色德育课题组:制定体验式德育活动的探索研究实施方案,开展绿色德育实践研究。

绿色教学课题组:制定高效有序课堂的目标、原则与策略,确定各科标准和实施途径、方法,开展绿色课堂教学研究。

绿色管理课题组:尝试制定建立绿色学校的自主管理机制,出炉一系列绿色管理的方案、规定,并在实施过程中加以修订完善。

第二阶段:研究探索阶段(2013.1—2016.6)

Ⅰ 利用教研组和备课组活动,以及课题研讨进行案例研究,探索绿色教育课堂内容及教学策略,重点是主课题调控,定期开设展示课,组织每年一次的阶段性汇报

学校是学生获得知识、形成价值观、养成习惯的重要场所,学生在校的生活约占学生每天生活的1/3,学校教育对学生的影响是显而易见的。因此,通过"绿色教育"来向学生传递可持续发展思想尤显重要。我们根据学生的具体情况,因材施教,通过多种途径,采用多种方法,使"绿色教育"从课内延伸到课外,从校内延伸到校外,让绿色教育真正落到实处。

(1)课堂教学中渗透绿色教育

课堂教学是小学教育的主阵地,通过学科课堂教学进行绿色环保教育也是小学阶段绿色教育的主要方法之一。在小学语文、科学、品会等课程中蕴含着丰富的环保素材,渗透了大量的环保科学知识。我们充分利用这些教学资源。如语文,可从写作入手,抒发对祖国壮丽山河和大自然的热爱,歌颂为环保作出贡献的人和事,以及在语言上对学生进行环境熏陶;品会课上应用生态观点和可持续发展原则,宣传环境法制;劳技课上,教育学生节约能源,培养社会资源忧患意识;在班队主题会上,用空气、水、土壤被污染的现实,使学生明白保护环境的迫切性……为此,我们拟订了各年级各学科的渗透要点,使教师在课堂教学中能有意识地对学生进行绿色教

育,使之从个别教师的活动走向全体教师对学生全方位的教育活动。

(2)《绿色教育读本》的开发与研究

学校以培养环保意识和人文精神为目标,努力构建符合科学发展观和生态文明建设要求的价值观,完成了《绿色教育读本》这一校本课程教材的开发与编写。教材内容关注学生的情感、态度和价值观,注重知识性、人文性、历史性和教育性,内容包含自然环境、资源环境、人文环境、社会环境、生活环境等方面,注重对学生潜移默化的思想熏陶和价值观的启蒙教育。为用好校本教材,学校对校本教材的使用规定了时间,规定了要求,并通过教科研活动,对各年级如何使用,上哪些内容,达到怎样的要求都做了明确说明。教师们积极用优秀的校本教材,进行集体备课,发现问题及时反馈沟通,提高了校本教材的使用效果。

(3)开展"绿色教育"的校级个人课题研究

个人课题研究是教师专业化发展的重要途径。教师个人课题对于学校全面推进素质教育、课程改革,全面提高教育教学质量有着重要意义。学校教师积极围绕"绿色教育"开展个人课题研究,在研究的过程中发现问题、探究问题、解决问题,不断提高自身的教学能力和教科研水平。其中,有多个以"绿色教育"为研究背景的个人课题成功申报区级课题并结题获奖。

Ⅱ 梳理整合现有的绿色环境教育资源,探讨其有效利用的状况,根据学校和年级段实际开发拓展新的绿色环境教育资源,在实践中加以运用,总结提炼绿色环境教育资源的经验和策略

(1)精品环境设计

以"优美、丰富、活动、进取"为基调,学校针对校园比较小的特点,合理利用空间精致设计校园环境。从墙壁文化、地面文化到走廊文化,从教室文化、活动室文化到校园整体文化,这一个个场所既是校园靓丽的绿色景点,更是具体实施绿色教育的理想场所。

(2)精致环境营造

在学生的教育方面,尝试坚持一学期一主题、一月一方面、一周一重点,发挥了绿色校园文化的作用,让校园成为一部无声的充满魅力的书,让学生潜移默化地受到教育感染,收到"此处无声胜有声"的教育功效。学校在草坪中铺设了人行道,在树荫下摆放了读书凳,给学生提供了优雅、自然、和谐的读书环境和休息空间。那飞向蓝天、驰骋海洋的汉白玉雕塑给学生以激奋;各种宣传标语给学生以教育;草坪中的和平鸽使学生热爱和平;美丽的仙鹤、灵动的山羊、可爱的长颈鹿让学生感受到大自然的美丽与纯真;墙壁上的科学家、领袖人物画像给人以精神;"环保之窗""市花、市树、动植物"专栏向学生和家长宣传渗透相关知识;高大树木上搭起了人工鸟巢,突出了人与动物间的和谐;"绘画、书法长廊"给学生提供了展示创造力的平台;花坛中插入学生自己设计的爱护标牌,给校园的每一处景观起名、挂牌等彰显学生的聪明和智慧……大型瓷砖画比赛、演讲比赛、歌舞比赛、书画比赛和读书写作等比赛展示了学生的个性和特长。

(3) 精心环境管理

学校提出了"校园是我家,清洁靠大家"精心环境管理的响亮口号。要求师生通过"三随手"行为(随手拾捡废纸,随手关闭电灯,随手关闭自来水龙头),通过承包责任区卫生,通过卫生流动红旗和卫生标兵评比,保障校园时时清洁,处处靓丽。

Ⅲ 与社区、学生社会实践基地建构联系,形成以"德育课程"为基础的"环境育德""活动育德""社会实践育德"家、校、社区一体化的绿色德育体系

(1) 开展生态和谐健康教育活动

对"问题学生"耐心帮教,开设了随班就读辅导班,针对学生的生理、心理特点,加强心理疏导,让学生以平和的心态学习和生活。同时,教师优化自己的情感,以健康的情感去感染、教育、鞭策和激励学生,与学生平等、友好地相处。创建健康和谐的成长环境,培养学生的积极心态、坚强意志和健康人格,促进学生全面和谐发展。

(2) 开展珍惜生命安全教育活动

健康的人格要以健康体质为基础。"健康第一"是学校创建绿色特色学校的目标之一。为此,一方面积极开展安全健康教育,平时利用广播、橱窗、黑板报等进行立体的教育;另一方面组织开展体育健康活动,规范体育教师上好每一节体育课,重点抓好每天一小时的"阳光大课间"活动;第三是做好卫生保健的宣传。

(3) 开展培植绿色班级文化活动

以"班集体建设年"活动为抓手,学校提出了"文化育人、绿色渗透、特色引领"的班集体建设模式和"自己的班级自己建,自己的文化自己创"的创建理念。各班根据各班班况展现自己的班花、班徽、班训,以形成独特的班集体个性;各班根据自己情况研究并制定出"班规",并让每个学生在上面签上名,部分班级学生还按上了手印,意在坚决遵守班规,学做真人,维护班级荣誉。在班级文化建设中,学校以开展评比特色示范班为契机,在班级建立个性化管理机制,要求班级建设各有特色,体现学生个性化发展,使学生在人文环境中自然地发展。

(4) 开展综合实践体验活动

一是建立学生文化展示区:利用过道分别开辟了学生书法和学生绘画展示区;利用长廊建立了学生壁画区;利用劳技室等建立了学生环保作品展示区;利用树木林荫营造特色教育文化展示区等。二是让学生在实践行动中体验感受:学校特地将教学楼的第二、三、四层上所有的走廊花槽和各教室前的花槽分配到中高年级各个班,再由班级分组进行种植、养护;将食堂前的一小块空地划为学生绿色种植实验区;学校与相关单位联系,开辟了多个学生活动实践基地;学校还设立了学生"绿色考级",如书法考级、普通话考级等,并发给孩子相应的考级证书。先行的考级项目有:书法考级、普通话考级等项。这样,随着后面项目的增多,所有的孩子都能找到自己的闪光点,发现自己也有强项,不但使学生增强了对生活和学习的信心,也拉近了师生之间的距离,使师生都生活和学习在一片"绿荫下",为我校"绿色教育"添砖加瓦。学校还开展了校园植物挂名及树木、草地领养活动,学生们在为树木挂牌的同时,通过翻阅资料来认识它、了解它,增长了植物知识,也增强了社会实践活动能力,通过校园内树木、草地的领养,使学生们更加爱护花草树木,同时增强了合作意识。

(5)营造读书氛围

让孩子们在大量的阅读中丰富知识、开阔视野,同时也为了充分利用家庭书籍的资源,每年的六一儿童节,上峰中心小学都会举行主题为"乐在淘书 低碳阅读"的上峰中心小学淘书乐活动。"淘书乐"活动是上峰中心小学德育处为了孩子们能过一个既充实又快乐的六一儿童节精心打造的一项传统活动。此项活动,旨在牵引着孩子们走进书的世界,为他们带来一个全新的阅读空间,"淘书乐"活动更锻炼他们的社会经验和生存技能,让他们响应国家节能减排、低碳环保的号召,了解开源节流、物尽其用的道理。

(6)"绿色社区行动"

组织学生在社区宣传"讲文明、树新风、争做文明市民",宣传创建卫生模范城要求,成立社区小卫士队伍,散发传单,倡导文明新风并擦洗公共设施,清理"牛皮癣",为文明社区环境改善贡献力量。我们开展了学生争当绿色环保志愿者活动,志愿者们自觉主动上街发放了"共创环保卫生城,同享人居好环境"、绿色家园"十个一"工程等宣传资料,向过街行人广泛宣传绿色环保理念,营造全社会支持环保、重视环保、参与环保的良好氛围。同时学生志愿者还在生活区的各个角落里捡垃圾、烟头、树叶,擦护栏、宣传橱窗等,为社区创造良好的生活休闲环境。我们让高年级的学生人人开展社会调查活动,为家乡的环境保护献计献策。我们在学生心中播下了一颗颗绿色的种子,一颗种子会长成一棵参天大树,千万颗种子必将撑起我们为之奋斗的绿色家园!绿色是春天的颜色,象征着活力,象征着希望,象征着生命,在全球倡导"爱我家园,保护地球"和"为了可持续性的教育"理念引导下,"绿色教育"也被赋予更多的内涵与价值。

Ⅳ 探索绿色管理实施制度,保障绿色教育秩序井然

(1)教师管理。积极启动校内人事制度改革,增设"年级段主任",通过老师工作的双向竞岗,让教师做愿意做的事、选择自己满意的管理人,这样比较好地调动了学校全体人员的工作积极性与遵守制度的主动性,将制度内化为素质。

(2)行政管理。设立行政竞聘上岗机制、行政外出公示制度、行政常规工作公示制度、增设年级主任管理层并进一步规范了教职工代表大会制度等。

(3)学生管理。学校德育处、少先队充分运用绿色理念来指导工作,精心设计班级小干部竞岗,在学生中实施"千人千岗"工程,初步形成了"人人有事做,事事有人管"的积极向上的良好氛围,在平时的卫生、纪律等常规管理、检查中,我们发现通过学生的自主管理学校的卫生、纪律等面貌发生了极大的变化,学生们个个都真正成为学校学习的主人、管理的主人。

第三阶段：总结提高阶段（2016.7—2016.12）

Ⅰ 总结整理各项资料，撰写实验总结。

Ⅱ 开发绿色教育课程，编撰绿色教育校本教材。

Ⅲ 汇编实效研究活动案例、经验论文，出版《农村小学绿色教育的实践与研究——江宁区上峰中心小学的持续改进之路》研究专著。

Ⅳ 形成研究结论，实施总结与评估，撰写课题研究报告，进行专家论证，申请结题鉴定。

八、课题研究成果

在课题研究过程中，根据研究内容和实施方法，可以划分为两个阶段，即理论构建阶段和实践研究阶段。经过五年多的探索和实践，总结出丰硕成果。学校把绿色教育作为常态性的工作，在实践过程中积累了丰富的、可供借鉴的经验。

（一）理论层面

1. 形成了校本教材，开发了花木文化校本课程

花木文化校本课程以小学品德课程为基点，根据课程目标和孩子们的发展需要，整合学校生态资源设计年级段主题系列活动，开展内外延伸的绿色主题教育实践活动，架设回归生活的桥梁；建构家校及社会的多维联系，让家校和社会成为孩子们的德育实践基地；开展多元展示性评价，分享孩子们践行的快乐，深化孩子们对花草树木的认识，引导孩子们通过对花草树木的种植养护，增强学生的社会实践活动的能力，提高学生的审美情趣，揭示生命的价值和意义。使课堂内外相结合，校本课程与绿色教育有机整合。

2. 建构了绿色教育课堂的一般教学模式

围绕"让师生共享绿色成长"办学理念，我校探索出了绿色课堂的一般教学模式。在我校绿色课堂一般性要点的基础上，总结出人文课程、科学课程、艺术及综合课程的课堂教学模式。以数学学科为例说明：

在课前预习探究环节中，教师下发导学案，学生通过自学，在思维的过程中发现问题，产生疑惑。第二个大环节中包含四个小环节：一是课上教师引导学生说出疑惑，提出问题，引发全班同学的思考。二是经过独立思考后，同学们分析问题并提出假说。三是分组进行合作探究进行推理、尝试解决问题。四是全班同学集体交流、提炼经验，教师点拨、总结。第三个大环节是应用探究，即运用知识解决实际问题（一直延伸到课后作业）。

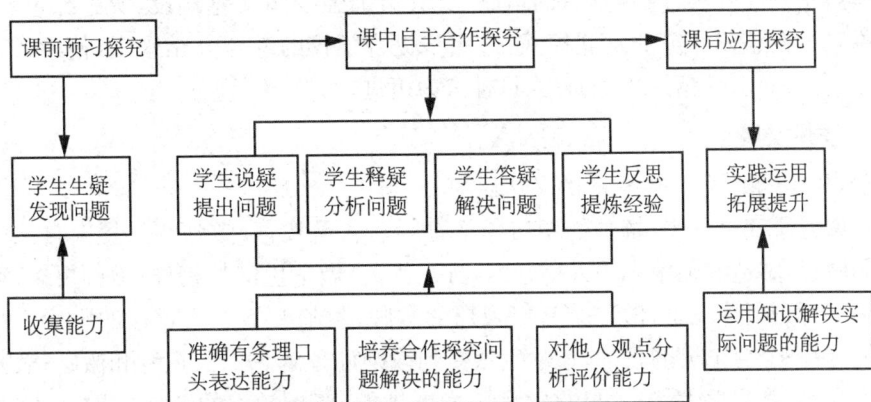

图 6-1　小学数学绿色课堂教学模式

在预习探究环节,培养学生独立思考和信息收集的能力;在课中合作探究的过程中,培养学生在思维碰撞的过程中对他人观点分析评价的能力、与同伴一起合作解决问题的能力;在质疑、答疑的过程中准确有条理表达的能力。

3.编撰了《农村小学绿色教育的实践与研究——一所农村小学改进的实践探索》专著

在全体课题组成员的理性认识和执着实践下,本书作为学校课题研究的成果,从绿色校园、绿色德育、绿色教学、绿色管理等方面对绿色教育的理论进行了梳理,更有学校和教师在绿色教育特色建设方面的实践与思考,期望推动绿色教育理念在更多学校生根发芽。

(二)实践层面

1. 学校发展

(1)优化了学校绿色环境

我们把建设好绿色校园文化作为教育教学改革的主打课题,以把校园的每一处都充满"绿色"为宗旨。着力创设优美丰富的校园文化环境,营造活泼进取的班级文化氛围。学校对校园的环境绿化进行宏观设计和布置,使整个校园处处绿意盎然,生机无限。目前,学校绿化面积已达 5000 平方米,绿化面积占绿化用地的 100%。

(2)构建了和谐的校园文化

一系列的绿色教育研究活动,带动了学校校本课程的开发及教育教学工作的实施,构建了和谐的绿色教育文化。

(3)办学得到了社会各界的认可

落实了学校"建设精品校园、打造创新教师、培养发展人才"的办学理念,使学校的"绿色教育"特色不断得到彰显,2011 年以来,学校先后被授予"阳光体育校园""江宁区优秀家长学校""无烟学校""江宁区中小学生首届科技节先进学校"。近年来,学校在坚持走创建发展、内涵发展的道路上，大力加强校园文化建设，实施绿色教育，努力探索学校整体并进的发展模式，进一步提升学校的综合办学水平，使学校逐步向"生态化、绿色化、精品化"的育人目标奋力迈进。

2. 教师发展

（1）构建了教师绿色教育的文化认同

在课题研究过程中，教师们明白了教育者要先受教育，教师要从提高自己的人文素养做起，塑造教师个人的人格魅力，身正为范，做学生的好榜样；教师要多读书、勤思考、善积累、重反思，做一个有好习惯的教师；教师要给学生宽松的师生交往人际环境，做一个会微笑的教师，让学生感受到教师的理解、关心、宽容和激励；教师要以学生为本，尊重学生人格，尊重学生的发展潜能，尊重学生的全面发展，坚守基本的教育观念、教育思想和教育理想，做一个有信念的教师。

（2）增强了教师绿色教育的科研意识

在课题引领下，教师在教育教学实践中开展绿色教育研究实践，以教研组为单位进行集体攻关，整合团队智慧，发挥群体优势，细化研究内容，注意分工合作，进行课例研究、案例研究，及时写教学随笔、教学反思，记录和收集研究过程的原始真实材料，在过一个阶段后，小组讨论交流，调整行动计划，使研究顺利进行。通过在课题中各自承担一定的研究任务，并进行了深入探究，在探究中合作互助的研究模式，不仅提高了所有教师的研究能力，而且形成了一个优秀的研究团队。通过课题研究，教师的教科研意识增强了，能够结合所教学科有机渗透绿色教育，撰写教育教学论文的积极性和水平也明显提高。

教师成果见附录（含论文发表、论文获奖、个人课题、教师竞赛、教师表彰）。

（3）锻炼了教师绿色教育的骨干团队

学校的集体课题研究，不是一个人在实践，而是一群人在努力。本课题的研究需要多学科教师通力合作，齐心协力才能把研究工作做好。课题组成员在研究的过程中，取长补短，共同学习，共同研讨，团队精神越来越默契，越来越凝聚。参加本课题研究的教师绝大多数已成为区学科带头人和骨干教师。他们中3人被评为区学科带头人，14人被评为区级教学骨干。

（4）打造了具有学校特色的峰鸟教育技术团队

峰鸟教育技术团队是以贾志军老师带头组建的一个教师团队，在带领学生组建电脑兴趣小组制作生活创意、电脑绘画、视频制作、学生社会实践活动等方面，在南京市和江宁区小有名气。学生作品在省市各项比赛中多次斩获奖项，团队所拍摄的《春上石塘，阳光成长》《峰鸟，不负青春的梦想》分别获全国中小学校园电视制作大赛的二、三等奖。

3. 学生发展

（1）培养了学生环保意识，提高了环保技能

对于学生来说，起初我校学生普遍环保意识不强，环保常识十分缺乏，一些广为人知的破坏环保的行为在校园内处处可见，如使用一次性筷子、乱丢垃圾等，也有的同学认为环保的事情与自己无关，并错误地认为自己个人的环保实践是毫无作用的。在本课题研究过程中我们组织开展了一系列活动，学生的环保意识和行为习惯大有好转。校园内丢垃圾的行为少了，校园环境变美了。看了环保宣传材料后，很多班级自觉实施了垃圾分类回收，"环保小卫士"的活动一直有序地进行着。

（2）确立了健康向上的人生观和价值观

通过少先队活动载体，努力把"绿色教育"内容与传统文化思想在少先队传统活动、学校特色活动中体现出来。通过少先队组织的教育与活动载体，把传承传统文化思想与现代社会倡导的社会公德、家庭美德、做人道德要求相结合，把绿色文化教育落实到日常行动中，努力打造生态德育、文化德育。坚持以"爱国主义、民族主义"为核心，大力倡导弘扬民族精神，从小培育民族意识，树立民族自尊心、自信心，培养自强、自立的奋进精神，努力用正确的导向启蒙学生，确立健康向上的人生观和价值观。

（3）保障了特殊儿童的个性化成长

2015年9月以来，随着学校资源教室的建设工作逐步完成，学校建立并完善了随班就读工作的保障支持系统，将随班就读工作列入学校的工作计划，建立并完善了一系列的规章制度，明确责任，落实措施，建立和完善了每个随班就读学生的个人档案，还建立了随班就读教师和学生的评价系统。

（4）在各种社会实践活动中展现了实践能力，锻炼了生存能力

"生活即教育"，学校在保障学生安全、引导学生将课堂与生活相结合的基础之上，积极带领学生参与到社会实践活动中去，并且创造性地与家长委员会沟通交流，不仅联系家长参与其中，还将学生的社会实践活动拍摄成视频，上传到江宁教育信息网进行实时直播，让孩子与家长形成良好的互动，这一做法也深受家长和市区级领导的好评。更让学生在实践活动中收获成长，体会到合作和实践能力的重要性。

（5）在各项比赛中崭露头角

学生各类比赛获奖情况详见本著作后面的附录。

九、课题研究反思

（一）存在的问题

课题自立项以来，从构建"绿色教育"的价值观，到形成"绿色教育"的方法论及实践模式，历经四年，基本完成了课题开题之初确立的研究任务。学校"绿色教育"

秉持一个核心理念、关注两大实践领域、构建三个保障系统："一个核心理念"即健康、可持续发展的理念；"两大实践领域"即文化课程的课堂教学实践领域、活动课程的综合实践领域；"三个保障系统"即绿色的学校治理系统、绿色的师生人际环境系统、绿色的教育质量评价系统。自课题研究开展以来，通过让师生参与校园绿色文化建设，培养了教师主人翁思想，鼓励师生参与社会文明建设和社会政治生活，培养了师生的公民意识、社会责任感和爱国主义精神。但在课题研究中，也存在如下几个方面的不足与问题：

① 课题研究还需更加深入。在某些方面，研究还比较肤浅，处于表面化，这反映了教师的教科研水平还不高，教师教科研水平差距较大，整体研究的水平还需要努力提高。课题成果不够精细，有些问题没有深挖，还有待深入研究。

② 对现代信息技术的运用还需进一步拓展。没有充分发挥现代教育技术的作用，所以还有待进一步挖掘与整合。

③ 少先队活动还需要进一步锻造精品。缺少品牌，创新不够，还存有表面化。

④ 对课题研究的资料积累还需加强重视。由于在课题研究中途的人员工作有变动，所以带来部分原始材料、过程性材料的遗失与缺漏，需要在今后尽力避免。

（二）改进措施

我们将以建设资源节约型、环境友好型、教育人文型、管理效益型的人际和谐校园为目标，根据课题研究的实际情况和教科研目标，在今后的工作中将对上述存在的问题做进一步的改进和努力。具体做好下列工作：

① 加强管理，以制度为保障，监督、检查、督促课题的有效研究和实施。

② 继续为教师创造学习机会，通过各种形式的学习来提升理论上的认识，在实践研究中，继续加强理论的武装。重点做好教科研团队的建设与打造。

③ 转变宽、广、泛的课题研究内容，将课题的研究与特色学校的建构紧密结合起来。构建绿色特色学校，以营造师生和谐的教学环境为手段，以营造特色文化为载体，让师生在共同参与的创造性绿色生态教育教学活动中得到主动和谐发展。

④ 以本课题的研究成果为基础，进一步开展创建"生态绿色学校"的研究，进一步丰富和完善"生命教育"校本课程。

第二节　农村学校改进带来的启示

近十年时间里，一所拥有近千名师生的农村小学在前后三位校长的带领下，逐步企稳，走出了一条令人惊艳的发展轨迹。这期间，校长和全体师生都与"绿色"结下了不解之缘，他们通过市级绿色学校的创建，区级、市级、省级关涉绿色学校与绿色教育的课题研究,在学校治理过程中理清管理脉络,团结全校师生稳健发展,将协调、绿色、共享作为学校发展的关键词,通过名师讲座、专家引领、团队发展、特色活动等方式,将学校发展、师生发展整体带到一个新的平台之上,将学校办学的综合水平提升到了一个新的高度,使学校逐步逼近"生态化、绿色化、精品化"的办学目标,全校呈现出政通人和、稳健发展的生动局面。

党的十八届五中全会强调创新、协调、绿色、开放、共享的发展理念,契合这一宏大的历史背景,上峰中心小学及全体相关人员,倾心学校发展、全力锻造以"实"为关键词的农村小学教育特色,围绕活而实的绿色课堂、趣而实的综合实践活动、和而实的学校发展保障系统,展开课题研究和教育实践,并以此引领学校发展,向社会交出了一份令人满意的答卷,为农村小学践行绿色发展理念做出了有益的探索。

在上峰中心小学这所农村小学的研究与实践过程中,我们欣喜地发现基层学校的校长与伙伴们拥有务实的实践智慧,用自己的有效实践证明:学校发展需要注重顶层设计、树立自己的概念,并有效传承;学校改进应注重实效、拒绝折腾;学校的管理团队、教师团队、教辅与后勤团队和谐共进,共建共享,才能确保学校长期稳定发展。这将为我们农村学校的持续改进提供有益的参考。

一、学校发展需要注重传承

(一)学校发展需要顶层设计

常言道:"不谋万世者,不足谋一时;不谋全局者,不足谋一域。"[1]又有俗语:眼界决定境界,思路决定出路,定位决定地位,观念决定道路。在学校的发展道路上,这几句话朴实而又富含哲理,警醒我们的基层学校领导者们:学校发展的顶层设计极为重要。

全国著名教育专家、四川省教育学会秘书长纪大海曾就学校教育理念和学校发展规划专题对四川省 20 所省定国家级示范性高中和知名小学进行调研,发现一些学校发展中的常见问题和弊端有:发展认识混乱,缺乏核心理念;目标繁多,终极目标不明晰;学校发展设计缺乏参与主体的广泛认同;理念表述繁杂而生涩。学校理念表述繁杂,最长的有 500 余字,少则也有一二百字。可当问及学校教育核心理念或教育核心价值观是什么时,20 位校长有 18 位回答"不知道";调查还发现,学校多年来的工作计划和发展规划几乎与学校教育理念毫不相干,甚至相违背,学校整体发展明显缺乏"主心骨"。从实际状况来看,这种情形在国内的很多学校中却都普遍存在着。之所以产生如此现象,个中原因复杂,但有一点可以肯定,那就是缺乏科学、系

---

① 出自(清)陈谵然的文集《寱言》·卷二《迁都建藩议》。

统的设计和规划。[①]

学校发展需要倚重"顶层设计"。学校"顶层设计"的关键在于核心理念的凝练。学校核心理念不宜多头表述,可将"教育思想""办学理念""学校精神""校训"等归并合一为核心理念,核心理念即校训,核心理念即教育思想。清华大学校训"自强不息,厚德载物"、南京师范大学附属中学校训"嚼得菜根,做得大事",既是校训,又是核心理念和学校精神旗帜,语言简练而语义明晰。

学校"顶层设计"的重点环节在于发展规划的科学制定与有效落实。作者认为,学校发展规划应由 DPDE 四个环节共同构架而成,即 D(diagnose,诊断)、P(plan,设计)、D(do,执行)、E(estimate,评估)(见图 6-2)。

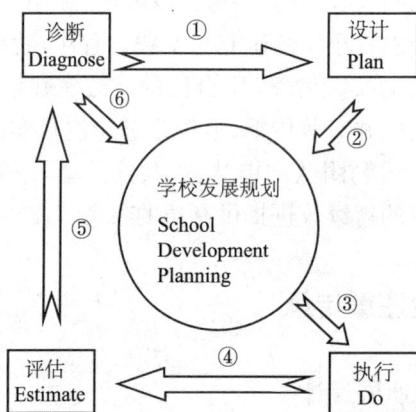

图 6-2　学校发展规划的理论构架图[②]

诊断是基础,必须规避目前学校发展规划文本中的不足,利用 SWOT 工具诊断分析,明晰学校发展需要优先解决的问题;规划文本的设计是关键,必须始终关注三个要素:学校发展愿景、校园文化、制定与实践发展规划的时机;规划的有效执行是重点,及时有效评估成为一大保障。尤其是在规划执行阶段,需要"一保三化":资源确保、学习研究常态化、严格执行品质化、及时宣传生动化。

学校整体发展的顶层设计效能需要通过发展规划的有效实施体现出来。许多学校制定发展规划,并非出于自我发展的需要,而是为了应对上级的规定和检查,结果搞出来的规划成为墙上的"年画"、谈论中的"鬼话"、实践中的"空话"。其根本原因就在于没有明确:发展规划的制定必须因校制宜、实事求是,必须要遵循顶层设计的理念,注重"施工"系统设计,确保理念、目标、计划可以落地、落实。因此,在"顶层设计"思想的引领之下,学校应重视发展规划的制定,尤其要重视具体操作层面的设计与实施。

---

① 纪大海:《学校发展需要"顶层设计"》,http://www.360doc.com/content/13/0310/00/4365124_270484894.shtml。

② 孙军、程晋宽:《学校发展规划的理论构架分析》,《现代教育管理》2012 年第 11 期。

回顾上峰中心小学的发展历程,我们发现:学校的大量工作实践虽然非常踏实,且都是严格遵照上级指示进行教育管理、开展教育教学实践。但是长期以来,学校并没有真正形成自己的顶层设计,或者说学校的发展设计存在着立意高度不够、旗帜鲜明不够的情况。多年来,这种情况不仅在上峰中心小学其实在其他的乡村学校也一直客观存在着。与此同时,我们也发现,上峰中心小学近年来的数任校长都是从教育教学一线成长起来的,始终保持着优秀教师最为朴素的优秀品质:踏实工作、关爱学生。并且,这种品质已经内化为广大教师的普遍特质,潜移默化地引导着学校的发展思路。为了确保这种优良作风能够经久不息,为了确保学校的长远发展不走样,学校应当适时进行顶层设计、实事求是地制定发展规划,并以此引领学校今后的长远发展。

(二)学校发展需要概念

学校发展过程中,总有一些相关概念是让广大教师、学生、家长乃至社会耳熟能详的。有一些学校把学校的办学理念、校训凝集成一个概念,例如南京师范大学附中的"诚朴"、南京东山外国语学校的"素养"、南京市竹山中学的"和诚"、南京市百家湖小学的"本真";有一些学校把学校的办学要求、办学特色凝练成一个概念,例如南京市溧水区东庐中学的"讲学稿"、南京市北京东路小学的"情智教育"、南京市东山小学的"友善用脑"、江宁区铜山小学的"科技教育"。这些概念在某种程度上直接成为学校的"名片",直接成为学校的代表符号。这些学校通过对这些概念的不断强化、持续宣传,在学校与概念之间建立起牢固的联系,使得学校的社会影响力与日俱增,这些学校也从自身的概念影响力中得益,提升其在同类型学校中的社会美誉度,使得学校渐渐成为社会所推崇的"名校"。在城区,学校所树立的概念影响力通常与学校美誉度密切相连。而在乡村,由于地域广袤而学校唯一,缺乏同类型的学校竞争,往往概念的树立不被重视。但是,随着城市化进程的逐步加快,随着整个社会对教育日趋重视,广大家长对乡村学校也提出了更高的要求,在这种情形之下,树立自己的"概念"也就等同于为学校自身定制"名片",为学校的长远发展确立宣传的亮点。

审视这些名校可以发现,他们的概念往往来自学校重点打造的办学特色。通过多年的持续努力,通过对学校办学特色的不断凝练,最终提出的那个概念往往成为学校发展的点睛之笔。而正是这个具备画龙点睛作用的概念,才可以更加简洁明了地呈现学校的特色,才能够更加有效地拢聚思想、团结教师、影响社会。这样的概念,往往可以为学校的办学思想与教育实践带来更多的拥趸,带来更大的社会影响力,带来更大的发展空间。

在上峰中心小学,我们也可以发现一些带有学校鲜明特色的概念,如:绿色教育、绿色课堂、峰鸟团队;也有一些社会热词正在校内使用,如:留守儿童、随班就读、校车。在这些概念中,以及其他一些概念中,有哪个概念应当成为校内各种概念的核心,可以成为学校的名片?今天的上峰中心小学,领导干部、先进分子的示范行为称为广大教师的楷模与规范,从长远来看,还是需要牢固树立一个带有本校特色的概念,成为学校师生行为的标杆、灯塔,为学校发展提供醒目的路标。在当下,经历了数十年的凝练与沉积,"绿色教育"已经成为学校发展中最为核心的一个概念,"活而实"的绿色课堂、"趣而实"的综合实践活动、"和而实"的保障体系,则作为对此概念的进一步阐释和精确表达。这种概念的树立,需要长久的积累,以便让全体师生慢慢理解、接受、融合、丰富,从而成为全体师生的一种内在的精神元素、行为自觉,成为上峰中心小学的一张鲜亮的名片。

(三)学校发展需要在继承的基础上发展

从国家层面来说,推进义务教育均衡发展成为当代极为重要的话题;对于区域教育行政部门来讲,确保区域内的同类型学校教育发展均衡是一个非常重要的工作。近年来,随着区域经济的快速发展,学校之间的教育技术装备差异已经快速减小,学生人数的变化、老教师的大量退休带来的师资问题成为影响学校发展的一个重要因素。而在师资队伍中,校长的更迭成为影响学校发展的最为重要的关键因素。近年来,教育主管部门领导的主政思路更倾向于特色创建与宣传,要求"一校一特色",于是,频繁调整校长成为落实主政思想的重要抓手。10 年间,上峰中心小学数易校长。学校主要领导的调整给学校发展带来了一定的活力,但是更带来了巨大的风险。与上峰中心小学同等境遇的一些学校相继出现"险情"——外来的校长因"水土不服"而不能融入学校教师群体、因强力推进所谓的"高效课堂"而导致校内教师怨声载道、因片面追求教育"繁荣"而导致学校主营业务荒疏……所幸,学校的两位"外来"校长马本祥老师、彭高林老师都清醒地认识到学校的实际状况,以"绿色教育"的名义,在积极响应上级指示的同时,脚踏实地、因校制宜地有效开展工作,为师生的健康成长、学校的健康发展,持续做出不懈的努力。正是他们勇于继承,而不是积极推翻,才为学校成长、师生成长始终维护了稳定和谐绿色的环境。这种环境不仅仅是指校内的物理环境,更多让广大师生们体会到的是学校的人文环境、制度环境。在这样一种生态环境中,上峰中心小学数任校长遵循学校自然生长的规律,使学校得以稳步发展,在全区学校中始终保持着一种自有的、连贯的成长路径,实属不易。

二、学校改进拒绝折腾

折腾,是思想肤浅的表现,是价值跑偏的外显;不折腾,源于思想境界的提升,源于个人修养的完善。2008 年 12 月,在纪念改革开放 30 周年大会上,胡锦涛总书记提出了不动摇、不懈怠、不折腾的希望和号召。大会现场,胡总书记话音刚落,听众席马上传来会心的笑声。如果说,"不动摇"主要是对外部的政治宣示,"不懈怠"主要是对人民的庄严承诺的话,那么,"不折腾"主要是对我们党内的一些领导同志讲的。折腾,主要是自己不折腾自己,主要是大政不无谓摇摆,主要是内部不无谓纷争。①

什么叫折腾?所谓折腾就是没事找事,无事生非;就是朝令夕改,忽左忽右;就是翻来覆去,改来改去;就是起内讧、闹家乱。折腾的本质一是瞎,不该有的有了;二是穷,绞尽脑汁变法子;三是乱,颠倒随意没秩序。作为基层教育工作者,我们也应该为不折腾而会心。胡锦涛总书记说这番话已经过去了多年,然而,我们看到这些年教育上的折腾现象仍然屡见不鲜,受到社会广大人群的一致诟病。折腾久了,内耗重了,对于学校危害、对于师生危害,极为严重。

厦门大学附属实验中学校长姚跃林在《中国教育报》撰文指出:学校为改革而改革就是折腾。② 诚然,改革可以带来更大、更快的发展。但我们也必须认识到:改革同时也蕴含着失败的可能。成长需要等待,教育应该静心,不必改的应当少改,必须慢慢改进的就不能急功近利。

在知识的呈现方式和教育的本质未发生根本改变的今天,将学校改革的可能性混同于必要性,进而患有"改革多动症",一味追求学校改革创新的做法,值得警惕。

可能,即可以实现的、能成为事实的。显然,有可能改变形态或方式而无碍大局的"改革创新点"所在皆是。尤其是江宁区地方经济快速发展的这些年,地方财政对教育的投入力度逐步加大,为学校的持续发展提供了较为充裕的经费支持。大到校园翻修、外墙变色出新,小到更换窗帘、移栽花木,等等,"翻天覆地"毫无难度。但是,类似的"创新"并无显然的必要,不改或一段时间之后再改皆无关紧要。

遗憾的是,这些年来,一些令人啼笑皆非的改革举措报道不绝于耳,类似的"改革创新"时常见诸报端。教育改革往往"炒"出了一系列概念和模式,诸如杜郎口模式、高效课堂、先学后教……一些教育主管部门的领导者也积极加入到呐喊人群之中,强力推动各项改革,甚至以较高的频次不断推出新的改革概念。一些校长迅速跟风,任由盲目的、盲动的"改革"的劲风在校园里无序地肆虐,有时校长甚至亲自呐喊、推波助澜。在这样的一种态势之下,基层教师很容易被唬住,而一时间不知所措,不自觉地被裹挟进入邯郸学步之流。

所幸,上峰中心小学的数任校长始终保持头脑清醒。他们不愿做假,他们尊重规律,鄙视子虚乌有的"特色",他们宁可被批作平庸,也不敢违背教育规律,"宁可违拗领导,不敢违背教育规律"③。他们深刻地认识到:教育改革涉及一代人甚至几代人,其潜在的成本非常之大,远远不是金钱能够衡量的。到底是选择改革还是改进,到底如何实施改革或是改进,他们首先用个人的良心去称量工作推进的成本,其中

① 刘拓:《胡锦涛为什么直说"三不"?》,http://www.people.com.cn/GB/32306/33232/8549996.html。
② 姚跃林:《学校为改革而改革就是折腾》,http://www.jyb.cn/opinion/gnjy/201512/t20151208_645878.html。
③ 《教育界莫要被"特色"折腾》,http://wenku.baidu.com/link? url=rqLUu9789DzWAHQv0xmlmSn8CgdHgNXaCWKHAYSZPiCfflGxgtWr0orjuQxxTwqP6m8NnTp-diEcY_nwKmro13k9WZWsx_9WPxSKOHP7-iu。

一个极为重要的评价指标就是：是否适合上峰中心小学全体师生的长远发展。这个过程中，只要有任何一任校长执着于"功成必须在我"，主观臆断、急于求成，都会给全校师生带来难以估量的巨大损失。

这些年来，上峰中心小学既要响应上级主管部门每年提出的新口号、加速创建特色学校，又要实实在在地推动学校的真发展，如何寻找到一个巧妙的切入点，成为考量校长治校智慧的一个必须解决的难题。在这样的一个背景下，"绿色教育"的提出很好地达成了这个目的：既以"××教育"的提出给区域教育的概念繁荣作出了贡献，又可以让自己的师生在"绿色教育"这个概念的掩护下，继续秉持教育规律，扎扎实实地推进各项教育教学工作的正常开展。从学校成长路径可以看出，学校的各项活动都是围绕着"绿色教育"这个理念来开展。罗曼·罗兰说过：与其花许多时间和精力去凿许多浅井，不如花同样多的时间和精力去凿一口深井。这句话道出了专注和踏实的魅力。推进学校科学发展，就得要拿出老黄牛的劲头、朴实无华、任劳任怨、辛勤耕耘、踏实做事。①

学校无小事，事事皆育人。十八届五中全会提出了"创新、协调、绿色、开放、共享"五大发展理念，以此引领社会各项事业的发展。在素质教育日益成为主旋律的当代，要确保学校的科学发展、持续改进，必须恪守一个前提：彻底摒弃浮躁作风，不折腾，因校制宜、脚踏实地做好教育教学工作。

三、团队建设成就学校繁荣

（一）教师团队发展是重中之重的首要大事

专业化教师队伍建设历来受到各级教育主管部门的高度重视。2016年春，江苏省教育厅沈健厅长提出八大措施去推动"十三五"期间的江苏教育改革发展，其中就特别强调要"加强高素质专业化教师队伍建设"②。这里所说的专业化教师队伍，尤其需要重视其中的两类人群：已经本土化（或者说是"校本化"）的教师、新入职的教师，尤其是对于新入职的教师，学校必须设法让他们留得下来、发展得好。

1. 留住人才

由于历史原因，上峰中心小学的中老年教师主体是由当年的民办教师转正成为国家工作人员，即公办教师，他们在历年的区级以上带头人评选中往往处于不利地位，因此长期以来，他们都是以基层普通教师的姿态，默默耕耘在校园里。他们经历了近15年，甚至40年来的风风雨雨，长年辛勤工作，已经把自己的成长与上峰中心

---

① 《学校管理折腾不得》，http://wenku.baidu.com/link? url=3nVV8b-1GOMKmgdIqK7C-s6Rd6a_F5Jge5d2t_jMRPd7G8jonL9TNmlTrJBFOSSPTMJTf55i09p864CiuQLukFZBaF8ZuuKSkVpgBLOS0y3。

② 忠建风：《江苏教育厅长沈健：努力实现老百姓感受得到的教育现代化》，http://www.moe.gov.cn/jyb_xwfb/moe_2082/zl_2016n/2016_zl12/201603/t20160304_231953.html。

小学的发展紧密结合在一起，他们的存在，已经成为学校建设的坚实基础，成为学校发展的定海神针。可以说，只要没有重大变故，他们将继续一如既往，任劳任怨地做好自己的本职工作。

　　近年来，随着老教师的快速退休、新教师的不断补充，学校师资队伍结构得到了较大改进。这些新入职的年轻教师专业起点高、素质过硬，全校 65 名教职工中，"80后"共有 32 人、"90 后"共有 11 人，拥有硕士学位的 8 人。他们都是学校未来发展的生力军。一方面，这些年轻教师能够通过入职考试的层层选拔进入教师队伍，非常不易；另一方面，虽然他们进入了教师队伍，但也面临着随之而来的诸多生活难题。1943 年，美国心理学家亚伯拉罕·马斯洛将人类需求像阶梯一样从低到高按层次分为五种，分别是生理需求、安全需求、社交需求、尊重需求和自我实现需求。作为新入职的教师，他们也必然拥有此类的需求。学校充分考虑到这些新入职教师的种种需求，总是设法为他们做好服务工作，努力为他们化解面临的种种难题。这些努力包括：为单身年轻教师提供校内食宿，既保障了安全，也减轻了他们的经济负担；为教师庆生，增强团队凝聚力；为单身教师搭设鹊桥，为解决人生大事提供牵手机会；严格执行福利政策，关爱生育的教师家庭；为教师进修提供便利，促进专业发展……每一个举措的背后都往往伴随着若干的故事，正是这些貌似平常的小事，让每一位教师进入上峰中心小学后都找到了一种归属感。正是这种感觉，把众人的心拢聚到了一起。只有留住真心，才能真正留得住人才。

2. 团队发展

　　在每一所学校，学校的发展情况、全体师生的发展情况，并不是靠校长一个人的力量就能实现的，而需要管理者团队共同努力，需要依托全体教职员工，依托教师团队的力量，教师团队发展成为学校发展的不竭动力。在上峰中心小学，学校领导清醒地知道：只有心在一起，才是真正的团队。在持续多年的努力之下，教师团队建设已经展现出了其他许多学校都难以看到的成就。这其中，最具有代表性的就是"峰鸟团队"，在近年来众多的评比、竞赛中都崭露头角，获得了较高的荣誉，现简单总结一下他们在 2014 年成立以来取得的成绩：

　　① 2014 年，辅导学生的创意作品《遥控器照明盒》《教室红外侦测灯》《照明伞》等作品参加了第十四届全国中小学生电脑制作评比，在生活创意栏目评比中分获区一、二、三等奖，包揽了市一、二、三等奖和省二、三等奖，并因此受南京市电教馆的邀请，为全市首届中小学生电脑生活创意培训班做讲座 3 次；

　　② 2014 年团队拍摄的视频《学生去哪儿》以南京市一等奖名次参加了全国第十一届校园电视节目评比，获得了全国铜奖；

　　③ 2015 年 12 月，作为江宁区信息化技术创新应用的学校代表，代表江宁区向省电教馆、市教育局以微电影的形式做创新应用的汇报，受到各级领导的一致好评；

④ 2016年3月,利用学校五年级学生参加在南京市阳光体育营地举行的为期两天一夜的社会实践活动,拍摄并制作了微电影《春上石塘,阳光成长》,于同年报评全国第十三届校园电视节目评比,获国家银奖,2015年底的汇报微电影《峰鸟,不负青春的梦想》获铜奖。

⑤ 目前,团队受区电教馆的邀请,为在年底的信息化工作总结会上做报告积极准备,同时受区教研室的委托,将为其拍摄和制作一部关于《乡村教育联盟》的汇报视频。

(二)管理团队是学校发展的护旗手

在上峰中心小学近10年来的发展历程中,我们发现一个有趣的现象:尽管校长变化很大——先后有三位校长,但是,学校的管理者团队总体上保持稳定。这种情况,我们可以这样理解:校长与管理者团队之间相互认可、相互支持;管理者团队愿意在新的校长领导下继续工作;新任校长认可前任校长所认可的管理者团队,认为不必大幅度调整管理者团队。继任校长大体采用了萧规曹随的治校策略,继续沿袭原有的旗帜,而管理者团队得以继续采用原来的管理方式继续在新的校长领导下工作,团队整体成为学校旗帜的护旗手。这种干部任用方式,虽然使得学校发展过程中缺乏足够的生动与活力,但是却可以维持高度的稳定与和谐。

火车跑得快,全靠头来带。在眼下的高铁时代,这句话已经显得非常OUT。当今中国,动车技术已经得到广泛应用,中国高铁技术已经独步天下。以此为背景,我们在谈论学校发展的时候,已经从单一的"火车头"决定学校发展的初级阶段步入高铁、动车技术团队阶段,更多倡导以团队的力量带动学校的发展。在学校里,校长和他的管理者团队成员,类似于动车组里面的动车,都要为整队机车提供动力。有的学校动车,运行速度相当可观,主要取决于学校的团队品质;而上峰中心小学这列动车的运行速度,虽然不见得已经很快,却给人以稳重感、匀速感、轻松感,校长的领导行为让人感到轻松,管理者团队的履职场景让人感到轻松,就连学校这几年的质量提升也给广大教师以轻松的感觉。用几位教师的话说:这几年的教学质量稳步提升,是上峰中心小学有史以来表现最好的一个时期。

这个管理者团队的健康运转,是否存在什么秘籍呢?从《上峰中心小学管理者团队组织构架图》中可以清楚看到学校的管理构架分为三层:领导层(校级领导四人)、中层管理者(主任、副主任)、组长与教师,团队结构极为清晰。看过图6-3所展示的内容,然后进入教师队伍之中,就会发现学校有效管理的所谓秘籍,仅有制度合理、人际和谐两点而已。而正是这两点,让学校的管理者团队成为学校稳步发展的护旗手。

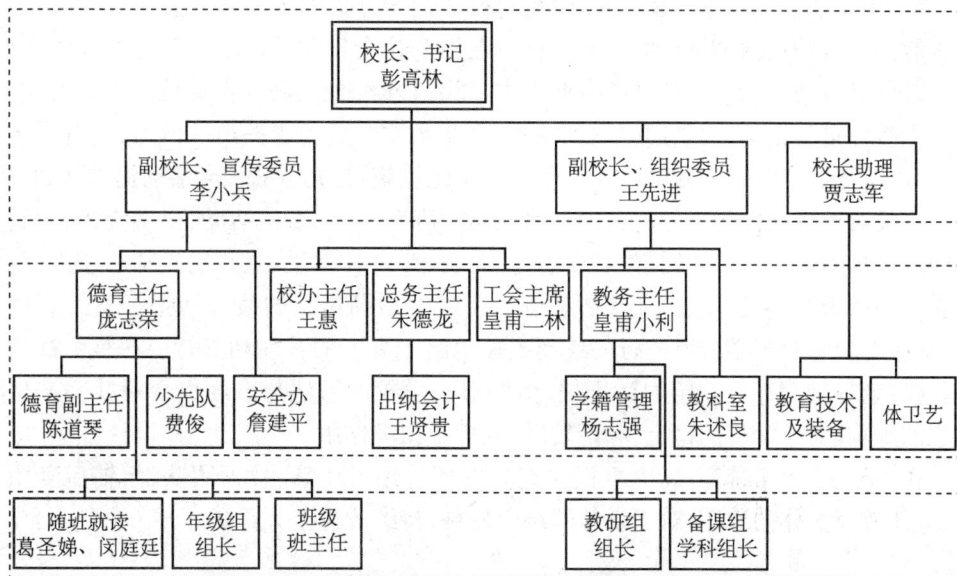

图 6-3 上峰中心小学管理者团队组织构架图

（三）教辅与后勤是学校发展的幕后英雄

校园内的每一个人都是教育者，每一种行为都具有教育作用，这句话已经成为校内所有教职员工的共同警示语。任何一位来访者，从进入门卫室开始，你就可以感受到：自己已经进入学校了。门卫师傅并不因为自己在门岗工作就看轻自己，而是自觉用规矩来规范自己的言行；食堂的服务员、校内的保洁员、校车的驾驶员，无一不是以严谨的态度对待自己的岗位与工作。学校的教辅人员，更是如此。图书室、文印室，以及其他专用室的老师，从来没有把自己当作学校教育的局外人。这一切，都源于学校有一套正常传承下来的价值导向：尊敬教师、奉献在岗、拒绝懈怠。

在上峰中心小学，所有的教辅人员、后勤人员从来没有在地位上、待遇上与在岗教师斤斤计较、发生摩擦，他们都默默地工作在自己的岗位上，心甘情愿地从幕前退到幕后，成为学校绿色发展的守护者，把表演的讲台让位给年轻教师、学科教师。

这些年，在上峰中心小学的学校治理持续改进过程中，我们逐渐发现学校发展的背后是离不开幕后英雄的。他们乐于奉献的表现，绝非偶然，而应当是学校绿色管理所带来的一种显现。离开了这个团队的支持，学校的和谐和稳定有可能受到伤害，学校的持续改进也有可能受到一定的阻碍。

（四）退休老教师甘于义务帮扶

多年来，上峰中心小学的退休教师一直秉持着这样一个优秀的传统，对于学校的一切始终抱有高度的热情。学校的校史编写、社区的孩子辅导、节假日的校园活动,都离不开他们的身影。早几年,学校为孩子们开办了周末少年儿童艺术学校,退休老教师自告奋勇帮助进行组织和协调。在整个社会日益关注留守儿童的今天,一些老教师又奋力投入到此项公益事业之中。2013年学校实施弹性离校制度之后,有一批老教师自告奋勇,提出期望回到校园,为儿童放学后的看护出一份力;也有退休老教师在社区发挥余热,帮助组织管理社区文化设施,为儿童的社会活动提供帮助。

学校对于老教师的关心与帮助有目共睹。春节团拜、重阳活动、祝寿庆典、生病慰问,这些活动一直都是学校的习惯动作。校长彭高林常说:这些老教师的今天,就是我们的明天。善待老教师,也是对他们曾经的辛勤付出的最好回报。不经意之间,这些老教师对于学校所进行的各项改进也给予高度的关注和支持。在整个社会上,这些老教师都存有一定的话语权,他们对于学校的看法与态度也会对社会产生一定的影响,对于学校的稳定、和谐发展,发挥了积极作用。

作为校长,善于统筹,高度重视并充分发挥管理者团队、教师团队、教辅后勤团队、退休教师群体的作用,对于学校的绿色发展、持续改进至关重要。

四、学校发展需要讲好故事

学校的个性,不在资产、规模等统计数据上,而在师生口耳相传的故事中。钱穆先生在《师友杂忆》里说:"能追忆者,此始是吾生命之真。其在记忆之外者,足证其非吾生命之真。"人如此,学校亦如此,能被师生不断追忆的,自是学校"生命之真",其魅力不会因时间流逝而磨灭。学校发展需要给师生留下故事、留下回忆。

2016年,区教育局新任局长周强在上峰中心小学考察时强调,学校发展注重规律、坚持走绿色发展道路,难能可贵,希望学校能够认真梳理,讲好属于自己的故事。

其实,作为学校来说,不论是城市学校或者农村学校,它的学生、家长、教师以及它所在的社区,都期望听到来自学校的动人故事。这些故事既是对于学校发展事迹、成功亮点的梳理和总结,也是对于师生持续进步的激励、对于学校持续改进的激励,更是对学校形象持续丰满、永葆鲜活的不竭素材。如果仔细去研究一些名校的成长轨迹,我们都会发现,成长之路一定是由一个又一个精彩的故事串接而成的,越是名声响亮的学校,流传在社会上的故事也就越多。这些"故事"的外延,往往已经被扩大了,涵盖了学校的核心概念、重大活动、标志性事件、骄人业绩,围绕著名校友、在校师生、学校领导所发生的相关故事,不一而足。但是,有一些是共同的:这些名校都非常重视"故事"的魅力,都在持续进行故事的发掘、整理、宣传,努力以多种形式、多种渠道,不断讲述属于自己的精彩故事。从上峰中心小学近年的发展来看,已经拥有了众多的故事素材,诸如峰鸟团队、师生野营、随班就读、校车管理、留守儿童、弹性离校、班级绿化,等等,但是在"讲故事"这一方面还有显著不足。作为积极健康、绿色发展的农村学校,需要挖掘好、梳理好、提炼好属于自己的故事,努力通过纸质媒体、视频媒体、现代媒体宣传出去,扩散出去,把讲述的对象从上级教育管理部门,扩展到学校的教职员工、服务对象、所在的社区街道,乃至更大范围,让自己的故事传播得更远、更加生动,让故事伴随和激励儿童、教师、学校持续健康发展。

确实,学校发展不仅要"有故事",更需要"讲好故事"。

参考文献

［1］教育部师范教育司.赵谦翔与绿色语文［M］.北京：北京师范大学出版社,2006.

［2］刘凡荣.让生命在绿色中绽放——文登市环山路小学绿色教育的探索与实践［M］.北京：中国林业出版社,2014.

［3］檀传宝,班建武.绿色教育师德修养——做一个配享幸福的教育家［M］.北京：北京师范大学出版社,2014.

［4］康永久.绿色教育的实践立场——现场中的理论研究［M］.北京：北京师范大学出版社,2014.

［5］易进.绿色教育小学语文课堂：促进参与的教学探索［M］.北京：北京师范大学出版社,2014.

［6］梁威,于秀云.绿色教育课堂改进——理念阐述与案例分析［M］.北京：北京师范大学出版社,2014.

［7］阚维.绿色教育小学英语课堂——给孩子成长的空间［M］.北京：北京师范大学出版社,2014.

［8］刘京莉.绿色教育小学数学课堂——教学情境中的智慧之光［M］.北京：北京师范大学出版社,2014.

［9］李琼.小学生语文口语绿色评价［M］.合肥：安徽文艺出版社,2014.

［10］陈鹤琴.家庭教育——怎样教小孩［M］.北京：中国致公出版社,2001.

［11］洪志明.用新观念学童诗［M］.广州：广东教育出版社,2001.

［12］吴志宏,邬庭瑾.多元智能：理论,方法与实践［M］.上海：上海教育出版社,2003.

［13］杨叔子.绿色教育：科学教育与人文教育的交融［J］.教育研究,2002(11).

［14］包虹明.作业批改与情感交流［J］.云南财贸学院学报(社会科学版),2005(20).

［15］曹莉.支架式教学法的有效应用［J］.小学科学(教师版),2015(7).

［16］曹敏.映日荷花别样红——崔学鸿校长和他的"绿色课堂"的理念实践［J］.学校品牌,2009(5).

［17］陈晖.儿童诗歌的阅读教学［J］.语文教学通讯,2007(7).

[18] 崔学鸿.教育应该是绿色的——由绿色 GDP 想到的[J].中国教师,2008 (12).

[19] 李春玲.以学生为本,凸显主体——浅谈语文自学能力的培养[J].文教资料,2008(31).

[20] 李节.儿童文学,给有童心的人[J].语文建设,2010(2).

[21] 李兴达.让作业批改充满人文关怀[J].小教研究,2005(6).

[22] 梁利端,林艳红.如何引导学生主动参与数学课堂教学[J].中国校外教育,2011(10).

[23] 孟景舟.社会学与教育学:职业教育本质论的两种不同视野[J].职业技术教育,2008(25).

[24] 欧阳敏.闵维方:为了中国的"世界名校"[J].国际人才交流,1998(1).

[25] 戚妍,沈文雪.浅析苏霍姆林斯基的全面和谐发展教育理论[J].才智,2011 (20).

[26] 上海市静安区教育委员会.从"绿色评价"到"绿色教育"[J].人民教育,2016(8).

[27] 孙军,程晋宽.学校发展规划的理论构架分析[J].现代教育管理,2012(11).

[28] 孙卫胜,朱建伟:审视新课程理念下的作业批改的走向[J].人民教育,2003 (18).

[29] 探索绿色教育发展推进绿色社会建设——我校与石景山区合作共建绿色教育发展实验区[J].北京师范大学报(社会科学版),2010(2).

[30] 王志华,郑燕康.清华大学创建"绿色大学"的探索与实践[J].清华大学教育研究,2001.

[31] 吴继霞.管理哲学绿色理念之探讨[J].苏州大学学报(哲学社会科学版),2002(4).

[32] 夏登高.试论诗歌教学中的审美赏析[J].小学语文教学,2006(4).

[33] 叶澜.让课堂焕发生命的活力[J].教育研究,1997(9).

[34] 余清臣.绿色教育在中国:思想与行动[J].教育学报,2011(6).

[35] 赵锋,栾兆祥.绿色崇明绿色教育[J].上海教育,2003(23).

[36] 关于公布"第三届南京市学校德育创新奖"获奖项目名单的通知[EB/OL].http://www.nanjing.gov.cn/xxgk/bm/jyj/201509/t20150906_3545538.html.

[37] 国家中长期教育改革和发展规划纲要(2010—2020 年)[EB/OL].http://www.moe.edu.cn/publicfiles/business/htmlfiles/moe/moe_838/201008/93704.html.

[38] 黄秋森.破局[EB/OL].http://school.jnjy.net.cn/HTMLNEWS/83/5749/2009622152931.htm.

[39] 纪大海.学校发展需要"顶层设计"[EB/OL].http://www.360doc.com/

content/13/0310/00/4365124_270484894.shtml.

［40］教育部关于印发《中小学环境教育实施指南（试行）》的通知［EB/OL］.http://www.moe.gov.cn/srcsite/A06/s7053/200310/t20031013_181773.html.

［41］教育界莫要被"特色"折腾［EB/OL］.http://wenku.baidu.com/link? url＝rqLUu9789DzWAHQv0xmlmSn8CgdHgNXaCWKHAYSZPiCfflGxgtWr0orjuQxxTwqP6m8NnTp－diEcY_nwKmro13k9WZWsx_9WPxSKOHP7－iu.

［42］学校管理折腾不得［EB/OL］.http://wenku.baidu.com/link? url＝3nVV8b－1GOMKmgdIqK7C － s6Rd6a ＿ F5Jge5d2t ＿ jMRPd7G8jonL9TNmlTrJBFOSSPTMJTf55i09p864CiuQLukFZBaF8ZuuKSkVpgBLOS0y3.

［43］姚跃林.学校为改革而改革就是折腾［EB/OL］.http://www.jyb.cn/opinion/gnjy/201512/t20151208_645878.html.

［44］忠建风.江苏教育厅长沈健：努力实现老百姓感受得到的教育现代化［EB/OL］.http://www.moe.gov.cn/jyb_xwfb/moe_2082/zl_2016n/2016_zl12/201603/t20160304_231953.html.

附 录 上峰中心小学师生近年来发展光荣榜

一、学生获奖与受表彰情况

1. 学生在各类评比中获奖情况

表1 上峰中心小学部分学生 2016 年获奖情况

序号	姓名	获奖名称	级别	颁奖单位
1	祈 琪	江苏省"四好少年"	一等奖	江苏省少工委
2	葛子健	江宁区优秀学生	一等奖	江宁区关工委
3	王 可	江宁区优秀学生	一等奖	江宁区关工委
4	庞 涵	江宁区优秀学生	一等奖	江宁区关工委
5	葛佳豪	江宁区优秀少先队员	一等奖	江宁区教育局
6	陈 晨	江宁区优秀少先队员	一等奖	江宁区教育局
7	李 萍	无线电测向	二等奖	江苏省体育局
8	贾蓉青	全国中小学生绘画、书法赛	一等奖	中国艺术教育促进会
9	黄 雪	全国中小学生绘画、书法赛	一等奖	中国艺术教育促进会
10	张柳妍	全国中小学生绘画、书法赛	一等奖	中国艺术教育促进会
11	杨玉晨	全国中小学生绘画、书法赛	一等奖	中国艺术教育促进会

2. 部分毕业学生在近年高考表现优异情况

表2 上峰中心小学部分毕业生 2014—2016 年高考表现优异情况

高考年份	姓名	性别	中考总分	毕业初中	毕业高中	本科院校	本科专业	科类
2016	张 莉	女	631	上峰中学	江宁高级中学	南京中医药大学	临床医学	理科
2016	朱梦情	女	624	上峰中学	江宁高级中学	北京协和医学院	护理学	理科
2015	庞时汀	女	654	上峰中学	南京东山外校	中国药科大学	中药学	理科

续　表

高考年份	姓名	性别	中考总分	毕业初中	毕业高中	本科院校	本科专业	科类
2014	贾梦蝶	女	674	上峰中学	南京东山外校	扬州大学	生物科学	理科
2014	朱长帅	男	645	上峰中学	江宁高级中学	南京师范大学	应用心理学	文科

注:在上峰中学以外就读初中的同学未统计在内。

3. 毕业学生在近年中考表现优异情况

表3　上峰中心小学毕业生2015年中考排名前20名同学录取情况

姓名	性别	总分	初中学校	高中录取学校	市名次	区名次
雷国庆	男	645	上峰初中	南师附中江宁分校	1972	172
陈　涛	男	644	竹山中学	江宁高级中学	2130	195
郗欣雅	女	637	东山外国语学校	东山外国语学校	3418	319
贾蓉青	女	631	南师附中江宁分校	南师附中江宁分校	4596	430
李述娟	女	627	东山外国语学校	东山外国语学校	5445	515
李龙雨	女	626	上峰初中	江宁高级中学	5665	555
王　可	女	625	上峰初中	江宁高级中学	5898	572
皇甫梦如	女	621	上峰初中	江宁高级中学	6806	688
陈　宇	男	618	上峰初中	江宁高级中学	7509	772
周　洋	女	617	东山外国语学校	江宁高级中学	7786	793
胡洋淮	男	615	南师附中江宁分校	南师附中江宁分校	8294	858
庞如月	女	615	东山外国语学校	东山外国语学校国际部	8294	868
李嘉豪	男	615	上峰初中	江宁高级中学	8294	860
宣霆锋	男	612	上峰初中	江宁高级中学	9001	958
时　波	男	608	竹山中学	江宁高级中学	9987	1056
庞　恒	男	606	上峰初中	江宁高级中学	10476	1134
王　兵	男	606	土桥初中	江宁高级中学	10476	1141
张旭蕾	女	601	东山外国语学校	江宁高级中学	11718	1282
葛子健	男	601	东山外国语学校	江宁高级中学	11718	1283
齐　湘	女	601	上峰初中	江宁高级中学	11718	1266

表4　上峰中心小学毕业生2016年中考排名前20名同学录取情况

姓名	性别	总分	初中学校	高中录取学校	市名次	区名次
朱　妍	女	625	南师附中江宁分校	南师附中江宁分校	4234	415
张宇恒	男	620	东山外国语学校	江宁高级中学	5349	578
庞宇欣	女	617	上峰初中	南师附中	6049	700
刘广周	男	616	汤山初中	江宁高级中学	6286	748
朱继阳	男	615	东山外国语学校	东山外国语学校	6542	765
胡良煜	男	611	竹山中学	江宁高级中学	7503	907
程　絮	女	611	上峰初中	江宁高级中学	7503	898
葛晨龙	男	610	上峰初中	江宁高级中学	7762	931
李　萍	女	609	东山外国语学校	东山外国语学校国际部	7995	937
王萍萍	女	607	上峰初中	江宁高级中学	8505	1007
冯　雪	女	604	上峰初中	江宁高级中学	9256	1144
周　雪	女	603	上元中学	东山外国语学校国际部	9543	1173
潘玺濠	男	601	上峰初中	江宁高级中学	10070	1264
潘嫣然	女	601	上峰初中	江宁高级中学	10070	1238
祁　琪	女	600	南外仙林分校	江宁高级中学	10313	1278
时　慧	女	597	东山外国语学校	江宁高级中学	11064	1415
贾钰杭	女	596	东山外国语学校	江宁高级中学	11351	1457
郭彬彬	女	593	秣陵初中	天印高中	12155	1572
芮　浩	男	586	秣陵初中	天印高中	13980	1856
倪　鸣	男	586	上峰初中	江宁高级中学	13980	1859

二、教师获奖与受表彰情况

1. 校内教师论文及案例评选活动

2016年,上峰中心小学组织了校内教师论文、案例评选活动,引起热烈反响。校内每位教师精挑细选,将个人的精品之作提交参赛;学校教科室初步筛选后,将各类教育教学及学校管理的论文、案例50篇提交给专家组反复评审,文章质量得到专家组的高度称赞,最终确定6篇为一等奖、12篇为二等奖、20篇为三等奖。其中,有10余篇论文相继被各期刊录用发表。

本书作为学校课题研究的成果集萃,特将作品获奖情况附录于此。

表5　2016年上峰中心小学校内教师论文、案例评选获奖情况

序号	文章题名	类别	作者	等次
1	你真的很聪明	德育	苏慧	1
2	学生喝酒之后……	德育	王先进	1
3	小议低年级语文作业的绿色批改	评价	王号芝	1
4	老师，我要和你单挑	体育	朱述良	1
5	支架式教学法在小学英语绿色课堂中的运用	英语	邹梅玲	1
6	绿色课堂——语文教学的诗意与幸福	语文	皇甫小利	1
7	对症施诊治"杂症"	班主任	樊丽丽	2
8	孩子，坐下慢慢说	德育	葛圣娣	2
9	家校合力——绿色育人环境	管理	李小兵	2
10	又到"三好"评选时	评价	王号芝	2
11	给数学课添点儿"绿"	数学	王惠	2
12	让小学数学课堂"绿意盎然"	数学	王惠	2
13	陪乡村孩子一起行走在"自主学习"道路上	数学	王先进	2
14	利用生活素材，"绿化"信息技术教学	信息	杨阳	2
15	小学英语作业中的"绿色"设计	英语	邹梅玲	2
16	"清单式管理"为语文课堂增效	语文	李小兵	2
17	巧握"绿色"评价笔，还语文课堂勃勃生机	语文	谢宜华	2
18	构建低年级语文绿色生态课堂的实践策略	语文	杨雪	2
19	鼓励，将"爱"进行到底	班主任	戈瑶	3
20	让多彩游戏伴儿童快乐成长	班主任	葛圣娣	3
21	把握契机，有效促进儿童道德认知发展	班主任	闵庭廷	3
22	我们共同筑造的家	班主任	张志琴	3
23	绿色托起的种子	德育	谢宜华	3
24	绿色成长活动实践例谈	管理	詹建平	3
25	把机会留给学生 让探究充实课堂	科学	皇甫小利	3
26	别让课件迷了学生的眼	数学	王惠	3
27	让"环保"走进数学课堂	数学	王惠	3
28	《整数乘法运算律推广到小数》课例分析	数学	王先进	3
29	静待"花"开的声音	数学	宣中虎	3
30	在体育教学中进行"生态教育"的实践与研究	体育	杨志强	3

序号	文章题名	类别	作者	等次
31	构建绿色课堂,把课堂还给学生	信息	贾志军	3
32	声随情走,情由心生	音乐	戈　瑶	3
33	让我们的孩子在"绿色课堂"里畅游	英语	樊丽丽	3
34	在快乐中有效开展小学英语教学	英语	谈忠秋	3
35	绿色课堂是"做"出来的	语文	李小兵	3
36	铺设小学低年级口语交际的"生命绿地"	语文	李小兵	3
37	让"绿色"常伴语文课堂	语文	王春花	3
38	诗意在童心中捕拾　童心在诗意中曼舞	语文	王号芝	3

2. 教师论文、案例发表一览表

表 6　教师论文、案例发表一览表

时间	姓名	发表篇目	发表或出版单位
2012.2	王　惠	别让课件迷了学生的眼	新课程
2011.11		给数学课添点儿"绿"	小学阅读指南
2011.10		数学也要环保	小学科学教师论坛
2012.11		用有效教学时间提升数学教学质量	启迪与智慧
2013.8	陈道琴	故事——通往成长道路的阶梯	新课程
2014.12		立足生活,让品德课更有实效	都市家教
2015.3		"点"活课堂,"点"出效率	知识窗
2016.9		品德课堂探究学习实施的策略选择	南京教研
2012.1	庞志荣	注重课外阅读 提高写作水平——浅谈农村低年级段学生写话能力的培养	小学教学参考
2013.3		语文教学如何培养学生的质疑能力	写作与阅读教学研究
2013.4		小学语文课堂中对语文作业改革的思考	新课程导学
2015.11	王先进	研究性学习——"有效教学"的有效抓手	数理化解题研究
2016.12		对提高学生自主学习能力的探究	江西教育
2014.10	贾　俊	品情,让学生徜徉在古诗词的殿堂	教育与研究
2013.3		我的作文我做主	课程·教材·教法
2014.3	李小兵	浅谈小学语文教师专业化的"三维"合作	学友文摘
2014.3	王春花	浓浓绿意 DIY 生态课堂	学友文摘

时间	姓名	发表篇目	发表或出版单位
2014.1	葛圣娣	合作,让学生在语文课堂中更快成长	小学时代
2013.9		让学生会阅读,能"悦读"	家教世界
2016.6	贾晓琳	有趣　有效　有用——小学语文教学中趣味教学法的应用分析	新课程
2016.3		善观察勤动手重思考——小学语文教学创新模式研究	课外语文
2016.9	皇甫小利	引领　探究　反思	小学科学
2016.11		把机会留给学生　让探究充实课堂	吉林教育
2016.12	王号芝	评选三好学生的"风雨"和"彩虹"	江西教育
2016.11	闵庭廷	把握契机,有效促进儿童道德认知发展	江西教育
2016.5	詹建平	造房子的哭与笑	小学科学
2016.8	谈忠秋	"绿荫"下的小学英语教学	考试与评价
2016.12		在快乐中有效开展小学英语教学	内蒙古教育

3. 近三年教师论文、案例获奖一览表

表7　2013—2016年教师论文、案例获奖一览表

姓名	获奖篇目	等级	时间	授奖单位
陈道琴	与"洋葱头"过招	二等奖	2014.5	区教育局
	让品德课堂不再沉默	二等奖	2014.11	省教育科学研究院
	五省其身,教人求真——充满魅力的班级管理	三等奖	2014.9	省陶行知研究会
	变活课堂,变出效率	二等奖	2014.6	省中小学教师培训协会
陈洁	用爱软化"刺猬"的刺	一等奖	2015.5	区教育局
	求学求知,乐在其中	二等奖	2014.1	区教育局
	优化作业设计之我见	二等奖	2014.11	省教育科学研究院
陈在玉	做一棵会思想的苇草	三等奖	2014.9	省陶行知研究会

姓名	获奖篇目	等级	时间	授奖单位
董爱玲	江宁区小学品德优质课评比	二等奖	2014.6	区教研室
	让语文课充满"情味儿"——浅谈如何上好"母爱"题材	一等奖	2015.5	区教育局
	我们一起去找春天	二等奖	2014.5	区教育局
	体验出文字的真、趣、美	二等奖	2016.5	区教育局
	让教学符合儿童心理	二等奖	2014.11	省教育科学研究院
	让教学符合儿童心理	三等奖	2015.9	省蓝天杯
	在生活中学会表达	三等奖	2014.9	省陶行知研究会
	关于农村留守儿童问题的研究	二等奖	2015.3	市教研室
樊丽丽	"中西医结合"治"杂症"	一等奖	2016.5	区教育局
戈瑶	说出心中的故事,理解他人的苦难	二等奖	2013.12	区教育局
	鼓励,让学生扬起自信的小脸	二等奖	2016.5	区教育局
	聆听孩子的音乐心声	三等奖	2015.9	省蓝天杯
	以"境"促"情"	三等奖	2015.9	省蓝天杯
	聆听孩子的"音乐心声"——小学音乐课堂不容忽视的倾听问题	三等奖	2015.12	省师陶杯
葛圣娣	孩子,坐下慢慢说	二等奖	2015.5	区教育局
	多效合一,让小组合作学习更有效	三等奖	2014.11	省教育科学研究院
侯敏	激发学生兴趣,走进音乐殿堂	二等奖	2014.1	区教育局
侯敏	撷作业之功,续课堂之效——作业设计与评价方式的探索与实践	三等奖	2015.12	省师陶杯
皇甫海燕	陶行知民主思想下构建新型师生交往的一点尝试	一等奖	2014.9	省陶行知研究会
皇甫小利	爱无痕,润无声	一等奖	2015.5	区教育局
	给孩子们"任性"的空间	三等奖	2015.12	省师陶杯
	让生本课堂绽放光彩	一等奖	2014.6	省中小学教师培训学会
贾俊	浅谈如何提高中队管理实效	二等奖	2013.12	市教育学会
	浅谈小学古诗词的教学	一等奖	2014.1	中国教育科学研究院
贾玲丽	美丽"心灵"架起沟通的桥梁	三等奖	2014.11	省教育科学研究院
贾晓琳	让语文教学因多媒体而精彩	二等奖	2014.5	区教育局
贾志军	信息课堂最美的"前奏曲"	二等奖	2016.11	区教育局

姓名	获奖篇目	等级	时间	授奖单位
李小兵	"做"出语文实效性	一等奖	2015.5	区教育局
	小学生"课外阅读"到"课外悦读"的有效性指导的研究	一等奖	2015.9	区教育局
	"导与读"在阅读教学中共频共振	二等奖	2014.1	区教育局
	用优质问题激活课堂的"造血功能"	二等奖	2015.11	区教育局
	长在"树上"的思维轨迹	三等奖	2015.12	省师陶杯
	营造语文课堂上的"生命之绿"	二等奖	2014.9	省陶行知研究会
	孙中山破陋习	二等奖	2014.12	省中小学教师培训学会
	让体验式教学"让学"小学语文课堂	二等奖	2014.6	省中小学教师培训学会
	不要将"原创"制成"盗版"	三等奖	2014.6	市教育局
	一石激起千层浪——浅谈小学语文教学中创新能力的培养	一等奖	2014.5	中国教育科学研究院
罗平凤	春暖花开	二等奖	2015.5	区教育局
	从"心"教育,期待精彩!	二等奖	2016.5	区教育局
	把握时间节奏,唱响对话教学三部曲	三等奖	2014.11	省教育科学研究院
	善用游戏资源,渗透人文教育	三等奖	2014.9	省陶行知研究会
闵庭廷	利用书法训练改善儿童多动倾向的研究	一等奖	2014.1	区教育局
	数学课堂也可以很美	三等奖	2014.9	省陶行知研究会
庞志荣	我"病"了,我想回家!	二等奖	2015.5	区教育局
邵丽猛	质疑课堂,还予学生思维的翅膀	一等奖	2014.1	区教育局
	优化小学数学"学困生"学法的对策研究	二等奖	2014.9	区教育局
	运用友善用脑理念,优化小学数学"学困生"学法的对策研究	二等奖	2015.9	区教育局
	试论质疑课堂	二等奖	2014.11	省教育科学研究院
	质疑课堂:思维飞翔的舞台——对农村小学数学教学的实践一例	三等奖	2015.12	省师陶杯
	浅谈质疑课堂	二等奖	2014.9	省陶行知研究会

续　表

姓名	获奖篇目	等级	时间	授奖单位
时桂萍	立体激活，自主构建	一等奖	2014.4	第18届全国小学教学观摩研讨会组委会
	"盯"字精神，铸就共赢教学	二等奖	2014.1	区教育局
	生态和谐课堂，"错"开鲜活之花	二等奖	2014.5	区教育局
	牵引纯真，花开绚烂	二等奖	2015.5	区教育局
	结合学生年龄特点，创新课堂训练的设计	二等奖	2015.9	区教育局
	创新，孩子的内心渴望	二等奖	2014.9	省陶行知研究会
时晓琴	数学课堂，我们迷失了什么	二等奖	2014.11	省教育科学研究院
时　银	浅谈对开展少先队工作的几点认识	三等奖	2013.12	市教育局
宋雪梅	小韩变形计	二等奖	2015.5	区教育局
苏　慧	利用"低效"增强小学语文课堂的高效	二等奖	2016.11	区教育局
谈忠秋	农村小学家教合作现状调查报告	二等奖	2014.1	区教育局
谈忠秋	艺术的渗透 ——小学英语作业的布置与批改	二等奖	2016.11	区教育局
王春花	"指尖"上的阅读教学课堂	二等奖	2015.11	区教育局
	让"导读"成为阅读课堂的辐射点	二等奖	2014.9	省陶行知研究会
	给学生插上翅膀——以"导读"助力阅读	二等奖	2014.6	省中小学教师培训学会
	关于农村留守儿童问题的研究	二等奖	2015.3	市教学研究室
王号芝	引导、互动叩开学生的写作之门	一等奖	2016.11	区教育局
	投石问路，体验作业批改的温度	二等奖	2014.11	省教育科学研究院
	在童心中捕捉诗意 在诗意中绽放童心	二等奖	2015.12	省陶杯
	生活，为语文教学"填空"	三等奖	2014.9	省陶行知研究会
	"一好"、"三好"、"多好"	一等奖	2015.11	市教育局
	诗意在童心中捕捉 童心在诗意中曼舞	一等奖	2015.12	市教育局
	让汉字"动起来"	三等奖	2014.6	市教育局
王　惠	别让课件迷了学生的眼	三等奖	2014.6	市教育学会
王平金	投石探路 触摸作业批改的温度——小学低年级语文作业批改之我见	三等奖	2015.12	省师陶杯

续 表

姓名	获奖篇目	等级	时间	授奖单位
王先进	数学课堂实施"有效教学"的"三重境界"	一等奖	2015.11	区教育局
	让乡村数学课堂绽放"生本"理念之花	一等奖	2016.11	区教育局
	教学要基于儿童思维展开	二等奖	2014.1	区教育局
	从"联结学习理论"看"尝试学习"	二等奖	2014.11	省教育科学研究院
	谈教学设计中"基于儿童的思维发展"的重要性	二等奖	2015.9	省蓝天杯
	让乡村孩子享受"研究性学习"的乐趣	三等奖	2015.12	省师陶杯
	和乡村孩子们的"自主学习"之路	二等奖	2014.9	省陶行知研究会
闻晶晶	定向运动在我校推广的前景	三等奖	2015.12	省师陶杯
谢宜华	用我"三心"助你"一步"	一等奖	2015.5	区教育局
	我们的六一课堂	二等奖	2014.9	省陶行知研究会
	有你在我不怕	三等奖	2014.6	市教育局
宣中虎	赏识孩子,快乐自己	二等奖	2014.5	区教育局
	静待"花"开的声音	二等奖	2015.5	区教育局
	课堂属于孩子,精彩源于灵动	二等奖	2014.11	省教育科学研究院
	多样识字,分享乐趣	一等奖	2014.6	省中小学教师培训学会
杨 雪	学会合作,体验成功	二等奖	2013.12	区教育局
	让问题在课堂中穿行——小学语文课堂教学中有效提问研究	二等奖	2015.11	区教育局
	小学语文课堂教学中有效提问的研究	二等奖	2016.11	区教育局
	让作文成为孩子的"心灵花园"	二等奖	2014.11	省教育科学研究院
	让阅读在对话中浸润和飞扬	三等奖	2015.9	省蓝天杯
	让"问题"成为学生的"助跑器"——小学语文课堂教学中有效提问的研究	三等奖	2015.11	省师陶杯
	让阅读在"对话"中浸润和飞扬	一等奖	2014.9	省陶行知研究会
	浅谈小学语文阅读教学中的对话研究	二等奖	2014.6	省中小学教师培训学会
	我爱我家	二等奖	2013.12	市教育局
杨 阳	"信息""英语"天生一对	二等奖	2015.5	区教育局
	走进心灵深处,享受意外精彩	一等奖	2015.11	市教育局
	偶遇"意外"事件成就"意外"精彩	二等奖	2014.6	市教育局
杨志强	教育在生活中不断"涌动"	三等奖	2014.11	省教育科学研究院

续 表

姓名	获奖篇目	等级	时间	授奖单位
张志琴	"1+1"学生自己的作业——浅谈走向"主本"作业的尝试	一等奖	2014.1	区教育局
	寻求适合农村孩子班本作业的历程	二等奖	2015.11	区教育局
	"减负增效"背景下农村小学班本作业的实践与探索	二等奖	2015.9	区教育局
	"1+1"学生自己的作业	二等奖	2014.11	省教育科学研究院
	用真爱唤醒沉睡的心	三等奖	2013.11	省师陶杯
	生本,成就爱的家园	二等奖	2014.9	省陶行知研究会
	玩中学数学	三等奖	2014.6	市教育局
朱述良	"老师,我要和你单挑"——课堂中的一次意外引发的思考	一等奖	2015.5	区教育局
	反思体育教学中的"五有"课堂	二等奖	2015.9	区教育局
	对症下药,促进低年级学生良好习惯养成	二等奖	2014.11	省教育科学研究院
	对校园红领巾乱象的思考	二等奖	2013.12	市教育学会
邹梅玲	支架式教学法在小学英语中的运用	二等奖	2015.11	区教育局
	"绿色"设计在小学英语作业中的运用	二等奖	2016.11	区教育局
	思维导图为孩子插上有形的"翅膀"——浅谈思维导图在小学生英语学习中的作用	三等奖	2015.12	省师陶杯
	此时无声胜有声——浅谈体态语在小学英语教学中的应用	三等奖	2014.9	省陶行知研究会
	少先队员幸福感调查及提升策略初探	一等奖	2013.12	市教育局

图书在版编目(CIP)数据

农村小学绿色教育的实践与研究 / 孙军,彭高林著.
—南京 :南京大学出版社,2017.10
ISBN 978 - 7 - 305 - 19392 - 7

Ⅰ.①农… Ⅱ.①孙… ②彭… Ⅲ.①农村学校-小
学教育-教育研究 Ⅳ.①G622.0

中国版本图书馆 CIP 数据核字(2017)第 243275 号

出版发行　南京大学出版社
社　　址　南京市汉口路 22 号　　邮　编　210093
出 版 人　金鑫荣
书　　名 农村小学绿色教育的实践与研究
著　　者　孙 军　彭高林
责任编辑　荣卫红　　　　　　　　编辑热线　025 - 83685720
照　　排　南京紫藤制版印务中心
印　　刷　常州市武进第三印刷有限公司
开　　本　787×1092　1/16　印张 20.25　字数 432 千
版　　次　2017 年 10 月第 1 版　2017 年 10 月第 1 次印刷
ISBN 978 - 7 - 305 - 19392 - 7
定　　价　66.00 元

网　　址:http://www.njupco.com
官方微博:http://weibo.com/njupco
官方微信:njupress
销售咨询热线:025 - 83594756